智能财务与会计系列

会计信息系统

面向财务业务一体化

【第3版】

杨周南　丛书主编
王海林　吴沁红　杜长任　主编

電子工業出版社
Publishing House of Electronics Industry
北京·BEIJING

内 容 简 介

本书侧重介绍会计信息化的中级发展阶段，即面向企业全面应用的会计信息系统，重点讲授会计信息系统的分析设计和业务流程优化，并且对比部门级会计信息系统与企业级会计信息系统的异同点，分析企业级会计信息系统的控制，适度介绍一些会计信息化的前沿问题。

第 3 版在保持前 2 版特色的基础上，增加了财务共享服务的内容，修改了 XBRL 部分的相关内容，更换了全部章后思考题，各章中涉及的准则、法规、规范，过时的提法、概念及相关内容全部做了修改。

本书可作为高等教育的会计、财务管理专业或相关管理专业的管理信息化类教材，也可配合金蝶 K3 教学版软件，作为相关课程的培训用书。

图书在版编目 (CIP) 数据

会计信息系统：面向财务业务一体化 / 王海林，吴沁红，杜长任主编. —3 版. —北京：电子工业出版社，2017.7
(华信经管创优系列. 财经信息化)

ISBN 978-7-121-31767-5

I. ①会…　II. ①王…　②吴…　③杜…　III. ①会计信息—财务管理系统—高等学校—教材　IV. ①F232

中国版本图书馆 CIP 数据核字(2017)第 124075 号

策划编辑：石会敏
责任编辑：石会敏
印　　刷：北京盛通数码印刷有限公司
装　　订：北京盛通数码印刷有限公司
出版发行：电子工业出版社
　　　　　北京市海淀区万寿路 173 信箱　　　邮编：100036
开　　本：787 × 1092　1/16　印张：21.75　　字数：615 千字
版　　次：2017 年 7 月第 1 版
印　　次：2025 年 7 月第 19 次印刷
定　　价：59.00 元

凡所购买电子工业出版社图书有缺损问题，请向购买书店调换。若书店售缺，请与本社发行部联系，联系及邮购电话：(010) 88254888，88258888。

质量投诉请发邮件至 zlts@phei.com.cn，盗版侵权举报请发邮件至 dbqq@phei.com.cn。

本书咨询联系方式：(010) 88254537。

前 言

从发展历程来看，现阶段会计信息系统主要存在三种模式，即面向财务部门独立应用的会计信息系统、面向企业全面应用的会计信息系统和面向集团综合应用的会计信息系统。由于信息化发展不平衡，所以这三种会计信息系统模式会长期同时存在。面向企业全面应用的会计信息系统充分考虑了企业整体管理和决策的需求，实现了业务处理和信息处理、财务信息和非财务信息、核算与管理的集成，实现了企业业务过程中涉及的各个职能部门的紧密协同。对企业来说，构建企业级会计信息系统是会计信息化发展到一定阶段的必然选择，只有这样才能从整体上提高企业的效率和效益。

本书主要内容

本书侧重介绍会计信息化的中级发展阶段，即面向企业全面应用的会计信息系统。重点讲授会计信息系统的分析设计和业务流程优化，并且对比部门级会计信息系统与企业级会计信息系统的异同点，分析企业级会计信息系统的控制，适度介绍一些会计信息化的前沿问题。

第 3 版在保持前 2 版特色的基础上，增加了财务共享服务的内容，修改了 XBRL 部分的相关内容，更换了全部章后思考题，各章中涉及的准则、法规、规范、过时的提法、概念及相关内容全部做了修改。修订后全书共分为 14 章。第 1 章会计信息化，阐述了会计信息化的概念和现代信息技术对会计理论与实务及会计人员的影响；第 2 章管理信息系统，阐述了管理信息系统的相关知识，分析了管理信息系统的结构和集成；第 3 章会计信息系统，阐述了会计信息系统的概念，分析了面向企业全面应用的会计信息系统的特征和结构，提出并分析了会计信息系统的 ISCA 模型，详细讲解了网络财务报告、XBRL 报告和财务共享中心；第 4 章企业业务过程分析，阐述了信息化需求分析、企业业务过程的基本内容及与会计过程和会计信息系统的关系，分析了面向财务部门独立应用的会计信息系统的局限性；第 5 章会计信息系统管理，阐述了会计信息系统管理的概念，分析了会计信息系统管理的内容；第 6 章会计信息系统控制，阐述了会计信息系统控制的概念，分析了会计信息系统面临的风险及应该采取的控制方法和控制内容；第 7 章会计信息系统审计，阐述了会计信息系统审计的概念，分析了会计信息系统审计的方法和内容；第 8 章至第 13 章阐述了企业主要会计过程、相关业务过程分析和信息系统应用，包括采购与付款过程、销售与收款过程、库存管理与存货核算过程、成本核算与管理过程、总账与报表处理过程，以及预算管理，说明了各业务过程的目标与内容、与其他业务过程的关系，分析了各子系统的功能、基本应用流程，主要控制环节和控制内容，以及企业级会计系统与相应部门级系统的区别；第 14 章综合案例，包括 K3 实验和 K3 系统应用两个案例，K3 实验案例使用金蝶 K3 标准版软件，以模拟数据为依据，分析了系统的业务处理过程；K3 系统应用案例分析了金蝶 K3 软件在一个具体企业的应用方案和应用效果。

本书作者群

参加本书编写的人员如下：

第 1 章、第 2 章的第 1 节和第 2 节以及第 3 章由财政部财政科学研究所博士生导师杨周南教授编写。

第 2 章的第 3 节和第 5 章由中国人民解放军后勤工程学院杜长任博士编写。

第 2 章的第 4 节由大唐融资租赁有限公司赵英吉博士编写。

第 4 章、第 6 章、第 10 章、第 11 章和第 13 章由首都经济贸易大学博士生导师王海林教授编写。

第 7 章和第 12 章由北京师范大学副教授吴沁红博士编写。

第 8 章和第 9 章由北京用友政务软件有限公司陈翔博士编写，第 3 版由王海林教授修订。

第 14 章的 K3 实验案例由北京交通大学常丹教授编写。

全书由杨周南教授最后定稿。

本书特色

本书遵循理论与实务相结合的原则，既注重会计信息化及会计信息系统的基础理论和基本知识的讲解，又注重软件的实际操作和对会计信息系统管理工作的介绍。本书第 14 章给出了一个以简化的虚拟企业为背景，以金蝶 K3 标准软件为应用系统的实验案例。通过采购业务过程、销售业务过程、库存与存货处理业务过程和账务处理过程几个主要环节的应用，分析了企业级会计信息系统和供应链系统的应用方法和过程。

本书读者

本书可作为高等教育的会计、财务管理专业或相关管理专业的管理信息化类教材，也可配合金蝶 K3 教学版软件，在围绕高校 ERP 实验室开设的实验课、选修课及专业课上教学使用（有关共建金蝶高校 ERP 实验室及获取金蝶 K3 教学版软件的相关事宜，可咨询金蝶当地分公司培训部），还可用于企业在整体信息化环境下建立会计信息系统和应用企业级会计软件的培训。

在本书第 3 版修订过程中，中国财政科学研究院的周卫华副教授、全国学生资助管理中心虢青波高级经济师、首都经济贸易大学的张甜甜硕士准备了书中的部分案例和上机实验等，在此表示感谢。

本书的配套资源请登录华信教育资源网（http://www.hxedu.com.cn）免费下载。

限于作者的经验和水平，书中难免存在不足之处，衷心希望各界人士与读者批评指正。

作　者

目　　录

第 1 章

会计信息化

本章学习目标

通过本章学习，读者应达到以下目标。

(1)理解现代信息技术对会计的影响，包括对会计理论研究和实务的影响。

(2)理解在现代信息技术环境下，会计人员的价值取向。

(3)理解会计信息化的定义、作用、意义，以及为什么要由会计电算化向会计信息化发展，掌握实施会计信息化的核心内容是建立会计信息系统。

1.1 信息技术对会计的影响

自 20 世纪 90 年代以来，信息技术席卷全球。毕马威会计公司合伙人 Bob Elliort 曾借用“第三次浪潮”一词来形象地预言：“IT 引起的变革浪潮正在撞击着会计的海岸线，在 20 世纪 70 年代，它彻底冲击了工业界。80 年代它又荡涤了服务业，而到了 90 年代，会计界将接受它的洗礼。它改变了商业运营的方式，也改变了经理们面临的问题。现在的经理们需要新的信息模式进行决策，因此，内部会计和对外报告会计都必须改革。高等教育可以只是简单地对这些变革做出反应，或者扮演一个更为积极的角色，同时促进其他领域的适应性变化。对于从事学术研究的会计人员的挑战将是创造第三次浪潮中的会计规范，并且培养出能够在处于第三次浪潮的企业中有效地行使职责的毕业生。而对从事非学术研究的会计人员的挑战将是促进企业变革，以实施这一新的会计规范……”从这段话中，我们可以领悟出现代信息技术环境[①]正对传统会计理论、实务、教育和管理产生巨大的影响，使传统会计实现巨大变革，主要表现如下。

1. 会计学向边缘学科发展

我国著名的已故会计学家杨纪琬先生在临终前预言：“在 IT 环境下，会计学作为一门独立的学科将逐步向边缘学科转化。会计学作为管理学的分支，其内容将不断地扩大、延伸，其独立性相对地缩小，而更体现出它与其他经济管理学科相互依赖、相互渗透、相互支持、相互影响、相互制约的关系。”

2. 会计实务工作环境的变革

目前对信息技术在会计实务工作中的作用存在两种偏颇的观点：一种是工具论，即认为信

① 本书所言及的现代信息技术是指电子计算机技术、网络通信技术和数据库管理技术等。

息技术只不过是取代算盘的工具，没有意识到信息技术给会计工作带来的各种变化；另一种则是万能论，即认为信息技术无所不能，只要使用信息技术即可对经济业务进行全过程的控制。实质上，信息技术给会计工作带来的是整个会计实务工作环境的变化，包括会计信息的采集、存储、处理、检索、反馈、统计分析及决策等环境的变革。正是由于信息技术对会计实务工作的环境带来了质的变化，使会计实务工作的处理效率、工作质量、信息反映能力和工作的重点等与在手工环境下相比发生了巨大的变革。

3. 会计的管理职能得以实现

在信息技术环境下，会计信息采集、处理的实时性和自动化，使会计人员摆脱了繁杂的事务性工作，从而把工作重点更多地转向非事务性的管理工作。例如，他们将有更多的时间参与企业业务流程优化、组织结构变革、绩效评估及约束激励机制的建立，并有更多的时间和精力分析组织的业务活动和用户的信息需求，据此制定有关的信息记录、存储、维护和报告的规则，建立信息处理过程中要用到的相关模型等。会计信息系统(作为企业管理信息系统有机组成部分之一)按照预定的程序和规则处理信息，并将结果传递给相应的用户。根据用户的反馈，确立用户的信息需求，开始新一轮信息处理过程。因此，会计的管理职能得以真正实现。

4. 会计管理工作重心的变革

正是信息技术给会计实务工作环境带来的变革，使会计管理工作的重心有可能发生改变。例如，过去企业会计人员的主要工作是围绕凭证、账和报表处理的财务会计管理工作。而在信息技术的处理环境下，上述工作中的大部分手工操作可由计算机自动处理完成，会计人员可有更多的时间面向企业内部会计管理。因此会计管理工作的重心由财务会计管理转向财务会计管理与管理会计并重的发展阶段。

5. 会计反映职能将得到强化

由于上述第3项和第4项原因，会计的反应能力，特别是对外和对内的报告在内容和报告方式上有可能满足更广泛的信息需求，并能确保各种报告的及时性。因此，会计的反映职能将有机会得到强化。

6. 会计“商业语言”的变革

会计作为一种“商业语言”，可反映并总结出企业中的关键性事务，在IT环境下传统的会计商业语言将发生变化。会计商业语言中的一些核心词汇，如记账凭证、账簿和报表等的作用将逐渐淡化。首先，企业信息化的实现，使会计信息源和信息表示结构由一元化走向多元化，即会计工作中记账凭证的信息将直接来源于各种业务过程。记账凭证作为手工环境下重要实体的作用将逐步淡化直至消亡；其次，网络和数据库技术的发展和应用，使各级管理者和投资者无须等待会计工作者历尽艰辛所提供的滞后且不全面的账表信息，他们可以随时且实时地通过企业网访问存储于会计信息系统中的共享信息。因此，代替记账凭证、账和报表的将是原始信息、加工信息及分析决策信息等，而代替制作凭证、记账、结账和出报表等工作的将是信息的收集、存储、传递、处理、加工及打印等。

总之，迅猛发展的信息技术正在把会计的方方面面推向一个新时代，变革意味着会计仍将是一个充满生机的行业。面对即将到来的种种机遇，我们不应只是被动地接受或继承旧的思维方式和规则，而应积极主动地做好迎接未来挑战的准备。

1.2 会计信息化概述

什么是会计信息化(电算化)，至今也无严格的定义，一般地说，会计信息化的概念有广义和狭义之分。狭义的会计信息化指以计算机为主体的当代电子信息技术在会计工作中的应用，较为严格的定义参见 1.2.2 节中的叙述。

广义的会计信息化指与实现会计工作信息化有关的所有工作，包括会计软件的开发；企业建立、应用并维护的会计信息系统；会计信息化人才的培训；会计信息化的宏观规划；会计信息化的制度建设，以及会计软件市场的培育与发展等。

1.2.1 历史的回顾

长期以来，我国称“现代信息技术在会计领域中的应用”为“会计电算化”。发展到 21 世纪初，不少学者提出了应以“会计信息化”来取代“会计电算化”的称谓，该想法得到了理论界、实务界和政府部门的认可。会计信息化(电算化)事业在我国已历经 30 余年，在各方人士的关心和不懈的努力下取得了可喜的成果。

1. 会计信息化(电算化)起步

在我国，开展会计电算化的工作始于 20 世纪 70 年代末。与发达国家相比，晚起步 20 年。1979 年，为了改变我国财会工作手工核算的落后局面，财政部拨款 560 万元，在长春第一汽车制造厂进行计算机在会计工作中的应用试点。1981年，在第一汽车制造厂召开的“财务、会计、成本应用电子计算机专题讨论会”上，将计算机在会计工作中的应用简称为“会计电算化”。1980 年，铁道系统的北京广安门车站、蚌埠铁路分局在微机系统上相继开发了货票处理、工资核算、材料核算和财务决算编汇等应用程序。1983 年，上海市在上海吴泾化工厂进行会计电算化应用工作的试点。1983 年，国务院成立了电子振兴领导小组，在全国掀起了计算机应用的热潮。许多企业先后购买了计算机，而其中多数企业又将财务会计作为应用计算机的突破口，会计电算化工作进入了一个快速发展的时期。

2. 商品化会计软件

会计信息化(电算化)的核心工作是建立计算机环境下的会计信息系统，而会计信息系统的重要组成部分是支持会计核算和管理工作的会计软件。在我国会计电算化发展早期，会计软件的研制开发基本处于自发及分散的状态。会计软件都是一家一户自行开发的专用软件，投资大、周期长且见效慢，会计软件低水平重复开发的现象非常严重。经历了近 10 年的探索后，人们认识到只有走会计软件通用化和商品化，以及服务社会化道路，才能从根本上解决会计软件低水平重复开发问题，这加快了会计电算化的普及，保证了会计电算化能够持续健康地发展。1986 年以后，一些开展会计电算化较早的行业，如铁道、机械、建筑、电力、电子和邮电等为解决会计软件低水平重复开发问题，也为了方便会计报表审核和汇总工作，开始探索在行业内统一推广行业通用会计软件，以求更快地推动会计电算化发展。1988 年以后，商品化会计软件开始在市场上出现，通用会计软件迅速成为我国会计软件发展的主流。

我国商品化会计软件的孕育、产生和发展时期，正是我国经济快速发展、经济体制发生深刻变革的时期。在这样的时代背景下，商品化会计软件顺应了时代发展的潮流。它一经出现便显示出强大的生命力和发展活力，先后出现了先锋、用友、金蝶、安易和浪潮等一批商品化会计软件。这些会计软件的出现和应用，不仅快速地推动了会计电算化的普及和发展，同时也形成了会计软件产业。

3. 会计信息化(电算化)的制度建设

1987年，财政部下发了《关于国有企业推广应用电子计算机工作中若干财务问题的规定》。文件规定："凡企业开展会计电算化需要购置的微型电子计算机，应尽量先用企业发展基金解决，确有困难的，经同级财政部门批准，对单个系统价值在5万元以下，可分项摊入生产成本。"在1988年8月的中国会计学会首届会计电算化学术研讨会上，与会代表一致通过以大会全体代表的名义提出一份《关于会计电算化工作的建议书》，呼吁主管部门尽快制定会计电算化规范，推动我国会计电算化事业健康迅速地发展。1989年12月，财政部颁发了第一个全国性会计电算化的行政法规《会计核算软件管理的几项规定(试行)》(简称《规定》)。《规定》对会计核算软件的基本要求、会计核算软件的评审、会计核算软件使用单位的基本要求、会计核算软件使用单位以计算机替代手工记账的审批，以及计算机替代手工记账单位的会计核算资料的生成和管理五个方面做出了较具体的规定，这也是政府部门首次以法规的形式对商品化会计软件加以肯定。

1990年以后，财政部先后印发了《关于会计核算软件评审问题的补充规定(试行)》、《会计电算化管理办法》、《商品化会计核算软件评审规则》、《关于会计核算软件评审问题的补充规定(试行)》、《会计核算软件基本功能规范》、《会计电算化知识培训管理办法(试行)》和《会计电算化工作规范》等重要文件。90年代后期，各地财政部门依据财政部的管理制度和办法，在会计软件管理、替代手工记账管理、会计电算化培训管理和会计软件市场管理等方面陆续出台了地方性法规。国务院各业务主管部门及军队系统也都制定了会计电算化政策、法规，进一步推动了会计电算化发展。

4. 21世纪会计信息化的发展

21世纪是一个高科技技术革命推动人类新文明的时代，也是人类社会向信息化社会全面进军的时代。在我国，信息化已成为推动经济发展的既定国策之一，会计信息化是信息化在会计行业和领域中的应用。为顺应信息技术发展趋势和贯彻实施国家信息化战略的需要，2008年11月，财政部会同工业和信息化部、人民银行、审计署、国资委、税务总局、银监会、证监会、保监会等共同成立了会计信息化委员会。该委员会旨在为推进我国会计信息化建设提供组织保障、协调机制和智力支持。我国会计信息化建设的总体目标是，力争通过5～10年的努力，建立一个政府指导并组织推动、单位主动参与并具体实施、市场积极响应并配合支持的会计信息化管理体系；构建一个以企业提供标准化信息为基础，方便使用者高效利用信息、共享资料的综合信息平台；形成一套以XBRL①国家分类标准为重要组成部分的会计信息技术标准体系；打造一支既精通会计业务，又熟悉信息技术的复合型会计信息化人才队伍；培育一个为相关单位提供高质量软硬件产品、技术服务和相关领域咨询服务的会计信息化产业。

1.2.2 会计信息化的定义、作用和意义

1. 信息化

何谓"信息化"，至今仍无定论。1963年，日本学者在《论信息产业》文章中首次提及"信

① 详情见第3章。

息化”的含义，从此信息化一词便逐渐流行开来，并逐步形成了概念。随着实践的发展，其内涵和外延不断发展丰富。许多学者对信息化进行了专门研究，其中具有代表性的观点有如下几个。

从技术方面来看，信息化是以信息资源开发利用为核心，以网络和通信等技术为依托的一种新技术扩散过程。

从过程方面来看，信息化可以理解成为一个过程，是在社会和经济活动中普遍采用信息技术开发和利用信息资源，以此来推动经济发展和社会进步，使得通过利用信息资源创造的产值在国民生产总值的比重逐步上升，直到占据主导地位的过程。

从组成要素来看，信息化可以由信息基础设施、信息技术与信息产业、信息技术应用和信息人才所组成，其中信息基础设施又包括信息网络、信息资源、信息政策与标准四个要素。其中，信息基础设施、信息技术与信息产业是基础，信息技术应用是核心，信息基础设施的建设和信息产业的发展都要以信息技术应用为核心。信息人才是关键，其他要素的发展都需要信息人才才能够顺利进行。四个要素之间是相互关联的。

从上述关于信息化的观点看，信息化是一个集成的概念，它具有明显的层次性。信息化的层次性是指信息化可分成社会、国民经济信息化；行业、领域信息化，以及组织、企业信息化三个层次。

(1)社会、国民经济信息化：在社会和经济活动中普遍采用信息技术，开发并利用信息资源，以此来推动社会文明和经济发展，使得信息产业和一切通过利用信息资源和信息技术创造的产值在国民生产总值的比重逐步不断上升的过程。

(2)行业、领域信息化：通过对信息技术的渗透、蔓延，以及对信息资源的充分开发和利用，使行业手段不断提高和完善的过程。

(3)组织、企业信息化：它又分企业管理信息化和企业其他信息化，例如 CAD 和 CAM 等。在此后章节中，企业信息化专指企业管理信息化。

2. 企业信息化

企业信息化是指在企业中依据系统科学、管理科学，应用现代信息技术，整合企业的生产、经营和管理等流程，建立企业管理信息系统；充分开发和利用信息资源，及时且准确地为企业内部和外部使用者提供有用的信息支持，以便对企业内外需求做出快速和有效反应的一系列过程的总称。企业信息化的目标是追求企业核心竞争力的提升和最终效益的显著增值。

企业信息化的意义如下。

(1)加快信息流动，提高信息资源的利用率。

企业信息化可以使企业信息资源得到全面的规划、分类、开发和利用，同时在信息化过程中采用业务流程重组理论对业务流程和组织机构进行改革和简化。使得企业信息流动的路程大为缩短，信息流动更为顺畅，信息成本明显下降，从而大大提高了信息资源的利用率。

(2)促进企业管理模式的变革。

信息技术的飞速发展从根本上改变了企业收集、处理及利用信息的方式，从而导致企业组织形式的巨大变革，原有的金字塔形组织结构被扁平化的网络结构所取代。在这种结构中，减少了大量的中间管理层次，加强了决策层与执行层的直接沟通。各种“工作团队”成为企业的基本活动单位，企业管理方式从传统的控制型转为参与型，实现了充分授权。

(3)提高企业的整体管理水平。

企业信息化建设中通过转变传统的管理观念，提高全体员工的整体素质，建立良好的管理规范和管理流程，构建扎实的企业管理基础，实行科学管理，从而提高企业的整体管理水平。

（4）扩大企业竞争范围。

企业信息化可以促进和提供企业在更广泛的地理空间和时间范围内进行全面竞争的能力。信息技术，尤其是因特网技术的发展，促进了信息资源在全球范围内自由快速地流动。借助于信息技术，特别是因特网技术的支持，使企业生产经营的范围、对象和方式发生了根本性的变化，企业也面临着更大范围和更加激烈的竞争。

（5）提高企业的经济效益。

企业在信息化过程中要进行的业务流程重组和机构精简工作，在加速信息流转、提高信息共享能力的同时，可以大幅度提高工作效率，降低工作强度，并节省大量人力资本。

企业信息化实现了计划、采购、生产和销售的协调一致，可以减少采购成本，减少库存积压，降低库存资金占用，并提高企业资金利用率。

不同行业、不同性质、不同规模、不同发展阶段的企业，其信息化所包含的内容不尽相同。如制造业和服务业就有较大的差别。同为服务业，金融服务业和交通服务业也不尽相同。根据企业信息化的定义，企业信息化的内容一般如下。

（1）应用信息技术，建设、管理和维护信息系统。

（2）加强信息资源的综合开发利用，建立企业知识库。

（3）变革企业管理模式、优化经济结构或重组业务流程，建立行之有效的激励机制。

（4）加强信息化人才队伍建设等。

其中，建立高效集成的管理信息系统是企业信息化的主要内容。

3．企业会计信息化

企业会计信息化是企业整体信息化的一部分，它指在企业中依据系统科学、管理科学和会计学，应用现代信息技术整合企业的业务流程与会计处理流程，并建立会计信息系统；充分开发和利用会计信息资源，及时准确地为企业内部和外部使用者提供有用的会计信息支持，以加强会计反映和监控作用的综合过程。

企业会计信息化的作用除同样具有企业信息化的作用外，还突出地表示在如下几个方面。

（1）提高会计数据处理的时效性和准确性，提高会计核算的水平和质量，减轻会计人员的劳动强度。

（2）提高会计管理和控制的作用，使会计管理由事中记账算账，事后报账、管理，转向事先预测、规划，事中控制、监督，事后分析及决策的一种全新的管理和控制模式，以增加会计信息的使用价值，提高会计管理、控制和决策水平。

（3）推动会计技术、方法、理论创新和观念更新，促进会计工作进一步发展。

4．企业会计信息化的主要内容

与企业信息化类似，企业会计信息化的主要工作内容如下。

（1）应用信息技术，建设、管理和维护会计信息系统。

（2）加强会计信息资源的综合开发和利用，在支持财务会计核算和管理的基础上，可进一步支持管理会计的运行。

（3）变革手工会计管理模式和手工会计业务流程，实现会计各处理流程间的整合及其与业务流程的集成和整合。

（4）加强会计信息化人才队伍建设。

1.2.3　会计信息化与会计信息系统

根据企业会计信息化的定义和内容，会计信息化中的核心工作是利用现代信息技术，构建由计算机、网络、操作系统、数据库管理系统、会计软件、数据文件、会计和系统管理人员等组成的会计信息系统。本书此后各章将围绕会计信息系统的基本理论和应用展开讲解。

1.3　信息技术环境下会计人员的价值取向

与手工环境相比,在现代信息技术环境下从事会计工作的会计人员价值取向发生了很大的变化。

1.3.1　会计人员角色和职能的变化

首先，信息技术的应用彻底改变了会计工作者的处理工具和手段。由于大量的核算工作实现自动化，所以会计人员的工作重点将从事中记账算账、事后报账转向事先预测、规划，事中控制、监督，事后分析及决策的一种全新的管理模式。

其次，在信息技术环境下，会计人员要承担企业内部管理员的职责，并且随着外部客户对会计信息需求的增长，会计人员应及时地向外传递会计信息，为社会、债权人、投资者、供应商和客户、兄弟行业及政府管理部门等一切会计委托和受托者负责披露会计信息，提供职业化的会计和财务咨询服务。

最后，在信息技术环境下，会计人员不再仅仅是客观地反映会计信息，而且应使会计信息增值和创造更高的效能。特别是由于会计人员对企业业务流程有独到理解，并具有组织会计和财务信息的高超技艺，他们可以参与企业战略和计划的辅助决策，将注意力更多地集中到分析工作而不只是提供会计和财务数据，其作用更多地体现在通过财务控制分析、参与企业综合管理和提供专业决策。换言之，未来的会计师们将是企业经理的最佳候选人之一。

1.3.2　会计人员和会计信息系统关系的变化

与手工环境相比，在信息技术环境下，会计人员不仅是会计信息系统的信息提供者和使用者，同时还是会计信息系统所反映的各种业务活动规则、控制规则和信息规则的制定者和会计信息系统的维护者。会计人员的职责将得到大大的提升，主要表现在如下几个方面。

1. 科学使用会计信息系统的会计信息

在现代信息技术环境下，特别是在网络环境下，会计人员可以通过内联网(Intranet)、外联网(Extranet)和因特网(Internet)按事先制定的业务活动规则和权限来控制采购、仓储、生产和销售等环节财会数据的实时采集。此时客观上就要求会计人员能够准确地分析数据，并提出科学的分析结论和决策方案，工作重心转移到对会计数据管理监控、分析和财务决策上。

2. 制定各种业务活动、会计控制和会计信息的规则

为了使财会人员能科学地使用财会信息，一个重要的前提是在会计信息系统实施中，会计人员应与业务人员协作，共同完成业务流程的优化或重组，并根据会计管理的需求制定各种会计控制和会计信息规则。

3．会计信息系统的维护

随着管理理念和信息技术的不断发展，会计信息系统也应不断地在维护中实现其自身的动态变革。与信息技术人员不同，会计人员对会计信息系统的维护重点表现在如下方面。

（1）根据会计管理变革的新需求，提出对会计控制规则和会计信息规则变革的新需求。

（2）协助信息技术人员正确理解、抽象和描述上述规则。

（3）在信息技术人员完成规则变革的信息设计后，会计人员要对会计信息系统的新功能进行验收评测。

4．制定会计信息系统的内部控制和审计制度

详情见本书第 6 章和第 7 章。

1.3.3 会计人员能力需求和知识结构的变化

为了使会计人员能胜任信息技术环境下的职责，对会计人员的能力和素质的需求也发生了变化。

1．能力需求

在信息技术环境下，常规且结构化的会计核算和财务管理等工作将由基于信息技术的信息系统完成。会计人员应更多地从事那些非结构化且非常规的会计业务，并完成评价信息系统及其资源的工作，因此未来的会计人员应具备如下 5 种能力。

（1）沟通技能。会计人员不仅能提供信息，而且能与企业高层领导和其他管理者交换信息，建立有意义的关系。

（2）战略性和关键性的思考能力。能够将会计数据、信息、知识和智慧联系起来以提出高质量的建议。

（3）关注企业客户和市场的发展。能够比竞争对手提供更好的、满足客户不断变化需求的建议。

（4）为关联信息提供科学解释。能够为互相有内在联系的会计、财务及非财务信息提供科学解释。

（5）技术熟练。能够熟练地利用会计和信息技术，并推动信息技术在会计工作中的应用，制定会计信息化实施的各种规则。

2．会计人员应具备的知识体系

信息技术用于会计工作中所涉及的理论和方法学具有很强的综合性，它涵盖如下多门学科的相关知识。

（1）管理科学：一般管理学和经济管理学，包括会计学、财务管理和审计学等。

（2）信息技术科学：计算机软硬件技术、网络通信技术、数据库技术和多媒体技术等。

（3）信息系统理论和方法科学："老三论"，即系统论、控制论和信息论；"新三论"，即耗散结构论、突变论和协同论，以及行为科学等。

（4）信息系统实施和管理科学：软件工程、项目管理、IT 治理、工程监理和评估等。

对于会计人员及从事会计信息化的人员而言，由于角色不同，对上述各知识点的掌握要求也不同。

3．会计人员的价值取向

会计人员为保持其自身的价值，必须做到如下几点。

(1) 建立持续接受教育和终生学习的信念，会计人员应该得到持续教育，而不仅仅是通过资格认证。

(2) 保持自身的竞争力，能够熟练并有效率地完成工作。

(3) 应恪守职业道德，坚持会计职业的正直及客观性。

关键词

信息技术、会计信息化、会计电算化、会计信息系统

习题

(1) IT 环境下，对会计实务产生了哪些影响？

(2) IT 环境下，会计角色有哪些变化？

(3) 信息化、企业信息化和会计信息化的内涵是什么？三者之间有哪些关系？

(4) 会计人员在企业实施会计信息化时的主要职责是什么？

(5) 会计信息化的目标和内容是什么？

(6) 在会计信息化环境下，会计人员能力需求和知识结构是什么？

(7) 什么是会计信息系统的维护，它主要包含哪些内容？

(8) 财政部在 21 世纪对会计信息化实施了哪些重要举措？

第 2 章

管理信息系统

本章学习目标

通过本章学习，读者应达到以下目标。

(1) 了解管理学基础知识。

(2) 了解信息基础知识。

(3) 掌握管理信息系统的定义、特征，以及计算机管理信息系统的构成。

(4) 掌握管理信息系统的结构。

2.1 管理信息系统知识

会计信息系统是企业管理信息系统的一个重要子系统，因此在学习会计信息系统前，有必要首先学习和理解管理信息系统。

管理信息系统是一门跨学科的综合科学，它涉及管理学、信息学和系统论的综合应用。本节在讲授管理信息系统前，简单介绍管理学、信息学和系统论的有关基础知识。

2.1.1 管理学基础知识

1. 什么是管理

管理的内涵和定义有许多说法，笔者认为，管理是指为了达到某种既定的目标，按照某种管理思想、理念、理论和方法体系科学地计划、组织、指挥、协调、约束并控制他人的行为，有效地调度各种资源，包括人、财、物、设备、技术和信息等，以求得用最小的投入获得最大的产出。

2. 著名管理学大师的主要论点

20 世纪初，“科学管理之父”泰勒在总结了前人的管理思想和本人的一系列工业管理的实践后，发表了《科学管理原则》一书。书中第一次把科学原则用于管理领域，并把管理带进科学殿堂。泰勒把科学管理的基本原则归纳如下。

(1) 以科学办事来代替以经验办事。

(2) 集体行动协调，避免不相合拍。

(3) 彼此合作，而不是个人主义的混乱。

(4)追求产值最大，而不让它受到约束。

(5)尽最大可能培养工人，使他们和公司都取得更大的成就。

以上思想构成了现代管理学的基本思想。

法约尔是现代经营管理理论的创始人，他在1916年出版了《一般工业管理》一书。书中提出了对企业主管人员的体质、智力、精神、教育、技术方面的品质要求和培训，并且提出了如下14条管理原则。

(1)劳动分工。

(2)职权、职责及权贵相关。

(3)纪律、尊重协议、服从、尽力并重视声誉。

(4)命令统一、一个上级。

(5)计划、指导统一。

(6)个别利益服从整体利益。

(7)报酬公平。

(8)集中程度。

(9)等级清晰。

(10)程序，各有其位、各就其位。

(11)公道、公正。

(12)使用期稳定。

(13)首创精神。

(14)团结精神。

迈约也是行为科学派的代表人物。行为科学认为人是社会的人，企业应当为社会做贡献，应关心职工，并认为职工有权在产出中获取生活资料。

哈默是企业过程再造(Business Process Reengineering，BPR)思想的主要创始人之一。BPR以企业过程为对象，从顾客的需求出发对企业过程进行根本性的改造，并以信息技术和人员组织为源动力，以求达到企业关键性能指标和业绩的巨大提高或改善，从而保证企业战略目标的实现。

3. 管理的组织

(1)组织。

组织指由一定人员和资源组成的群体，以实现特定的目标。管理组织是保证管理目标实现的重要手段，是管理的重要问题。由于它和信息技术相互影响又相互支持，所以它与管理信息系统有密切关系。在现实生活中，组织的种类很多，规模大小不一，经营活动的内容各异。一般而言，根据运营目的不同，组织可划分为企业、非营利组织和政府机构等。

(2)企业的组织结构。

组织结构指不同作业层次管理者和员工的职责权限、领导和服从关系，以及隶属报告机制等，是企业主管人员指挥和协调各项经营活动的重要手段。从古代的作坊到现代企业，多数采用如图2-1所示的直线式组织结构。直线式组织结构的主要特点是：企业的运营作业以纵向管理层次划分，分别赋予明确的领导与隶属职责关系，低层管理者或员工必须服从上级管理者的指挥，且对其所属的上司直接负责和报告。直线式结构明确反映各级管理者所管辖的下属作业单元及其数量，有利于规定各级管理者的职责范围。

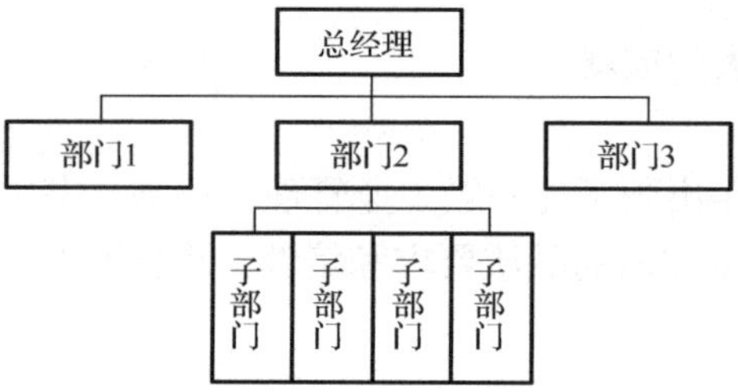

图 2-1　直线式组织结构

类似的组织结构形式还有职能式和矩阵式等。直线式、职能式和矩阵式组织结构较为严谨，清楚地反映了宝塔式的领导和服务关系，但不易于因环境条件变动而及时调整。

如今信息技术飞速发展，企业所面临的经营环境处于不断变化之中，需要企业的组织机构具有较大的弹性和高度的应变能力。为达此目的，许多企业着手设计新型的组织机构，其中网络式结构已逐渐流行。这种结构是指一种互为连接，但并不是从属关系的弹性组织结构。它通常由若干个持续作业或项目单元所组成，分别包括一组作业人员和一位主管。在网络式组织结构中，某些员工可能同时被分配到多于一个以上的作业项目，借以达到资源共享和及时决策的效果。

4．管理循环

管理活动是一个复杂的系统工程，一般来说，各种组织的管理活动包含 4 项基本功能，即计划、执行、控制和决策。它们构成一个完整的管理循环，其关系如图 2-2 所示。

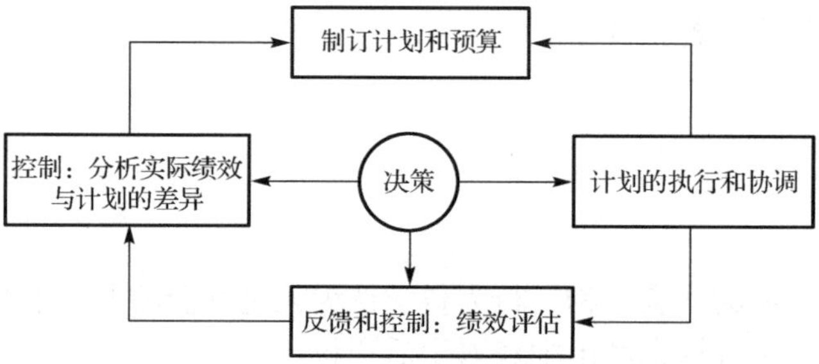

图 2-2　一个完整的管理循环

2.1.2　信息基础知识

1．数据和信息

数据和信息是管理信息系统的重要组成部分，是管理信息系统的要素之一。信息对组织及其管理者有着十分重要的价值，因为管理循环中的各个步骤都需要应用相关且可信的信息。

数据和信息等词汇由来已久，在过去的很长一段时间里，人们并不明确区分数据和信息的概念。随着社会的发展，对其认识逐步深入。特别是在进入信息社会后，人们开始重新认识数据和信息的本质。

(1)数据

数据是记录客观事物的性质、状态和数量特征的抽象符号，如文字、数字、图表、声音及动画等。数据表示的是客观事实，是一种真实存在。其本身无具体含义，它必须和客观实体及属性联系在一起才对接收者有意义。例如，“42%”、“王五”或“￥”等都是一项数据，但这一数据除了符号的意义外，并不表示任何内容。

(2)信息

在中国历史中，“信息”一词最早出现在唐代诗人李中《暮春怀故人》的“梦断美人沈信息，目穿长路倚楼台”的诗句中。在英语中，信息的拼写为“information”，已无从考证最早的出处，它可以解释为消息、情报、通知和知识等。目前，人们对信息这个概念可说是耳熟能详。其实，信息这个词只是在 20 世纪 50 年代才开始随着系统论、控制论和信息论等学科的形成和发展，才渐渐流行起来的。

信息是管理信息系统中最重要的成分。管理信息系统能起多大的作用，取决于是否有足够的和高质量的信息。

当今社会信息无处不在，然而由于研究目的和角度不同，对信息的理解和解释不尽相同：《辞海》对信息的解释是，信息是收信者事先不知道的报道；控制论的创始人维纳认为，信息是人们在适应外部世界并且将这种适应反作用于世界的过程中，同外部世界进行交换的内容的名称。接收信息和使用信息的过程，就是我们适应外部偶然性的过程；信息论的创始人香农说，信息是用于消除不确定性的东西；决策学的代表人物西蒙则提出信息是影响人改变对于决策方案的期待或评价的外界刺激。

在信息技术应用领域，一般认为信息是经过加工、具有一定含义并对管理控制和决策有价值的数据。由此可看出，信息的表达是以数据为基础的。

【案例】

"12%"是一项数据，但这一数据除了数字上的意义外，并不表示任何内容。而"A 企业本年的利润增长率为 12%"对接收者是有意义的，接收者知道"12%"是表示客观实体 A 企业本年的利润增长率这一属性值。因此，"A 企业本年的利润增长率为 12%"不仅仅有数据，更重要的是给数据以解释，从而使接收者得到了客观实体 A 企业本年的利润增长率为 12%的信息。若再加一条信息"年增长率大于 10%即可视为先进企业"，则综合以上两条信息之后，得出一条抽象程度更高的信息，即"A 企业被评为先进企业"。

分析：由此案例可见，数据和信息是密不可分的，而信息之间的联系又可以得到抽象层次更高的信息。从中可以看出，如果将数据看做原料，那么信息就是通过信息系统加工数据得到的产品。而且在信息系统的帮助下，还可利用信息技术对信息进行进一步加工处理，得到不同抽象层次的信息来辅助完成不同层次的决策。同时，在信息系统中以数据形式描述信息的各个属性，通过一些标准化的编码方式大大方便了信息的交流。在现代社会中，信息充斥着社会经济生活的各个方面，大至国家和社会，小至家庭和个人。人们随时随地、不可避免地接收、使用，并且提供各种各样的信息。信息可以说是无处不在，无时没有。现代科学研究揭示，信息、物质与能量是自然界三个基本的组成部分，为人类在自然界从事各种各样的活动和发明创造提供了必要的条件。

(3)信息的特征

信息是企业管理活动的基本要素和依据，有管理和决策价值的信息应具有如下特征。

● 信息的客观性

信息是事物变化和状态的客观反映，其表示的内容具有客观性。因为事物变化和状态都是客观存在的，所以对它的反映也应是客观的。但信息的客观性特征是由信息源的客观性决定的，那些不符合客观事实的信息不仅毫无使用价值，而且还有可能依此做出错误的决策而危害四方。

● 信息的无形性

信息的无形性主要表现在信息与物质、能量不同，信息没有具体的形态。它看不见、摸不到，必须借助物质和能量方可得到存储和传播。

- 信息的可存储性

信息是可以存储的,信息可借助于各种载体(如纸、磁盘和光盘等)在一定条件下存储起来,也可依据需要压缩存储。

- 信息的可传递性

信息是可以传递的。信息是物质存在方式的直接或间接显示，它依附于一定的媒体(声、光、磁、语言、表情、文字符号、数据和图像等)进行呈现、传递和扩散。信息是内容，信息的媒体是形式。而信息技术极大地扩展了信息的扩散范围，提高了信息的传递速度。使得信息可以很容易地跨越地理界限，摆脱厂房及机器等有形要素，在全球网络上以数字化形式迅速传播。

- 信息的可加工性

信息可通过一定的手段进行加工，如压缩、分类、排序、统计和综合等。加工是有目的性的，它往往为了某种需要对信息进行加工，加工后的信息反映了信息源和接收者之间的相互联系，并且反映出信息源和接收者之间相互作用后更为重要和更加规律化的因素。

- 信息的共享性

信息具有共享性，信息的交流者不会因为信息的交流而失去信息，反而会获得新的信息内容。信息可通过传递和扩散方式达到共享。由于信息的传播具有无限性，呈扩散状，所以这种共享性无疑会对人类社会的发展起到积极的推动作用。

- 信息的效益性

信息的效益性指信息是具有价值和成本的资源,其价值表现在一方面信息的利用会给使用者带来价值；另一方面，信息的使用将会增加其他资源的价值。但是信息的使用价值的发挥含有一定的主观成分，它与利用次数、时间和使用者的能力有关。

- 信息的时效性

信息的时效性指信息是有寿命的，一般来说，其使用价值与其提供的时间成反比。即信息生成后，它提供的时间越短，使用价值越大；反之，使用价值就越小。同时信息还具有一定的滞后性，因为信息作为客观事物的反映，总是先有事实，再生成信息。因此只有加快传递，才能减少信息的滞后性。

- 信息的可增值性

信息的可增值性主要指信息不但对其他资源有增值作用，而且信息本身也可增值。当大量零散、片面且互不关联的信息经过信息系统过滤处理成为相关信息的有序集合时，信息本身就会发生增值，这也是信息咨询业得以蓬勃发展的原因之一。此外，一种信息在生产和传播的过程中，有不断丰富的可能性，因而可以不断增值。

- 信息的可集成性

信息的可集成性主要指不同的信息之间可以进行广泛的联系和系统的综合,并由此得出全新信息关系和内容。具体表现在同样一条信息与不同的信息联系在一起时，可以得到不同的解释，而这条信息本身并没有发生变化。一种信息可以建立与多种信息的联系，从而产生多种用途。信息的综合并不是对信息的简单堆砌，而是通过人与信息系统协同工作，使得不同实体的各方面信息有机地结合在一起，创造出新的信息。

2. 信息与管理

信息对组织及其各层管理者有十分重要的价值,特别是管理循环中的各个步骤都要应用相关的信息。在企业内部，各级管理者处于相应的责任岗位，负责执行生产、营销、财会管理及人力资源管理等组织职能。为了确定各项运营决策，并制订相关的计划和预算，管理者需要大量的相关信息。例如，企业需要定期向主管部门呈报财务报表，为客户寄出销货账单等；营销部经理需要得到企业销售产品及售后服务的信息，包括产品的制造成本、销售价格、提供赊销的条件、广告促销的效用，以及产品的市场分析等；企业的财务总监需要获取企业关于资金的使用情况、不同融资方式的效益和资本成本等信息，以制定长、短期资金筹措决策；总会计师需要获取有关客户的信用情况、往来账户的支付历史、现金流量预测和产品成本等信息，以制定产品销售价格和赊销信用政策等。管理循环中的计划步骤，无论是制定长期战略发展计划，还是制定短期的运营计划，需要参考大量的生产成本、销售价格、销售收入、销售毛利、营业及管理费用和经营利润等信息。管理循环中的执行计划步骤为完成各项既定的运营计划，管理者需要应用各作业的预算和标准成本等信息。例如，通过现金预算协调各个职能部门的现金收支进度，管理者需要分析计划、预算执行情况、产生偏差的原因与影响的信息，以采取适当的措施及时修订计划和预算，或控制费用的发生。总之，企业的有效经营离不开管理，而管理需要信息，信息的产生需要信息化和管理信息系统的支持。

2.1.3　系统科学与系统

为了阐述管理信息系统的基本概念，我们首先应理解系统科学和系统等有关基础知识。

1．系统科学

20 世纪 30 年代，冯・贝塔朗菲（Von Beitalanfy）提出了系统科学的理论，以后由诺伯特・维纳（Norbert Weiner）等人加以发展。系统科学的研究领域包括系统工程、系统哲学和抽象系统科学等。作为管理信息系统的理论基础之一，系统科学的基本思想十分重要。其中包括系统的概念、子系统的划分和系统结构的表现、优化和结合等，这些都是在开发及应用管理信息系统中不可忽视的基本知识。

2．系统

系统是一个具有广泛意义的概念，它可以理解为体系、体制、制度和方式等。对管理信息系统而言，系统是由相互联系和相互制约的一些部件（元素）组成，并为达到某种目的具有特定功能的有机整体。系统具有如下特点：

- 由一些部件组成；
- 具有一定结构；
- 是有目的的，具有一定功能。

任何系统一般都包括目标、环境、制约条件、控制、输入/输出处理流程和子系统等要素。其中，目标指系统的既定目的和动因；环境指界定系统的周边事件或相关要素；制约条件指系统能力的内外部约束因素；控制含监控和管理，指确保系统有效运行的机制；输入/输出处理流程指系统对输入要素进行处理而得出需要的输出结果的过程；子系统指一个完整的系统按一定的原则划分的相互依存又相互独立的下属系统。

例如，教学系统由专业、教师、学生、课程、课本、教室和设备等因素组成，所有成分间的相互影响和作用构成了教学目标。

每个系统总是存在于一定的环境之下，并有一定的自身活动范围，区分系统内外部的部分称为“系统边界”。

3．企业的系统观

从系统论的角度看，企业可以被视为一种复杂的系统。企业由产品、设备、人力和资产等因素组成，所有成分间的相互影响和作用构成了企业的长期发展战略、近期战术和技术目标。企业系统的长期战略目标是满足各方的利益，保持可持续稳定地发展和提高核心竞争力；企业系统的战术和技术目标是通过为客户提供高质量的产品和服务，达到销售和利润的极大化；企业系统的环境要素包括供应商、分销商、客户、竞争对手、主管部门、金融机构、政府部门及产品市场等；企业系统的制约条件包括体制的制约、产品市场的限制、获取和利用生产资源的限制等；企业系统的控制包括的内容很多，如控制实际成本和预算或标准成本间的偏差等。

2.2 管理信息系统概述

任何企业的运营活动都会产生大量的数据和信息，它不仅反映特定交易活动的发生和处理结果，而且是运营管理决策的依据。从交易的原始信息转化为适用于管理决策的信息，需要经过特定方式的处理，这一过程包含资料输入、处理和信息输出，构成特定的管理信息系统。

2.2.1 管理信息系统的定义

管理信息系统（Management Information System，MIS）是 20 世纪中后期才逐渐形成的一门新学科，其概念至今尚无统一的定义。20 世纪 30 年代，柏德曾强调了决策在组织管理中的作用。20 世纪 50 年代，西蒙提出了管理依赖于信息和决策。管理信息系统最早出现在 1970 年，由瓦尔特·肯尼万给出的定义是："以书面或口头的形式，在合适的时间向经理、职员和外界人士提供过去、现在、预测未来的有关企业内部及其环境的信息，以帮助他们进行决策。"此定义只强调了管理，而没有涉及计算机技术。直到 1985 年，管理信息系统的创始人高登·戴维斯才给管理信息系统下了一个较为完整的定义："管理信息系统是一个利用计算机硬件和软件，模拟手工管理作业，利用分析、计划、控制、决策模型和数据资源的一个人机系统。它能提供信息以支持企业或组织的运行、管理和决策。"

笔者对管理信息系统的定义为，管理信息系统是以信息基础设施为基本运行环境，由人、信息处理设备和运行规程组成的，通过信息的采集、传输、存储、加工处理，并以企业战略竞优、提高效率为目标，支持企业高层决策、中层控制和基层运作的集成化的人机系统。

上述定义说明管理信息系统不仅是一个利用信息技术的技术系统，也是一个由人积极参与的人机管理，并对企业进行全面管理的综合系统。

上述定义指出管理信息系统由人、信息技术设备和运行规程三个要素组成，其中，人不仅是管理信息系统中的组成元素之一，而且是站在系统之外对管理信息系统进行管理，并利用管理信息系统提供的信息进行决策的信息系统使用者；信息技术设备按照一定的结构集成为机器系统后，提供了管理信息系统运行的物理环境；运行规程主要规定了管理信息系统本身的运作规则，并用来明确人与信息技术设备之间的关系。如对系统的控制和使用规则、安全性措施、对系统的访问权限等，特别是给予所有信息系统的使用者一些使用管理信息系统时应共同遵守的规则。

上述定义规定管理信息系统以企业战略竞优、提高效率和支持辅助决策为主要目标。管理信息系统必须能够根据企业战略决策和管理的需要，及时提供有关信息，帮助决策者做出决策。

上述定义指出管理信息系统的基本功能是信息处理，具体包括如下功能。

(1) 信息采集：解决信息的识别、信息的收集及如何将收集到的信息表达为管理信息系统可以处理的方式等问题。

(2) 信息转换和生成：完成原始数据到可利用信息的转换，具体来说有分类、排序、计算、压缩、比较和汇总等基本处理活动。

(3) 信息的传输和交换完成：一是准确、快速地传送信息，涉及信息传输线路的传输速率和抗干扰能力；二是确切地表达信息的意义，涉及信息的编码和译码问题。

(4) 信息存储：保存信息以备将来使用，它强调存储的作用、存储方式和存储介质等问题，特别是信息的存储时间是管理中的重要问题。

(5) 信息的加工处理：将采集到的信息按事先规定好的业务处理逻辑自动进行加工处理，它是管理信息系统的基础和核心功能。

(6) 信息更新和维护：保证信息处于可用状态，即保证信息的及时更新、适当分布，以及信息的安全性、完整性和一致性。

(7) 信息检索：按照用户的需求查找信息，由于用户需求是多种多样的，因此还需要进一步加工处理和分析信息。为此在执行检索时，还需要利用一些模型和方法。如预测模型、决策模型、模拟模型和知识推理模型等，从而得到针对性较强且满足各类用户需求的决策信息。

2.2.2　计算机环境下的管理信息系统

如前所述，管理信息系统由人、信息处理设备和运行规程三个要素组成，其中，在计算机环境下的信息处理设备包括计算机硬件平台、软件平台、应用系统和数据文件。

1. 硬件平台

计算机硬软件平台是管理信息系统开发及生存的运行基础和环境。

管理信息系统的计算机硬件平台是计算机、网络、数据输入和数据输出等设备按一定应用体系结构组成的运行支持环境。和企业的管理水平一样，硬件平台的建设方案也是管理信息系统能否成功的关键因素之一，它们在很大程度上决定着管理信息系统的发展空间和生命力。

一个好的硬件平台不仅应体现在能方便地支持现行管理信息系统的运行，而且也应具有安全、可靠、易维护、易升级和保护原有系统资源等良好的性能。

2. 软件平台

管理信息系统除了需要硬件和网络平台来支持其运行外，还需要软件平台的支持，包括系统软件和工具软件。其中，系统软件主要用于管理计算机资源，如各种操作系统。管理信息系统常用的操作系统有 Windows NT 和 Unix 等。工具软件主要用于提供用户开发应用系统的软件，如各种编译器及相应的程序设计语言和数据库管理系统（DBMS）等。管理信息系统常用的前台开发工具有 Visual Basic、C++、Visual C++、Java 等，常用的 DBMS 有 Access、SQL Server、Sybase、Oracle 和 DB Ⅱ 等。

3. 应用系统

管理信息系统在安装硬软件平台后，还需要选购或开发符合企业管理需求的应用系统，而应用系统的主体就是应用软件。目前在市场上有许多可供选购的应用软件，包括各种财务软件和 ERP 软件等。

4. 数据文件

安装所有的硬软件平台和应用系统后，为了支持系统的日常运行，必须组织基础数据存放到计算机中。同时，当系统正常运行时会采集和产生许多新数据和信息，也需要组织成数据文件存放到计算机中。在计算机信息系统中，数据文件常用文件系统、数据库和数据仓库的形式来组织和管理数据。

在此后的章节中，管理信息系统指在计算机环境下的系统。

2.2.3 管理信息系统的特征

根据管理信息系统的定义，可以看出管理信息系统具有如下特征。

1. 开放性

开放性指管理信息系统与外界环境之间有信息、物质或能量的交换关系，对外部环境变化具有一定的适应能力。

2. 集成性

管理信息系统由多个子系统组成，每个子系统完成各自特定的功能，但是服从管理信息系统为信息使用者服务的总目标。因此管理信息系统是一个整体，具有系统集成性和信息集成性。系统集成性有五个层次，即硬件集成、软件集成、数据和信息集成、功能集成，以及人和组织机构的集成。

3. 人—机协作性

管理信息系统是一个人—机协作系统，即管理信息系统中人与机器必须相互密切协作并相互适当配合才能发挥各自的作用。忽视了任何一方，管理信息系统的目标就不能很好地实现。这是管理信息系统的重要特点之一，也是管理信息系统应用上的难点之一。

4. 现代管理方法和技术手段相结合

现代管理方法和技术手段相结合，指将管理方法与信息技术有机结合起来。要想使管理信息系统发挥充分的作用，不仅要采用先进的信息处理技术，同时也要引入先进的管理手段和方法。因为如果只重视前者，充其量只是提高了工作效率和减轻了管理人员的劳动强度，其作用十分有限。管理信息系统要发挥其在管理中的作用，必须使信息技术与先进的管理手段和方法相结合。

2.2.4 管理信息系统的结构

管理信息系统的结构指管理信息系统各部件的构成框架，目前，管理信息系统的结构描述尚无统一的模式。从不同的视角出发，管理信息系统的结构有多种模式，如管理信息系统的概念结构、管理信息系统的目标任务结构、管理信息系统的功能结构和管理信息系统的软件结构等。本书将介绍前三种结构。

1. 管理信息系统的概念结构

管理信息系统的概念结构指从管理信息系统的基本概念出发来分析其组成部分和结构。显然，从概念出发，管理信息系统由信息源、信息处理器、信息用户和信息管理者四个部分组成，如图 2-3 所示。

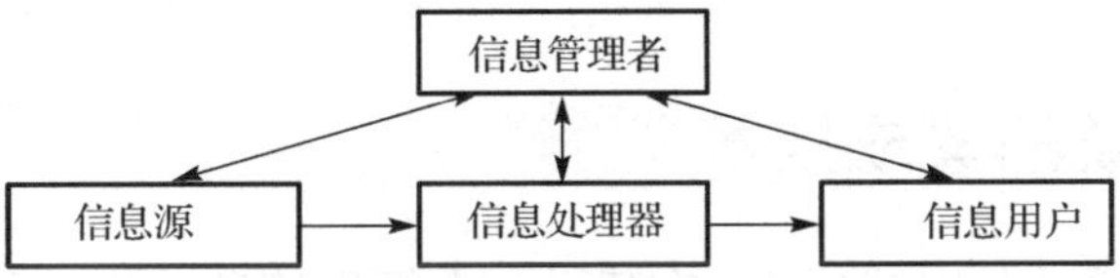

图 2-3　管理信息系统的概念结构

信息源是信息的产生地，负责信息的采集、转换和生成；信息处理器负责信息的传输、加工、存储；信息用户分析应用信息并决策；信息管理者在管理信息系统设计阶段与 IT 人员协作，负责需求分析及设计验收等，在系统实现后负责运行和维护管理信息系统。

2．管理信息系统的任务结构

管理信息系统的任务结构指从管理信息系统所要完成的管理任务的角度出发来分析其组成部分和结构。企业的管理任务是一个具有四个元素的层次结构，由战略管理、战术管理（管理控制）、运行控制和业务处理组成。

(1) 战略管理：包括制定企业的战略目标、政策和总方针、企业的组织层次，并且决定企业的任务。

(2) 战术管理（管理控制）：包括资源的获得和组织、人力资源的招聘与训练及资金的监控等。

(3) 运行控制：包括有效利用现有的资源和设备及实行预算控制等。

(4) 业务处理：其中的管理任务有财务管理和库存管理等。

处于最底层的业务处理具有大量的信息和内容，而居于顶层的战略管理具有最为浓缩的信息。因此相应的管理信息系统的结构具有金字塔形，如图 2-4 所示。

3．管理信息系统的功能结构

管理信息系统的功能结构指从使用者的角度看是由相互有信息关联的多个功能部件组成的，如一个企业的内部管理系统可以具有如图 2-5 所示的结构。

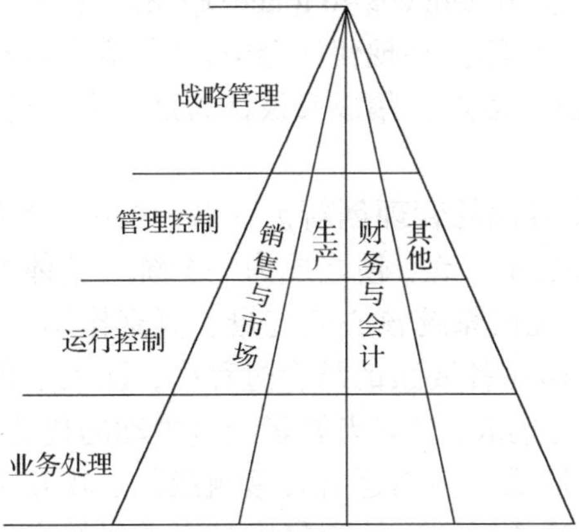

图 2-4　管理信息系统的任务结构

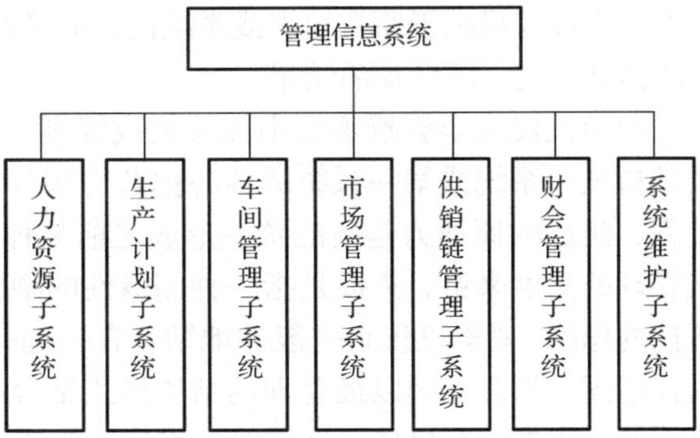

图 2-5　管理信息系统功能结构

从图 2-5 中可以看出，管理信息系统由具有不同功能或职能目标的一系列子系统组成。这些子系统还可以分解为子子系统，称为“二级子系统”。例如，会计信息系统可分解为总账、应收、应付、成本、存货、工资和固定资产等二级子系统。当把管理信息系统分解为多个子系统时，必须要明确各子系统的边界和接口，这样才能将子系统有机地结合成一个整体。

2.3 管理信息系统的集成技术

开放性是管理信息系统的时代标志。在建设一个管理信息系统时会遇到许多选择，如对服务器平台、客户机平台、网络协议、组网方式、操作系统、数据库系统、系统管理体系和开发工具的选择。虽然每一选择可有多种答案，但任何一个失误，都将导致整个系统建设的失败。因此，需要建立一套指导人们进行管理信息系统建设的概念和方法体系，“信息系统集成”的思想与技术应运而生。

2.3.1 管理信息系统集成的定义

管理信息系统集成就是按照用户的需求，对众多的技术和产品进行合理的选择，最佳搭配各种软件和硬件产品与资源，组合成完整的、能够解决客户具体应用需要的集成方案，使系统的整体性能最优，在技术上具有先进性，实现上具有可能性，使用上具有灵活性，发展上具有可扩展性，投资上具有收益性。

1. 系统集成

集成作为一种现象或事物广泛存在，社会组织是人的集成，机器设备是零件的集成，生产线是机床、工具的集成。但是，集成作为一个科学的概念被人们所认识和明确提出，则是近些年的事。集成科学概念的形成和系统论有着密切的关系。集成是构建系统的一种方法。集成的结果必然是系统，系统是由若干个相关单元集成的。集成论是系统论的一个分支，是系统论在 20 世纪末期经济、科技和社会环境条件下的新发展。

(1)集成的内涵

“集成”在《现代汉语词典》中被解释为同类事物的汇集，从一般意义上被理解为聚集、集合、综合之意。英语“集成”一词——Integration，其词根为 integer，意为“一个完整的数”，而不是一个分数，而 integer 源于拉丁语的词根 in=in(内部)和 tangere=to touch(联系)。因此，Integration 在英语中解释为融合、综合、成为整体、一体化等。在现代社会中，“集成”活动范围已不仅仅局限于原有组织或系统内，而是越来越广泛，因此，集成又被认为是一个过程、一项活动或是一项活动的结果。

中国人民大学教授李宝山在《集成管理——高科技时代的管理创新》一书中指出：“集成是指某一系统或某一系统的核心把若干部分、要素联结在一起，使之成为一个统一整体的过程，集成的原动力是新的统一形成之前某种先在的系统或系统核心的统摄、凝聚作用。”从管理的角度来讲，集成是指一种创造性的融合过程，即在各要素的结合过程中，注入了创新性的思维。要素仅仅是一般性地结合在一起并不能称为集成，只有当要素经过主动的优化，选择搭配，相互之间以最合理的结构形式结合在一起，形成一个由适宜要素组成的、相互优势互补、匹配的有机体，这样的过程才称为集成。这一描述对深入认识集成具有重要的启发意义。

在此基础上，我们运用系统论的观点，结合集成在社会、经济、科学技术发展中的作用，将集成的内涵描述为：集成是集成主体将两个或两个以上的集成要素(单元)集合成一个有机整体的行为、过程和结果，所形成的集成体不是集成要素之间的简单叠加，而是按照一定方式进行的构造和整合，其目的在于实现整体功能的倍增和涌现。

从集成含义的一般性描述中可以看出：集成是一项活动过程和结果，同时也是一种方法。集成突出强调集成主体的目的性、组织性和行为性。因此，集成的思想和方法被广泛用于构造复杂系统和解决复杂系统的效率问题。

(2) 系统与集成的关系

系统与集成的关系，可以从以下几个方面进行比较分析。

- 从系统与要素的构成关系来看，系统是要素集成的结果，集成是系统形成、重组的基本活动。
- 从指导思想上来看，集成是以系统思想为指导和起点，以系统结果为落脚点，但又站在高于系统的层面，考虑系统优化或寻优的过程。因此，系统有着明确的边界，而集成的范围是泛边界的。
- 从系统功能的角度来看，系统的功能是系统要素、系统结构和环境相互作用的结果，而任何一个要素的变化都将引起系统其他要素的变化，从而导致系统功能的变化；同时，系统结构的调整也会引起系统功能的变化，而集成过程既可以在系统内改变要素的联系方式，又将系统外要素集成到原系统中，因此集成过程（活动）往往能够改变系统功能。

2．系统集成的特征

基于上述对集成的认识和对集成内涵的描述，可将集成的主要特征概括为以下几点。

(1) 目的性。集成活动是集成主体的主动行为和寻优过程，因此，集成活动有着明确的目的性。

(2) 主体行为性。集成是集成主体——人的有意识、有选择的行为过程，是集体主体为实现某一具体目标而进行的有意识的活动。因此，集成突出强调集成主体的行为性。

(3) 非线性。集成能导致功能倍增或涌现的新功能。集成体不是集成要素各功能的简单相加，而是一种非线性功能变化或功能涌现。如集成电路，不仅大大提高分立元件所组成电路的功效，而且在抗干扰性、稳定性等方面增加了新的功能；将微电子技术与机械加工技术集成在一起形成的数控机床、加工中心，以及集电子技术、智能技术、机械技术、声、光技术、新材料技术为一体的智能机器人等，都不仅大大提高了原有机械设备的功能，而且还增加了新的功能；企业也是人、财、物、信息等资源进行有机组合，以实现其向社会提供产品和服务这一功能涌现的集成系统。

(4) 整体优化性。集成是集成行为主体有意识、有选择的过程，这种有意识、有选择的过程本身就包含着优化思想和方法，而且经过有目的、有意识的比较选择，充分发挥各集成要素的优势，并且最终实现整体优化目标。

(5) 相容性。各可集成单元之间有着内在的相互关系或联系，这种相互关系或联系是各集成单元能否集成为一个整体的必要条件，当然这种相互关系或联系又是以具体的集成目标为前提的。如计算机领域中的系统集成就是为实现某一目的，将不同的计算机系统（包括软件、硬件）进行集成。各计算机系统能有效集成的相容性条件是各种计算机都是按冯・诺伊曼（Von Neaman）的计算机体系结构进行设计和生产的。因此，相同的计算机体系结构奠定了计算机系统集成的相容性条件。

(6) 互补性。集成的目的是为了实现整体功能倍增或涌现，而集成行为源于集成主体仅靠自己的努力而难以实现或达到其目标，因此，需要寻求合作者（集成对象）以弥补自身的不足。

优势互补既是集成的特征，又是集成单元相互选择的条件。“三个臭皮匠，赛过诸葛亮”就是因知识互补而产生的整体功能倍增效果。

(7)层次性。由于集成要素处于系统的不同层次，集成活动往往又是在系统的不同层次展开的，不同层次的集成方式各不相同。因此，层次性是集成的主要特征之一。

3．管理信息系统集成

“系统集成”的概念最早来自于计算机应用的领域，在计算机网络技术出现之初，网络所需要连接的计算机设备多种多样，无论是硬件结构、通信接口，还是操作系统、应用软件，都有很大的区别，异种计算机和异种操作系统的互联成为一个很重要、很复杂的课题，一般被称为“系统集成”。

随着对集成现象和集成理论研究的深入，已经形成了一套较完整的指导信息系统集成的方法论。

系统集成在概念上绝不只是连通，而是有效地组织。有效地组织意味着系统中每个部件得到有效的利用，或者反过来说，为了达到系统的目标所耗费的资源最少，包括开始的设备最少，和以后的运行消耗最少。系统集成是要达到系统的目标，这个目标总是要达到1+1>2，即系统的总效益大于各部件效益之和。事实上，对于信息系统而言，集成的系统所完成的效益是每个子系统单独工作所无法完成的，因而是1+1>2。

管理信息系统集成的主要内容是根据信息系统用户的需求，用系统工程的方法，提出一个完整的解决方案，包括从经营战略的分析研究到信息应用系统的需求定义、平台建设、系统设计、开发、测试、维护和评价提供全套服务。管理信息系统集成是一项系统工程，它涉及了准备、计划、实施管理多方面的协调、动态调整、阶段检查、方案变动管理、验收计划生成、测试及最终投产。它不仅包含软件、硬件、网络的解决方案集成，还包括管理经验、客户业务经验的集成。因此，管理信息系统集成不能被简单地称为“交钥匙的工程”。

4．管理信息系统集成的重要性

20世纪60年代，美国经营管理协会等倡议者提出了建立管理信息系统的设想，即建立一个单个的高度一体化的系统，它能处理所有的组织功能，使各级管理部门都能了解本单位的一切有关的经营活动，为各级决策人员提供所需要的信息。但由于过分强调集中，过分强调大而全，加之当时软、硬件水平的限制和开发方法的落后，效果并不明显，这种高度一体化的单个系统显得过于复杂，难以实现，信息系统建设成功率不高。在这种情况下，管理信息系统的概念转向各子系统的联合，按照总体计划、标准和程序，开发一个个子系统。这样，一个组织不是只有一个包罗万象的大系统，而是一些相关的信息系统的集合。

管理信息系统集成是为了达到系统目标将可利用的资源有效地组织起来的过程和结果。系统集成的结果是将部件或小系统联成大系统。因此，管理信息系统集成的重要性日益体现。如果没有系统集成，各部件的效益均无法发挥，所以它成了实现系统效益的瓶颈。另外，又在于它是系统上的系统，是复杂的系统，是关系全局的系统，因而它影响面大。我国现在很多企业的信息系统没有发挥应有的效益，企业购置了各种各样的软件、硬件，开发了许多信息系统，可是没有发挥整体的作用，这都是因为集成不好所致。

管理信息系统集成的重要性体现在以下几个方面：

- 消除信息孤岛；
- 优化业务流程；

- 动态监控绩效；
- 持续改善管理；
- 促进企业创新；
- 实现协同商务。

2.3.2　管理信息系统集成的特点

信息系统的不同应用形式在其发展历程中实现了时空的统一，其最终目的是为企业决策提供有效的信息。通过对信息系统的进化轨迹进行深入分析，可以认为，集成是信息系统发展和进化的内在规律之一，信息系统的进化过程也可以说是企业信息集成度不断提高的过程。

1．实现了信息系统功能的发展

集成实现了信息系统功能由处理企业组织单个部门的局部数据逐渐发展为集成管理企业功能，由对信息的简单处理逐渐演变为对企业集成信息的处理和分析。早期的 EDPS/TPS 主要完成企业操作层单项业务数据计算和静态信息处理工作。MIS 一方面按照预先定义的格式和规范完成 EDPS/TPS 的数据计算和处理任务，另一方面支持管理者对大量的数据和信息进行查询和统计工作，并以报表或其他方式输出，使管理者能有效地掌握职能部门内的关键数据和综合信息，为管理层进行结构化和程序化决策提供信息支持。DSS 整合企业的 EDPS/TPS 和 MIS 形成自身的数据库，通过友好的用户界面引导企业战略管理层对企业中的非结构化和半结构化问题进行描述后，利用模型库和专家知识库进行运算，产生特定决策问题的支持信息。ERP 则整合企业的 EDPS/TPS、MIS 和 DSS，实现了对企业产、供、销、人、财、物等各个方面的集成化管理。

2．促进了信息系统技术基础的改变

集成促进了信息系统的技术基础由单机计算和文件系统管理数据逐渐向网络化、多种操作系统平台和多种数据库技术管理数据的技术集成方向发展。EDPS 的硬件设备是小型机、工作站和大型机等单机设备，采用文件系统来管理运行中的数据。MIS 的硬件设备在 EDPS 的基础上，又增加了性能/价格比较高的微机系统，可以说微机的出现推动了 MIS 的普及。早期的 MIS 仍然使用文件系统管理数据，但随着数据库理论的提出以及数据库管理系统应用软件的开发，数据库很快就成为 MIS 的主要数据处理工具。DSS 的硬件基础包含计算机网络技术，通过网络把 DSS 的基础数据库、模型库和专家知识库互连起来。Internet 则成为 ERP 系统的主要信息技术基础。一方面 Internet 把物理上分散的企业内部网和广域网联为一个逻辑整体，另一方面通过 SCM 和 CRM 系统把企业的供应商、分销商、消费者和合作伙伴连接起来，形成适应 Internet 时代快速竞争的企业动态联盟。

3．实现了信息系统对“三流”的全面整合

信息系统对物流、资金流和信息流的整合度由 EDPS 支持企业操作层的局部业务集成发展到 ERP 对三流的全面集成。EDPS 仅能实现企业职能部门内的局部数据计算和处理，MIS 则能对企业职能部门中主要业务活动进行集成化管理。DSS 则实现了企业中跨职能部门的三流的集成管理。ERP 系统更对企业中的物流、资金流和信息流实施统一的集成化管理。

4．集成范围由企业内部扩展到企业外部

信息系统一般通过分类、归并和汇总等操作实现信息和数据的深度集成，数据仓库的数据深度集成技术还包括切片、钻取和旋转等，而关联分析、聚类分析、系列模式分析等都是信息深度集成的高级应用技术。信息的深度集成目的是为了得到对企业管理者和决策有价值的信息。

信息集成广度一般可以从集成的时间、地区、职能部门等多个侧面进行描述。对信息适度范围的集成可以保证信息的可靠性和权威性。EDPS/TPS 主要对企业业务过程中的原始数据进行计算和处理，信息的集成度很低。MIS 将信息的集成范围扩展到企业的职能部门，实现了企业职能部门内部的信息集成。为了支持企业管理层的决策，MIS 还必须通过分类、归并、汇总等步骤综合数据和信息，实现信息的深度集成。但是，MIS 的缺点在于缺乏对职能部门之间的信息集成管理，如财务 MIS 和人事 MIS 通常是两个独立的系统。虽然 MIS 的高级应用形式 MRP 把生产和库存两个部门的信息集成到了一起，MRPⅡ在 MRP 的基础上还增加了财务部门的信息集成管理，但二者对信息的集成还没有扩展至整个企业组织，仍然属于跨部门的信息集成管理。DSS 在信息集成的深度和广度方面都较 MIS 有了较大的提高。首先，DSS 通常把与决策相关职能领域的 MIS 数据库集成一个多维的数据仓库，通过联机分析处理和数据挖掘等技术的应用，把数据仓库中的数据集成和抽象成为对决策支持有用的信息；其次，DSS 的模型库和知识库还必须集成专家知识、管理者经验，以及企业边界外的相关信息等，也就是说，DSS 是在更大范围上实现了信息的集成管理。ERP 是面向企业外部环境的信息集成管理，一方面它强调对企业内几乎所有的信息进行集成化的管理，实现了全企业的信息集成；另一方面它不断融合企业边界外的供应商、分销商和客户的信息，实现了跨供应链的信息集成。这样，ERP 系统在信息集成管理方面就达到了前所未有的高度。

从历史看，信息系统的进化总是朝着信息集成范围不断扩展、信息集成深度不断提高的方向发展的。可以预见，未来信息系统的集成范围将扩展到全球范围，未来的信息系统将能够整合人类的知识、智慧和智能，促进企业、社会与环境的集成均衡发展。

2.3.3 管理信息系统集成的策略

1. 基于企业应用集成(EAI)的信息系统集成

随着计算机技术和企业信息化的发展，许多企业 IT 系统的设计和建设，诸如办公自动化(OA)、会计信息系统(AIS)、客户关系管理(CRM)、企业资源计划(ERP)、供应链管理(SCM)等商务应用系统越来越多。这些系统各有侧重，同时它们之间也有许多交叉点，包括重复的信息和数据。但是，各应用系统相互独立运行，每个系统都包含自己的应用、流程，以及数据。由于缺少不同系统相互集成的技术，导致很多关键的信息被封闭在相互独立的系统中，部门间重复着冗余的工作，在企业内部形成了一个个“信息孤岛”，相互之间无法进行通畅的信息交流和共享。因而导致企业中经常出现信息和数据更新的不同步甚至不一致，给企业内部的交流带来很多问题，给客户提供的信息也无法保持前后的一致性，这直接导致了企业工作效率的降低和运营成本的上升。随着电子商务的发展，人们需要将这些系统、应用、流程，以及数据有机地结合起来，更好地为市场和客户服务。如何把企业内部、企业间、扩展企业网络间的业务流程自动化，达到面向业务的企业应用无缝集成，将不同应用系统进行集成，成为企业的迫切要求。

企业应用集成(Enterprise Application Integration，EAI)是指面向企业整体进行计算和规划。企业应用集成的概念就是将企业内部不同的、相互之间相对独立的应用程序和数据库集成起来，能够适用于新的环境，发挥新作用，使得新加入的数据和资源能够和原有的资源一起协调工作。通过企业应用集成可以实现企业内部的数据库、ERP、CRM、SCM、EAM及其他重要的内部系统之间的无缝连接。因此，根据Merrill Lynch对美国重要的商贸和政府机关中50位首席信息官的调查，EAI与电子商务、Extranet/VPN、CRM、供应链、ERP、安全和存储等共同位于公司发展战略中的前列。

企业应用集成是一种全新的战略企业解决方案。它的目标就是要在一个统一的应用集成框架下，基于业务过程的重整和建模，利用中间件和各类工具的数据转换、传输、事务处理和消息等机制，将这些应用程序有机地结合在一起，从而更好地支持企业业务处理过程。

企业应用集成解决方案是随着信息技术的发展而产生的。传统的“点对点”集成方案无法满足企业的应用需求，使得构成的应用环境接口复杂，通信状况混乱，并且会导致集成成本过高、整体效率过低等后果，也不利于整个应用系统的扩充。从应用的整体来看，建立在统一的基础业务平台之上的企业应用集成是未来国际电子商务发展的方向。企业应用集成旨在建立一个灵活、标准的企业应用底层架构，来联系横贯整个企业的异构系统、应用、数据源等，以允许新的基于IT的应用和商业处理更容易和更有效地被连接。这个架构允许企业中的应用能够实时地、无缝地互相通信，以保证对供应商、客户做出快速响应，确保在激烈的竞争中立于不败之地。

企业应用集成的目标决定了其内涵很复杂。要使不同的应用系统互相连通，需要EAI自身首先要具备与现有系统沟通的能力，这可能会涉及系统的底层结构、硬件平台、软件内部，甚至部分业务流程等各个层次的技术。同时，在进行企业应用集成时，还需要考虑诸如必要的投资(包括新应用的无缝集成、与现有系统互连等)，支持新的行业标准及政府规范，保证系统和投资的安全性等问题。

企业应用集成的关键在于使用不同层次的集成技术，通过信息转换接口将各种“应用孤岛”、“信息孤岛”连接到一起，使各应用系统能够实现良好的沟通，极大地减少企业内部的资源消耗，加强企业与合作伙伴之间的协作，为企业创造更多的价值。

企业应用集成解决方案可以呈现出许多形式并以多种级别出现。EAI适合的级别依赖于许多因素，包括公司的大小、公司的行业类别、公司应用的集成度或是项目的复杂度，以及预算等。按集成的层次不同，将企业应用集成分为如下几类。

(1)表示集成

表示集成，也称用户界面集成或界面重组，指的是一个面向用户的整合集成。通过提供一个统一的标准界面(如浏览器)来代替原先系统的终端窗口和PC的图形界面，从而隐藏不同应用程序的后台实现细节。一般地，应用程序终端窗口的功能可以一对一地映射到一个基于浏览器的图形用户界面。新的表示层需要与现有遗留系统的业务逻辑或者一些封装的应用，如ERP、CRM及SCM等进行集成，避免了用户在不同应用程序界面之间的切换，从而简化操作、提高效率。

企业门户应用也可以被看成是一个复杂界面重组的解决方案。一个企业门户可以合并多个企业应用，并将其表现为一个可定制的基于浏览器的界面。在这种类型的企业应用集成中，企业门户框架和中间件解决方案是一样的。

(2)数据集成

数据集成指的是企业内外各种形式的业务数据信息的集成，一般发生在企业内的数据库和数据源级别。与访问单个信息源不同，集成工作是以共享数据源为出发点来满足企业的需求的。

通过从一个数据源将数据移植到另外一个数据源来完成数据集成。数据集成是现有 EAI 解决方案中最普遍的一个形式。此外还有一些数据复制和中间件工具来推动数据源之间的数据传输，一些是以实时方式工作的，另一些是以批处理方式工作的。

(3)应用程序集成

应用程序集成指的是连接不同的应用程序以共享和利用信息，使不同应用系统中的信息可以在整个企业范围内共享。应用程序集成基于内部网络，通过协议转换与数据的传输服务，保证企业不同应用程序之间的信息和指令安全、有效的传输。

(4)业务流程集成

虽然数据集成已经证明是 EAI 的一个流行形式，然而，从安全性、数据完整性、业务流程角度来看，数据集成仍然存在着很多问题。组织内大量的数据是被商业逻辑所访问和维持的。商业逻辑应用加强了必需的商业规则、商务流程和安全性，这些应用必须有下层数据的支持。

业务流程集成指的是将客户及其合作伙伴的业务流程灵活地集成，使企业可以通过管理企业内部、外部以及不同系统之间的流程，改变其运作方式。业务流程管理(BPM)通过图形化的流程模型描绘和控制信息的交换及事务的发生。对合作伙伴、内部应用、员工作业等活动进行协调与优化，使信息可以自动地、无障碍地流动。

业务流程集成作用于跨越多个应用的业务流程层。通常可以通过使用一些高层的中间件(如消息中间件)来实现业务流程集成。消息中间件使用一个总线模式或者是 HUB 模式来对消息处理标准化并控制信息流。

(5)企业间集成

企业间集成(B2B)指的是基于外部网络(如因特网)，安全有效地实现信息交换与事务处理。通过协议转换或数据传输服务，实现不同贸易伙伴间不同贸易协议与数据信息的发送、接受及验证。

2．业务流程重组(BPR)与信息系统集成

BPR 是 1990 年最先由美国前 MIT 教授哈默提出的，后来哈默与钱皮于 1993 年发表了《公司重组：企业革命的宣言》一书，BPR 作为一种新的管理思想风靡世界。根据哈默与钱皮的定义，“BPR 就是对企业的业务流程进行根本性的再思考和彻底性的再设计，从而获得在成本、质量、服务和速度等方面的业绩戏剧性地改善”。可以说，业务流程重组理论的产生，是 20 世纪 90 年代以来管理理论的一大创新，给企业管理改革带来一个全新的视角。

首先，BPR 与原有管理思想最大的区别就是 BPR 强调按照集成的思想重新设计企业流程。业务流程再造理论的出现，一个明确的指向就是始自亚当·斯密的“劳动分工”思想。但是，分工理论在不断提高企业生产效率的同时，也给企业的持续发展套上了无形的枷锁。“分工”将一个连贯的业务流程侵害成数个支离破碎的片段，必然增加各个业务部门之间的交流难度以及随之产生的交易费用。而且，随着社会背景发生的巨大变化，分工理论、分工管理对企业的不利影响愈加突出，这一点尤其表现在“分工”管理思想对企业信息、数据的肢解。由于经营过程中涉及的独立单位各自拥有信息，企业的信息也都被分割成数据碎片，因此大大增加了同一业务流程中的信息共享与信息传递难度。因此，哈默与钱皮创造性地运用了集成思想，将原本属于一个业务流程的若干个独立操作重新整合起来，将被分割的支离破碎的企业流程按照全新的思路加以改造，从而获得适应新的经济时代的高效率和高效益。

其次，BPR 是以价值流为导向进行组织设计的。哈佛大学教授波特将企业的业务流程描绘成一个价值链，竞争不是发生在企业与企业之间，而是发生在企业各自的价值链之间。只有对价值链的各个环节（业务流程）实行有效管理的企业，才有可能真正获得市场上的竞争优势。因此，流程的思想实际就是坚持了顾客导向，按照价值增值的过程将相关的操作环节进行重新整合，组成高效率的、能够适应顾客需要的、完整的流程，并以此为基础重新设计企业的组织结构。

最后，BPR 与原有管理思想的另一个显著差异在于 BPR 是用彻底的变革代替渐进式变革。与采用改良方式推动企业管理发展的思路不同，企业再造从一开始就要进行完全彻底的变革，而且这个变革直接针对经历多年的分工思想，为管理理论的发展重新奠定了重要的基石。例如，全面质量管理与企业再造理论一样强调顾客的需求变化的满足，注重跨职能的工作流程。但全面质量管理是一种改良措施，其提高产品和服务质量的活动是在现存的流程中进行的，而业务流程重组则是抛弃现存的流程而代之以全新的业务流程。

在市场经济高速发展的今天，企业内的任何改革必然都把目标归结到提高其市场竞争能力上，BPR 和系统集成也是为了这个目的。当然，系统集成是一个高层次的全局性问题，无论做哪部分工作，信息集成、过程集成，还是企业集成，都不是一个简单的技术问题，而是既有生产力问题又有生产关系问题。过程合理化是实现集成的基础，如果不合理的过程还要实现更进一步的自动化或“集成”，其结果只不过是白白浪费精力和时间。这一点在企业实施信息系统的过程中尤为重要。前面提到，信息系统是一个复杂庞大的系统，涉及具有不同功能的许多大的子系统，其实施涉及管理、技术，更重要的是还涉及人。因此，在信息系统建设的过程中，业务流程再造和系统集成是非常重要的两个基石，可以说，其建设过程本身就是基于业务流程再造的系统集成，业务流程再造和系统集成两者之间是相辅相成、互相推进的。

从信息集成说起，只从技术上看问题的人可能认为只要建成了共享数据库，接通了网络，就意味着实现了系统内的信息集成。从实际工作的经验教训来看，技术上具备了网络、数据库，只是具备了初步的物质条件，只是实现信息集成的长途征程上的第一步。系统内所有工作人员是否都愿意将各种信息提供出来共享；即使愿意了，是否有强烈的责任心及时地送出正确的信息给正确的需要该信息的人；信息发放、传递的过程是否正确，还是存在着不必要的迂回途径。只有解决了各种障碍，改革了不合理的过程，信息集成才会变成员工的自觉要求。在实际信息交换和传递过程中，技术上的问题又会进一步暴露，例如，设备配置、网络带宽、速度、误码率、接口设置等，这些问题的解决会使信息集成向更高水平迈进。可以这样比喻，管理（包括过程、人员等）和技术是推动集成的两个互相关联的轮子，技术前进一点会影响或拉动管理的改革，但如果管理改革跟不上，再先进的技术也难以发挥作用。而管理过程的改革又会反过来对技术提出更高更明确的要求，而推动技术更上一层楼。

过程集成当然就更明显、更直接地与流程重构联系在一起。这里，首先要有对“流程正确”的重要性的认识，因为企业中各种流程都是历史上日积月累形成的，很多方面都会不适应当前信息时代、知识经济时代的需要。无论是大踏步的“重构”，还是迈小步的“持续改进”，首先都需要意识到“流程必须变革”，有需求——为提高竞争能力而变革的动力，才有积极性去实现 BPR，为过程集成打下基础。第二步要考虑的问题，就是要有良好的愿望和正确的方法。BPR 是从一个过程看问题，过程集成是从两个或两个以上过程之间的相互关系所作的考虑。但是，都需要进行建模分析，要用科学的手段来辅导，甚至引导经验性的判断和创新，尽可能地使 BPR 和过程集成减少艺术成分，增加科学性，减少主观随机成分，增加确定性。

至于企业内和企业间集成的问题，对一般企业内的工作人员来说，都是以前没有做过的工作。如何着手并形成正确的实施过程，往往不是“重构”，而是“再造”一些合理实现企业集成的过程，认真研究解决相应的组织机构和运行模式。越是这样高层次的过程，涉及的方面就越广，很多甚至是受国家体制、利益机制影响的大问题，处理得好就能够极大地推动企业进步，处理不好所产生的副作用也很大。所以，必须极其慎重地对待。

总之，BPR 作为管理信息系统集成的基础就必须起到基础的作用，否则“集成”的大厦就可能建在沙滩之上，成事不足败事有余。这绝不是危言耸听。

2.4 财务共享中心

2.4.1 财务共享服务的概念

共享服务的概念起源于美国，是指将公司（或集团）范围内共用的职能/功能集中起来，高质量、低成本地向各个业务单元/部门提供标准化的服务。20 世纪 90 年代，一些跨国企业集团为了提高效率和降低成本，对于一些分散的、重复性的财务处理工作进行整合，逐步形成了内部财务共享服务。①

共享服务中心是通过对人员、技术和流程的有效整合，实现组织内公共流程的标准化和精简化的一种创新手段。作为一种战略性业务架构，共享服务以客户服务和持续改进的文化为核心，实现价值导向服务，促使组织在更大范围内，甚至在全球范围内能够集中精力于其核心能力，从而使各业务单元创造更多的附加价值。

财务共享服务（Shared Services）是一种将一部分现有财务职能集中到一个新的业务单元，以财务业务流程处理为基础，依托信息技术为内外部客户提供专业化服务，其目的是提高流程效率、降低营运成本、创造价值以及提升服务质量。提供财务共享服务的业务单元称为财务共享服务中心（Financial Shared Services Center，FSSC）。

2.4.2 财务共享服务的特点

1．信息化

财务共享服务以信息化手段为支撑，实现企业财务数据高度集成和交易处理流程的电子化。

2．标准化

财务共享服务通常在内部建立标准的作业流程，遵循标准化的交易处理规范。

3．集中化

财务共享服务整合业务链中各业务环节中共同的、重复性的财务作业，并采用集中统一处理的一种工作方式。

2.4.3 财务共享服务的发展

1．财务共享服务的驱动因素

从需求上看，经济全球化以及市场竞争的日趋激烈，公司管理层需要财务部门提供更多的

---

① Bryan Bergeron 著，燕清联合译. 共享服务精要[M]. 北京：中国人民大学出版社，2004.

增值服务。财务工作重点逐渐从侧重交易处理向重视决策支撑转变，更多的财务人员需要走向业务前端，参与业务部门的预算制定、成本分析、风险管控工作。财务部门不仅要成为企业交易的高效处理者，而且要成为业务部门的合作伙伴和公司风险的管理者。

从职能上看，传统的财务会计工作主要是账务处理，其要求是真实客观地反映企业经营状况，并符合各项规章制度的要求；管理会计主要涉及企业理财，即为资金的筹措和运用提供决策依据。在共享服务中心模式下，与决策成功相关性较低、重复度高、工作量大的会计核算工作被集中起来统一处理，使财务会计与管理会计的分离成为可能。

与此同时，企业规模的不断发展使企业财务组织开始摆脱原有狭隘职能，转向以股东价值创造为基础并参与公司战略。企业财务转型呈现出以决策支持为导向、面向经营提供服务支撑、优化财务组织降低成本等特征，并逐渐重构出更加高效精简的企业财务组织。

2. 财务共享服务的发展历程

最早使用财务共享服务中心这一管理模式的是美国福特公司。20 世纪 80 年代初，福特就在欧洲成立了财务服务共享中心。随后，杜邦和通用电气也在 80 年代后期建立了相似的机构。90 年代初期，惠普、道尔和IBM也相继建立财务共享服务机构。国内越来越多的企业，如海尔集团、华为公司、中兴通讯、长虹公司、中国电信、平安集团等也正在使用共享服务中心管理模式（如图 2-6 所示）。

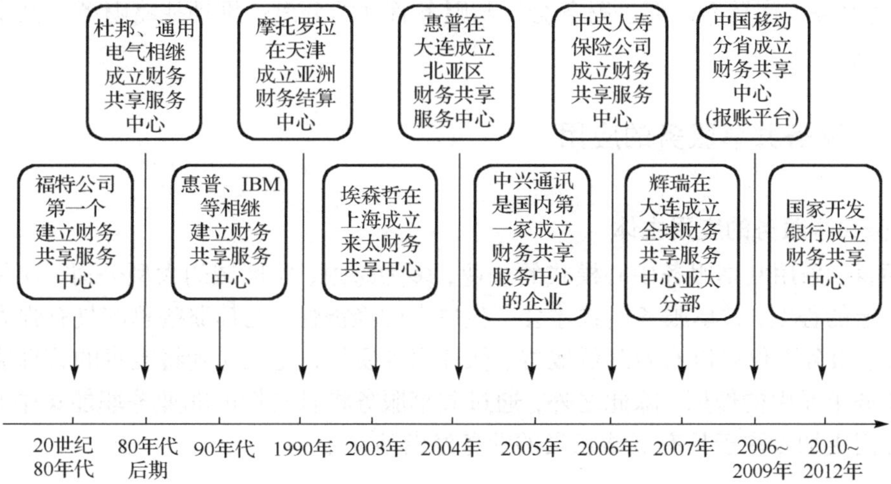

图 2-6 财务共享服务的发展历程

财务共享服务分为不同的演进阶段，最终是要创建一个独立的实体，来为公司内外部客户提供服务，创造价值。表 2-1 阐述了 Quinn①提出的财务共享服务的发展模式。

表 2-1 共享服务模式的发展阶段表

基本模式	市场模式	高级市场模式	独立经营模式
1.一般性事务处理工作/行政管理工作的整合 2.着眼于规模经济 3.目的是降低成本、规范程序	1.包括专业咨询服务 2.将控制职能与服务分离 3.目的是降低成本、提高服务质量	1.为客户选择供应商 2.市场定价 3.目的是向顾客推荐最有效率供应商	1.独立的经营实体 2.利润稳定 3.目的是通过服务赚取利润
托管式服务	自愿服务	自愿服务	自愿服务

① Barbara Quinn, Robert Cooke, Andrew Kris 著，郭蓓译. 公司的金矿——共享式服务[M]. 昆明：云南大学出版社，2001.

3．财务共享服务的价值

在分散式核算模式下，企业的财务核算职能分散到各个业务单元，每个业务单元都会配置一定数量从事核算的财务人员，从事低附加值的重复劳动。财务共享服务通过集约会计核算和数据支撑，可以使财务组织以更为灵活的运营模式支撑企业战略实施和业务增长。财务共享服务可以为企业带来的价值主要表现在以下几点。①

（1）利用规模效益削减财务交易的处理成本。通过整合分散的财务岗位，消除重复环节，利用规模效益实现成本最小化。

（2）统一财务流程及核算标准，提高会计服务的质量。借助IT手段和ERP系统，统一财务流程和核算标准，实现业务活动自发起端至会计核算环节的全过程自动化处理，减少过程中的人为干预，在大大减轻会计人员核算工作量的同时，可以有效提高会计信息质量。

（3）提高管理的集约度和透明度，提升风险管控力度。通过业务财务的高度集成，实行对企业经营活动全面有效的财务管控，增强财务数据的透明性和可靠性，并提升企业风险管控能力。

（4）提高财务交易处理的工作效率，将有限的财务资源集中到核心竞争力的创造。

（5）通过各级财务机构职能优化，建立面向业务、面向市场、面向服务的价值管理型财务组织体系。

（6）推动财务工作转型。促进财务会计与财务管理的分离；推动战略财务、共享财务、业务财务的形成。

2.4.4 财务共享服务的应用

1．财务共享服务的应用主体

一般而言，采用共享服务中心模式的企业，多为跨国、跨区域的大型公司，这是因为只有规模达到一定的程度，共享服务模式才会产生更大的经济性。尤其那些总部具有强大管理能力的公司，共享服务不仅可以有效降低成本、保证服务质量，还能起到将宝贵的管理能力和知识输送到各业务单元中的作用。除此之外，通过共享服务将日常性的非业务职能集中起来，也有助于业务部门更加专注于具有战略意义的业务经营活动中。

2．财务共享服务的应用范围

财务共享服务作为一种财务集中管理的先进实践，只要是业务范围内跨区域的企业或跨国公司，都可以应用财务共享服务。在企业内部，当业务流程有以下特征时，可考虑采用共享服务的模式。

（1）企业达到一定的规模，分支机构众多。

（2）多个业务单元有相同的业务流程。

（3）业务单元有大量的重复性交易处理。

（4）集中和共享能够实现规模经济效益。

（5）企业期望实现业务流程处理标准的统一。

---

① 中国电信股份有限公司，《集团公司财务共享服务模式下的财务转型与风险管控研究》。

通常适合纳入共享服务的财务活动包括：应收账款管理、应付账款管理、工资支付、税务管理、总账和财务报告、固定资产管理、流动资金管理、数据统计等。

3．财务共享服务的基本模式

根据财务共享服务的发展阶段，按照服务提供者的不同，财务共享服务可采用内设共享服务中心（SSC）或业务流程外包（BPO）两种不同的模式来实现。

一般而言，基于业务的安全性以及内部管控需要，多数集团公司在实施财务共享服务时会首先考虑内设机构的方式。采用内设共享服务中心，企业可以保证对业务的监督，更好地满足业务部门的个性化需求，在业务流程上更为主动、灵活。其缺点在于实施成本和内部管理成本较高。

业务流程外包凭借先进的理念、专业的流程以及低成本优势，在财务共享服务中占有一席之地。如果企业内部没有足够的资源，业务流程外包不失为一个可行的选择。业务外包服务商通过共享人力与资源，实施通用的专业化流程，可以迅速提高企业的财务管理能力。其缺点在于企业的流程调整较为被动，容易对外包服务商产生依赖，也容易存在财务信息安全隐患。

4．实施财务共享服务的关键因素

财务共享服务不仅仅是会计核算及支撑工作的集中，更是流程和组织的优化。要成功实施共享服务，需要运用变革管理的视角，通过对企业的财务组织、业务流程、信息支撑系统等各层面进行严格的分析和梳理而实现。

（1）地点。包括人员是物理集中，还是逻辑集中，与人员的可获得性及稳定性有关。

（2）流程。财务交易处理模式由分散式转变为集中式，需要对原有的业务流程进行梳理和调整。财务共享服务业务流程设计应以业务驱动为原则，并不断推进流程的规范化、标准化和电子化，用基于业务功能的流程文件来规范流程操作，并明确共享中心同其他相关业务单元的责任与联系。

（3）组织。在所有的关键因素中，组织建设最为重要，这不仅是实施财务共享服务的前提，也是财务共享模式下企业各项财务工作有效开展的重要保障。

不论是企业内设财务共享服务中心还是采用业务流程外包，都会引起企业原有财务组织体系的调整。为了保证企业财务管理体系整体的有效运作及平稳过渡，财务共享服务组织建设应遵循“稳健推进，持续优化”的原则，尽量规避或减少变革成本。

在人员来源方面，可通过企业内部人员划转、选聘、竞聘、新毕业大学生补充等多种渠道，建立集会计核算、数据分析、综合服务为一体的高素质、高效率的财务共享专业人才队伍，推动全省财务人力资源整合优化，促进财务岗位职能转型。

（4）制度。财务共享服务承担企业的全流程财务作业，专业性强，受国家法律法规约束性强，因此需要在遵循国家法律法规、企业内外部审计检查要求的基础上，建立完整的、系统的作业流程、质量标准等制度规范。

（5）技术。财务共享服务的实施，基于 IT 信息技术的应用。企业应建立统一的财务管理平台，以实现财务数据在整个集团企业内的收集、整理、共享和深度利用。

IT 支撑系统通常以 ERP 为核心，以网络报账平台为基础，辅以影像票据系统、银企直联支付系统，并通过与业务系统如采购库存、销售、合同、资产管理、项目管理、人事薪酬管理等系统模块的集成，达到固化业务流程、提高共享效率、实施财务管控的目的。

(6)理念。如果说上述五个因素是实施财务共享服务必备的硬件，那么共享服务理念的培育与宣贯则是必需的软件。

2.4.5 我国财务共享服务中心概况

1. 我国财务共享服务中心发展前景

当前，我国会计领域全面深化改革的一项重要任务，就是大力加强管理会计工作，以推动企业建立、完善现代企业制度，实现管理升级，增强核心竞争力和价值创造力，进而促进经济转型升级[①]。2016 年 10 月 1 日，财政部印发《会计改革与发展“十三五”规划纲要》，将“以建设管理会计体系为抓手，引导、推动管理会计广泛应用”列为总体目标之一。可以说，全面推进管理会计体系建设，是顺应会计科学发展的必然选择，是实现中国特色会计体系的自我超越和自我完善的必要举措，是推动中国会计工作转型升级的重点所在。

适应新形势的要求，财务会计人员必须从低附加值的重复劳动中解放出去，用精细化、标准化、流程化的财务会计工作，不断产生管理会计所需要的数据、信息，这点对于大型企业、企业集团尤其重要。2013 年 12 月 6 日，财政部《企业会计信息化工作规范》第三十四条规定：“分公司、子公司数量多、分布广的大型企业、企业集团应当探索利用信息技术促进会计工作的集中，逐步建立财务共享服务中心。” 2014 年 10 月 27 日，财政部《关于全面推进管理会计体系建设的指导意见》明确指出“鼓励大型企业和企业集团充分利用专业化分工和信息技术优势，建立财务共享服务中心，加快会计职能从重核算到重管理决策的拓展，促进管理会计工作的有效开展”。

2. 我国财务共享服务中心发展趋势

在我国，财务共享是指企业(集团)将下属单位相同的财务职能予以集中，由一个相对独立的财务机构来行使，即各单位共享一个机构的财务服务。财务共享促进会计人员形成了更为明细的专业化分工，让各类会计人员能够将更多时间集中在各自擅长的领域，提升了会计人员的专业水平。同时，财务共享将会计核算工作从企业财务部门中相对剥离，使财务部门有更多时间和精力发挥会计的管理职能[②]。

从发展阶段看，根据北京国家会计学院发布的《管理会计转型始于财务共享服务——2015 中国大型企业集团财务共享服务中心建设情况调查报告》(以下简称《报告》)显示，从目前国家政策的出台、国家机构的参与讨论论证、社会培训机构财务共享培训供不应求的情况看，从中国企业逐渐做大做强参与全球竞争看，财务共享服务中心建设目前进入快速发展阶段，一方面更多的企业在论证财务共享的可行性并付出实现，一方面成熟的财务共享服务中心正在尝试或者将经验总结分享帮助更多的企业，或者开始探索基于财务共享为企业提供更多的管理增值服务。

从发展动因看，《报告》指出，加强集团管控是我国财务共享服务中心建设的首要驱动因素，而外部经验的引进能够推动企业财务共享服务中心更快更好的建设。

---

① 余蔚平：《全面发展中国特色管理会计 加快推进我国经济转型升级 》，2014 年 11 月 26 日在《关于全面推进管理会计体系建设的指导意见》发布会上的讲话，资料来源：财政部会计司网站。

② 财政部，《管理会计体系建设的指导意见解读五》。

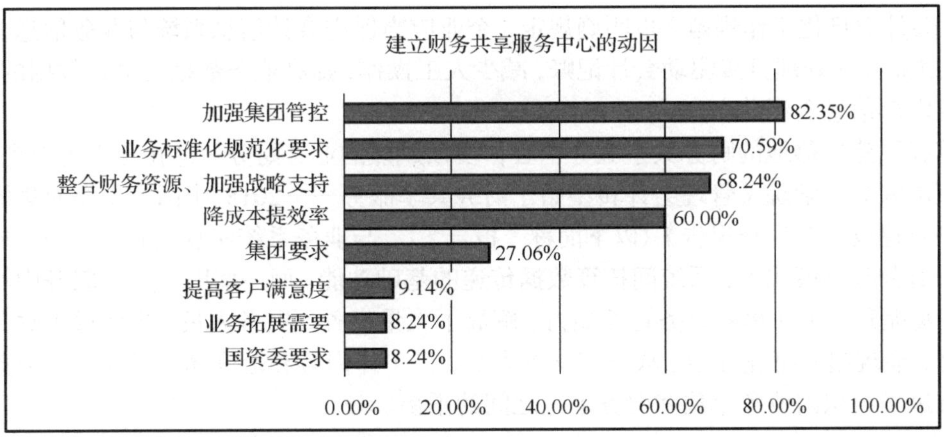

资料来源：北京国家会计学院，管理会计转型始于财务共享服务——2015 中国大型企业集团财务共享服务中心建设情况调查报告。

从职能定位看，《报告》指出，集团管控及会计服务并重更适合国内企业财务共享服务中心的职能定位，这与财务共享服务率先在我国大型国有企业集团开展和实践有着密切的关系。

从成功经验看，《报告》指出流程再造、管理层支持、信息技术的支持是财务共享服务中心成功建设的主要因素。业务标准化决定了企业的接受程度、信息系统的建设、财务共享员工的招聘定位及培训投入等，可以说，流程的标准化和优化是财务共享建设的基础。高级管理层的支持，是决定是否变革、变革是否彻底、变革是否可持续、变革是否能够真正起作用的基础和核心，所以说财务共享的建设是一把手工程。

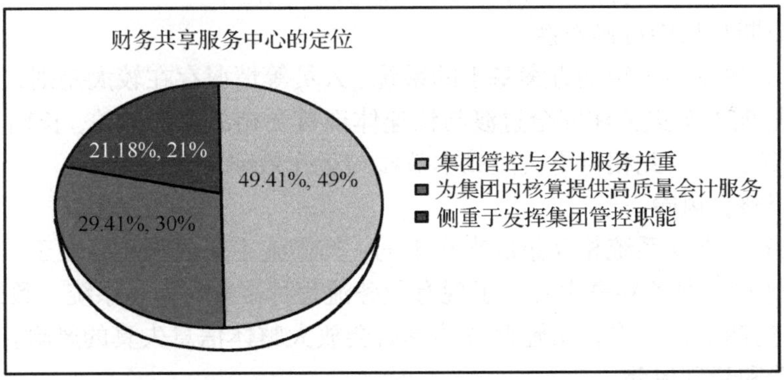

资料来源：北京国家会计学院，管理会计转型始于财务共享服务——2015 中国大型企业集团财务共享服务中心建设情况调查报告。

3. 我国财务共享服务与业务财务一体化

财务业务一体化是 IT 环境下，将企业经营中的三大主要流程，即业务流程、财务会计流程、管理流程有机融合，将“事件驱动”概念引入流程设计，建立基于业务事件驱动的财务一体化信息处理流程，使财务数据和业务融为一体。这种方式能最大限度地实现数据共享，实时控制经济业务，发挥会计控制职能。早在 2006 年 12 月 4 日，财政部就颁发了新的《企业财务通则》（财政部令第 41 号），第八章信息管理（第六十一条）指出“企业可以结合经营特点，优化业务流程，建立财务和业务一体化的信息处理系统，逐步实现财务、业务相关信息一次性处理和实时共享”。第六十二条指出“企业应当逐步创造条件，实行统筹企业资源计划，全面整合和规范财务、业务流程，对企业物流、资金流、信息流进行一体化管理和集成运作”。财政部《企业会计信息化工作规范》也明确规定，企业应当促进会计信息系统与业务信息系统的一体化，通过业务的处理直接驱动会计记账，减少人工操作，提高业务数据与会计数据的一致性，实现企业内部信息资源共享。

当前我国建成落地的财务共享服务中心，多以成熟的业务财务一体化建设为前提和支撑。根据北京国家会计学院《管理会计转型始于财务共享服务——2015 中国大型企业集团财务共享服务中心建设情况调查报告》（以下简称《报告》），与业务系统实现关联，自动生成会计凭证是基于财务共享模式下，系统间核算数据传递的基础功能。而一些财务共享服务中心的成功运营，切实提升了企业集团财务管控能力、解放了大量事务型财务人员，也促进了财务人员角色的转型，涌现出一批业务型、战略型财务人员，其工作内容和范围体现了财务和业务的有机结合，推进了组织内业务单位和财务单位之间的平衡。

4．我国财务共享服务中心的建设风险

（1）变革意图、目标不明或不当

为实现控制、安全、效率、成本等变革意图和目标，建设财务共享中心采取的举措可能无法兼得甚至各自冲突。

（2）无法获得有效支持或准备不充分

财务共享中心的设立涉及业务流程的重新梳理甚至重组，应对利益方的期望、心态、利益点有充分把握，否则可能失去首要利益相关方支持或引起广泛反对。例如，财务共享中心实施初期，可能存在新募人员技能不熟练或关键人员流失、各单位（部门）对新流程不了解、新系统功能不稳定等问题，如果试运行阶段不能对上述问题与利益相关方充分沟通，做好预备措施，则实施初期可能出现的混乱将使支持者日减、反对声日增。

（3）未兼顾短期与长期可操作性

财务共享中心建设的长短期方案基于的系统、人员等情况存在较大差别，必须在设计中予以区分。例如，短期方案更关注安全过渡与快速体现首要相关方的利益，长期方案则将重点转移到模式的可持续性，因此相对更关注成本效益与运作效率等问题。

（4）信息系统整合风险

财务共享服务是借助系统相互集成来实现的，其实施主要风险还存在于兼容性、存档、安全性、产能反应速度。财务共享中心对于现有业务流程标准化、信息系统一致性具有较大的依赖性，如不做好前期整合工作，实施财务共享后会放大整体信息失真的风险。

（5）流程再造和管理风险

随着财务共享的实施，财务业务流程再造的管理风险随之凸显，流程设计不合理将致使财务共享服务效率低下，严重影响企业的经营管理。

（6）其他风险

- 转型风险。财务集中后，分支机构的业务核算全部集中到财务共享服务中心处理，从而引出了分支机构释放的财务人员的转型问题，如果人员安置不当，易带来整个组织的负面情绪。在人员专项中分支机构人员的学习能力、基本素质能否适应转型后岗位要求是问题的关键。
- 心理风险。员工心理变化、接受变革的态度及对变革的支持力度等可以影响共享服务项目实施的进度及效果。
- 选址风险。共享服务中心的地址选择应参考成本、收益、建设当地经济和政治环境、税收、法律、资产和人力资源等多方面因素。这些因素关系财务共享中心的运营利益和绩效，直接影响实施成败。

5. 应对财务共享中心建设风险的对策

(1) 获得组织高层的高度支持

任何变革行为的发起和获取组织支持层面越高，后续推行阻力就越小，财务共享中心的建设实施应定位为一把手工程。

(2) 树立财务共享中心的权威性

财务共享服务中心建立之后，要树立服务的唯一性，即各个事业单元里不再保留同样的服务。

(3) 建设实施的人员具备高素质

财务共享服务中心的建设是一项极具考验的工作，需要一批精通业务知识、掌握财务技能、具有吃苦精神和创造力的员工为支撑。

(4) 薪酬、绩效考核、人事安排等跟进

财务共享中心成功建设运营，需要提前考虑对现有相关人员岗位角色进行合理设置，对薪酬和绩效考核体系进行重新考量，共享中心的人员招聘、录用、任免、考核等都需要进行相应调整。

关键词

信息技术、信息系统、管理信息系统、集成、信息系统集成

习题

(1) 举例说明什么是数据和信息？信息具有哪些特征？
(2) 管理信息系统的核心理念是什么？
(3) 计算机环境下的管理信息系统的构成要素有哪些？
(4) 管理信息系统有哪些重要的特征？
(5) 举例说明何谓管理信息系统的概念结构。
(6) 举例说明何谓管理信息系统的任务结构。
(7) 举例说明何谓管理信息系统的功能结构。
(8) 何谓系统集成，它的内涵是什么？
(9) 什么是管理信息系统的集成？它具有哪些主要的特点？

第3章 会计信息系统

本章学习目标

通过本章学习，读者应达到以下目标。

(1)掌握会计信息系统的基本概念，包括定义、目标、功能、结构及应用，并理解会计信息系统和管理信息系统的关系。

(2)会计信息系统和相应会计软件的发展规律，分析本教材的体系和知识结构。

(3)理解会计信息系统的ISCA模型。

(4)理解网络财务报告和XBRL语言的基本概念和它们之间的联系。

3.1 会计信息系统概述

人的一生大部分时间都可能与会计信息系统有关，无论是在孩提时代买糖果，还是在大学时代买一本教科书，都已不由自主地进行了一次会计交易。如果从超市里收到了一张账单或者是从信用卡管理组织那里收到了每月的对账单，则表明已经收到了会计信息。产生这些信息的系统称为“会计信息系统”（Accounting Information System，AIS）。

我们可能仅仅作为接受者与会计信息系统发生联系。但我们也可能在更大程度上以一种更正规的方式使用该系统。例如，我们可以在信息系统中保持详细的交易记录和财务报告，所有的交易都可以记录在一个数据文件中(手工操作中将其称为“会计账簿”)。通过这些交易记录可以算出每月(或每季度或每年)报表，从而比较该期间内的收入和支出情况并反映出期末时的资产和负债，这些报表称为“损益表”和“资产负债表”。如果我们对计划感兴趣，还可以做预算。为保持银行账户的精确性，在银行给我们每月邮寄银行对账单时，还要准备好银行往来对账表。

如果有机会在一家公司实习会计工作，无论是用手工记账，还是用计算机系统自动记账，都会意识到实际上是在和会计信息系统打交道。本书重点讲述适合各种类型的组织，特别是中小企业使用的会计信息系统。

3.1.1 会计数据及会计信息

1. 会计数据

会计数据是收集、记录的会计业务中所有事物实体的属性和属性值。例如，会计凭证、会计账簿、会计报表等都是会计业务中的实体，其属性和属性值都是会计数据。

2．会计信息

会计信息是指在会计管理和会计决策分析工作中需要的各项会计数据，包括资产、负债信息、生产费用和成本信息，以及有关利润实现和分配的信息等，它们都是对会计数据进一步加工处理后得到的对会计管理和决策分析有价值的信息。

在此后的章节中，不区分会计数据和会计信息，而统称为“会计信息”。

3．会计信息的特点

会计信息除具有一般信息的特征外，还具有如下特点。

(1)数量大、种类多且来源广

会计工作需要连续、系统且综合地反映和监督生产经营过程，而会计信息正是在上述反映和监督过程中采集、加工并使用的价值数据。它几乎涉及企业的所有业务和管理活动，具有信息量大、种类多且来源广的特点。

(2)综合性

会计信息用货币的形式综合反映了生产和经营工作中的经济活动，反映内容涉及供产销的每个环节、企业的每个部门和每个职工，因此会计信息常反映企业的综合运转状况。

(3)结构和处理逻辑的复杂性

由于会计信息具体地反映了资产、负债、所有者权益、成本和损益等方面的信息，这些信息间互相有十分密切的关系。它们的增减呈网状结构且互相影响，并需要始终保持平衡关系，使会计信息的结构和处理逻辑变得较为复杂。

(4)客观、真实和公允性

会计信息应客观真实地反映经济活动中的价值信息，绝对不允许弄虚作假以蒙骗会计用户和政府部门。

(5)全面、完整和一致性

会计信息应全面、完整并准确地反映经济活动中的价值信息，不允许出现差错和误报，否则将失去其重要作用。

(6)安全和可靠性

会计信息全面地反映企业财务状况和企业与各方面财务关系的重要信息，因此会计信息不能受到破坏、泄露和丢失，有很强的安全及可靠性控制要求。

(7)处理的及时性。

为了实现对经济活动的有效控制和监督，会计信息应及时反映经济活动的状况和存在的问题。例如，应及时将资金运动和成本耗费等会计信息反馈给管理部门。

3.1.2 会计信息系统的基本概念

1．会计信息系统的定义

与管理信息系统一样，会计信息系统尚无明确并统一的定义。本书将继承前面已给出的管理信息系统的定义，认为会计信息系统是一种基于会计的管理活动。它是由人、信息处理设备和运行规程三个元素组成的集成化人机交互系统，并具有如下的特征。

① 以推动企业实现战略目标为立足点。

② 以符合会计管理工作和会计变革的需求为主要目标。

③ 以解决企业会计核算和管理所面临的问题为主要功能，充分利用现代信息处理技术，维系日常的会计交易活动，自动(或半自动)采集、存储、处理、分析、传递和反馈会计信息；支持会计管理的控制功能；为企业管理(包括会计和财务管理)提供有用的分析和辅助决策信息。

2．计算机环境下的会计信息系统

(1)会计信息系统的运行平台

随着以计算机为代表的信息技术在会计工作中日益广泛和深入的应用,会计信息系统已不再是单纯的手工系统。计算机环境下的会计信息系统是一种基于会计的管理活动，由人、计算机软硬件(含程序和数据文件)和运行规程三个元素组成的人机交互系统,其核心部分是功能完备的会计软件。

(2)会计软件

在上述会计信息系统的定义中指出了会计信息系统运行平台的核心部件是功能完备的会计软件。会计软件指专门用于会计核算、管理和决策工作的计算机应用软件，包括采用各种计算机语言编制的用于会计核算、管理和决策工作的计算机程序、设计文档、使用说明书和相关的数据文件等。其中，程序一般存储在电子或光电介质中，但只有将它正确地安装到电子计算机中，使计算机硬件、网络和软件有机地集成，并通过会计软件的运行才能使会计信息系统正常地工作。

(3)会计数据文件

会计信息系统是一种用于财务部门的管理信息系统，为了支持其运行，在系统开通和使用前，需要组织和存储所有会计科目、客户和供应商等数据文件。系统一旦运行，会计信息系统尚需组织和存储记账凭证、明细账、总账、会计报表等数据文件，以便支持各种会计核算、管理和决策的需求。

在此后的章节中，会计信息系统均指在计算机环境下的会计信息系统。

3．会计信息系统的目标

在上述会计信息系统的定义中规定了会计信息系统以推动企业实现战略目标为立足点，以符合会计管理工作和会计变革的需求为主要目标，但尚未说清会计信息系统自身的全部具体目标。由于会计信息系统是为企业服务的，是企业会计管理工作中必不可少的组成部分，因此会计信息系统的目标应服从于企业、信息系统和会计管理三者的目标。企业的目标是通过提供客户满意的服务，获取更多的利润；信息系统的目标是为信息系统的使用者(用户)提供决策有用的信息；会计信息系统的具体目标可以确定为向企业内外部的会计信息的使用者和决策者提供需要的会计信息，使企业为客户提供满意的服务并提高企业经济效益，获取更多的利润。

4．会计信息系统的基本功能

在上述会计信息系统的定义中规定了会计信息系统以解决企业会计核算和管理所面临的问题为主要功能，充分利用现代信息处理技术，并维系日常的会计交易活动，以自动(或半自动)采集、存储、处理、分析、传递和反馈会计信息。因此从信息处理角度看，会计信息系统的基本功能如下。

(1)输入功能

按照事先设定的各种会计规则和方法，记录日常运营交易活动中的会计信息，确认能够进入会计信息系统处理的相关信息。

(2)处理功能

加工来自企业各项业务活动中的会计数据，包括计量、分类、汇总、调整和结账等。

(3)输出和反映功能

输出并反映加工前后的会计信息(含价值信息和非价值信息)，包括根据既定的报表格式与时间要求生成相应的财务会计的对外会计报表和管理会计需要的内部会计报告(例如，生成产品成本报告、作业成本报告、营业费用分析报告、客户信用度分析报告、销售变动趋势报告及生产率增长率报告等)，然后传送给不同的使用者，以辅助人们利用会计信息决策。

会计规则和方法是由会计人员根据信息用户的需求综合制定的，不是一成不变的，要随着外界情况的变化不断调整。在会计信息系统中，会计规则由会计人员确定；会计方法也由会计人员提出，并与信息管理人员合作将这些规则和方法转换为机器系统中的程序。当企业出现了新的业务活动或拥有了新的资源需要管理时，会计人员应从会计工作的角度确定相应的解决方法和处理规则，并尽可能地将其转换为机器系统可以处理的内容。

5. 会计信息系统的特点

由于会计管理工作的特点，会计信息系统不仅具有管理信息系统所共有的四大特性，即开放性、集成性、人机协作性及现代管理方法和技术手段相结合性。同时，会计信息系统与企业其他子系统相比又具有以下显著特点。

(1)系统的庞大复杂性

会计信息系统是企业管理信息系统的一个子系统，但也是一个可以独立存在和运行的系统。它由多个职能子系统组成，如账务处理子系统、工资核算子系统、固定资产核算子系统、材料核算子系统和成本核算子系统等。其内部结构较为复杂，各子系统在运行过程中完成信息的收集、加工、传送及使用，并连接成为一个有机的整体。

(2)与企业其他管理子系统的联系十分复杂

由于会计信息系统全面地反映企业各个环节的价值信息，所以与其他管理子系统和企业外部的联系也十分复杂。会计信息系统从其他管理子系统和系统外界获取信息，然后将处理结果提供给有关系统，因此会计信息系统的外部接口较复杂。

(3)确保会计信息的真实、公允、全面、完整、安全和可靠

会计信息系统应确保存放在系统中的会计信息的真实、公允、全面、完整、安全和可靠，为此系统应对会计信息的采集、存储、处理，以及加工等操作提供有关的控制和保护措施。

(4)内部控制严格

会计信息系统中的数据不仅在处理时要层层复核，保证其正确性，还要保证在任何条件下以各种方式进行核查核对，留有审计线索，防止罪犯破坏，为审计工作的开展提供必要的条件。

(5)会计核算程序的规范性和科学性

由于会计学本身是一门体系完整且方法严谨的学科，对每类经济业务的处理都规定了严格的准则和方法。因此，会计信息系统对企业经营管理活动的会计核算程序一定要符合要求，具有很强的规范性和科学性。

6. 会计信息系统的主要应用

(1)生成外部报告

企业使用会计信息系统生成专门报告，满足投资者、债权人、税务人员、监管机构和其他部门和人员的信息需求。这些报告包括财务报表、所得税申报表，以及监管银行和公共部门等机构所需的报告。由于这些报告格式和所需的内容对于许多机构来说相对固定并相似，软件供应商能够根据相应的法规提供会计软件，自动处理这些报告。因此所需的信息一旦被记录下来，将比过去在手工处理的环境下更快并更方便地生成外部报告。

(2)支持日常事务处理

管理者需要会计信息系统处理企业运行中的日常事务，如处理客户订单、提供商品和服务、为客户开发票，以及收现金等。计算机系统善于处理重复性交易事项，目前有许多会计软件支持这些日常事务。其他技术，如扫描产品编码的扫描仪能够提高业务处理的效率。

(3)非日常性的决策

各机构还需要信息系统帮助制定非日常性的决策。例如，哪种产品销路好且获利高；哪一类顾客最常来购物及其信用度等。这个信息对于计划生产新产品、确定产品存货量，以及向顾客推销产品至关重要。非标准化的信息需求需要动态并随机地查询数据库中的数据。

(4)计划与控制

信息系统还要提供计划与控制功能，有关预算和标准成本的信息存储在信息系统中，生成的报告自动将预算指标与实际数进行比较。使用扫描仪记录买进和卖出的项目，可以低廉的成本收集大量的信息，如收入和费用分析能够在个别的产品层面上进行。历史数据能够从数据库调出，在电子数据表或其他程序中使用，以预测增长率和现金流量。计划制订人员能够使用数据挖掘技术(使用软件搜索数据库中海量的历史数据)揭示长期的发展趋势和相互的关系。

(5)实施内部会计控制

内部会计控制包括制定的政策，以及用于保护企业资产不丢失或不被盗用和维护财务数据准确性的会计控制。在计算机会计信息系统内设立控制规则以帮助实现以上目标是可能的。例如，信息系统能够使用口令阻止个人对没有授权的数据表格和报告的访问和非法输入。此外，数据登录表格在设计上能够自动检测错误并阻止可能违反已有规则的数据输入。

7. 会计信息系统的使用者

会计信息系统所产生的会计信息有众多的使用者，这是由于企业具有很多的利益人士和集团。他们经常会利用企业产生的会计信息进行分析，以做出各种判断和决策。一般来说，会计信息的使用者可分为内部使用者和外部使用者。

(1)会计信息的内部使用者

会计信息的内部使用者是指企业内部各级管理者，包括总经理、各部门和班组的领导等，会计信息是企业内部各级管理人员正确并有效地制定运营决策和控制的重要依据。

【案例1】 某企业已建成企业级的会计信息系统

在企业总经理的办公电脑上可随时查询和监控企业的生产、销售、利润等计划或预算的执行情况，从而及时发现问题，据此对计划或预算做出适当地调整；在采购部经理的办公电脑上可随时查询和监控库存的存货量实时变化的信息，从而制订适时的采购计划；在企业财务总监的办公电脑上可随时查询和监控企业生产、运营成本和现金流量等信息，据此可及时并有效地调动和控制企业的现金收支；企业各班组长也可在他们的办公电脑上随时查询和监控下属员工的生产耗费及其与标准或定额成本间的差异，据此以实施对生产作业的成本控制。

(2) 会计信息的外部使用者

会计信息的外部使用者是指与企业有着利益关系的外部人士和团体，主要包括股东、债权人、审计师、客户、供应商、政府机构，以及其他社会公益组织等。其中，股东是企业的投资者和所有者。虽然他们不参与企业日常性的经营和管理，但是十分关心企业的经营成果的会计信息，以分析和评估企业的获利能力，进而做出买卖企业股票的投资决策；债权人从企业的盈利和财务状况等会计信息得出企业的偿债能力，从而做出对企业的贷款政策；外部审计师主要根据会计信息系统提供的财务报告和记录的交易信息，为公众提供各种投资咨询服务；企业有纳税义务，政府税务部门以企业会计信息系统提供的财务报表和其他会计信息作为课税的依据等。

【案例 2】 ELERBE 公司使用会计信息系统

ELERBE 公司的雇员使用会计信息系统用于以下几个方面的工作。

1. 准备外部报告

控制员需要会计信息系统编制投资者和债权人所需的财务报告，以及政府相关部门需要的所得税和工资税额。

2. 处理日常交易

- 记录客户的订单、送货和货款给付情况，需要系统能够正确并有效地处理这些事务。
- 根据书的销售情况支付作者的版税，管理者需要系统根据产品(书)记录销售数据，并根据作者归集作品的销售情况。
- 对客户的查询做出反应，客户经常会打电话询问产品的完工程度、订单和支付情况等，这类信息应易于获取。

(3) 帮助管理者制定非日常性决策

一位作者提议开发一种新的产品，编辑必须决定是否采纳这项提议，信息系统将用于考虑过去销售业绩和相关产品的生产成本以评估这种新产品的盈利能力。

ELERBE 公司正在考虑直接在网上销售其部分产品，除商品销售数据库中的信息，该公司将对因特网发展成本和现有成本进行比较。

(4) 帮助制订计划和进行控制

每年公司都要制定生产成本的预算，预算将建立在最近一年的销售额和对第二年预计销售量的基础上。信息系统能够保存并构建预算数据，并能够生成比较预算生产成本和实际成本的报告。

(5) 保持内部控制

ELERBE 公司希望确保正确地记录客户订单中的客户编号、产品编号、价格和数量，公司希望数据登录系统在接收订单后能够方便地查询和确定客户及产品的编号，并自动记录销售价格(来自价格表)。

3.1.3 会计信息系统在管理信息系统中的地位

会计信息系统是企业管理信息系统中的一个重要的子系统。根据会计信息系统的定义，它是一个处理会计业务，并为企业管理者和决策者提供会计、财务、定向和决策信息的实体，它通过收集、存储、传输、加工、分析、反馈和利用会计信息跟踪、反映和控制经济活动。由于会计是以货币的价值形式反映和监督企业整个生产经营活动过程的，因此会计信息系统反映的内容涉及供产销每个环节、企业的每个部门及员工。由此可见，会计信息是企业生产、管理决策中使用最多且最广泛的信息，在现代企业决策中处于十分重要的地位，会计信息系统在企业管理信息系统中的重要地位是由它本身的特点决定的。

3.2 会计信息系统的发展

3.2.1 会计信息系统的发展

会计信息系统历经手工和电子计算机环境下两个阶段，其中手工会计信息系统经历了漫长的发展，形成了较为完善的理论体系。从20世纪50年代起，以计算机和网络为代表的现代信息技术被引入会计实务领域，会计信息系统发生了很大变化。该发展变化大致可以划分为面向会计事务处理的阶段(EDP和部门级会计信息系统)、面向企业整体管理的企业级会计信息系统和面向企业间决策管理的价值链会计信息系统三个发展阶段。

1. 面向会计事务处理的阶段

面向会计事务处理的阶段可分为两个小阶段，前期为电子数据处理阶段(Electronic Data Processing，EDP)，后期为在财务部门独立使用的部门级会计信息系统阶段。

(1) EDP阶段

20世纪40年代末，第一台电子计算机问世。计算机的应用领域主要在科学计算，特别是军事科研部门的科学计算。由于计算机准确快速的运算特点，使人们对它的应用效率很快得到了认知，并意识到它在数据处理方面的巨大作用，并尝试使用电子计算机来辅助人们进行企业管理。例如，1954年美国通用电气公司使用电子计算机实现了工资核算和成本会计核算。人们初步认识到了使用电子计算机后，可以使许多核算工作进入自动化的状态，大大地提高了工作效率和工作质量。

随着工业化社会的发展，生产自动化水平的不断提高，生产和流通量与日俱增，管理工作越来越复杂，因而对数据处理的效率和质量提出了新的需求。同时，由于电子计算机硬件的飞速发展，使它的性能价格比逐渐优化。在软件方面产生了独立于应用程序的数据文件系统，以及各种高级语言的诞生。特别是COBOL语言的使用为企业各种核算工作提供了一个自动化的工作环境，产生了管理信息系统的早期形态，称其为“EDP”，EDP阶段延续到60年代末期。在这个时代，企业产品的生命周期普遍较长；构成产品的技术相对比较简单，市场竞争主要围绕如何提高劳动生产率；企业管理思想以泰勒的“科学管理”理论为代表，在具体操作上以“福特制”为典范；企业管理建立在产品部件化、部件标准化和加工工序规范化的基础上，把工人固定在以一定节奏运动的生产线旁，从事几项简单且熟练的加工操作；企业的组织结构是按照功能来组织的层次结构。

这时企业的计算机应用水平还较低，企业管理中计算机被应用到个别部门解决局部的计算和管理要求，开发的计算机软件的应用功能也比较简单，一般着眼于代替部分手工劳动、降低劳动强度，以及提高劳动效率等。人们利用计算机来处理工资计算、存取款、库存材料的收发核算等数据处理量大、计算简单且重复次数多的经济业务。在这个阶段还没有形成计算机会计信息系统，只有多种相互独立的会计核算程序。一种会计核算程序仅能对应某项会计业务，独立完成，没有相互联系。会计核算程序模拟手工核算方式，会计信息系统的特点有如下几点。

- 会计信息的采集、输入和处理是后台批处理的。
- 各项业务中的会计信息的处理大都是独立进行，没有形成整体的会计信息系统。
- 会计信息的核算方式和基本流程模拟手工方式，是一种基于输出视角的处理模式，重点服务于满足外部会计或称为“财务会计”的需求。

(2)部门级会计信息系统阶段

20世纪70年代，随着小型机和微型计算机的大量普及，财务部门内部越来越多的会计事务使用计算机处理。当财务部门内部的计算机应用达到一定程度时，人们开始考虑将财务部门内的各个计算机应用进行集成，以使各个应用程序能够共享数据，这种集成可以称为“部门内的信息集成”。所谓信息集成，可以用“来源唯一、实时共享”来概括。来源唯一指任何数据由一个部门、一位员工从一个应用程序录入，这样可以减少重复劳动、提高效率、避免差错，并且明确责任；实时共享指将数据存入统一的数据库，按一定规则处理，然后为相关人员授权，使他们能实时共享不断变化的信息，高效而且有效地执行业务或做出决策。

局域网和数据库技术的出现为部门内的信息集成提供了实现的技术手段。以会计信息系统为例，会计核算有多项职能，相互之间有联系。会计信息系统也由多个子系统组成，如账务处理、工资核算、固定资产核算和成本核算等。各子系统之间存在着直接或间接的联系，实现数据共享后，会计报表子系统基于这些核算功能可自动生成多种会计报表。这个阶段的会计信息系统建立在经典的会计等式：资产=负债+所有者权益基础上，强调信息的准确性，要求按照特定的规则、在特定的时机并采用特定的方法记录那些改变组织的资产、负债或所有者权益构成的业务事件的数据。这个阶段会计信息系统的主要功能是实现会计核算的自动化和会计报表的自动生成，在此基础上为管理者提供财务信息，辅助决策。

在这个阶段，会计信息系统的设计目标是综合处理发生在企业各业务环境中的各种会计信息，并为企业管理部门提供一定的管理和辅助决策信息。会计信息系统可称为“会计管理信息系统”，它实现了部门内的信息集成，主要特点有如下几点。

- 会计信息的采集、输入和处理虽然仍是后台批处理的，但会计信息系统突破了传统的数据处理范围，开始形成了整体性的会计信息系统。会计信息系统中各子系统有机地结合在一起，实现了彼此间的信息传递、共享和部门内的信息集成。
- 会计信息系统的结构打破了手工方式的一些模式，在实现信息共享的基础上重视会计数据的综合加工、分析和深层次的应用，为财务部门和企业其他管理部门提供辅助管理信息。
- 会计信息系统功能较为完备，包括了账务处理、应收应付、成本核算、预算和资金管理，以及财务分析等诸多子系统。
- 会计信息系统是企业财务部门专用的信息系统，它在物理上独立于企业其他部门的信息系统。虽然联机应用已经成熟，但由于会计信息系统的输入被动地依赖业务部门提供数据，因此对管理决策的支持只能是提供事后的统计分析评价，而无法有效地进行事中控制。又由于会计信息系统采集的仅仅是那些影响组织资产、负债或所有者权益构成的经济事件的数据，信息使用者不能获得市场、竞争对手和协作方等有关信息，因而仍只能进行事后的统计和分析，而无法进行有效的事前计划预测和事中控制。
- 会计信息系统与其他业务系统之间形成相互独立的“信息孤岛”，这是面向事务处理阶段的信息系统的固有特征。如果企业缺乏一个长期和统一的信息系统发展规划，在建立不同业务系统时不考虑将来可能的集成，那这些“信息孤岛”的消除是相当困难的；反之，“信息孤岛”就能在信息系统向更高阶段跳跃时自然消除。

2．面向企业整体管理阶段

从 20 世纪 70 年代中后期开始，市场竞争转到如何提高 T、Q、C 和 S 上。含义是：T（Time）——产品的交货时间或新产品的上市时间；Q（Quality）——质量；C（Cost）——成本；S（Service）——售前和售后服务。企业越来越深刻地认识到要提高企业的市场竞争力，单纯地提高某个职能部门工作的效率是远远不够的，需要业务过程中涉及的各个职能部门紧密协同，才能从整体上提高企业的效率和效益，“整体大于部分之和”的管理思想日益受到重视。企业开始按照业务过程来设立组织结构，按照项目小组来组织人力资源。员工不再是庞大流水线上的小小螺丝钉，而是参与多个专门业务过程团队的多面手。企业通过培养员工的多种才能来避免简单重复劳动给员工带来的枯燥感，以调动员工的积极性和创造性。

在这个阶段，会计信息系统作为整个企业管理信息系统的一个有机子系统，已经和企业管理信息系统高度集成，因此，其设计目标应充分考虑企业整体管理和决策的需求。企业管理信息系统和会计信息系统具有如下特点。

（1）全面改造企业的业务流程，实现企业业务流程、会计工作流程和信息流程的集成，从而使企业的物流、资金流、信息流和业务流整合为一体。实现了企业内的信息和过程集成，彻底消除了“信息孤岛”现象，大大提高了信息的共享性。

（2）这个阶段的管理信息系统的平台大多数是基于 C/S 结构的网络系统，不仅在客户端和数据库服务器间合理分配数据和功能，而且覆盖的范围也不再局限于财会部门和其他业务部门的网络，而是整个企业的网络系统。在这个阶段，会计信息系统是企业管理信息系统的有机组成部分。

（3）这个阶段的企业管理信息系统（包括会计信息系统）是事件驱动型的信息系统。所谓事件驱动，是指会计信息的采集、存储、处理及传输嵌入在业务处理系统中，或者说管理信息系统和企业的业务执行系统融为一体。在业务发生时能够实时采集详细的业务及财务信息，执行处理和控制规则。由于会计信息的采集和处理的实时性，使会计信息系统不仅能执行事后的统计分析评价，而且能够进行有效的事中控制。这种系统的核心是集成，即集成业务处理和信息处理、集成财务信息和非财务信息、集成核算与管理，使得会计信息系统由部门级会计信息系统升级为企业级会计信息系统。

（4）会计工作的重点由财务会计转向同时重视财务会计和管理会计的工作，使会计信息系统的应用价值大大向前迈进一步。

（5）在高度集成的环境下，由于会计信息系统能实时地采集到那些影响组织资产、负债或所有者权益构成的经济事件的财务信息，因而不仅可以做到事后分析和决策，还可进行有效的事中控制。

（6）在这种环境下，利用已有业务和财务的综合信息和决策模型可以建立决策支持系统，以协助管理者解决多样化和不确定性问题，包括对各项计划的监控、预算和成本的管理控制等，以制定高层管理决策和企业发展策略。

3．面向企业间价值链决策管理阶段

进入 20 世纪 90 年代后期，市场竞争主要是围绕新产品的竞争而展开的。这是因为一种新

产品的价格总是高于其价值的，通过竞争价格才逐渐接近价值。一种产品失去其独占期，就意味着这种产品生命周期的结束。除了传统的对企业提供产品的低成本和高质量要求外，当今的企业生产经营需要能够适应市场环境变化，包括市场细分、产品生命周期缩短、产品交货期缩短、产品复杂性增加、定制产品数量增加、环保要求日益增强、劳动力成本提高和工作时间缩短等。此时企业的业绩越来越受到外部世界的影响，内部成本效益达到最优的某些企业仍然可能是不成功的。因为市场上可能存在更能满足顾客需要的竞争对手，它们或成功地将某些业务职能外包，或与贸易伙伴建立了更好的战略联盟。因此企业不仅需要了解并改进、协调每项内部职能，还需要在客户及供应商间建立高效的协作关系。企业之间的竞争实质是企业间的价值链或企业联盟之间过程集成的有效性和效率的竞争，价值链管理理念和理论应运而生。

伴随着价值链管理理论的出现，价值链会计管理理念也逐步形成。价值链管理把企业资源的范畴从过去的单个企业扩大到整个价值链的企业群，企业关心的将不再仅仅是企业自身，而是置身其中的整个价值链的集成利益和发展能力。企业联盟的形成在会计管理上就构成了企业联盟价值链会计管理，它将突破传统会计管理一个会计主体为监管范围的限定。价值链会计管理的核心是如何实现快速和准确地反映整个价值链的会计核算与管理，包括如何产生、采集、记录、核算、反映、控制和分析价值链上的会计和财务信息，以及如何执行价值链上各成本中心、利润中心及物料中心等的会计管理和监控作用等。为达到上述目标，价值链会计管理信息系统是最重要的技术基础和赖以生存的环境。因为只有在价值链企业群中实现了整体信息化后，在现代信息技术，包括网络技术、计算机硬件技术、软件技术、分布式技术、数据库技术、数据仓库技术、数据挖掘技术和 ERP 应用系统等的支持下，才能在整个价值链上实现信息的实时、准确地采集、记录、核算、集成、共享、跟踪、反馈，并有效地实现各中心的会计管理和监控工作，进而提高整个价值链上会计管理工作的含金量。价值链会计信息系统应具有如下特点。

(1) 目标的双重性

为了提升整个价值链企业联盟的全球竞争能力，价值链会计管理信息系统的目标定位一定要打破企业分割的局面。应从整个价值链企业联盟整体和长远战略和策略发展的需求出发，实现企业间信息和过程的集成。因此会计管理信息化的目标应具有双重性，一方面不仅要提高所有联盟企业内部会计管理、控制和决策能力；另一方面还要从价值链企业联盟的整体价值管理活动(例如，价值链的成本控制活动和物流控制活动等)出发，提升整个价值链会计管理工作的监管、分析和决策能力，并按事先规定的法则，在联盟企业有关业务发生时提取相应的价值链会计管理的会计、财务、业务、市场、客户和竞争对手等综合信息，以支持价值链企业联盟综合管理、监控和高层决策管理的需求，从而提升价值链企业联盟整体会计管理工作的水平和价值。

(2) 会计管理信息化技术平台

为了支持价值链企业联盟间的会计管理信息化战略目标的实现，价值链企业联盟的信息技术平台，特别是网络平台必须由分散的各企业内部网络系统提升到由因特网技术支持的各联盟企业的内联网和企业间的外联网协同工作的网络平台，应用系统的结构也应从 C/S 结构提升到 B/S 结构。

- 分布能力。由于价值链会计管理信息化目标具有的双重性，即一方面要提升企业内部的会计管理水平，另一方面要同时提升价值链企业群的整体会计管理能力。因此，企业联盟间协同工作的网络和数据处理平台应具有较强的分布能力，包括分布处理能力、分布存储能力和功能分布能力。只有在分布能力的支持下，信息技术平台才能同时分别地支持企业内部会计管理的局部应用和企业联盟间的协同会计管理的全局应用，使二者之间既有关联，又有独立的运行空间而互不干扰。

- 支持异构环境的能力。价值链信息平台是由不同企业的局域网和广域网连接而成的，这些网络具有不同的网络硬件平台、网络协议、操作系统、数据库系统和应用软件系统。如何使这些异构的系统能够协同运行是该平台必须解决的问题，也是价值链信息平台必须具备的能力。
- 快速扩展和收缩的能力。可扩展能力包括平台容量的扩展和功能的扩展两方面：一方面，价值链是一个动态的企业联盟，随时面临着新企业的加入和链中企业的退出，因此无论是从管理的角度，还是从安全的角度，价值链信息平台必须能够具有使新加入企业的信息平台及时成为整个平台的一部分，退出企业及时从整个信息平台退出的能力；另一方面，企业和价值链面对的外部环境是不断变化的，这就要求信息平台的功能必须不断随着管理的需要增加新功能，并根据需要调整相应的流程，因此信息平台必须具备快速扩展和收缩的能力。
- 良好的开放性。价值链信息平台的开放性体现为外部系统在允许的前提下能够较容易地连接到平台上，外部用户能够较容易地按照允许的权限访问系统。只有良好的开放性的平台才能够真正发挥电子商务、网络化交易的优势。
- 良好的可靠性和安全性。价值链信息平台是多个企业的基础平台，其可靠性影响着链中的每一个企业，它能协调分散系统间的互动。确保至关重要的业务信息不丢失或被破坏，保证流程调度和数据处理的安全可靠，保证数据的完整性和一致性等是该平台必须具备的能力。

  价值链信息平台的安全威胁着平台上的每一个企业，而开放性及平台的动态化又增大了平台的风险。所以构建完善的安全风险防范体系，使平台具有良好的安全性是信息平台发挥作用的保障和基础。价值链信息平台是一个整体，这就要求安全体系也应该是一体化的。
- 高效率。价值链信息平台不仅要处理各企业自身的业务，还要处理大量企业间的往来业务。因此要及时响应各方面应用的请求并提供及时的服务，平台的高效性是非常重要的。

（3）实现企业间的信息和过程集成

价值链是一个利益共同体，有共同的利益追求。为了更好地发挥价值链联盟的优势，提高核心竞争力，链中企业内部及企业之间需要集成，集成的目的是建立一个架构，使业务流程能够顺畅地流转，由此需要构建集成化的信息平台支持业务运作。从集成的角度看，最高效的价值链信息平台应该是一个以业务流程为核心的过程集成平台。但由于价值链随时面临动态变化的可能，而且每一个企业可能同时处于不同的企业链中，并与不同的合作伙伴集成，实现企业间的信息和过程集成。由于在价值链上实现了过程集成，企业决策者能够更好地掌握市场变化，更加及时、准确且细致地了解企业内外部环境。会计信息系统也终于能够有效地进行事前预测和计划，并具有全过程的计划、执行、控制、分析和决策功能。

(4) 价值链会计管理计划和会计控制作用的提升

价值链是由具有不同产权主体的企业构成的企业链群，是一个开放的动态系统，这个系统中的各个企业之间是一种竞争—合作关系。这些企业联合起来追求一套达成一致的目标，同时仍然保持各自的独立性。在这种情况下，要真正实现价值链的管理，控制是必不可少的。价值链管理的主要对象是业务流程，管理的结果需要由企业的财会信息和业务信息反映。显然会计信息是最综合和全面的，也是最具可比性的。因此建立和完善会计控制，保证财会信息的准确、真实及完整变得尤为重要。

计划是控制的前提，也是管理的重要环节。在管理价值链这样一个松散且动态的企业链时，计划管理无疑是重要的管理方式和途径之一。计划是协调的结果，也是各企业具体经营的目标。它使链中各企业明确自身具体目标的同时，了解整个价值链的总体目标，并明确了解自身对价值链的价值贡献。这在一定程度上有利于激励企业追求价值链的总体价值，使各企业的追求趋于一致，从而实现价值链管理的根本目的。

为了实现整个价值链的计划和会计控制的动态管理，最重要的技术前提是能否及时收集和反馈价值链上企业群计划管理和会计控制的大量信息并做出快速调整、控制和响应。无疑，实施网络环境下的价值链会计管理信息化是实现价值链的计划管理和会计控制的重要环境和技术基础。一是在信息系统环境下不仅能自动处理大量而复杂的信息，支持整个价值链企业联盟业务的急剧增长和动态变化，从而有效地规避各种风险；二是在信息系统的环境下，由于信息的采集、处理和传递过程由系统自动有效地完成，从而减少了人工的干预，这种有效的信息反映及传递机制是实施有效的计划管理和会计控制的基础；三是信息系统环境还能改善和规范价值链企业联盟中“业务—计划管理—会计控制流程”。如前所述，只需在实施业务流程优化时，将计划管理和会计控制流程嵌入各有关的业务流程中并使之有机地集成，即可在业务发生时动态地实施强有效的计划管理和会计控制；四是在信息系统的环境下，信息系统的运行需要清晰的操作规程、明确的岗位分工和严格的授权机制等，这些将使价值链企业联盟的管理流程得到规范，从而使计划管理和会计控制也得到有效的执行。

3.2.2　会计软件的分类和发展

会计信息系统的定义指出会计信息系统运行平台的核心部件是功能完备的会计软件，而会计软件是指专门用于会计核算和管理工作的计算机应用软件。

会计软件的分类方法很多，可以从会计软件的使用范围分类，或从网络、应用系统的结构分类，也可从会计信息系统不同发展阶段的需求分类等。

1. 通用和专用会计软件

从会计软件的使用范围分类，会计软件可分为通用软件和专用软件。其中，通用会计软件一般是指由专业软件公司研制，公开在市场上销售，能适应不同行业、不同单位会计核算与管理基本需要的会计软件。其特点是软件可以在多个单位使用，一次开发，多次使用，研制效益比较高。专用会计软件一般是指由使用单位自行开发或委托其他专业公司开发，供本单位使用的会计核算软件。由于这类软件研制开发过程中只考虑某一个单位会计处理的特殊性，故软件在该单位使用很方便，但却不能适用于其他单位的会计核算和管理工作。

2. 单机和网络版会计软件

从会计软件所支持能同时上机用户的数量和相应的硬件、网络和应用系统结构分类，会计软件可分为单机版和网络版，网络版又分为主机系统版、F/S 版、C/S 版、多层 C/S 版和 B/S 版等。单机版的会计软件又称为“单用户会计软件”，它通常是指会计软件安装在一台计算机上，计算机软、硬件资源在某一个时刻只为一个用户所独占；网络版的会计软件又称为“多用户会计软件”，它把会计软件的一部分（C/S 版等）或者全部（主机系统版）安装在多用户环境的服务器或主机上，系统中可有多个用户同时使用会计软件，实现资源共享。

3．部门级、企业级和集团企业会计软件

从会计信息系统不同发展阶段的需求分类，会计软件可分为部门级、企业级（财务业务一体化）和集团企业会计软件。其中，部门级会计软件是指软件所支持的会计信息系统是企业财会部门专用的信息系统。它在物理上独立于企业其他部门的信息系统，会计信息的采集、输入和处理是后台批处理的，会计信息系统与其他业务系统之间形成相互独立的“信息孤岛”。企业级（财务业务一体化）会计软件是指软件所支持的会计信息系统是企业整体管理信息系统的一个有机子系统，会计信息系统与其他业务系统进行集成，通常作为 MRPⅡ、ERP 等系统的一个模块出现。其最显著的功能是在业务系统中实时并自动地采集多数会计原始信息，并自动生成记账凭证和完成自动记账，从而克服了“信息孤岛”的弊端，大大提高了工作效率和信息的及时性。集团企业会计软件是指软件所支持的会计信息系统是运行在集团企业协同网络平台上的集团企业管理系统的一个子系统。此时会计信息系统的最大特征是其目标具有双重性，即一方面要满足单个企业会计管理的需求，另一方面还要满足集团企业整体会计管理的需求。

分析会计信息系统发展阶段和相应软件后，我们应理解，会计信息系统的发展与儿童成长一样有其内在规律和发展阶段，不可拔苗助长。特别是当会计信息系统尚未起步或执行的第一阶段尚未成熟时，切不可贸然进入第二阶段。分析我国企业会计信息系统的建立历程，目前多数企业尚处于第一阶段或刚刚步入第二阶段。企业在实施企业级会计信息系统前，一定要认识和分析清楚企业信息化现处于何种状况？能否实施更高级的会计信息系统？如何创造条件推动信息化的发展，才能减少系统实施的盲目性，降低实施风险而走向成功之路？

3.3 会计信息系统的结构

会计信息系统的结构是指会计信息系统各组成部分的构成框架，前面已介绍了管理信息系统由于抽象的角度不同而构成了不同的结构方式，其中最重要的有概念结构、任务结构和功能结构。会计信息系统与管理信息系统一样也具有以上三种常见的结构，本节将重点讲述其功能结构。会计信息系统的功能结构是指从会计信息使用者的角度看，由相互有信息关联的多个会计核算和管理功能部件组成的。本节以企业全面信息化下财务部门使用的企业级会计信息系统为例，说明其处理流程、功能结构和各子系统间的数据联系。

3.3.1 企业级会计信息系统的处理流程

企业会计信息系统利用计算机技术完成会计核算工作，并在此基础上向企业管理者提供会计和财务信息，进行辅助决策。企业级会计信息系统的一般处理流程如图 3-1 所示。

虚框内为会计信息系统，虚框外为与会计信息系统有直接数据接口的其他业务管理系统。与部门级会计信息系统相比，企业级会计信息系统在结构、功能、性能、作用等多方面都存在差异，具有不同特点，详见 3.3.5 节。

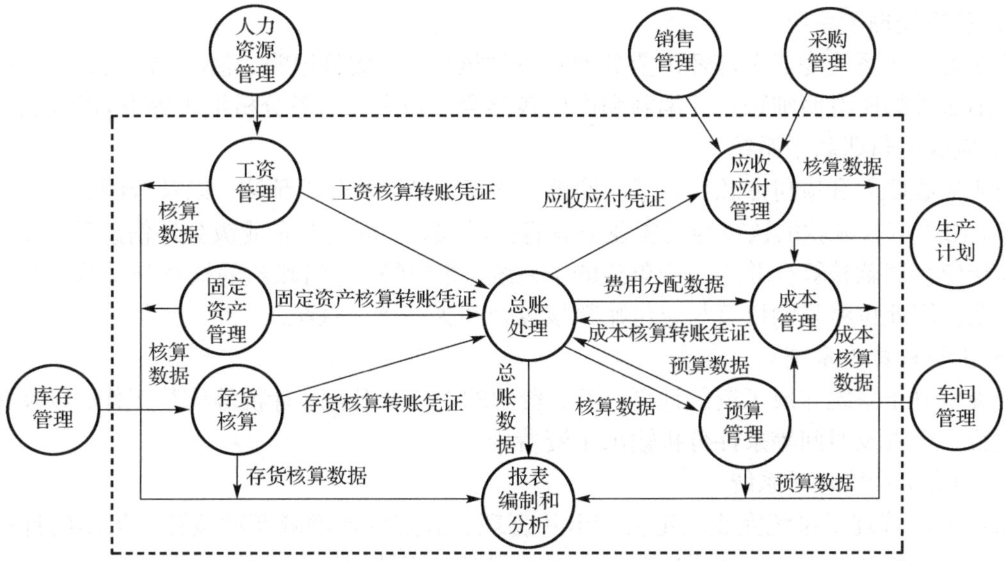

图 3-1　会计信息系统的处理流程

3.3.2　企业级会计信息系统的功能结构

企业会计信息系统的目标是为企业内外部的决策者提供需要的会计信息及对会计信息的利用有重要影响的其他非会计信息。具体到企业级会计信息系统的应用，其总目标是完成会计核算，提供企业管理和决策所需的会计信息。这一总目标可以分解成如下子目标。

(1) 及时准确并可靠地采集和录入各种核算和管理需要的数据。

(2) 正确有效地完成各项业务核算工作。

(3) 及时准确并完整地提供组织所需的会计信息，如各种证、账和表的查询和输出。

(4) 正确高效地完成有关业务的管理工作。

(5) 全面有效地实现会计数据的及时传递和共享。

这些目标决定了企业级会计信息系统的主要功能是完成各项业务核算和管理，提供管理者决策需要的财务信息。在实际应用中，一般对各项业务分别设置相应的功能来完成核算和管理任务，由此，企业级会计信息系统的子系统划分如图 3-2 所示。

下面对各子系统的功能简单介绍如下，详情可见以后有关的章节。

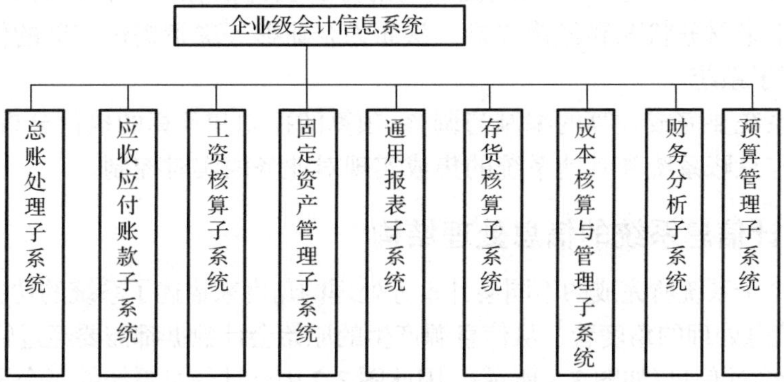

图 3-2　企业级会计信息系统的子系统划分

(1) 总账处理子系统

总账处理子系统完成全部经济业务的总分类核算，生成日记账、总账，以及除各子系统生成的明细账外的所有明细账，为编制和产生各类会计报表和财务分析报表等准备数据。

(2) 应收应付账款子系统

完成应收账款和应付账款的记录、冲销、核算、报告及分析预测，以及合同、票据的管理等工作。由于应收账款的核算与销售业务有直接的关系，因此在企业级会计信息系统中，将销售核算与应收账款核算合并为一个单独的子系统。相应的，应付账款的核算与采购业务也有直接的关系，因此也将采购核算与应付账款核算合并为一个子系统。

(3) 工资核算子系统

工资核算子系统完成工资的计算、工资费用的汇总和分配、计税等核算工作，以及按照部门、项目、个人及时间等条件分析输出工资费用。

(4) 固定资产管理子系统

固定资产管理子系统完成固定资产卡片管理、固定资产增减变动核算、折旧的计提和分配，以及固定资产按类别、使用情况、所属部门及价值结构等所做的分析及统计工作。

(5) 通用报表子系统

通用报表子系统可以定义常用的会计和财务分析报表，也可按用户的需求定义各种内部报表。该子系统与其他子系统相连，即可根据会计核算数据，如总账及明细账等数据完成各种会计报表的编制与汇总，生成其他各种内部报表、外部报表、汇总报表和分析报表，然后根据报表数据生成各种分析图等。目前，很多会计软件的报表子系统都做成了一个可以进行二次开发的电子表处理平台，成为人们处理报表事务的工具。

(6) 存货核算子系统

存货核算子系统完成存货收发结存的核算、货款的支付，并自动编制材料费用分配转账凭证、自动计算和分配材料成本差异等。在实际应用中，也有一些系统根据企业会计管理的需要将仓库管理业务与存货核算合并成一个子系统。

(7) 成本核算与管理子系统

成本核算与管理子系统完成各种成本费用的归集和分配，计算产品的单位成本和总成本，并进行成本预测、分析和决策。成本核算与组织的生产过程密切相关，生产过程不同，成本核算方法也各不相同，相应建立的处理流程和功能也各具特色。

(8) 财务分析子系统

财务分析子系统根据上述各子系统提供的财务和会计信息，对企业财务活动进行事后分析，并预测企业未来财务状况和经营成果，从而为企业财务决策提供辅助的依据。

(9) 预算管理子系统

预算管理子系统要完成预算的编制与调整、预算的控制和预算的执行分析等涉及预算管理的功能，它通过与总账系统和其他系统的集成实现对业务的实时控制。

3.3.3 会计信息系统的信息处理结构

3.3.2 节从每个子系统所完成的不同会计事务处理的角度来描述了系统的功能。对于每个子系统而言，从会计信息处理的角度看，从信息源产生的原始会计数据都需要经过输入、处理和输出阶段，才被转换为会计信息（如图 3-3 所示）。因此图 3-2 中会计信息系统的每个子系统在三个阶段中具有类似的功能，这些功能是数据采集、数据处理、数据管理、存取控制、信息生成和输出。

图 3-3　信息处理功能

1. 数据采集

数据采集是指发生在输入阶段采集交易活动中的会计数据，包括捕获、记录、审核、编辑及传递交易数据等几个步骤。例如，看一下网络时代所做的销售交易。当顾客下了订单，一个零售点的某销售人员捕捉到了赊账销售这样的事实。该销售人员把相关资料记录在销售订单表中，包括顾客的姓名、要购买的产品和数量等，然后用联网的计算机输入上述信息，以查询在企业服务器上该客户的财务信任度和欲购买商品的有关信息，借以确认该笔业务是否可以执行。若可行，计算机系统可接受此笔业务，会计信息系统自动采集到相应的会计信息。

2. 数据处理

当计算机采集到了会计数据后，首先应保存到相应的数据文件中。然后按事先规定的会计业务处理逻辑及计算规则等对它们进行处理，以期得到有用的会计信息。

3. 数据管理

数据管理包括三个功能，即保存、维护和检索。为了未来的使用，数据必须经常保存。在电子计算机中，数据常保存在数据文件或数据库中；维护指根据最新的情况调整保存的数据，以保持数据的新鲜度和可用性；检索提供了用户的查看和进一步处理数据的机会，处理的数据或做输出处理，或做保存处理。

4. 存取控制

存取控制的目的一是保护会计信息的安全性，二是保证会计信息的准确完整性。例如，常在会计信息系统中设置权限控制，以区分不同用户对会计信息使用、修改及管理维护的权限，以确保存放在系统中的会计信息的安全性、准确性、完整性和一致性。

5. 信息生成和输出

信息生成和输出是指对信息的解释、报告、传递和展示，它支持从业务交易和信息处理中得到相应的会计和财务信息，以用于辅助决策。

3.3.4　会计信息系统的应用体系结构

会计信息系统的应用体系结构指硬件、网络、软件平台和会计应用系统集成后的系统结构。常见的会计信息系统应用体系结构有主机系统(Mainframe System，MS)、文件/服务器系统(File/Server，F/S)、客户/服务器系统(Client/Server，C/S)、多层 C/S 结构，以及浏览器/服务器系统(Browser/Server，B/S)等。

1. 主机系统

主机系统也称为“宿主机系统”，其硬件平台由一台主机及多台终端机组成。主机系统对所有的软硬件资源，包括系统软件、工具软件、应用程序、共享数据、共享设备(打印机等)及与用户终端相连的通信软件的全部管理和运行都集中在一台主机上，数据处理工作全部交给宿主计算机集中完成，用户通过本地终端或远程终端运行通信软件访问宿主计算机。主机系统是一种集中式处理和管理的系统。

由于主机系统的管理方式是集中方式，其对共享资源的管理较为简单，不易产生对共享资源，特别是软件资源完整性的破坏，因此目前仍是许多大型应用系统采用的主流体系结构之一。

2．文件/服务器体系结构

随着微机和局域网的诞生和广泛应用，一种文件服务器的网络体系结构为计算机应用的扩展提供了一个良好的环境。文件/服务器体系结构的硬件环境实际上是一个局域网或一般网络，其中选择一台或多台处理能力较强的计算机（微机、工作站和小型机等）作为服务器，以存放共享数据，应用系统全部放在工作站上。每一个需要访问共享数据的客户都必须从某个工作站上发出请求命令，并从文件服务器上提取全部文件传送到工作站后提交给工作站的应用系统管理运行。

文件/服务器体系结构的管理特点是在服务器上进行网络操作，系统对共享数据的管理是基于文件系统的管理，主要管理文件的存放地址和文件的容量等，而对共享数据的其他管理均由工作站的相应系统实现。

文件/服务器体系结构的主要缺点是当前台客户端对共享数据有使用需求时，系统需把有关的数据文件全部由网上从后台服务器传递到前台客户端，网络负载是系统的处理瓶颈。

3．客户/服务器体系结构

客户/服务器体系结构的硬件环境与文件/服务器体系结构十分相似，但其软件的分布结构及对共享数据管理的结构不同。客户/服务器体系结构的应用系统分为两部分，其一为在服务器端上的应用系统，负责响应客户端对共享数据的使用请求、对共享数据执行操作和管理，包括对数据库的增、删、改、查询、多用户并发管理，以及数据一致性控制等，并向客户端传送对共享数据的操作结果；其二为在客户端上的应用系统负责对共享数据提出使用请求、显示或打印结果数据和进一步处理，即在客户端上只存放应用系统中除对共享数据操作以外的其他操作，包括应用系统的输入/输出界面等。客户/服务器体系结构大大地降低了网络的负载，而且对数据的安全性、完整性和一致性有较好的保障。

4．多层 C/S 体系结构

当系统功能复杂或处理规模较大时，一般的二层 C/S 体系结构会产生诸如胖客户端、胖服务器端，并在处理逻辑变化时存在维护困难等缺点。为了解决这些问题，提出了应用系统的多层 C/S 体系结构。其解决途径可以通过“中间件”技术，将用户交互、应用业务处理和数据管理彼此之间相互彻底分离，各自完成其擅长和应该完成的任务，形成所谓多层 C/S 体系结构模式。多层 C/S 体系结构的实质是将应用系统从逻辑上分为用户 I/O 层、处理逻辑层和共享数据层，而每一层可根据处理量的多少进一步分解。

5．基于浏览器/服务器的多层 C/S 体系结构

随着因特网/内联网技术的不断发展，尤其是基于 Web（HTML 和 HTTP）的信息发布和检索技术、Java 跨网络操作系统计算技术，以及 CORBA 网络分布式对象技术三者的有机结合，导致整个应用系统的体系结构从 C/S 的主从结构向灵活的多级分布结构演变，使其在当今以 Web 技术为核心的信息网络的应用中予以更新的内涵。

当企业在地理位置上比较分散，如某些企业在城市的各个地区都设有分支机构，则整个企业就难以由一个局域网相连(建立局域网成本太大)。一般采用的模式是组建多个局域网，然后将这些局域网相互连接构成一个城域网。这样就要求企业管理软件的运行超出单个局域网的范围，而能在城域范围内或企业内部多个互联的局域网上运行。对于单个局域网而言，它与厂区范围内组建的局域网没有本质的区别。但是由于涉及多个局域网的相互连接，因此在这种情况下，首要的任务是要解决财务数据的复制和共享问题。现在一般采用的模式是各子企业的局域网在大多数时间独立运行，然后在某个固定的时间(通常在深夜)将各自的数据通过通信线路统一送往母企业，由母企业对数据进行集中处理。这种模式的主要问题在于数据的传送和处理缺乏实时性，母企业无法随时随地对子企业的数据进行查询和处理。对于某些24小时连续运行的企业，这个问题就显得更加突出。而且在数据传递时往往会长时间地占用通信线路，增加企业的支出。

随着企业规模的进一步扩展，企业的地理位置会更加分散，从而超出城域的范围，而分布于全国，甚至是全世界，整个企业通过广域网连接在一起。由于广域网的连接速度比较慢，一般不可能将整个企业的数据进行集中处理，使得数据的复制和共享成为一个难以解决的问题。而且在通过广域网连接在一起的企业网上通常运行着各种类型和不同操作系统的计算机，如Macintosh、PC和各种类型的RISC计算机。使用的操作系统也是多种多样的，如Windows XP、Window NT、Unix和OS/2等。由于各个平台的软件互不兼容，因此在一种机器上生成的文档很难在另一种机器上浏览，多平台的互联及兼容性等技术性问题难以解决。由于E-mail具有平台无关的特性，一般通过E-mail在广域网上进行信息交流。但是为了使所有用户都能读到有关消息，E-mail用户必须选用最常见的方式来表示信息(如纯ACSII文本)，而很少发送嵌有图片、表格和其他专用字符的文档，这对于共享具有复杂格式的企业管理信息是远远不够的。

为了解决上述问题，可在多层C/S体系结构中引入因特网技术，即将具有多层C/S结构的应用系统和因特网连接，在系统的前端利用因特网的浏览器，在系统的后端增加因特网的服务器，称其为“基于浏览器/服务器的多层C/S体系结构”。

3.3.5 企业级会计信息系统的特点

与部门级会计信息系统相比，企业级会计信息系统最重要的变化是在对业务过程优化的基础上实现了集成，即业务处理和信息处理的集成、财务信息和非财务信息的集成，以及核算与管理的集成。

企业级会计信息系统由于实现了集成，在经济业务发生时即可实时采集、加工详细的业务数据和财务数据。由事后反映到实时反映，会计事前计划、事中控制的职能得以有效发挥，会计信息质量发生了质的飞跃。

1. 结构方面

(1) 平台结构。由于企业级会计信息系统实现了财务业务一体化的集成，因此会计信息系统是企业管理信息系统的有机组成部分。系统平台大多是基于C/S结构的网络系统，不仅在客户端和数据库服务器间合理分配数据和功能，覆盖的范围也不再局限于财会部门和其他业务部门的网络，而是整个企业的网络系统，从而形成了企业的内联网，会计信息系统的网络平台只是企业内网的一部分。部门级会计信息系统的网络平台既可以是企业内网的一部分，也可以是一个独立的网络系统(如局域网)。

(2)数据存储结构。由于企业级会计信息系统实现了财务数据与非财务数据一体化的集成，因此信息将集成存储在数据库中，实现了数据的集中管理，从而大大地提高信息的安全和可靠性管理，同时也提高了信息的共享度。会计和财务人员不仅可以完成常规的信息应用，还可根据业务处理的需求灵活地使用数据库中的数据。部门级会计信息系统是企业财务部门专用的信息系统，它在物理上独立于企业其他部门的信息系统，其数据存储也应该是独立的。

(3)功能结构。由于企业级会计信息系统功能进一步扩展和深化，会计信息系统的各子系统之间、会计信息系统与其他业务系统之间功能联系更多，因此功能结构更为复杂。

2. 功能方面

(1)系统功能更加全面，有些功能只有在企业级会计信息系统才能真正发挥效用，如预算管理、存货核算和成本管理等。

(2)实现了会计信息的实时采集、存储和传递，会计数据的采集、存储、加工和报告等发生了较大变化。会计信息系统的大部分数据直接来源于其他业务系统，会计信息系统本身手工录入的数据只有少部分。数据处理方式可以采用批处理或联机处理，无论采用何种记账程序，各种凭证一经输入，计算机系统即可自动并集中地完成记账、对账、转账、结账及输出账表等账务处理工作。证、账、表间的钩稽关系在数据处理过程中自动得到保证，并且系统的输出方式包括打印输出、屏幕浏览、磁盘或光盘存储，以及网络传输等。

3. 性能方面

(1)企业级会计信息系统是基于业务活动构建的，以防止在会计系统、业务系统中大量重复存储和处理相同业务活动的数据。财务数据与非财务数据集成存储，数据结构也经过了重新组织，从而减少了数据冗余，避免了数据不一致的发生。

(2)数据的实时采集、存储和传递避免了多个系统中重复采集、存储和处理相同业务活动的数据而产生数据不完整和重复处理之类的问题，数据完整性得到保证。

(3)会计信息可以由来源于各核算子系统的记账凭证数据按照记账、结账、转账的核算程序即时生成，报表的生成和分析也可以实时进行，而不必等到会计期末，从而使得会计信息的准确性和及时性得到极大的提高。

(4)企业级会计信息系统建立在业务处理过程优化基础上，最大限度地实现了企业内各种资源的共享。不仅简化了业务过程、节约了企业资源、大量降低了运营成本，使企业资源得到最为合理的利用，而且大量重复处理、重复数据及重复控制的减少，使系统面临的处理结果不一致和不完整等的风险降低。业务过程的简化也在保证系统安全的前提下减少了控制环节，提高了系统效率。

4. 作用方面

(1)会计职能得到更全面的发挥。企业级会计信息系统在信息利用上更关注使用者的需求，除了能够利用业务财务数据集成的优势灵活地生成各种会计信息外，还可以通过提供查询工具允许用户实时访问等，使用户获得更有价值的信息；同时信息的实时传递，也使有效的事中控制、事前计划成为可能。会计信息处理的范围得以扩展和延伸，使会计职能得到更好的发挥。

(2)实现了实时控制。企业级会计信息系统业务过程与包括会计信息在内的信息过程相互集成，会计数据和业务数据集成存储，这样即可有效地进行事中控制。而且企业级会计信息系统的控制不再只局限于某个子系统，而是一个整体。会计信息系统数据的安全不仅靠本系统的控制做保证，还依赖于该数据产生的整个业务过程的控制，以及整个系统网络的安全控制。

(3) 由于会计系统提供的信息更及时、全面、准确，并且更具针对性，因此会计业务的效益得到了较大的提高。

3.4　会计信息系统的 ISCA 模型

3.4.1　ISCA 模型概述

信息系统内控和审计(Information System，Control and Audit，ISCA)模型是杨周南教授提出的建立、运行和控制管理会计信息系统的体系结构，它揭示了企业在实施会计信息化、建立会计信息系统的同时，应建立会计信息系统的内控和审计体系。我国多数企业在实施会计信息化时只关注会计信息系统的建立和使用，而忽略了后两项工作。随着会计信息化的发展，人们对信息系统的依赖性日渐加深。企业除了传统意义上的经营风险、控制风险和财务风险等之外，与信息系统的安全性、可靠性相关的信息和信息系统风险日益增长。不加控制的会计信息系统可能会产生严重的后果，如会计信息会很容易被毁损、失窃和失真而导致不正确的决策，以及非法访问、未经授权复制、黑客的闯入和病毒的侵入等违规使用，从而使会计信息系统受到严重的损害。这些不仅会影响对信息技术使用的质量及效果，同时会影响会计人员使用信息技术的信心和会计信息化的深入发展。由此可见，在会计信息系统成功建立以后，在其运行过程中，建立一套有效的内部控制机制以确保系统的安全、可靠和有效是十分必要的。同时为了确保和审查内部控制机制的有效执行，必须开展对会计信息系统及其内部控制机制的审计，以最终达到对会计信息系统安全、可靠、有效和高效的应用。即通过审计活动可以发现信息系统本身及其控制环节的不足之处，以便及时改进与完善会计信息系统，使其在企业的经营管理中有效发挥作用。

3.4.2　ISCA 模型的结构

ISCA 模型由三个要素组成，即会计信息系统、会计信息系统的内部控制和审计体系，如图 3-4 所示。

会计信息系统的控制目标有如下几个。

(1) 保证会计信息系统的合规及合法性，系统的开发、使用和维护都要符合有关法律、法规、制度、条例、政策和标准的要求。

(2) 保证会计信息系统的安全性，使信息系统的各项资源(硬件、软件和数据等)不受自然或人为的破坏。

(3) 保证会计信息系统的有效运作并产生准确完整的会计和业务信息。

(4) 保证对系统的硬件和软件的维护按照适当的授权进行并经过测试。

(5) 保证会计信息系统和程序库，以及数据文件的访问要经过授权，避免未经授权的人员侵入系统修改程序和数据文件。

(6) 保证会计数据的有效备份与系统的恢复能力。

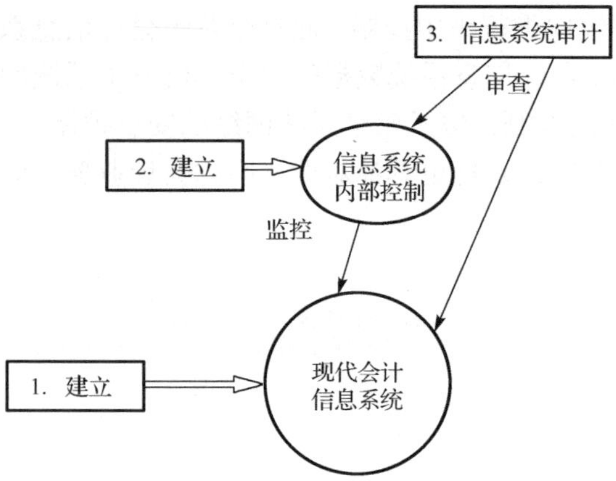

图 3-4　ISCA 模型结构

(7)防止、发现和纠正系统所产生的错误与故障，使系统能正常运行，以提供及时、准确、完整并可靠的信息。

根据上述控制目标建立的信息系统，内部控制制度可分为一般控制和应用控制，详情可参见第 6 章。

为了确保内部控制制度的正常运行，还应定期审计会计信息系统。审计目标是通过审计活动审查与评价信息系统的内部控制制度建设及其执行情况并提出审计建议。该审计活动也是确保会计信息系统安全、可靠、有效和高效运行的重要措施。根据审计对象的不同，信息系统审计可以分为如下方面。

(1)审计信息技术的管理控制。

(2)审计信息系统资源(如基础设施、应用系统、数据中心和数据通信等)。

(3)审计信息系统开发过程。

(4)审计信息系统运行维护过程(即系统实施后)。

(5)符合性信息系统审计(指涉及国家和国际标准的符合性信息系统审计)等。

根据审计主体的不同，信息系统审计又可以分为内部审计和外部审计两类。内部审计是企业信息系统控制的重要组成部分，指由企业内部审计机构执行的信息系统审计，是确保信息系统安全、可靠并有效的基本保证；外部审计是由独立的外部信息系统审计人员执行的信息系统审计。外部信息系统审计产生之初是为了解除注册会计师在会计报表审计中的责任，后来发展成为一个独立的咨询服务行业，为企业提供专业的信息系统审计服务。在企业建设信息系统的初期，外部审计可以帮助企业迅速提高信息系统的安全性。而在企业信息系统的稳定运行期，外部审计也可以及时发现一些看起来十分普通，但实际上非常危险的问题。

3.4.3 ISCA 模型的应用

做好 ISCA 模型的应用，我们要从制度、人员和资金等方面入手。

1. 制度

为开展 ISCA 模型的应用，我们必须做好制度建设，包括建立会计信息系统的内部控制制度并对会计信息系统和内部控制制度执行的审计制度。ISCA 模型的制度建设是应用 ISCA 模型的基础和保障，详情见相关章节。

2. 人员

我国会计信息化经过 30 年的发展，培养了一批既懂计算机技术，又懂包括会计等管理知识在内的人才，为企业建立会计信息系统奠定了人才基础。但由于缺乏对实施信息系统内部控制和审计的必要性认识，所以目前能理解信息系统内部控制及其审计的理论和实务人才寥若晨星。我们要加强信息化人才的培养力度，制订信息化人才的培养计划，通过一系列的政策措施鼓励素质高并有潜力的人才从事 ISCA 模型的应用。

3. 资金

实施 ISCA 模型的应用，要有一定的资金投入，以保证信息化过程中的人力和物力，企业对信息系统投资的预算则代表了信息系统发展的能力。企业要根据自身的规模和行业性质，认真做好应用 ISCA 模型所需资金的预算计划，严格控制专项资金的使用和管理，避免他用或浪费，为 ISCA 模型的应用奠定资金基础。

3.5 网络财务报告和 XBRL 报告语言

3.5.1 网络财务报告

1. 财务报告

传统意义下，企业财务报告是指企业对外披露的以日常会计核算资料为主要依据，反映企业某一特定日期财务状况和某一会计期间经营成果、现金流量等的数据文件。财务报告是企业提供财务信息的一种重要手段。它是监管部门和其他外部使用者审查、了解企业财务状况、财务业绩和现金流量变动等信息的主要渠道。随着社会环境的变革要求，财务报告所涵盖的内容不断扩展，由此对传统财务报告的概念提出了挑战。信息用户不仅需要历史性的、数量化的财务信息，还需要未来性信息、定性信息与非财务信息。在网络经济时代，财务报告中的非财务信息需求比例呈上升之势，目前财务报告已是企业对外公布的有关业务与财务信息的总称。

2. 网络财务报告

在信息化环境下，网络财务报告是指企业将财务报告存储在某个公众网络信息平台上，通过互联网传播媒体披露企业各项经营业务与财务信息，使用户可以随时查询和阅读、分析财务报告。1995 年，美国证监会(SEC)要求上市公司用磁盘、光盘或计算机网络接口向 SEC 的 EDGAR 系统(电子数据集中与报告系统)提交通用财务报告。EDGAR 系统与 Internet 连接，使进入 Internet 的用户能便捷地获取信息。之后许多国家也先后采取措施加快这方面的研究，由此网络财务报告得到了很快的发展。

3. 网络财务报告形式的发展

网络财务报告以互联网为工具将财务信息从企业流向各类信息用户，传统纸质报告形式已被打破。根据网络财务报告使用“IT”技术的不同，网络财务报告形式可分为 4 个发展阶段。

(1) 电子文档形式阶段

电子文档阶段的网络财务报告指的是企业将财务报告制作成各类格式的电子文件。电子文件采取的格式常有 Adobe 文件格式(PDF)、文本文件格式(TXT)、MS Office 文件格式(DOC)等，并在网页上发布。这些文档通过 Web 发布到互联网上后，使用者即可在浏览器上联机阅读，也可将其下载离线阅读，或者直接打印成纸质文件。该阶段网络财务报告的特点是与纸质财务报告内容相同，仅仅是纸质财务报告形式的电子复制品，但其传输介质发生了变化，制作与发布的成本较低。此阶段网络财务报告在信息查询、交换和再利用等方面也存在诸多不便。比如对不同格式的网络财务报告必须通过相应的阅读器才能阅读，而且电子文件之间不具备超文本引航能力，不能通过搜索引擎工具进行检索，使信息使用者不能同时阅读同一企业多年的财务报告，更不能同时阅读不同企业同一财务报告，用户对财务信息做纵向和横向的对比和分析十分困难。

(2) HTML形式阶段

在HTML形式阶段，网络财务报告是利用超文本标记语言(Hypertext Markup Language，HTML[①])技术来制作和发布网络财务报告。其最大的特点是用户能方便地检索信息，使用者通过点击相关链接便可快速进入拟阅读的信息网页。HTML形式阶段的网络财务报告可以对投资关系等内容进行指定形式的编排，使用者可以在浏览器上进行有效的阅读和理解。

HTML语言技术可以把互联网上不同地点的相关信息组合起来，并提供一个信息文本转移到另一个信息文本的手段。目前，国内外有许多企业运用超文本文件在网站上发布财务报告。

本阶段网络财务报告的缺点是搜索的信息不够精确。HTML作为一种简单的标识性语言，只能规定网页上的内容如何显示，但无法表达相关信息的内容。比如，HTML可以定义网络财务报告的外观显示格式，包括颜色、尺寸和形状，却不能描述诸如现金流量、主营业务收入的语义。另外，HTML可扩展性差，用户不能根据需求自定义标记，所以信息使用者很难快速地找到准确、相关的信息。例如，用户利用搜索工具在互联网上搜索诸如“利润”这样的词，页面上会出现上万条信息，但其中大部分都是不相关的。

(3) XML形式阶段

在XML形式阶段，网络财务报告指的是利用可扩展标记语言(eXtensible Markup Language，XML)技术来制作和发布网络财务报告。XML除了具有HTML阶段的优点以外，更具有动态交互性。这是由于XML提供的是一种自我描述、可扩展和标准化的交换信息的描述标准，它将内容与显示格式分开，还允许用户在内容上添加自定义标签以描述其含义。XML可扩展性也强，它可以使各行各业开发出与自己特定领域相关的标记语言。比如这样的描述：<应收账款>5000￥</应收账款>，会计界人士都能明白其表示的财务信息的含义。

XML形式阶段的网络财务报告虽然具有上述优点，但还不能完全实现数据管理与交换的需求。因为XML标签可以自由定义，任何组织和个人可根据自身需求创建标签，但这样的标签定义使用者不一定接受，同一份财务报告在另外的地方可能得到不一样的结果。除了标签定义的形式不同外，标签描述的内容采用的元数据标准可能大相径庭，这会导致不同标准描述的文档格式内容不能完整进行交换。若没有一套具有权威性的行业标准，XML就无法在促进信息交流方面发挥积极作用。

(4) XBRL形式阶段

在XBRL形式阶段，网络财务报告指的是利用可扩展业务报告语言(eXtensible Business Reporting Language，XBRL)的技术规范来制作和发布网络财务报告。

XBRL仍是一种基于XML的语言标准，但与XML不同的是，它不仅可以针对某一特定行业或应用领域统一定义业务报告格式中所蕴含的语法结构标准，同时也提供了可根据该行业和领域的有关准则、法规等来统一定义业务报告内容所蕴含的语义规则。也就是实现了建立一套行业内各方普遍接受和应遵循的报告标准。

基于XBRL语言标准所生成的网络财务报告可以使信息使用者在一个统一的语法和语义标准的环境下查询、阅读发布在网络平台上的各类业务报告，特别是财务报告，实现了信息使用者能同时阅读同一企业多年的财务报告和同时阅读不同企业同一时间的同一财务报

① 详情见后文。

告，使用户对财务信息做纵向和横向的对比分析成为可能，大大提高了信息使用者对信息共享的使用效率。

3.5.2 XBRL 语言概述

XBRL 是一种计算机标记语言，本节在讲述 XBRL 语言之前，先对语言标记和计算机标记语言给予简单的说明。

1. 什么是语言标记

在我们平常书写文章时，经过对文字进行标记，如在句尾加句号，表示一句话的结束；加问号，表示疑问等，使用这些标记，可以对文章从语法和语义上进行标识和分割成分，使其具有更明确的意义和易读的结构，这些在文章中公认的表示特定含义的特殊记号称为语言标记。

2. 什么是计算机标记语言

计算机标记语言是指在计算机语言中定义了一系列特定的标记，使用这些标记可将非结构化电子文档转变为计算机软件能解读的结构化电子文档的语言，该结构化电子文档是由标记及所标记的内容构成的文本文件。在日常生活中，对一个纸质文档进行标记，可以使该文档的结构清晰、重点突出，让人们更容易“理解”。同样对电子文档加标记，也可以使计算机软件更容易“解读”。

3. 标准通用标记语言

标准通用标记语言（Standard Generalized Markup Language，SGML）是国际标准化组织于 1986 年批准的国际标准标记语言[①]。该标记语言定义了一系列标记，包含标记的形式、标记词表、标记间的逻辑关系和标记的使用规则等。SGML 标记语言用一对标记“＜”和“＞”来圈定所要标记的对象，起到分割电子文档中不同语言要素的作用，从而使计算机通过标记找到所需标记的内容，进而使计算机软件能自动处理电子文档中的信息。达到在信息化平台上对不同格式的电子文档转化为具有统一格式的 SGML 电子文档的功能，实现信息间的交换。例如：

责任编辑：张力
印　　刷：北京第三印刷厂
出版发行：电子工业出版社
印　　次：2007 年 9 月第 1 次印刷
印　　数：6000 册

上述文档含义明确，易于人工判读，而计算机软件却无法判读，但如果我们用 SGML 标记语言对其进行标记，便可使上述非结构化的文档转化为结构化的文档，如下：

＜责任编辑名＞张力＜／责任编辑名＞
＜印刷厂名＞北京第三印刷厂＜／印刷厂名＞
＜出版发行商名＞电子工业出版社＜／出版发行商名＞
＜印刷次数＞2007 年 9 月第 1 次印刷＜／印刷次数＞
＜印刷数量＞6000 册＜／印刷数量＞

4. 超文本标记语言 HTML

(1) 什么是超文本标记语言 HTML

超文本标记语言（HyperText Markup Language，HTML）是应用 SGML 标记语言的基本技术

① SGML 语言的原创者是 IBM 公司。

并定义了一些具有固定标记的特定标记语言，主要用于构建网页，在浏览器中显示数据。HTML 是一种用户与计算机都能理解的、为网页中的文档提供版面与超文本链接的标记语言，它是标准通用标记语言的一种应用。HTML 的标识符号具有特定含义，不同的标签表示不同的格式信息。它是在普通文本的基础上，加上一系列的标记符号来描述其格式，形成浏览器可解析的超文本文件。

（2）HTML 语言的优势与缺陷

HTML 语言具有通用性、简易性、可扩展性、平台无关性等优点。由于信息发布涉及信息的内容和信息的表示或显示，而 HTML 语言将两者结合在一起，有力地支持了网上信息发布的便捷性。但正是由于 HTML 将显示方式内嵌在数据中，所以在创建信息文本时，要时时考虑其显示格式，如果因为需求不同而需要对同样的内容进行不同风格的显示时，需重新创建一个全新的文档，使重复工作量较大。此外 HTML 缺乏对数据结构的描述，对于应用程序理解文档内容、抽取语义信息都有诸多不便。

5. 可扩展标记语言 XML

（1）什么是可扩展标记语言 XML

可扩展标记语言（eXtensible Markup Language，XML）是由万维网联盟（World Wide Web Consortium，W3C）于 1998 年 2 月发布的一种语言标准。它也是 SGML 的一个简化子集，它将 SGML 的丰富功能与 HTML 的易用性结合到 Web 的应用中，以一种开放的自我描述方式定义了数据结构，在描述数据内容的同时能突出对结构的描述，从而体现出数据之间的关系，克服了 HTML 只能显示内容而无法表达数据内容的不足。总之，XML 是描述数据及其结构的语言，它所生成的数据文件对于应用程序和用户都是友好的、可理解的、可操作的。XML 是一门元标记语言，即它是创建标记语言的语言，通过这些标记和标签①，计算机可以读懂元素的含义，并且人们也可以很容易地从文档中获取有价值的信息，XML 是当前处理结构化信息文档的有力工具。

（2）XML 语言的技术组成部件

XML 语言的技术组成部件主要包括：文档类型定义（Document Type Definition，DTD）、XML 数据模式（XML Schema）、可扩展样式单语言（eXtensible Stylesheet Language，XSL）、查询语言（eXtensible Query Language，XQL）等。

（3）XML 语言的特点

XML 标记语言是一种数据存储语言，不仅与 HTML 一样具有通用性、简易性、可扩展性、平台无关性等优点，而且具有丰富的数据结构表现能力、自行定义卷标和处理多国字符等特性，下面将对几个重要的特点予以简述。

- XML 的简易性。XML 的简易性主要表现在使用一系列简单的标记描述数据，而这些标记可以很方便地建立。虽然 XML 文档占用的空间比一般的其他结构化数据文件（例如数据库文件等）占用的空间多，但 XML 极其简单，且易于掌握和使用。如果 XML 与具体行业或领域知识相结合，将能体现其巨大的生命力。
- XML 的可扩展性。XML 的可扩展性主要表现在允许用户根据需要来定义自己的标记和标签，通过标签来明确每个数据的含义；同时，还可以根据不同的样式文件把同一份 XML 信息文档以不同的形式进行展示。

① 标签可以是一对基本标记“<”、“>”与它们之间的描述对象的总称，例如<资产>就是标记语言中的一个标签。

- XML 的自描述性。XML 的自描述性是指允许 XML 的使用者建立适合自己需要的标记集合来定义信息文档的要素，包括数据、结构及显示方式。XML 把文档的上述三要素实现了分离和独立的处理。例如，把显示格式从数据内容中独立出来，保存在样式单文件中。XML 的自我描述性质能够很好地表现许多复杂的数据关系，使基于 XML 的应用程序可以在 XML 文件中准确高效地搜索相关的数据内容，忽略其他不相关部分。
- XML 是一种元语言。XML 是一种元语言，是指应用 XML 可以定义开发不同行业和领域的标记语言。如 XBRL 语言体系即是 XML 在财务报告领域的一种应用；XML 用于数学领域，产生了 MathML 标记语言；XML 应用于化学领域，产生了 CML 标记语言；XML 应用于电子商务领域，在汲取了 EDI（电子数据交换）实践经验的基础上，产生了 ebXML（基于 XML 的全球电子商务标准）等。
- XML 支持互联网的快速搜索。由于 XML 文档的结构和含义可以通过模式文件获得，所以很容易在 XML 文档中进行搜索。在 Internet 上，如果网页是 XML 格式的，则搜索会更高效，而且，不仅可以搜索数据，还可以在搜索中加入与数据相关的上下文信息，这样就形成了更精确的搜索机制。
- XML 语义表达的隐含性。XML 中的语义是通过标签来表达的，这些标签有的是日常生活中形成的共识，如<书名>、<作者>等；有的是领域专家对现实世界中的事物、概念进行概括、抽象、描述所形成的领域知识，如<资产>、<负债>等。一般人们看到<书名>就知道该标签所对应的信息值是某本著作的标题，会计专业的人士看到<资产>也知道该标签所对应的信息和相应的信息取值的准确含义。但 XML 本身，包括 DTD 或 XML Schema，都没有提供形式化的语法机制来说明标签到底是什么含义。因此，XML 处理器无法理解 XML 文档中标签的具体语义。对它来说，标签<书名>与标签<资产>的具体语义是未知的，只能实现从语法规则上对两个标签进行校验。因此 XML 文档所包含的语义信息没有显式地表达出来，而是隐含在 XML 文档的标签和结构中。更准确地说，语义信息是隐藏在 XML 文档设计者的头脑中，要想准确地使用它，必须要编写一段程序来体现准确的语义。

（4）XML 信息文档实例

在 XML 语言中，能够表达概念、属性和关系的成分是元素节点、属性节点、节点的嵌套、节点的序和交叉引用（ID/IDREF）等，如下例所示。

```
<出版发行商名= "电子工业出版社" >
<著作>
        <著作名>XBRL 技术原理和应用< / 著作名>
        <作者名>杨大军< / 作者名>
        <责任编辑名>张力< / 责任编辑名>
        <印刷厂名>北京第三印刷厂< / 印刷厂名>
        <印刷次数>2007 年 9 月第 1 次印刷< / 印刷次数>
        <印刷数量>6000 册< / 印刷数量>
</著作>
</出版发行商名>
```

上例中隐含的语义信息：一个名为电子工业出版社的出版商，出版了名为《XBRL 技术原理和应用》的一本书，该书的作者为杨大军等语义信息，其中“出版发行商名”节点和“著作”节点分别表示了一个出版商和著作的两个实例，它们间的嵌套表示了一种出版关系，这种语义信息蕴含在 XML 文档中。由于不同的 XML 的用户在设计 XML 文档时，并不一定会遵循知识逻辑的统一表示，导致 XML 隐式语义的具体表达方式是不规范的，因而使计算机软件不能自动从 XML 文档中获取其准确的具体语义，而要通过相应的应用程序来再现其准确的语义。

6. 可扩展业务报告语言 XBRL

(1) XBRL 的产生背景

财务报告作为反映企业财务状况和经营成果的书面文件，在上市公司信息披露、信用评价、纳税申报和政府监管领域应用广泛。随着信息技术的发展，各种电子格式(如 PDF、WORD、EXCEL 和 HTML 网页等)的财务报告凭借传播速度快、成本低、便于复制和保存等优势迅速取代了传统纸面的财务报告，企业通过电子财务报告披露财务信息，监管部门基于网络财务报告数据库建立起各种监管信息系统，财务报告使用者通过下载网络财务报告随时了解企业财务信息，各种格式的网络财务报告成为各类使用者最常应用的财务报告的形式。网络财务报告在带来便利的同时，也产生了一些问题。随着不同监管部门建立起越来越多的监管系统，企业被要求向监管者报送越来越多的监管报告，这些监管报告大多包含企业的财务信息，由于各个监管系统要求的格式和样式不同，企业不得不将财务报告相关信息一遍遍地在不同监管系统中重复报送，增加了报送负担。监管者也面临着新的问题：一方面，需要花大量的时间和资源对监管对象报送来的数据进行清洗，以保证数据质量；另一方面，当监管报告发生变更时，需要对监管系统进行大量调整甚至重新开发。究其原因，主要是传统的网络财务报告格式，如 PDF、WORD、EXCEL 和 HTML 网页文件基本都是一种静态格式，不具备任何表达数据语义的作用。这些格式的网络财务报告数据一般都无法被电子计算机直接读取，不能实现真正意义上的电子数据交换，而且，每种格式都有自己特有的编制工具，相互之间往往不能通用，若要对财务信息进行深加工，就需要对数据进行复制粘贴、重新输入或者以其他格式重新编报。为实现某个特定目标，甚至可能需要获取多个文件。例如，财务分析师要比较 10 个公司最近 10 年的收入情况，他需要找到 100 份报表，从中搜寻所需信息，并将这些信息整理到一个文件中。这种利用静态报表进行数据加工处理的方式不仅费时费力、容易出错，而且一个人整理出来的数据只能满足他的需要，就其他用途而言，还需要对数据重新进行加工。这使得财务信息供应链上的各方没有最大限度地享受到电子和网络技术带来的便捷，阻碍了财务信息的快速生成、交流和利用，从而引发了对财务报告信息载体更深层次的需求。财务报告使用者多样化、时效强的信息需求与电子化会计信息的低效使用之间的矛盾在互联网飞速发展的今天日益突出，而网络财务报告格式无疑已经成为有效解决这一矛盾的瓶颈，研究开发一种可以使财务报告数据“动”起来、会计信息可以互通、计算机可以“读懂”的报告格式，成为信息技术开发人员和会计信息使用者共同的诉求。此外，在传统的网络财务报告对同一会计信息的语义有可能存在歧义，大大降低了对信息共享性的使用效率。可扩展标记语言 XML 虽然解决了格式统一的优势，但由于 XML 隐式语义的表达方式的不规范性，而无法方便地解决语义表述的歧义性，成为了 XML 语言应用中的一大技术障碍。XBRL 语言标准不仅继承了 XML 文档能解决格式统一的优势，而且将致力于解决行业和领域知识的语义规范的技术难点。可以认为 XBRL 是 XML 语言与具体行业或领域知识相结合的语言标准，它的出现和应用将能体现出巨大的生命力。

1998 年 4 月，美国的 Charles Hoffman 提出 XBRL 概念，1999 年 1 月，美国注册会计师协会决定投资创建以 XML 为基础的财务报告框架标准。2000 年 7 月，美国注册会计师协会结合美国五大会计师事务所、Microsoft、IBM、SAP 等世界知名企业成立了 XBRL 国际组织，并正式发布了 XBRL Specification 1.0 及分类标准。XBRL Specification 定义了各种专用术语，规范了 XBRL 文件应有的格式，并说明要如何才能写出一份符合标准的 XBRL 文件。2001 年 12 月，XBRL 国际组织公布 XBRL Specification 2.0 与 Specification 1.0 不同，XBRL Specification 2.0 使用新的术语，比如 XML Schema、XML Linking，它补充了 XBRL Specification 1.0 所需要的更具弹性的元数据。总之，自 2000 年 7 月 XBRL 组织发布 XBRL Specification 1.0 版本以来，至今为止，XBRL Specification 经历了从 1.0、2.0、2.0 a、2.1 版的发展。目前仍为有效的版本是 XBRL 国际组织于 2003 年 12 月 31 日发布，并于 2008 年 7 月 2 日最新勘误后的 XBRL Specifications 2.1。为推动 XBRL 语言标准的应用，XBRL 国际组织已经召开了 21 次国际会议，其中，最后一次会议在北京举行。据不完全统计，目前全球范围内有近 30 多个国家，600 多个成员加入 XBRL 推广和应用队伍。参与的成员组织主要包括政府机构、会计师事务所、专业协会（如国际会计准则委员会）、投资组织（如投资银行摩根 ·斯坦利）、会计软件研发机构（如 SAP）及软硬件供应商（如 IBM、Microsoft）等。

(2) 什么是 XBRL

XBRL 是 eXtensible Business Reporting Language 可扩展业务报告语言的英文缩写。何谓“XBRL”，对此至今仍无统一定义。不少组织和学者从不同视角出发赋予其不同的定义，本书引用两个权威组织的有关阐述。XBRL 国际组织网站上写道，“XBRL 是业务和财务数据电子化交流的一种语言，是用来改革全世界业务报告的语言。它有助于业务信息的编制、分析和交流，为产生和使用财务数据的所有人提供低成本、高效率的服务以及可靠而准确的业务信息”。XBRL 国际组织的上述阐述，特别强调了两点：其一，XBRL 是一种计算机语言；其二，XBRL 是用来改革全世界业务报告的语言，该语言所蕴含的技术可应用于任何业务领域中，它有助于业务信息的编制、分析和交流。随着 XBRL 的发展，XBRL 国际组织的网站，在“What is XBRL”中，诠释了 XBRL 的本质和优势：XBRL 是一种用于电子商业报告的国际开放标准，由非营利的全球性组织——XBRL 国际组织（XBRL International）负责管理。XBRL 在全世界范围内 50 多个国家广泛运用，每年产生的实例文档数以百万计。这种更加有用、更加有效、更加准确的电子版本文档正在逐步替代传统的纸质报告。2010 年 10 月 19 日，国家标准化管理委员会和财政部共同颁发的可扩展商业报告语言（XBRL）技术规范系列国家标准和企业会计准则通用分类标准定义为：“XBRL 是一种基于可扩展置标语言 XML 的开放性业务报告技术标准。它通过给财务会计报告等业务报告中的数据增加特定标记、定义相互关系，使计算机能够‘读懂’这些报告，并进行符合业务逻辑的处理。”该定义从另一个侧面强调了两点：其一，XBRL 是一种使用 XML 语言技术所形成的业务报告技术标准；其二，该业务报告技术标准所衍生的最终具体业务报告是符合行业、领域知识的处理逻辑并便于计算机解读的业务报告。由于互联网技术的发展，使 XBRL 技术的应用成为可能。综合上述观点，本书认为 XBRL 是一种综合语言学、领域知识规则和信息技术所形成的一种基于可扩展置标语言 XML 的信息发布和交流的语言标准，应用该语言标准的技术规范，可对任何国家、行业、领域、企业来定义其业务报告的分类标准（Taxonomy）[①]，并据此衍生出具有统一格式和语义的计算机易于解读的业务报告

① 详情见下文。

实例文档(Instance Document)①。该语言标准解决了数据文档的格式和语义的规范，为信息提供者提供了对业务信息进行分类、编制、存储、传递和交流的标准化手段，为信息使用者提供了在互联网上低成本、高效的信息获取与分析的信息化平台。

3.5.3 XBRL 语言的技术架构

1. 什么是 XBRL 语言的技术架构

XBRL 语言的技术架构指的是根据信息技术、语言学和国家、行业、领域、企业对业务报告的需求、相应的规则或规范所形成的 XBRL 语言标准的技术理念与物理框架。该物理框架给出了 XBRL 语言标准特定的语言要素，并对它们制定了严格的语法、语义和语用标准。其中，语法标准规范了语言的形式逻辑结构，语义标准规范了语言的命题结构，语用标准规范了语言在各种场景的应用架构。

在人类社会中，任何一种语言标准，都需要从语法、语义和语用三个方面来考虑标准的制定，该标准将包含一系列的语言要素的规范定义。例如，自然语言英语的基本语言要素包括英语的基本字，即 26 个英文字母、基本词和词组。而基本词和词组是由 26 个英文字母所构成的各类词，包括名词、动词、介词、疑问词等，以及由它们组合的具有特定语义的词组。例如，介词与其他词，特别是动词，构成了众多具有特定语义的词组、基本句型。它们由词和词组按语法规则组成，并能表达人类交流所需完整语义的语言要素。例如，为了掌握和学习英语，我们需要学习英语语言要素的语法、语义和语用规则。当使用自然语言写作文章时，上述基本语言要素是不够的，为此需要扩展更多的语言要素，如需要增加标点符号、各类分隔符等，对特定领域的文章，还需要增添该领域中的特殊符号。例如，在高等数学中，需要增加积分符号、微分符号等，同时还要定义和描述它们的语义和语用规则，也就是数学领域中的知识描述规则，有了上述规则，我们就可以撰写高等数学的书籍、文章。

2. XBRL 语言技术架构的结构

XBRL 是由 XML 技术衍生而来，是 XML 在业务报告领域的扩展。XBRL 采用了 XML 的核心技术，并引入了 XLink 和一些其他规范的定义。

XBRL 作为一种能生成特定行业、领域业务报告的分类标准和让计算机能读的数据文件的语言标准，在制定满足上述需求的语言标准时，需要充分考虑语言学、信息技术、行业和领域知识三方面技术的有机结合，XBRL 语言的技术架构如图 3-5 所示，该架构由技术基础层、技术规范层、建模规则层和应用指引层组成。

3. XBRL 技术架构的要素分析

(1)技术基础层

XBRL 技术基础层描述了 XBRL 底层技术采用了 XML 的基础技术，包括 XSD、XPointer 和 XLink 等。

(2)技术规范层

XBRL 技术规范层定义了一系列技术规范，它描述了 XBRL 作为业务报告语言标准的有关语法和部分语义结构、XBRL 的具体样式、工作原理，规范了依照 XBRL 的技术原理如何

① 详情见下文。

制作 XBRL 处理器、XBRL 验证器[①]和 API 函数等。技术规范层包括了一系列基础的技术规范，即基础技术规范（Base Specification）、维度技术规范（Dimensions Specification）、公式技术规范（Formula Specification）、版本技术规范（Versioning Specification）、内嵌于 XBRL 的透视技术规范（Rendering（Inline XBRL）Specification）等。这些规范可总称为 XBRL Specification。

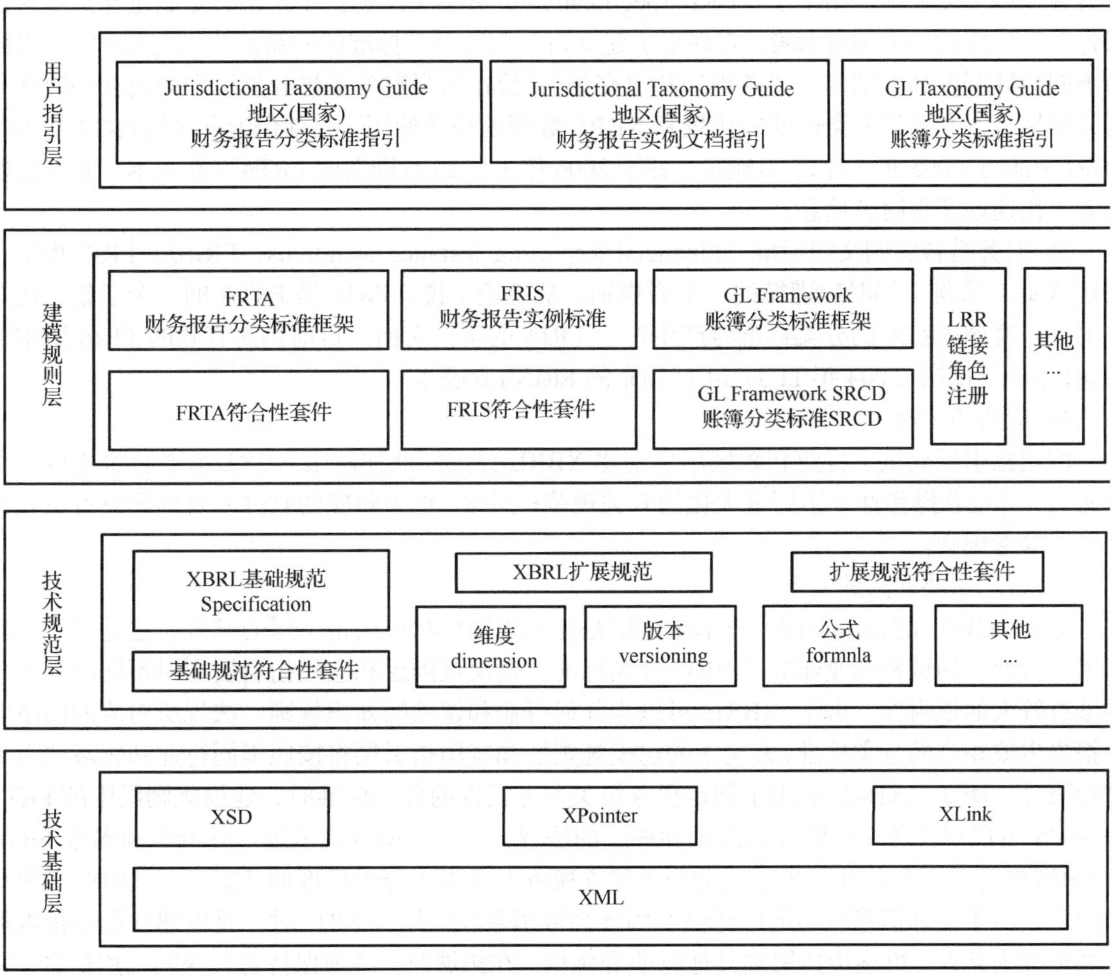

图 3-5　XBRL 技术架构

XBRL 技术基础层的主要使用者是分类标准的制定者和开发分类标准编辑等软件工具的软件研制者，不同国家、不同地区的各个行业可以根据 XBRL Specification 来制定各自的分类标准和实例文档，当基础技术规范与 XBRL 技术规范框架中的其他规则有冲突时，遵循基础技术规范至上原则。

（3）建模规则层

建模规则层是在技术基础规范层的基础上，规范在某领域具体应用 XBRL 语言标准、建立行业和领域分类标准和实例文档的注意事项和指南。它是用来指导建立 XBRL 分类标准的制定者在实际应用中如何应用 XBRL 语言技术规范。建模规则层具有很强的行业和领域依赖，

① 见后文。

由于 XBRL 在初创期间主要研究和应用于财务报告信息的发布、交流而制定相关分类标准，因此，XBRL 国际组织为在财务领域应用 XBRL 技术提供了相应的建模规则，它们是 FRTA 和 FRIS。

① 财务报告分类标准架构(Financial Reporting Taxonomy Architecture，FRTA)。FRTA 为在财务领域中创建与运用基于 XBRL Specification 的分类标准提供了指南，是制定与扩展财务报告分类标准的一个关键参考。它规定了建立财务报告分类标准的一系列规则与惯例，力求面向不同会计制度和准则建立“共识”和“交集”，旨在增强财务报告分类标准的内在一致性和可互用性，并有助于分类标准的比较和 XBRL 数据的高效使用。目前仍为有效的 FRTA 版本是 XBRL 国际于 2005 年 4 月 25 日颁布，并于 2006 年 3 月 20 日勘误的 FRTA 1.0 版本。它能让使用者更快速地获得财务信息。

② 财务报告实例文档标准（Financial Reporting Instance Standards，FRIS)。FRIS 指出了创建 XBRL 实例文档时应遵循的一系列规则。从理论上说，FRIS 是 FRTA 的一个子集。通常情况下，遵循 FRTA 的分类标准将产生符合 FRIS 的实例文档。目前仍为有效的 FRIS 版本是 XBRL 国际组织于 2004 年 11 月 14 日颁布的 FRIS 1.0 版本。

(4)应用指引层

应用指引层提供了行业和领域用户创建 XBRL 分类标准和使用 XBRL 分类标准生成的实例文档，并在互操作性上达到最大化的有关规范；同时，也为相应的软件开发商研制有关软件提供了参考规则。

(5)后三层要素间的关系

综观 XBRL 的技术架构，技术规范层是建模规则层和应用指引层的基础，它适用于任何国家、行业、领域和企业建立 XBRL 分类标准。建模规则层和应用指引层则对不同的行业和领域有较大的依附性，由于 XBRL 可以为任何行业和领域的知识规则、法规所对应的网络业务报告生成相应的分类标准，架构中的建模规则层和应用指引层将按照不同行业和领域的需求进行修订。例如，XBRL 应用于制定税务机关业务报告的分类标准时，建模规则层中的 FRTA 和 FRIS 可以以税务业务的知识规则和相应的法规、应用指南等为依据，并继承和参考 FRTA 和 FRIS 的有关理念和技术来创建适用于建立税务业务报告分类标准的 TRTA 和 TRIS。必须指出的是，由于会计信息应用的广泛性，因此多数国家在应用 XBRL 时，是以建立财务报告的分类标准为起点，再逐步拓展到其他行业和领域。在拓展时，必须保持各行业间公用信息，特别是对已制定的财务信息分类标准的继承性和一致性。

3.5.4 XBRL 语言的组成部分

XBRL 语言的组成部分是指在国家、行业和领域中建立其 XBRL 的应用体系所必须要的 XBRL 语言组件和应用时需要的环境支持组件，其中语言组件包括 XBRL 语言规范、XBRL 分类标准、XBRL 实例文档，环境支持组件包括 XBRL 分类标准的认证和评估体系、XBRL 软件工具、XBRL 实例文档发布和应用平台等。

1. XBRL 语言三大组件

(1)XBRL 语言规范

XBRL 语言规范包含一系列技术规范，它们是基础技术规范、维度技术规范、公式技术规范、版本技术规范等。

① 基础技术规范

基础技术规范是 XBRL 的核心和基础，是 XBRL 其他规范的基础。基础技术规范定义了 XBRL 的各类语言要素和专用术语，定义了 XML 元素和属性，规范了利用 XBRL 语言标准所生成分类标准的文件格式。基础技术规范对 XBRL 是什么及其怎么工作做了解释，描述了 XBRL 的框架模型，详细定义了分类标准和实例文档的句法与语义。总体来说，基础技术规范对怎样写出一份规范的 XBRL 分类标准做出了明确的规定。基础技术规范处于不断发展和完善的状态，以满足业务发展的需要，目前常用的是 XBRL 2.1 规范。

② 维度技术规范

维度技术规范是 XBRL 2.1 规范的一个外加模块，该模块定义了用于表示业务报告中的多维信息，如利润表中的主营业务收入就是一个多维信息，它需要从地区、行业、产品等不同视角来进行信息披露。目前的维度规范定义了 segment 元素和 scenario 元素的语法规则和弧的使用方法。分类标准制定者可以利用 XBRL 提供的该机制定义业务报告中需要的维度元数据。维度技术规范规定了可以使用三种方式来展示多维信息：基本分类（Primary taxonomies）、域成员分类（Domain members taxonomies）和模板分类（Template taxonomies）。

③ 公式技术规范

公式技术规范也是 XBRL 2.1 规范的一个外加模块，它提供了强大的计算功能，是基础规范中计算链接库的功能扩展。它突破了基础规范 XBRL 2.1 和维度规范 Dimensions 1.0 已定义的计算关系的局限，将只能定义概念层的计算关系扩展到了事实间更具体的关系。例如，相同概念下几个不同时间约束的数据关系，也规范了不同实体（报告）关联数据的逻辑表述。Formula 规范的表达模型主要由三部分组成：公式（Formula）、事实变量（FactVariable）和过滤器（Filter）。

④ 版本技术规范

版本技术规范是由 XBRL 国际组织开发的、为提供一个标准化的机制来管理 XBRL 分类标准不同版本之间变化的技术规范。该技术规范提供了应用 XBRL 所生成的同一应用领域中分类标准和实例文档新老版本的管理规范。随着行业或领域知识体系和相应规范的发展和变革，如会计准则的不断变化，引发了相应分类标准的变化，如何确保不同版本下分类集和实例文档的准确转换，需要 XBRL 版本技术规范来进行科学的管理，否则后果将不堪设想。版本管理报告是根据版本管理规范中的校验规则和模式约束而记录的分类标准信息的变化，提供了分类标准在源 DTS 和目的 DTS 之间的不相同的信息。版本管理报告在物理上是由 XML 实例文档和一系列的参考链接库组成的，在内容上有一个简单的三层架构，分别是任务层、行动层和事件层。其中，任务层是最高层，说明了在业务层面的变化；中间层是行动层，提供了 DTS 之间的逻辑变化；事件层是最底层，描述了从一个 DTS 到另一个 DTS 之间详细的技术变化。

XBRL 版本管理规范包括版本管理基础、版本管理概念基础和版本管理概念扩展三个部分。版本管理基础定义了 XBRL 版本管理报告的 XML 语法和基于任务、行动和事件的三层架构。版本管理概念基础和版本管理概念扩展是版本管理基础的扩展。版本管理概念基础通过定义增加、删除和等价三个新的事件，详细阐述了在版本报告的两个 DTS 之间怎样映射和说明概念名字。版本管理概念扩展详细阐述了怎样映射和说明概念属性，这些属性包括 XML 和 XBRL 在概念定义、标签展示和参考内容的属性，以及对元组内容模型相联系的概念定义与变化。

（2）XBRL 分类标准

XBRL 分类标准（XBRL Taxonomy）是 XBRL 应用架构的基础，制定 XBRL 分类标准是 XBRL 应用的第一步。

① 什么是 XBRL 分类标准和财务报告的 XBRL 分类标准？Taxonomy 一词来源于希腊语，最初仅指生物分类，后来应用范围越来越广，泛指各种分类[①]。从前述 XBRL 的定义可知，应用 XBRL 语言标准的技术规范可对任何国家、行业、领域和企业生成其业务报告的分类标准。据此，本书认为，XBRL 分类标准是指应用 XBRL 语言标准的技术规范，将国家、行业、领域、企业的相关业务规则、领域知识、处理逻辑等所规范的业务报告泛化映射成为一系列信息分类的 XML 文件集，该信息分类集描述了业务报告中各信息要素的属性、各要素间的关系、与外部资源的关联性等特征。称该信息分类文件集为该国家、行业、领域、企业业务报告的 XBRL 分类标准。其中，本书所指的泛化映射是一种“概念化”或“形式化”的映射，而不是“实例化”或“事实化”的映射。

在会计领域中，财务报告的 XBRL 分类标准是指应用 XBRL 语言标准的技术规范，将会计准则、会计准则应用指南、会计准则解释等规范的财务报告及其附注泛化映射成为一系列信息分类文件集。它是 XBRL 语言标准在会计行业和财务知识领域中的应用成果。

XBRL 分类标准是 XBRL 语言标准技术规范的具体应用，在 XBRL 分类标准的制定中，必须严格遵循 XBRL 国际组织颁布的 XBRL 技术规范，即在 XBRL 分类标准制定时，要基于特定版本的 Specification 和 FRTA，并结合相应行业或领域有关的知识体系和准则。通俗地讲，XBRL 分类标准通过给财务报表中的数据打上特定的标签，使得报表中的数据成为“贴了条形码的商品”，从而使计算机能够“读懂”财务报表；并且通过内置的验证机制，能够“分析”这些报表。“理解”分类标准的含义，在 XBRL 应用中起着至关重要的作用。

② 建立 XBRL 分类标准的目标。建立 XBRL 分类标准的目标是提供一个规范，对业务报告中的信息增加特定的标记和标签并进行统一的分类，旨在使用相同的名称、内容、语义及格式来规范业务信息及其相互间关系的描述，让国家、行业、领域和企业用一种通用的标签来表达各自业务报告的格式和内容。由此分类标准所参照生成的事实化的企业业务报告（后文称为 XBRL 实例文档）将具有统一性和规范性，有利于信息的传递、共享和分析。在会计行业和财务管理领域中，XBRL 分类标准的建立和应用可达到如下的效果：降低财务信息交换成本；通过互联网的传递，可提高财务信息的可获得性、时效性和关联性；实现财务信息的传递不受个别公司财务软件、ERP 信息系统的限制；减少不同格式需重复输入的问题；解决由互联网上获取的 HTML 格式的财务信息不能直接用做分析、比较的难题；为监管者、投资者和其他信息用户分析和使用财务信息提供方便。

③ XBRL 分类标准的构成要素。

XBRL Taxonomy 由数据字典，也称为模式文件（Schema），以及链接库文件（Linkbases）两部分组成。每个具体的分类标准至少有一个模式文件，但可以有多个链接库文件。其中，Schema 指以用 XML 模式文件来表达的 XBRL 概念定义，负责定义和描述每个分类标准文档的结构与内容模式，定义文档中存在的元素以及元素之间的关系，包括为文档中元素赋予名称、数据类型、时间类型、借贷余额等属性。链接库文件是分类标准的另一个组件，表达概念之间的关系

---

① 参见维基百科 www. wikipedia.org。

以及对这些概念的进一步说明，它与模式文件一起描述完整的 XBRL 分类标准，提供了元素之间的关系和其他额外信息，尤其是业务数据之间的关系，并将这些元素与特定的外部资源相连接。XBRL 分类标准的链接库包括：定义链接库（Definition Linkbase）、计算链接库（Calculation Linkbase）、展示链接库（Presentation Linkbase）、标签链接库（Label Linkbase）、参考链接库（Reference Linkbase）、公式链接库（Formula Linkbase）。链接库可通过 linkbaseRef 元素被模式文件引用或者内嵌到模式文件。标签链接库定义了元素在不同场景下的名称，为模式文档中的元素定义个性化的标签，以便展现时使用；定义、计算和展示链接库表达分类标准中元素之间的关系，其中，定义链接库描述模式文档中的元素之间的层次结构关系；计算链接库描述模式文档中元素之间的计算关系；展示链接库描述文档中元素的展现顺序；参考链接库指出了元素定义的出处和引用的文件，为模式定义文件中的元素提供参考信息，如元素来源依据等；公式链接库用来处理复杂的数据计算关系，以弥补计算链接库在某些方面存在的不足。

综合上述，一个基本的资产负债表的分类标准可以用以下文件组表示：

Taxonomy Schema	n-bs-2003-12-31.xsd
Calculation Linkbase	cn-bs-2003-12-31_calculation.xml
Definition Linkbase	cn-bs-2003-12-31_definition.xml
Label Linkbase	cn-bs-2003-12-31_label.xml
Presentation Linkbase	cn-bs-2003-12-31_presentation.xml
Reference Linkbase	cn-bs-2003-12-31_reference.xml
Formula Linkbase	cn-bs-2003-12-31_ Formula.xml

文件中 2003-12-31 表示该版本的生效日期[①]，BS 是资产负债表（Balance Sheet）的英文缩写。由于篇幅所限，本书对上述文件组的具体内容不予赘述。

（3）XBRL 实例文档

① 什么是 XBRL 实例文档？XBRL 实例文档（Instance Document）是企业财务报表的数据实体，它包含了分类标准中定义的元素的具体值。通俗地说，XBRL 实例文档就是一个 XBRL 格式的网络财务报告文件。实例文档不是供财务报告使用者直接阅读的，而是以类似于网页源代码的一种计算机代码写成、供计算机识别的文件。由于存放在公众信息平台上的实例文档集具有统一的数据格式和规范的语义，将有助于软件工具的解读和分析，有力地支持了各类信息用户的信息使用需求。特别要指出的是，一个 XBRL 实例文档可能引用一个或多个分类标准。同时实例文档一旦生成就可以供无限次使用，这种灵活性使得它可以满足各种不同需求。例如，投资者可以从中提取用于分析的数据；税务部门可以提取确定纳税额的数据；银行可以提取用于信贷控制的数据等，每类用户都能利用其特定的程序从实例文档中提取所需要的数据。

XBRL 实例文档是 XBRL 语言标准技术规范和 XBRL 分类标准的具体应用，在 XBRL 实例文档的生成中，必须严格遵循 XBRL 国际组织颁布的 XBRL 技术规范，即在生成 XBRL 实例文档时，要基于特定版本的 Specification、FRIS 和分类标准。为此，要正确生成 XBRL 实例文档，必须建立相应的验证机制。

① 参见 http://xbrl.cninfo.com.cn/XBRL/fabu-4.htm)。

② XBRL 实例文档的验证和生成。XBRL 实例文档的验证和生成是指把一张别样格式[①]的异质业务报告输入计算机后，通过相应的验证和转换软件工具，自动验证和生成一张符合 XBRL 分类标准所蕴含的格式、语义规范，且能让计算机“读懂”XBRL 实例文档的过程。其验证和生成流程如图 3-6 所示。

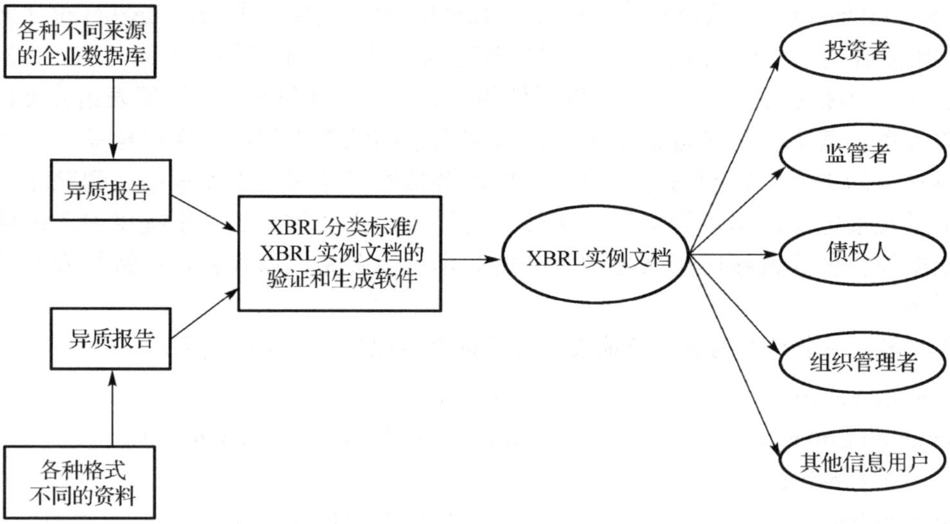

图 3-6　XBRL 实例文档的验证和生成流程

③ XBRL 实例文档举例。以 ABC 公司的合并利润表为例，如表 3-1 所示。

表 3-1　合并利润表部分内容分析示例

编制单位：ABC 公司　　　　**2010 年度**　　　　**单位：千元**

项　　目	**2010 年度**	**2009 年度**
一、营业收入	131 116 407	81 049 425
减：营业成本	(121 105 677)	(72 076 550)
营业税金及附加	(970 024)	(400 684)
销售费用	(1 587 577)	(1 463 320)
管理费用	(3 244 994)	(4 379 168)
财务费用—净额	(1 988 961)	(6 646 311)
资产减值损失	(1 870 059)	(1 570 996)
加：公允价值变动收益	44 990	(105 362)
投资收益	760 042	221 386
其中：对联营企业和合营企业的投资收益	500 732	10 555
二、营业利润/(亏损)	1 154 147	(5 371 580)
……		

表 3-1 中粗体字为表结构，由 XBRL 分类标准定义；非粗体字为表体，由实例文档给出。实例文档需由如下组成部分：文件引用、上下文引用、单位定义、利润表数据实体、脚注等，现将相应的实例文档展现如下：

① 别样格式指的是非 XML 格式的电子文档，如 Oracle 和 SQL Server 等数据库文档、Excel 文档等。

文件引用

编码为UTF-8

编辑工具为富士通XWand

```
<?xml version="1.0" encoding="UTF-8" ?>
<!--  Generated by Fujitsu Interstage XWand B0166_02_MA01T  -->
- <xbrli:xbrl xmlns:xsi="http://www.w3.org/2001/XMLSchema-instance"
    xsi:schemaLocation="http://xbrl.org/2006/xbrldi
    http://www.xbrl.org/2006/xbrldi-2006.xsd"
    xmlns:abc="http://www.abc.com/cas/2010-12-31"
    xmlns:link="http://www.xbrl.org/2003/linkbase"
    xmlns:cas="http://xbrl.mof.gov.cn/taxonomy/2015-03-31/cas"
    xmlns:nonnum="http://www.xbrl.org/dtr/type/non-numeric"
    xmlns:num="http://www.xbrl.org/dtr/type/numeric"
    xmlns:xbrldt="http://xbrl.org/2005/xbrldt" xmlns:ifrs-
    full="http://xbrl.ifrs.org/taxonomy/2014-03-05/ifrs-full"
    xmlns:xbrldi="http://xbrl.org/2006/xbrldi"
    xmlns:xbrli="http://www.xbrl.org/2003/instance"
    xmlns:iso4217="http://www.xbrl.org/2003/iso4217"
    xmlns:xlink="http://www.w3.org/1999/xlink">
    <link:schemaRef xlink:type="simple" xlink:href="abc%e5%85%ac%e5%8f%b8-
      123456789012345-20101231.xsd" />
```

abc公司的命名空间

对abc公司分类标准的引用

上下文定义

```
+ <xbrli:context id="FY2010d">
+ <xbrli:context id="FY2009d">
+ <xbrli:context id="Context_Instant_ShortTermImpawnBorrowingMember">
+ <xbrli:context id="Context_Instant_ShortTermPledgeBorrowingsMember">
+ <xbrli:context id="Context_Instant_ShorttermGuaranteedBorrowingsMember">
+ <xbrli:context id="Context_Instant_ShortTermCreditBorrowingsMember">
- <xbrli:context id="Context_Instant">
  - <xbrli:entity>
      <xbrli:identifier
        scheme="http://www.saic.gov.cn">123456789012345</xbrli:identifier>
    </xbrli:entity>
  - <xbrli:period>
      <xbrli:instant>2010-12-31</xbrli:instant>
    </xbrli:period>
  </xbrli:context>
+ <xbrli:context id="Context_Duration_ShortTermImpawnBorrowingMember">
+ <xbrli:context id="Context_Duration_ShortTermPledgeBorrowingsMember">
+ <xbrli:context id="Context_Duration_ShorttermGuaranteedBorrowingsMember">
+ <xbrli:context id="Context_Duration_ShortTermCreditBorrowingsMember">
```

下文定义：实体定义；期间定义

组织为工商总局

实体标识符为 123456789012345

期间为时点型 2010-12-31

单位定义

单位的 ID 为 CNY

```
- <xbrli:unit id="CNY">
    <xbrli:measure>iso4217:CNY</xbrli:measure>
  </xbrli:unit>
```

单位的来源为 ISO4217

利润表数据

```
<cas:OperatingRevenue decimals="-3" contextRef="FY2010d" unitRef="CNY">131116407000</cas:OperatingRevenue
<cas:OperatingRevenue decimals="-3" contextRef="FY2009d" unitRef="CNY">81049425000</cas:OperatingRevenue>
<cas:OperatingCost decimals="-3" contextRef="FY2010d" unitRef="CNY">121105677000</cas:OperatingCost>
<cas:OperatingCost decimals="-3" contextRef="FY2009d" unitRef="CNY">72076550000</cas:OperatingCost>
<cas:BusinessTaxAndSurcharge decimals="-3" contextRef="FY2010d"
  unitRef="CNY">970024000</cas:BusinessTaxAndSurcharge>
<cas:BusinessTaxAndSurcharge decimals="-3" contextRef="FY2009d"
  unitRef="CNY">400684000</cas:BusinessTaxAndSurcharge>
<cas:SellingAndMarketingExpense decimals="-3" contextRef="FY2010d"
  unitRef="CNY">1587577000</cas:SellingAndMarketingExpense>
<cas:SellingAndMarketingExpense decimals="-3" contextRef="FY2009d"
  unitRef="CNY">1463320000</cas:SellingAndMarketingExpense>
<cas:GeneralAndAdministrativeExpenses decimals="-3" contextRef="FY2010d"
  unitRef="CNY">3244994000</cas:GeneralAndAdministrativeExpenses>
<cas:GeneralAndAdministrativeExpenses decimals="-3" contextRef="FY2009d"
  unitRef="CNY">4379168000</cas:GeneralAndAdministrativeExpenses>
<cas:FinanceExpense decimals="-3" contextRef="FY2010d" unitRef="CNY">1988961000</cas:FinanceExpense>
<cas:FinanceExpense decimals="-3" contextRef="FY2009d" unitRef="CNY">6646311000</cas:FinanceExpense>
<cas:ImpairmentLoss decimals="-3" contextRef="FY2010d" unitRef="CNY">1870059000</cas:ImpairmentLoss>
<cas:ImpairmentLoss decimals="-3" contextRef="FY2009d" unitRef="CNY">1570996000</cas:ImpairmentLoss>
<cas:ProfitOrLossArisingFromChangesInFairValue decimals="-3" contextRef="FY2010d"
  unitRef="CNY">44990000</cas:ProfitOrLossArisingFromChangesInFairValue>
<cas:ProfitOrLossArisingFromChangesInFairValue decimals="-3" contextRef="FY2009d" unitRef="CNY">-
  105362000</cas:ProfitOrLossArisingFromChangesInFairValue>
<cas:InvestmentIncome decimals="-3" contextRef="FY2010d" unitRef="CNY">760042000</cas:InvestmentIncome>
<cas:InvestmentIncome decimals="-3" contextRef="FY2009d" unitRef="CNY">221386000</cas:InvestmentIncome>
<cas:IncomeFromInvestmentInAssociatesAndJointVentures decimals="-3" contextRef="FY2010d"
  unitRef="CNY">500732000</cas:IncomeFromInvestmentInAssociatesAndJointVentures>
<cas:IncomeFromInvestmentInAssociatesAndJointVentures decimals="-3" contextRef="FY2009d"
  unitRef="CNY">10555000</cas:IncomeFromInvestmentInAssociatesAndJointVentures>
<cas:OperatingProfits decimals="-3" contextRef="FY2010d" unitRef="CNY">1154147000</cas:OperatingProfits>
<cas:OperatingProfits decimals="-3" contextRef="FY2009d" unitRef="CNY">-5371580000</cas:OperatingProfits>
<cas:ShortTermBorrowingsDenominatedInRMB id="id_footnote_elem_25550268" decimals="0"
```

元素来源为：cas
元素名称为：营业成本
小数位数为：-3，即千元
上下文为：FY2009d
单位为：CNY
金额为：72076550000

脚注数据

```
- <link:footnoteLink xlink:type="extended"
    xlink:role="http://www.xbrl.org/2003/role/link">
```

脚注定位器

```
    <link:loc xlink:type="locator"
      xlink:href="#id_footnote_elem_25550268"
      xlink:label="ShortTermBorrowingsDenominatedInRMB_25550268" />
```

脚注内容

```
    <link:footnote xlink:type="resource"
      xlink:label="footnote_20078628"
      xlink:role="http://www.xbrl.org/2003/role/footnote"
      xml:lang="zh">2010年12月31日，银行质押借款中30000千元，系有本
      公司账面价值为45980千元的应收账款作为质押</link:footnote>
```

脚注弧定义

```
    <link:footnoteArc xlink:type="arc"
      xlink:arcrole="http://www.xbrl.org/2003/arcrole/fact-
      footnote"
      xlink:from="ShortTermBorrowingsDenominatedInRMB_25550268"
      xlink:to="footnote_20078628" order="1.0" />
  </link:footnoteLink>
</xbrli:xbrl>
```

目前，在我国实际应用中，XBRL 实例文档中的源数据一般是手工输入的，或者从财务软件经转换而获得。这些数据元素都有独立的标记，有自己的含义，每个被标记的数据都跟特定的分类标准相关联。目前，SAP 等大型财务软件已有将数据导出为 XBRL 格式的功能。

2．XBRL 应用环境支持组件

(1)分类标准的认证体系

① 什么是 XBRL 分类标准的认证？在 ISO 的有关认证标准中，认证定义为：第三方依据程序对产品、过程或服务符合规定的要求给予书面保证。在《中华人民共和国认证认可条例》中，认证定义为：由认证机构证明其产品、服务或管理体系符合相关技术法规，或相关技术法

规的强制性要求，或标准的合格评定活动。结合上面的两个定义和 XBRL 自身的特点，本书认为 XBRL 认证是指由第三方机构对 XBRL 分类标准和 XBRL 实例文档进行合格评定的活动，认证的结果是获得第三方给予的书面和电子文档的确认。

② XBRL 分类标准的认证的意义。XBRL 分类标准的认证是随着 XBRL 分类标准的快速发展和深入应用而兴起的。众所周知，XBRL 分类标准是 XBRL 应用中最关键、最核心、最重要的内容。一个国家或地区分类标准质量的好坏反映该国家或地区应用 XBRL 的水平高低。同一分类标准质量的判定、不同分类标准之间的互操作都离不开 XBRL 分类标准的认证[①]，所以对 XBRL 分类标准认证的研究和应用正在全球各地越来越受到重视。XBRL 国际组织、一些地区组织和相关机构，曾先后开展了 XBRL 分类标准认证的相关工作，有的还形成了 XBRL 分类标准认证的过程和方法。

③ XBRL 分类标准认证工作的开展。XBRL 国际组织专门成立分类标准认证小组（Taxonomy Recognition Task Force ，TRTF）来认证各个地区组织或者企业级会员提交的分类标准。认证后的分类标准分为认可级（Acknowledged）和批准级（Approved）两个级别。“认可级”分类标准被认为满足分类标准的技术规范，“批准级”分类标准是在认可级的基础上还要再遵行相关分类标准的指引。截止 2009 年 9 月，已有 24 个分类标准得到了 XBRL 国际认可，20 个分类标准得到了 XBRL 国际批准。

国际会计准则委员会基金会为了满足不同国家会计准则分类标准之间的互操作性需求，研究了国际财务报告准则分类标准（IFRS XBRL Taxonomy）、美国公认会计准则分类标准（US GAAP XBRL Taxonomy）和日本投资者网络电子信息披露分类标准（Electronic Disclosure for Investors' Network XBRL Taxonomy）三个框架的不同点和相同点。该研究描述了当开发 XBRL 分类标准，特别是在根据 XBRL 技术规范层的内容决定 XBRL 分类标准架构时，应该采取的最佳实践。

国际会计准则委员会基金会主要从分类标准的基本信息、技术一致性、业务一致性和分类标准的扩展规则及实例文档指引四个方面进行了比较。分类标准基本信息部分从 XBRL 技术规范最新版本、分类标准的可访问性、质量保证过程和标准、分类标准可扩展的特征和当前发布的策略 5 个角度进行了比较；技术一致性从元组（Tuple）、维度模式（Dimensional Patterns）、自定义弧角色（Custom Arcroles）、版本控制（Versioning）、透视（Rendering）等 12 个方面进行了比较；业务一致性部分阐述分类标准在建模和设计上的非技术方面的信息；分类标准扩展规则和实例文档指引部分比较了实体特殊扩展规则和实例文档的准备指引。

我国实务界研讨和应用 XBRL 分类标准比较早。在 2002 年，沪深证券交易所、深圳证券信息公司、上海证券信息公司等单位抽调专人组成上市公司信息披露电子化工作小组，基于 XBRL 技术起草了《上市公司信息披露电子化规范》行业分类标准。上海证券交易所发布了“中国上市公司信息披露分类标准”、“中国基金公司信息披露分类标准”、“中国金融类公司信息披露标准”，其中，前两个分类标准已获 XBRL 国际组织的“批准级”认证，后一个分类标准获得 XBRL 国际组织的“认可级”认证。

④ XBRL 认证的关键技术。XBRL 认证的关键技术涉及如何建立对 XBRL 分类标准的认

① 在 ISO 的有关认证标准中，认证的定义是第三方依据程序对产品、过程或服务符合规定的要求给予书面保证。在《中华人民共和国认证认可条例》中，认证的定义为：由认证机构证明其产品、服务或管理体系符合相关技术法规，或相关技术法规的强制性要求，或标准的合格评定活动。结合上面两个定义和 XBRL 自身的特点，本文认为 XBRL 认证是指由第三方机构对分类标准和实例文档进行合格评定的活动，认证的结果是获得第三方给予的书面和电子的保证。

证模型和选择相应的认证方法。其中，认证模型是指对认证的指标和影响因素进行抽象建模，包括 XBRL 分类标准产品认证中的功能认证模型、性能认证模型和过程认证模型。XBRL 分类标准的功能认证模型将从 XBRL 分类标准所蕴含语法、语义、语用规则的合法、合规性角度进行分析和认证，XBRL 分类标准的性能认证模型从可扩展性、可维护性、互操作性三个方面进行定量与定性相结合的分析，XBRL 分类标准的过程认证模型从初始级、可重复级、持续改进级三个级别为分类标准的开发能力提供了一个阶梯式的进化框架。认证方法是指通过定性、定量或定性和定量相结合的方式，进行认证的方法，包括 XBRL 分类标准产品认证中的功能认证方法、性能认证方法和过程认证方法。XBRL 分类标准的功能认证方法主要包括直接人工法、基于覆盖率的方法和层次分析法；XBRL 分类标准的性能认证方法主要包括基于调查表的认证方法、基于场景的认证方法和基于度量的认证方法等。

（2）XBRL 的软件工具集

XBRL 的软件工具集是指 XBRL 语言标准应用架构中各个应用环节所涉及的计算机软件的集合。这些软件的应用一方面可提升应用效率，最重要的是提高应用质量，另一方面可避免人为地对 XBRL 技术的理解偏差。

① 分类标准编辑器（Taxonomy Editor）。分类标准是 XBRL 技术的应用基础，每一个采用 XBRL 技术的国家都必须先按各国的通用可接受会计原则（GAAP）制定 XBRL 分类标准，上市公司才能据此编制实例文档。由于一套 XBRL 2.0 或 2.1 版分类标准必须包含至少一份 XML Schema 文件及多份 XBRL 链接库文件，且每份文件的内容都极为庞大，必须依赖设计良好的分类标准编辑软件的协助，才能有效地完成编制工作。最早投入此类软件开发的是美国 UBMatrix 公司，美国及国际会计准则的 XBRL 2.0 及 2.1 版分类标准都是使用该公司的软件编制而成的。随着 XBRL 技术逐渐普及，日本富士通（Fujitsu）及日立（Hitachi）两家公司也有相当成熟的产品问世。UBMatrix 公司的主力产品是 Automator，专业版一套售价 3 000 美元，教育版一套售价 1 500 美元。富士通公司的主力产品是分类标准编辑器，可免费下载使用，功能相当齐全，但版本期限只有一个月，必须逐月重新下载安装。两套产品除免费与否的差异外，UBMatrix 公司的 Automator 能支持 Excel 格式的文件，制定者可以先在 Excel 上进行编辑工作，再导入 Automator 中直接转成 XBRL 文件；富士通公司的分类标准编辑器则不支持 Excel 格式，所以编辑工作只能在该软件上直接进行，但该软件关于编辑中所产生的错误有较为明确的信息导引，对于庞大的分类标准制定工程中难以避免的出错工作而言，是一个很体贴的设计。日立公司的主力产品是 XiRUTE 分类标准编辑器，是附挂在 Microsoft Excel 上的产品，所以可享有 Excel 界面使用上的便利性。该产品也提供免费下载试用，但目前只支持 XBRL 2.0a 版本。

② 实例文档生成器（Instance creator）。实例文档的编制必须根据特定的分类标准进行，而且有时必须先制定扩展分类标准，才能编制特定公司的实例文档，因此这两种类型的软件通常会包装在同一产品中。美国 UBMatrix 公司的 Automator 包含实例文档编制功能，日本富士通公司的 Instance Creator 软件是与 Taxonomy Editor 一起下载安装的，且二者的界面风格一致。日立公司的实例文档编制软件是 XiRUTE Instance Creator，也是附挂在 Microsoft Excel 上的产品，并提供免费下载试用，目前已支持 XBRL 2.1 版本。

③ 实例文档展示和浏览软件（Instance Viewer）。XBRL 实例文档是 XML 格式的文件，并不适合阅读，若要让实例文档以传统财务报表的格式呈现，必须由实例文档检视软件来处理。日本富士通公司的 Instance Viewer Plug-in 是附挂在 Internet Explorer 浏览器上的软件，日立公

司的 XiRUTE Financial Report Player 则是附挂在 Microsoft Excel 上的软件，它们都可以将 XBRL 实例文档格式化后以传统报表式样供读者检阅。

④ 实例文档验证软件(Instance Validator)。XBRL 实例文档为 XML 格式，根据 W3C 的 XML 1.0 规格书之规范，XML 文件必须形式完整(结构良好)，且最好能符合特定规格(有效性)。由于 XBRL 实例文档具有财务会计领域的特殊性，且 XBRL 技术规范本身较一般 XML 规格来说更复杂,因此 XBRL 实例文档无法使用一般 XML 软件(如 XMLSpy)进行验证,XBRL 国际组织宣布短期内不再研发新版规格书，仅会应实务需求发布增修套件。在此背景下，促使越来越多的软件公司投入软件的研发。但需要注意的是，他们必须根据 XBRL 技术规范开发专属的验证软件。一般而言，实例文档编制软件通常也具有验证实例文件的功能，因此，使用实例文档编制软件所产生的实例文档，一定符合特定分类标准所定的规格。若没有借助实例文件编制软件，而使用一般文字编辑软件所编制的实例文档，可以导入编制软件中进行验证，或者使用专门的验证软件来确认是否符合特定分类标准所定的规格。日本富士通公司的 Validator、英国 DecisionSoft 公司的 True North 产品系列都是 XBRL 专用的实例文件验证软件，两者都提供免费下载版本。

⑤ 文档转换软件(Document Converter)。随着 XBRL 技术规格发展成熟，如何将商业资料库中现存的大量传统格式文件转换成 XBRL 实例文档，是 XBRL 应用能否迅速普及的重大考验。日本富士通公司的 XBRL 产品系列中，有一套 Mapping Tool，可以将 CSV 格式的文件转换成 XBRL 格式文件，该产品可以免费下载使用，但仅支持 XBRL 2.0 格式。鉴于转换工作的重要性，台湾国立政治大学的 XBRL 专案计划中，也有一项子计划将进行文件转换软件的开发。

⑥ 版本转换软件(Version Converter)。由于 XBRL 各技术规范的发布日期之间相距不远，因此许多研究团队或应用领域在针对 XBRL 2.0 规格书制定好分类标准并据以编制大量的实例文档后，随即面临技术规范版本更新的问题。鉴于此，日本富士通公司开发出 Converter 2，可将实例文件在 XBRL 2.0 及 XBRL 2.1 格式间进行双向转换，此软件可免费下载使用。

⑦ 财务分析软件(Analyzer)。XBRL 技术最重要的应用是实例文档内容的自动化分析，目前，中国的上海证交所、深圳证交所、韩国的 Kosdaq 交易所已在其 XBRL 应用网站上提供 server-side 的 XBRL 文件财务分析功能。日本富士通公司也开发出一套单机版财务分析软件 Analyst Dashboard，可进行单个公司多期间、多个公司同期间的 XBRL 实例文档财务分析，并且供免费下载使用。美国 EDGAR Online 公司在 2005 年年底发表一套 XBRL 财务分析软件 I-Matrix，是以 EDGAR Online 本身的 XBRL 财务资料库为基础，提供多元的自动化财务分析功能。专门提供产业研究信息的美国 Gartner 公司对 I-Matrix 有极高的评价，认为该产品是“市场上无可匹敌者”。此产品分为分析师版、公司版、会计师版三种版本，每年使用费在 15 000 美元至 20 000 美元之间。日本日立公司所开发的 Xinba 软件及美国微软公司开发的 Office Tool for XBRL Prototype 都是外挂在 Excel 上的 XBRL 财务分析软件，可通过 Web Service 机制从网络下载实例文档后进行自动化财务分析。后者可免费下载使用。

⑧ 文件审核软件(Auditor)。此类审核软件用于确认 XBRL 实例文档所提供的内容是否符合相关法令规定，而这些相关法令规定是资本市场监管机构审核申报文件的依据。美国联邦金融机构监管委员会(FFIEC)的 CDR 系统使用 XBRL Formulas 技术规格，将 1800 多个文件内容规范写成审核公式，金融机构在申报 XBRL 格式的财务报告之前，必须先审核这些软件中的

格式文件，并对财务报告进行核查，确认无误后方能向 CDR 系统进行申报，否则 CDR 系统会立即进行审核并退回有错误的文件。根据美国联邦金融机构监管委员会网站提供的信息，美国目前有 7 家软件公司可提供与 CDR 系统相关的文件审核软件。

⑨ 文件搜索软件（Searcher）。当企业 XBRL 格式的财务报表申报成为日常事务后，如何能在网络上、企业资料库系统内，或单机电脑硬盘驱动器中搜寻到适当的 XBRL 实例文档或其特定元素，也将成为 XBRL 技术在应用上的重大考验。此类搜寻软件目前仍处于初步研发阶段，在市场上并不多见。美国 iBanknet 公司结合 Google Base 的资料库搜寻技术，将美国金融机构按照美国联邦金融机构监管委员会的 CDR 系统的财务报表格式进行申报的 XBRL 格式的财务报表先转换为一般阅览格式后，再列入 Google Base 的搜寻项目，让付费使用者可迅速找到特定金融机构的财务资料。此类应用是第一个实例。

（3）XBRL 实例文档发布和应用平台

① 什么是 XBRL 实例文档发布和应用平台？XBRL 实例文档发布和应用平台是指将来自不同数据源的不同数据格式的数据，按照 XBRL 分类标准，转换为 XBRL 实例文档集的验证、传递、存储、管理和应用的 IT 平台。该平台所提供的 IT 服务是 XBRL 语言标准最终应用目标的体现。

② XBRL 实例文档发布和应用的工作流程。XBRL 实例文档发布和应用的工作流程有如下几个环节，如图 3-7 所示。

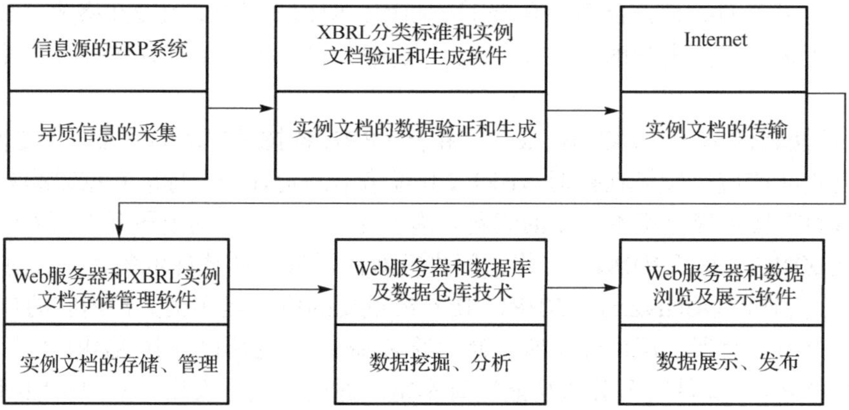

图 3-7　XBRL 实例文档发布和应用流程架构

异质信息的采集是指通过企业的 ERP 系统、财务系统或任何人工系统来提供业务报告电子版本的行为。业务报告的电子版必须是计算机可编辑的电子文档。之所以称为异质信息，是因为电子文档的格式可以是不同的，如不同类型的数据库文件、Excel 文件等。

实例文档的数据验证和生成，是指在根据 XBRL 分类标准将异质信息报告转换为 XBRL 实例文档的过程中，对该信息报告所作的 XBRL 语义检查和生成 XBRL 实例文档的行为。该行为过程是 XBRL 应用的关键环节。在这一过程中，除了使用文本编辑软件（如 Windows 附件中的 Notepad）手工编辑生成 XBRL 实例文档外，实例文档的验证和生成主要利用 XBRL 实例文档的验证和生成软件工具。

实例文档的传输是指将实例文档通过网络传送到公众信息平台的过程。实际上 XBRL 实例文档常通过 Internet 以 Web 服务的形式进行传输，其传输过程中涉及的信息技术主要是网络技术，特别是网络安全性技术。

实例文档的存储、管理是指在信息平台上对实例文档进行存储和管理的行为。XBRL 实例文档的存储方式有多种形式，目前主要有：文件系统、关系型数据库、原生 XML 数据库三种方式。目前已有一些主要关系型数据库厂商的 DBMS 产品实现了支持 XML 的技术。实例文档管理的主要内容是对存放在公众平台上的 XBRL 实例文档进行数据完整性、一致性、安全性和可靠性的管理，它们的管理行为和品质将依赖于不同存储方式所提供的管理功能和管理技术。XBRL 实例文档的存储方式的选择将影响 XBRL 的应用效率。

实例文档的数据挖掘、分析是指针对不同的用户的信息需求，实现对实例文档数据的信息再加工和应用。随着 XBRL 应用范围的扩大，XBRL 数据量将急剧增长，如何在海量的 XBRL 数据中找到需要的信息，将是 XBRL 应用进一步深入和发展的重要课题。XBRL 数据挖掘和分析，将涉及数据库技术、数据仓库及数据挖掘技术等。

数据展示、发布是指在公众网站上利用展示软件把各类最终用户所需的信息和人性化的可读信息格式实现发布的过程。XBRL 数据的展示和发布是提高 XBRL 数据有用性的重要环节。XBRL 数据不仅用于信息交换，而且可以通过 Web 技术，将数据发布和展示到网站上，使得互联网用户可以通过链接和搜索引擎找到所需的信息。这一环节涉及互联网技术和文本链接语言，如 HTML 类语言、XML 等。

3.5.5 XBRL 语言的特点、优势及应用概述

1. XBRL 语言的特点、优势

(1) 可扩展性

XBRL 语言的可扩展性是指分类标准的可扩展性。除通用分类标准外，监管机构或其他方面可能根据特定报告需要，在通用分类标准基础上进行扩展，制定特定的分类标准。没有两个监管机构的信息需求是完全一样的，也没有两家企业的报表会完全一样，因此创建一套能涵盖所有报告主体所需元素的分类标准几乎是不可能的。XBRL 中的“X”就表示“可扩展”，所以 XBRL 十分灵活，允许信息需求方和报告主体通过对既定分类标准进行扩展来自行增加元素。例如，“利润总额”是一个通用性的概念，在通用分类标准中定义。而“应纳税所得额”是用于纳税报告中的概念，因此在税务报告分类标准中，需要扩展定义这一概念。

可扩展性是 XBRL 这一技术的生命力所在，它在带来灵活性的同时，保证了报告通用内容的可比性。当然，对分类标准的扩展也应当不过度损害可比性，因此必须遵循一定规则实施扩展，尽可能将常用的扩展收编入适当的分类标准将显著提高信息的可比性。

(2) 计算机可读性

XBRL 和商品的条形码有类似的地方。商品的条形码是可以被机器直接读取的，它是商品流通于国际市场的国际语言，是商品的“身份证”，通过读取商品的条形码可以直接了解商品的信息。同样，通过 XBRL 文档可以了解企业的财务状况。无论是对报告的制作者还是使用者来说，利用 XBRL 数据的“条形码”，计算机会为你去做所有的事。计算机可以迅速从众多财务数据中提取、整理和分析你需要的数据，省去繁复且容易出错的人工复制、粘贴步骤，让整个过程更轻松、更快捷，信息的出错率大大降低，且通过 XBRL 内嵌的验证机制，可随时验证信息的正确性，进一步提高了信息质量。

(3) XBRL 解决多头报送问题

XBRL 可以实现跨平台的数据传输交换，因为 XBRL 采用了 XML 文件来存储数据，而

XML 本身就是跨平台的。由于 XML 数据是用纯文本格式存储的，因此 XML 提供了一种独立于软件和硬件的共享数据方式，可以在不同的操作系统（Windows，Unix，Linux）上使用。在互联网技术高度发展的今天，XBRL 能够充分发挥互联网的优势，使财务信息得到更有效的利用。在使用 XBRL 技术之前存在多头报送的问题，会计个体需要根据不同的报告需求者，准备不同的报告。基于 XBRL 技术的报送模式，会计个体可以省去重复编制不同样式报告的工作，只需编制一个 XBRL 格式的报告，不同报告需求者会各取所需。

（4）XBRL——不同语言之间的桥梁

对于那些需要跨国传送商业报告的企业来说，不同国家的语言将是一个交流的障碍。XBRL 自身具有解决这一问题的手段。用户在终端看到的 XBRL 财务报告中的科目名称是各元素的标准标签，而 XBRL 分类标准可以为各元素标签提供多语言翻译，使得 XBRL 财务报告能以不同语言展示。国际财务报告准则基金会制定的国际财务报告准则分类标准提供了英、法、意、西、德、荷、中、日、韩、阿拉伯等多达十种语言的标签。利用工具，用户可以通过选择标签的语言，来读懂其他国家的报告。

（5）XBRL 报送端不改变用户的使用习惯

对于需要制作报告的企业，不需要了解太多 XBRL 的技术细节，通过使用基于 XBRL 的报送端工具，在不改变财务报告制作者的使用习惯的情况下，即可生成 XBRL 形式的财务报告。掌握报送端的操作，不需要长时间的培训，其实施过程非常简单。例如，新加坡商业注册局要求在新加坡上市的所有公司，自 2007 年 11 月份开始以 XBRL 格式报送年度报告，并向公司提供报送所使用的财务服务管理工具（FS Manager）和相应的课程。通过大约 7 小时的课程，一般的财务人员就可以轻松地完成相关工作。

图 3-8 展示了 XBRL 是如何描述财务报告的。传统的财务报告中一个财务指标“本期已实现收益”的值是“33 572 499.67”；在分类标准的模式文件中将“本期已实现收益”定义为一个货币类型的元素，定义了该元素的各种属性，并给它起了一个英文名称“ExplainTheRealizedGainForPeriod”；在实例文档中给出了“ExplainTheRealizedGainForPeriod”元素在某个报告期间的数值为“33 572 499.67”，其计量单位是“人民币”。因此，一个传统的财务报告可由 XBRL 分类标准和实例文档来共同表达。XBRL 报送端的用户在终端显示器可能看到一个如图 3-9 所示的 excel 格式的 XBRL 财务报告，而事实上该 excel 格式的报告是由分类标准和实例文档共同实现的。

```
<example:ExplainTheRealizedGainForPeriod
contextRef="C_duration_20100101-20101231" unitRef="CNY" decimals="INF">33572499.67
</example:ExplainTheRealizedGainForPeriod>
```

图 3-8　XBRL 在财务会计中的应用

主要财务指标	报告期 年 月 日——年 月 日
本期已实现收益	33572499.67
本期利润	154758659.08
期末资产净值	4567322957.07

图 3-9 显示为 excel 格式的 XBRL 实例文档

(6) 可使用各种便携式终端

由于 XBRL 规范和分类标准的开放性和跨平台的特性，任何人都可以在此之上开发个性化的应用程序，可使用各种便携式终端来进行数据分析和利用。由于 XBRL 是基于流行的 XML 标准，这种开发工作变得相当简单。例如，在风靡世界的 iPhone 手机面世不久，一家只有几个人的小公司 iBanknet 就提供了在 iPhone 上查询 2500 多家美国银行公开财务数据的工具，他们同时也提供在流行的 Web 2.0 网站 Facebook 上查询这些信息的插件工具，而其背后所支持的技术，正是 XBRL。

2. XBRL 应用背景

从 2001 年的安然事件到 2007 年的全球金融危机，使许多发达国家，特别是美国经济遭遇到了空前的信任危机。会计欺诈行为、金融监管不力、财务报告审计缺乏客观与真实性等事件的发生屡见不鲜，财务报告透明化需求进一步受到了公众的重视。XBRL 技术的应用可以在一定程度上解决上述问题。提高财务报告的透明度、提升财务信息的准确性、缩短财务报告的审计周期、加速监管报告的审查速度等。例如，在 2007 年始发于美国的全球金融危机期间，到 2008 年中期，美国已有 20 余家银行破产倒闭，为此美国议会通过了相应的“救市法”，该法要求美国证监会(SEC) 在三个月内拿出公允价值对银行破产倒闭影响的研究结果。SEC 对这些倒闭银行的财务报告进行采样分析，所采样的时间分布从 2008 年的 1 月至 2008 年的 11 月，样本是从 SEC 的中央数据库及其他数据库中搜集的 XBRL 数据报告，由于它们具有相同的语法和语义，使研究工作开展顺利，用了不到一个月的采集和分析研究，于 2008 年 12 月底，SEC 就出示了其研究结论：美国银行破产倒闭的现象与公允价值无关，而是另有其因。SEC 能如此迅速地完成研究工作，如果没有 XBRL 技术的支持是难以想象的。

3. XBRL 在国外的应用

XBRL 技术的发展充分体现在各国财务报告编制者的应用以及 XBRL 分类标准的研发进程上，美国、日本、英国、澳大利亚、加拿大、法国等 18 个国家先后在有关财务报告或者其他报告项目中，自愿或强制使用 XBRL 技术。除政府部门外，上市公司与社会团体、会计师事务所、投资者和分析师、股票交易所、软件公司、学术团体以及其他行业，相继开展了 XBRL 在会计与财务信息领域以及更广泛的业务报告领域的研究，启动了相关项目，并组织了一系列的学术会议与活动。XBRL 技术已成为各国会计信息标准建设普遍采用的关键技术。

(1) 美国

美国是 XBRL 技术研究与推广最强有力的推动者之一。2008 年 4 月 28 日，XBRL 美国地区组织正式公布了 US GAAP Taxonomies 1.0 版本（通用可接受会计原则），并提供了编报指南等一系列配套文件，该套分类标准得到了 XBRL 国际组织的批准级 (Approved) 认证。2008 年 8 月 19 日，美国证券交易委员会（以下简称 SEC）主席考克斯在 SEC 总部举行的新闻发布会上，宣布了接替 EDGAR（电子数据集成、分析与检索系统）的基于全新基础架构的新公共信息披露系统——交互式数据电子应用系统（Interactive Data Electronic Applications，IDEA）。IDEA 旨在帮助投资者等用户更为迅速和便捷地获取上市公司和共同基金的主要会计信息。SEC 于 2009 年 1 月 30 日发布了题为《应用交互式数据提高财务报告》的最终规定，要求美国及其他外国公司在向 SEC 提交财务报告时，同时提供一张包括财务报告附注和明细表在内的、以交互式数据格式编制的主表，该法规的实质是强制公司报送 XBRL 格式的相关报告。为配合 SEC 的最终规定和 IDEA 平台的建设，2009 年 4 月 21 日，XBRL 美国公布 US GAAP Taxonomies 2009

版，该版本对 2008 版本分类标准的会计准则和行业扩展部分进行了近千条修订，方便公司应用更新后的分类标准迅速适应 FASB 会计准则的变化，并满足 SEC 强制报送的要求。

(2)国际会计准则理事会

国际会计准则委员会基金会(IASCF)的 XBRL 项目组是 IASCF 的一个研发团队，其主要使命是受 IASCF 委托，对国际财务报告准则提供技术支持，其任务是在国际会计准则理事会(IASB)发布国际财务报告准则年度合订本的同时，以与之相同的语言提供一份 XBRL 版本的“国际财务报告准则分类标准”，并保证基于 IFRS 的 XBRL 分类标准与国际财务报告准则具有同样的质量。制定并发布 XBRL-IFRS 分类标准，主要是为了向全球执行国际财务报告准则的机构和企业提供技术支持。目前世界各地已执行国际财务报告准则的国家和地区都成立了 XBRL 项目组，支持 XBRL-IFRS 分类标准的应用与推广。IFRS Taxonomy 2009 已于 2009 年 4 月 2 日正式发布。

(3)日本

2003 年 7 月，日本东京证券交易所通过实时信息披露系统(Timely Disclosure Network，TDNET)开始接受 5 000 多家上市公司以 XBRL 格式报送的财务数据。日本金融厅作为金融机构和证券市场的检查和监管机构，主导研发了“投资者网络电子披露系统”(Electronic Disclosure for Investors' Network，EDINET)，2001 年 6 月该系统正式启动，约有 5 000 家公司(大部分是上市公司)和 3 000 家机构投资者开始采用 XBRL 格式报送年度财务报告。经过不断更新，新的 EDINET 系统已于 2008 年 3 月 17 日开始运行。2008 年 7 月 1 日，日本大部分上市公司和基金公司已被强制性披露 XBRL 格式的财务报告，其运用范围也从原来的年报扩大到了半年报、季报和证券登记说明。日本金融厅希望通过新的 EDINET 系统上线运行，利用 XBRL 提高跨国信息的互操作性和可比性，为证券发行人提供电子信息披露平台，以减轻发行人负担，方便投资者使用信息，提高市场效率。2008 年 3 月 11 日，日本 EDINET 分类标准(Japan EDINET Taxonomy)获得 XBRL 国际组织认证。

(4)澳大利亚

澳大利亚财政部于 2007 年 8 月 30 日宣布，将在未来的三年内投入 2 亿澳元建造标准业务报告平台(Standard Business Reporting，SBR)。该项目由澳大利亚财政部牵头，参与的政府级部门包括统计局、审计监管局、证券投资管理委员会、税务局等多个部门。该项目在 2010 年中期完成，届时，所有的澳大利亚企业都能登录一个单一、安全的系统，采用 XBRL 格式向若干政府部门报送数据。

(5)其他国家

2008 年 10 月，XBRL 印度地区组织(XBRL India)发布了工商企业通用财务报告 XBRL 分类标准(C&I)。该分类标准的制定基于印度通用会计准则和国际财务报告准则分类标准 2006 版。XBRL 印度的后续工作包括将印度分类标准(C&I)根据最新国际财务报告准则进行更新，以及制定金融业分类标准。XBRL 分类标准已在印度两个最大的证券交易所(孟买交易所和国家交易所)投入使用。XBRL 法国地区组织(XBRL France)已开发出 XBRL 年度账分类标准(TCA)，并通过法国国家会计理事会的认证。XBRL France 希望 TCA 可作为法国 GAAP 分类标准应用于社会账目报告。2008 年 12 月 30 日，法国统一报告分类标准系统(Taxonomie Système Unifé de Reporting Financers，SURFI)征求意见稿发布，该分类标准包括 2000 个元素及 23 个维度库。2008 年 11 月 7 日，智利证券交易委员会(SVS)公布Taxonomy-CI-CL SVS分类标准。

本次发布分类标准的目的是遵循 SVS 于 2008 年 11 月 4 日发布的两则公开通报，通报建议公司采用 XBRL 技术报送遵循国际会计准则的财务报告。SVS 同时宣布计划于 2009 年开通在线交互平台。2008 年 12 月 15 日，XBRL 意大利地区组织（XBRL Italy）发布了由 InfoCamere、XBRL Italy、国家职业和会计协会及 Trento 大学联合工作组开发的意大利 GAAP 分类标准。2009 年 2 月 27 日，意大利官方公报发布由内阁总理签署的强制法令，要求采用 XBRL 技术向公司注册处传递年度账。

4．XBRL 在国内的应用

XBRL 在中国的研究和发展最早可以追溯到 2000 年年初。当时，财政部就注意到 XBRL 对会计准则应用和财务报告编报的革命性影响，主动邀请国际财务报告准则委员会及有关 XBRL 专家来华交流。之后，财政部积极引导理论界开展 XBRL 相关研究，在中国会计学会专门成立了会计信息化专业委员会，并从 2002 年开始，就 XBRL 在我国的建设与应用问题形成了一批有价值的研究成果；从 2003 年起，财政部和审计署、上海市财政局基于 XBRL 原理研究制定会计核算软件技术标准，并于 2004 年共同推出国家标准《信息技术——会计核算软件数据接口》（GB/T19581—2004）。与此同时，有关监管部门、科研院校等也开展了 XBRL 相关研究。

2002 年，上海证券交易所、深圳证券交易所就开始研究和探索 XBRL 技术在上市公司电子化信息披露中的应用。2005 年，中国证监会牵头制定了基于 XBRL 技术的行业技术标准《上市公司信息披露电子化规范》，并组织上海、深圳证券交易所开展了 XBRL 技术的相关应用工作，成为 XBRL 技术在中国大规模应用的项目之一。2008 年年初，中国证监会又启动了证券投资基金信息披露 XBRL 技术的应用工作，并进一步统筹建设基于 XBRL 技术的资本市场电子化信息披露体系。

2008 年，财政部牵头成立了会计信息化委员会，其成员单位包括工业和信息化部、中国人民银行、审计署、国务院国有资产监督管理委员会、中国银监会、中国证监会、中国保监会、国家税务总局等政府部门和监管机构，以及相关学术机构和企业。会计信息化委员会同时也是 XBRL 中国地区组织的指导委员会。委员会以 XBRL 应用为抓手，着力推进电子化财务报告和监管报告的标准化工作，并以此为基础全面推进会计信息化工作。借助这一工作机制，财政部集中了国内 XBRL 应用研究的优势力量，在国家标准化管理委员会和中国证监会等部门的积极配合下，引入相关国际标准制定了 XBRL 技术规范系列国家标准，并以企业会计准则的电子化财务报告标准为突破口，经过严格的制定程序和多次广泛征求意见，制定了企业会计准则通用分类标准；同时，XBRL 国际组织于 2010 年 4 月正式批准 XBRL 中国地区组织成为其正式国家成员。

2010 年 10 月，第 21 届国际 XBRL 大会在北京举行。会上，XBRL 系列国标和通用分类标准正式发布，统一了企业按照企业会计准则编制 XBRL 格式财务报告的技术规范和业务标准，并为以企业会计准则为基础的 XBRL 监管分类标准的制定预留了接口，为计算机辅助处理电子化财务报告信息和其他企业报告信息提供了标准化的解决方案。

本着“积极稳妥、先行试点、总结经验、分步推进”的原则，财政部 2010 年 12 月发布了《关于实施企业会计准则通用分类标准的通知》（财会[2010]23 号），要求中国石油等 13 家通用分类标准首批实施企业和中瑞岳华等 12 家首批实施会计师事务所启动通用分类标准的实施工作。2011 年 1 月，财政部和中国证监会发布《关于企业会计准则通用分类标准实施若干事项的通知》（财办会[2011]2 号），补充了对通用分类标准实施有关事项的若干要求。至此，通用分类标准的首批实施全面展开。

在各方共同努力下，首批 13 家实施企业在 5 月 31 日提交了实例文档和扩展分类标准的初步版本，12 家会计师事务所在 6 月 30 日提交了 591 家上市公司审计客户的实例文档和扩展分类标准。经测试，首批实施企业提交的实例文档总体质量较好，能够实现预期功能和效果。目前，财政部正以这些 XBRL 格式数据为基础，深入研究 XBRL 格式数据在宏观经济管理和企业经营领域的应用。

值得一提的是，自通用分类标准发布后，许多国内外软件厂商都已主动开发了能够解析通用分类标准的工具软件。由于通用分类标准在技术规范上严格遵循国家标准，与 XBRL 国际技术规范一致，并且其架构设计符合 XBRL 财务报告的国际主流技术，因此解析通用分类标准工具的开发周期很短。短短半年时间，基本的产业链已初步形成。

2011 年下半年，财政部开发制定了企业会计准则通用分类标准石油行业扩展分类标准，成为通用分类标准在行业层面的首份扩展分类标准，为提高 XBRL 格式财务报告的行业可比性，降低实施单位的扩展工作量奠定了坚实的基础。与此同时，中国银监会成功地以通用分类标准为基础，开发了银行监管报表扩展分类标准，首次实现了通用分类标准在监管领域的扩展，再次在我国 XBRL 应用领域实现了突破。

“十二五”期间，推进 XBRL 技术在中国的应用将是会计信息化建设的重要内容之一，通用分类标准的实施范围将稳步扩大，行业扩展分类标准的制定和实施将逐步推进，中小企业通用分类标准制定将实施启动，基于 XBRL 的标准财务报告平台建设将初见成效，XBRL 在中国发展和应用的前景无限光明。据初步统计，在财政部与相关主管部门的通力合作下，我国 XBRL 应用推广取得了丰硕的成果，2011 年有 25 家企业实施了 XBRL 的试点工作，2012 年扩展至 114 家，2013 年有 206 家企业，到 2014 年已近 237 家企业，包括 11 家央企、18 家银行、5 家保险企业、3 家石油天然气企业和 200 家地方国企，它们已顺利开展 XBRL 的推广应用。

3.5.6 小结

从国内外 XBRL 分类标准的研发进展可以看出，着眼于 XBRL 技术广阔的应用领域与发展前景，目前，世界上许多国家都在积极推进 XBRL 相关项目的建设，XBRL 已有走向全球化的趋势。

在国内，我国两家证交所的 XBRL 财务报告报送的试点和推广工作成效显著，而其分类标准的制定主要突出的是满足信息监管者的需求，具有一定的监管导向特点；立信会计师事务所从审计主体的角度来研究分类标准，其标准具有审计导向的特点。财政部已经充分意识到从我国的分类标准研究与使用的现状，国家在会计信息方面存在不同的信息分类标准，既不利于会计信息技术的推广和应用，也会影响 XBRL 技术的应用效力。从长远利益出发，财政部着手从会计准则制定者角度规范和构建 XBRL 分类标准，实现分类标准的统一性、规范性和适用性。为此，由财政部牵头，组织了国内几家科研院校于 2010 年申请了相应的公关课题。2010 年 10 月 19 日，国家标准化管理委员会和财政部在京举办可扩展业务报告语言（XBRL）技术规范系列国家标准和企业会计准则通用分类标准发布会。两套标准规定了 XBRL 语言的基本要素和按照企业会计准则编制 XBRL 财务报告的基本要求，为构建科学完善、国际通行的会计信息化标准体系奠定了基础，成为我国会计信息化工作的一个里程碑和新起点。

此外，值得注意的是，在 XBRL 技术应用相对成熟的国家(如美国、日本)，其主导部门在推广和强制报送 XBRL 报告的同时，均展开了基于 XBRL 技术的相关信息平台和报送系统建设，不但推动了 XBRL 技术的发展，也显现出较大的经济和社会效益。其他一些国家，如澳大利亚，也正投入大量人力、物力和财力，加紧信息平台的建设步伐。我国财政部正积极会同有关部门，以建设和实施全国统一的会计信息化标准为切入点，着力构建基于 XBRL 技术的统一会计信息平台，以实现会计信息数出一门、资源共享的目标，从而有助于投资者、社会公众、监管部门及中介机构等有关方面高效利用会计信息，降低社会成本，不断提升国家宏观决策水平和监管效能。

关键词

信息技术、会计信息系统、会计软件、会计信息系统的 ISCA 模型、网络财务报告、XBRL 语言

习题

(1) 为什么说实施会计信息化的核心内容是建立高效的会计信息系统?
(2) 会计信息系统的发展分哪几个阶段?
(3) 在会计信息化环境下，会计核算和管理发生了哪些变化?
(4) 会计信息系统由哪几个部件组成，会计软件为什么是会计信息系统的核心部件?
(5) 财务业务一体化企业级会计信息系统的核心理念是什么?
(6) 企业级会计信息系统与部门级会计信息系统有什么区别?
(7) 就信息处理视角看，会计信息系统的子系统有哪些模块?
(8) 什么是信息系统的应用体系结构? C/S 应用体系结构的主要特点是什么?
(9) 为什么要研究会计信息系统的 ISCA 模型?
(10) 什么是网络财务报告和 XBRL 语言?
(11) 基于 XBRL 语言的网络财务报告有哪些特点?
(12) XBRL 语言由哪几个组件组成?
(13) XBRL 语言应用的优势有哪些?
(14) XBRL 在我国推广应用的前景和策略是什么?

第 4 章 企业业务过程分析

本章学习目标

通过本章学习，读者应达到以下目标。

(1) 了解什么是需求分析及会计人员在需求分析中的职责。

(2) 了解企业业务过程，并能够进行简单分析。

(3) 理解传统手工会计过程与基于信息化的会计过程的区别。

(4) 理解会计过程与其他业务过程之间的关系，以及会计信息系统与业务过程的关系。

(5) 理解传统部门级会计信息系统的局限性。

(6) 了解事件驱动及基于事件驱动设计的会计信息系统的特点。

4.1 信息化需求分析

需求分析是信息系统开发的基础，只有通过需求分析，才能将系统功能和性能的总体概念描述为具体的软件需求说明，从而奠定开发的基础。需求分析工作是一个不断认识和逐步细化的过程，它将总体规划阶段确定的软件工作域逐步细化到可详细定义的程度。

需求分析不只是开发人员的任务，用户也起着至关重要的作用。用户必须对系统功能和性能提出初步要求，系统分析人员在认真了解用户要求的基础上，细致地进行调查分析，把用户要求转换成系统逻辑模型，并准确地用系统需求说明书表达出来。

4.1.1 需求分析的目的

需求分析所要做的工作是描述目标系统的功能和性能，确定系统设计的限制和本系统同其他系统的接口细节，并定义系统的其他有效性需求。

系统分析员通过需求分析，细化对系统的要求，为系统开发提供一种可转化为数据设计、结构设计和过程设计的数据与功能表示。系统开发完成后，系统需求说明书将作为评价软件质量的依据。

信息系统开发的最终目的是要实现目标系统的物理模型，即解决如何做的问题，物理模型由逻辑模型经实例化得到。与物理模型不同，逻辑模型不考虑实现的机制与细节，只描述系统要完成的功能和处理的数据。需求分析的任务就是借助于现行系统的逻辑模型导出目标系统的逻辑模型，解决目标系统“做什么”的问题。从现行系统获得目标系统的步骤可以用图 4-1 表示，其中分析现行系统并获得目标系统逻辑模型的过程即为需求分析。

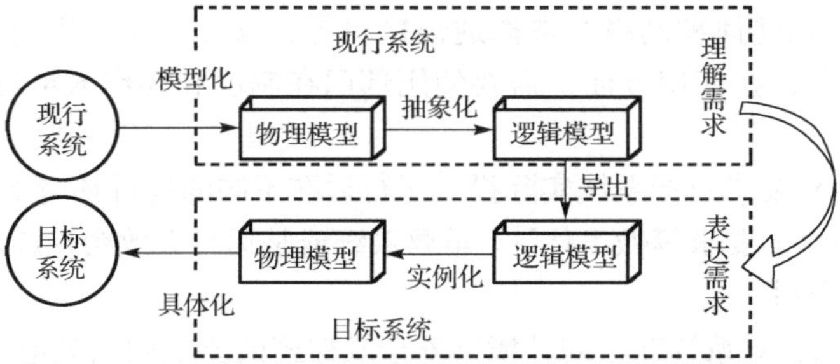

图 4-1　系统开发过程

1. 获得现行系统的物理模型

现行系统可能是需要改进的计算机处理系统，也可能是手工系统，或者部分手工处理和部分计算机处理的系统。在这一步首先分析并理解现行系统是如何运行的，了解现行系统的组织机构、输入输出、资源利用情况和日常数据处理过程，然后用一个具体模型来反映系统分析员对现行系统的理解。现行系统的物理模型应客观地反映实际情况。

2. 抽象出现行系统的逻辑模型

在理解现行系统"如何做"的基础上，抽取其"做什么"的本质，即从现行系统的物理模型抽象出现行系统的逻辑模型。抽象的过程就是区分物理模型的本质因素和非本质因素，并去掉非本质因素，从而获得反映系统本质的逻辑模型的过程。

3. 建立目标系统的逻辑模型

分析目标系统与现行系统逻辑上的差别，明确目标系统到底要"做什么"，从而从现行系统的逻辑模型导出目标系统的逻辑模型。具体做法有如下几点。

(1) 决定变化的范围，即决定目标系统与现行系统在逻辑上的差别。

(2) 将变化的部分看成新的处理步骤，调整功能图和数据流图等。

(3) 由外向里分析变化的部分，推断其结构，获得目标系统的逻辑模型。

(4) 为了完整地描述目标系统，补充与完善得到的逻辑模型。

4.1.2　需求分析的过程和内容

需求分析工作可以分成 4 个方面，即对问题的识别、分析与综合、形成需求说明书和评审。

1. 问题识别

系统分析人员要研究可行性分析阶段产生的可行性分析报告和系统开发项目实施计划，从系统的角度理解和确定系统范围，确定对目标系统的综合要求，即系统需求，并提出这些需求实现的条件，以及需求应达到的标准。也就是解决目标系统做什么，做到什么程度的问题。系统需求主要从以下几方面表述。

(1) 功能需求：列举出所开发系统在职能上应做什么，这是信息系统需求分析中最主要的内容。

(2) 性能需求：给出所开发系统的技术性能指标，包括存储容量限制、运行时间限制及安全保密性等。

(3) 环境需求：这是对系统运行时所处环境的要求，如硬件方面采用的机型、外部设备的类型及数量，以及构建何种网络及数据通信接口等；软件方面采用的系统软件(操作系统和数据库管理系统等)；在使用方面，需要使用部门在制度和操作人员的技术水平上应具备的条件等。

(4)可靠性需求：对要求目标系统实际投入运行后在不同的运行环境下不发生故障的概率，及目标系统对运行环境的要求等做出估计。重要系统或是运行失效会造成严重后果的系统，应当提出较高的可靠性要求。

(5)安全保密要求：对系统在不同环境下安全及保密的要求做出规定，通过对目标系统进行特殊的设计，使其安全保密性能得到保证。

(6)用户界面需求：用户界面是用户与系统交互的直接渠道，通过对用户交互界面需求的定义详细规定用户界面应该达到的要求，使用户界面更友好、更方便，有助于提高系统的使用效率。

(7)资源使用需求：定义目标系统运行时所需的数据、基础软件和内存空间等各项资源。

此外，对于自行开发系统或二次开发系统来说，项目立项后还要提出系统开发成本与进度需求，根据合同规定对系统开发的进度和各阶段费用提出的要求作为信息系统工程项目管理的依据。

2. 分析与综合

需求分析的第二步是问题分析和方案综合。

(1)确定功能需求：分析人员要从数据流和数据结构出发，逐步细化所有的系统功能。并且要找出系统各元素之间的联系、接口特性和设计上的限制，分析它们是否满足功能要求，是否合理、详细地明确功能需求。

(2)确定其他需求：在确定功能需求的基础上，对问题识别阶段提出的除功能需求外的其他需求进行分析、完善，剔除不合理的部分，增加需要的内容，最终形成系统的需求方案，即逻辑模型。并用一定的分析方法工具，如结构化分析方法、面向数据结构的 Jackson 方法或面向对象的分析方法等直观地描述逻辑模型。

3. 编制需求分析文档

系统需求应该用图文组成的格式化文档清晰、准确并完整地描述出来，作为下一步系统设计和未来目标系统评价的依据。通常把描述系统需求的文档称为“系统需求说明书”。

4. 需求分析评审

作为需求分析阶段工作的复查手段，在需求分析的最后一步，应该由专门人员组成的评审组按照严格的规程对功能的正确性、完整性和清晰性，以及其他需求给予评价。评审结束应有评审负责人的结论意见及签字，需求分析评审的主要内容如表 4-1 所示。

表 4-1　需求分析评审的主要内容

项　目
定义的系统目标是否与用户要求一致
系统需求分析阶段提供的文档资料是否齐全
系统需求说明书中的所有描述是否完整、清晰并准确地反映了用户要求
与其他所有系统的重要接口是否都已经描述
所有图表是否清楚，在无补充说明时能否理解

续表

项　目
主要功能是否已全部包括，是否都已充分说明
设计的约束条件或限制条件是否符合实际
是否考虑过软件需求的其他方案
是否考虑过将来可能会提出的需求
是否制定了详细的检验标准，这些标准能否成功确认系统
是否存在遗漏、重复或不一致的地方
项目开发计划中的估算是否合理，是否考虑到可能的影响
……

4.1.3　会计人员在需求分析中的职责

对于自行或二次开发的系统来说，业务人员的参与和配合是非常重要的。系统需求分析的过程，也是系统开发人员与用户密切配合、充分沟通和交换意见的过程。系统需求分析阶段的开发人员是系统分析员，他们是用户与程序员之间的桥梁。而会计人员熟悉企业的财务业务，同时又是目标系统的直接使用者，他们在会计信息系统的需求分析中也起着至关重要的作用。

1. 会计人员在需求分析中的职责

会计人员对数据处理工作的考虑、对软件的意见和要求应该看做是需求分析中十分宝贵的原始资料。会计人员在需求分析中担负着如下几项职责。

(1) 积极配合系统分析员的工作，包括按照要求提供系统分析员需要的各种证、账、表业务资料和文档材料，并根据需要为系统分析员讲解业务处理过程，以及各种证、账、表和文档材料等的作用。

(2) 准确、完整并清晰地描述现行系统（手工系统或信息系统）。

(3) 准确并充分地阐明对目标系统的要求。

2. 参与需求分析的会计人员应该具备的素质

为完成上述职责，参与需求分析的会计人员应当具备如下素质。

(1) 具有熟练的会计业务知识和经验，全面深入地了解本单位现行系统存在的问题和优点。

(2) 全面深入地了解目标系统应该达到的目标，了解本单位目标系统运行的环境条件。

(3) 能够具有一定的计算机硬件、软件的专业知识，尤其是软件工程和数据库管理系统方面的专业知识。

(4) 具有良好的书面和口头交流表达能力。

(5) 善于与他人合作，能够倾听他人的意见，注意发挥其他人员的作用。

(6) 具有一定的从相互冲突或混淆的原始资料和现象中找出问题的能力。

4.2　企业业务过程

信息系统是处理和管理企业信息活动的系统，而企业信息活动是利用一定工具采用一定的方法对企业及其业务活动进行数据采集、维护及报告的一系列活动。企业的信息活动离不开业务活动，因此为了更深入地理解会计信息系统，理解会计信息系统业务处理流程，我们需要首先认识企业的业务过程。

4.2.1　企业的基本业务过程

企业的根本目标是通过获利来满足各利益相关者的需要，这一目标只有在企业提供的产品或服务被顾客接受后才能实现。我们将为实现某个业务目标而进行的一系列活动称为“业务过程”，任何产品或服务都是通过一定的业务过程生产完成并最终到达顾客方的，因此每一个企业都有业务活动。为了提供产品或服务，每一个企业又都必须至少有获得支付、转换及销售收取这三个基本业务过程，如图 4-2 所示。

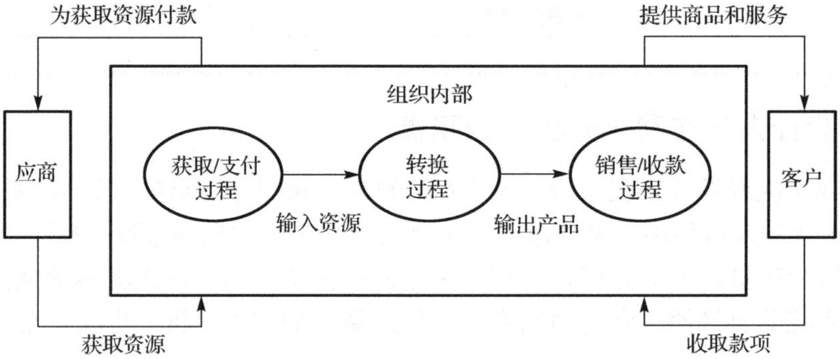

图 4-2　企业基本业务过程

（1）获取/支付过程

获取/支付过程是企业从上游获得所需要的各种原材辅料、零部件和数据等需要被加工的任何有形或无形资源，并为此支付款项等资源的业务过程。此处所指上游既可以是企业外部的上游供应商，也可以是企业内部的上游车间和部门等，支付的内容是资金等可以用价值计量的资源。

（2）转换过程

转换过程的目标是将获取的资源转换成客户需要的商品和服务，通过这个过程将原始的输入变成完工的商品和服务。转换过程贯穿整个企业，且形式多样。它依赖于所提供的商品和服务的类型，使用的技术和资源，管理者、政府、社会及客户的限制，以及客户和管理者的偏好。

不同企业的转换过程存在巨大的区别，即使是同一个企业由于其提供的产品或服务的需求不同，转换过程也有很大差别。转换过程的核心是从投入到顾客所需要的产品或服务的一系列活动和这些活动的分布结构。

（3）销售/收款过程

销售/收款过程的目标是向顾客销售和交付商品及服务，并收取货款，它包括一系列与交付商品和服务给客户并收取款项的有关活动。只有通过销售收款过程，企业的产出才能够真正到达下游，产出的价值才能够真正体现出来。此处所指下游既可以是企业外部的下游顾客，也可以是企业内部的下游车间和部门等，支付的内容是资金等可以用价值计量的资源。

上述三类基本的业务过程是相互依赖并相互关联的，而且周而复始、持续不断，我们对它们加以区分只是为了简化分析。

4.2.2　业务处理过程

在基本业务过程基础上，可以按照企业生产经营周期的环节进一步将企业业务过程细分为主要过程和支持过程。业务过程的细分，虽然会因不同企业的经营活动内容，以及划分的详略标准不同而变化，但是它们存在一定的共性。我们以制造企业为例，其主要过程包括采购过程、库存与存货过程、生产过程和销售过程；支持过程包括财务过程、人力资源过程和其他过程等，如图 4-3 所示。

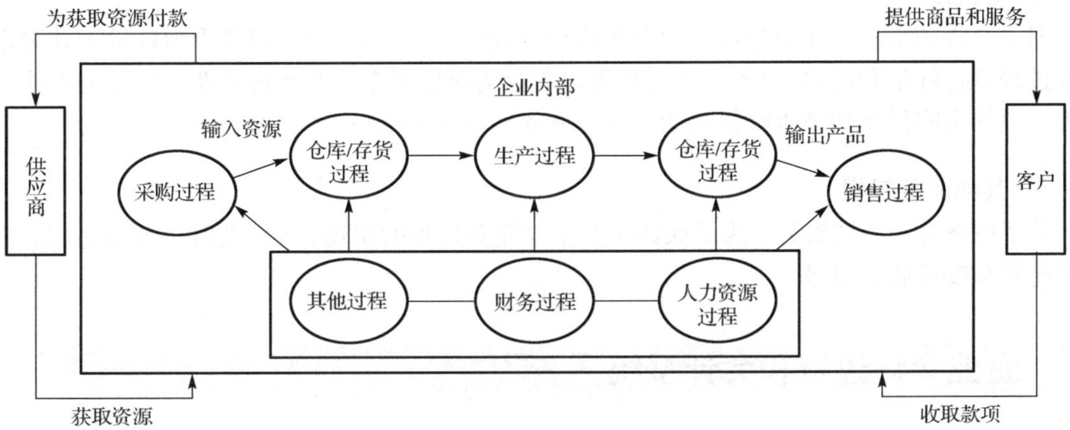

图 4-3　企业业务过程

1．采购过程

企业能够持续经营，离不开持续不断的资源供给，这一过程由企业的采购过程完成。由于采购货物的不同用途，采购分为不同的类型，即下订单采购、资产采购和日常消耗采购。其中下订单采购是为生产需要采购物料，资产采购是固定资产的购置，日常消耗采购主要是低值易耗品的购买。

采购过程在制造业主要表现为以资金换取物料和资产等，商业企业则表现为以资金换取商品、劳务和资产，服务业则主要为取得服务、用品及相关资产而付出货币资金。

2．仓库和存货过程

为了保障生产经营过程连续不断地进行，企业要不断地购入物料、耗用物料或销售完工产品，这些可以统称为“存货”。仓库和存货过程就是企业存货流动且循环的动态过程，这个过程是转换过程的一部分，它将生产过程与采购和销售过程联系在一起。

3．生产过程

生产过程是指从依据生产计划领用原材料，实施加工与制造，直到形成完工产品为止的过程。生产过程既是企业实物资产的转换过程，也是为实现这种转换而投入的经济资源的耗费过程。

4．销售过程

销售过程是指企业以提供货物、服务或过渡资产使用权等来交换并收取经济利益的日常经营活动。制造业的销售活动主要是提供货物，服务业等第三产业主要是提供服务。

销售是企业生产经营成果的实现过程，是物料在企业内流动的终点，也是企业经营活动的中心。作为企业供销链的一个环节，销售管理是把从客户和购货机构获得的订货需求信息传递给计划、生产和仓管等并从仓库获得货物配送给购货单位，完成货物的流动。

5. 人力资源过程

人力资源过程是企业的支持活动，主要包括招聘选拔、员工职业发展、员工培训、绩效管理、考勤管理和薪资管理等过程，它为采购、销售、生产和仓存业务提供人员支持。

6. 财务过程

财务过程包括对企业业务过程的财务管理过程和会计过程，会计以货币为计量工具对企业业务过程进行计量和反映。财务管理过程则以资金为对象对企业业务过程涉及的资金流动进行管理，包括采购付款和销售收款活动，它为业务活动提供支持。

7. 其他业务过程

除了财务和人力资源外，为了保证企业主要业务过程的实现，还需要其他业务过程，如技术支持和基础设施建设等。

4.3 企业会计过程和会计系统

企业业务活动的发生引发了物质活动、信息活动和管理活动。此处的“物”包括原材料、辅助材料和机器设备等物资，业务人员、生产人员、管理人员和工程技术人员等人力，以及货币和证券等资金。信息活动是对企业业务过程、物流，以及管理活动的信息进行反映和管理的活动。而会计过程是用价值手段，利用会计工具和方法对企业业务活动、物流，以及管理活动的信息进行收集、维护及报告的一系列活动，因此会计活动离不开业务过程。

4.3.1 企业会计过程

会计过程是从收集企业业务活动信息开始的，会计人员从企业业务活动的所有数据中获取反映业务活动的价值数据，并用会计的方法和工具，按照会计规则对其进行计量、记录和报告。图4-4简单地描述了会计过程。无论是基于信息化处理的会计，还是传统的手工会计，这一过程从总体上看都是一致的，均包括确认、计量、记录和报告4个环节，但是传统的手工会计和基于信息化处理的会计的具体会计处理过程是有区别的。

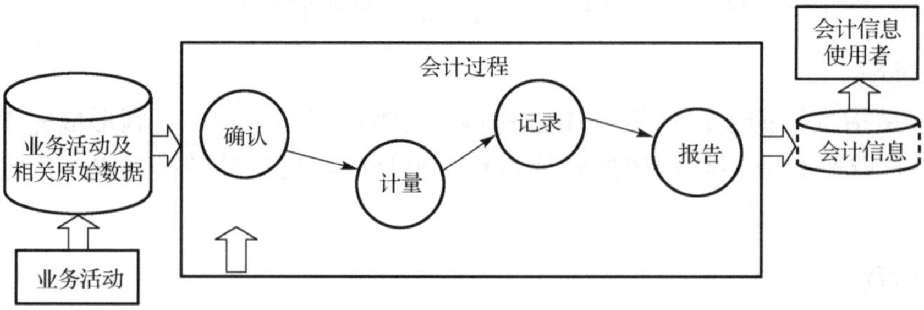

图4-4 企业会计过程

1. 传统手工会计过程[①]

传统手工会计由会计人员通过运用复式簿记等方法处理经济业务，在此基础上编制财务报

① (美)Anita S. Hollander,Eric L. Denna,Owen Cherrington 著，杨周南等译，现代会计信息系统，北京：经济科学出版社，1999。

告来完成。这一过程要运用一系列的会计处理方法和程序，按照一定次序依次进行，习惯上称其为“会计循环”。一个完整的会计循环一般包括如图 4-5 所示的基本步骤。

确认	步骤 1　识别所需记录的交易或事件（分析经济业务）
	目标：收集信息。通常以与交易或事件相关的原始凭证形式收集。
计量、记录	步骤 2　编制会计分录，登记日记账
	目标：识别、评估、序时记录交易对公司产生的经济影响，记录形式应有利于将其转到账户中。
	步骤 3　从日记账过到分类账
	目标：将日记账中的信息转到分类账中，分类账中存储了各账户的信息。
	步骤 4　编制调整前试算平衡表
	目标：提供一个便捷的列表来检查借贷平衡，并以此作为编制日记账调整分录的起点。
	步骤 5　编制期末调整分录并过账
	目标：记录应计、递延到期、估计的，以及其他通常未由原始凭证记录的事项。
	步骤 6　编制调整后试算平衡表
	目标：检查借贷平衡，并简化账务报表的编制。
	步骤 7　编制结账分录并过账
	目标：结清临时性账户并将净收入额转入留存收益。
	步骤 8　编制结账后试算平衡表
	目标：在结账后检查试算平衡。
报告	步骤 9　编制账务报表
	目标：将汇总的账务信息提供给外部决策者。
为下一个会计期间做准备	步骤 10　编制转回分录并过账
	目标：简化随后特定的日记账分录，并降低账户成本。

图 4-5　会计详细处理过程

从会计期间的角度看，会计循环是从交易或事项的确认开始。依次经过计量、记录，实现对交易或事项的会计处理，到编制财务报告的过程。一个会计循环完成，下一会计期间依然按此顺序进行。

从具体记录方法的角度看，会计循环是从填制和审核凭证开始，依次经过登记账簿、成本计算和财产清查等加工程序，到编制财务报告的过程。

具体叙述如下。

步骤 1：识别需要记录的会计事项

本步骤的目的是识别哪些业务事件是会计事项，并收集与会计事项有关的经济数据。这里所说的会计事项是指那些导致组织的资产、负债或所有者权益变动的业务事件，包括如下几个方面。

(1) 报告公司与外部当事人之间资产与债务的交易，交易可能是互惠的资产与债务转移，也可能不是。在互惠的资产与债务转移中，公司既转让也接收资产（例如，销售商品）；在非互惠的资产与债务转移中，公司要么转让资产，要么接收资产（例如，支付现金股利或接受捐赠），或者要么转让非资产，要么接收非资产（例如，支付或接收股票股利）。通常要求在日记账中记录这种交易。

(2) 与外部当事人无关，发生在公司内部且影响公司的资产或债务的事件。如固定资产计提折旧，以及无形资产的摊销等。通常也要求在日记账中记录这类事件。

(3) 超越公司控制范围的经济或环境事件，如资产或负债的市值变动和偶然损失都是这方面的例子。在日记账中需要记录这类事件。

需要说明的是，那些难于从财务角度计量的会计事项不在会计分录中进行反映，而是在财务报表的附注中给予说明。

会计事项通常伴随着非会计人员提供的原始凭证，在手工处理环境中，原始凭证通常是纸制的，用以记录会计事项的数据，包括当事人、日期、金额，以及其他需要反映的内容。原始凭证既是交易的初次记录，在法律程序和财务报表审计时也用来追踪和核实交易。有些事件(例如，应计利息)需要由多个会计事项或原始凭证说明，这类事项在记录时需要参照那些说明资产交易的基础契约或其他原始凭证。

步骤 2：根据会计事项数据编制会计分录，并登记日记账

本步骤的目的是计量会计事项的经济影响，并以一种与会计科目表相一致的方式把它记录下来。在这个步骤中，我们应用会计准则来指导会计计量、确认与分类。

会计事项以借贷记账法记入日记账，日记账一般分为两种类型，即普通日记账和专用日记账。非经常发生的分录与涉及非常用账户的分录记录于普通日记账中；重复发生的分录记录在专用日记账中，使用专用日记账有助于企业把会计事项按类型分组。

步骤 3：过账

将会计事项数据从日记账过入分类账的过程称之为“过账”。过账将日记账中序时记录的数据按账户分类，记入分类账。分类账通常有两种，即总分类账与明细分类账。总分类账反映各账户的总括信息；明细分类账用于为某些账户提供明细数据，而不局限于总分类账所能提供的汇总数据。不同的明细分类账可以按照不同的标准对业务数据进行分类反映，例如，应收账款明细账将交易数据按赊销客户分组，应付账款明细分类账将交易数据按供货商分组等。

每隔一个特定时间段(一周或一月)，各个专用日记账的总额都要被过入相应的总分类账账户。因为日记账分录最终既要过入明细分类账，同时还要过入总分类账。因此总分类账户余额和下辖的各明细分类账余额之和应该相同，这一规则可以作为检验过账是否正确的依据，以保证账户记录的正确性。

步骤 4：编制调整前试算平衡表

调整前试算平衡表是总分类账账户及其余额列表，会计期末所有会计事项都已记入日记账并过入总分类账后，需要编制调整前试算平衡表。

调整前试算平衡表是编制调整分录、结账分录和转回分录的起点，也是检查账户余额借贷是否平衡的一种便捷手段。如果借贷不平衡，则必须找出错误所在并纠正。当然，借贷平衡并不意味着账户没有错误。例如，未过账的日记账分录、错误分类的账户和错误的日记账分录金额都不会破坏借贷平衡。

步骤 5：编制期末调整分录并过账

公司在调整分录入账前无法编制财务报表，通常，当用于确认会计事项的原始凭证不存在或无法及时取得时，要求编制调整日记账分录。有些会计事项在整个会计期间连续发生(例如，计提折旧和利息)，也需要通过编制调整分录记录当期实际发生的金额。

步骤 6：编制调整后试算平衡表

调整后试算平衡表列出将出现在财务报表上，除了留存收益(因为它不反映本年的净收益和股利)外的所有账户及其余额。编制调整后试算平衡表的目的是在综合考虑所有调整分录后验证借贷平衡。

步骤 7：编制结账分录并过账

结账分录将暂记账户(例如，收入、支出及股利)的余额结转为零，结账分录在会计期末记入普通日记账并过入对应的分类账账户，永久性账户期末余额成为下一个会计期资产、负债和所有者权益的期初余额。

步骤 8：编制结账后试算平衡表

结账后试算平衡表中仅列出结账后永久性账户的余额(暂记账户的余额为零)。由于随着账户数目和过账工作量的增加，出错的概率也上升，因此这个步骤是为了在结账后检查借贷平衡。在该表中，留存收益账户是唯一的余额与调整后试算平衡表中数值不同的账户。

步骤 9：编制财务报表

财务会计的主要目标是为决策者提供有用信息，财务报表是会计循环的本期结束标志，可基于任意长的时间段编制。常见的财务报表有资产负债表、利润表和现金流量表等。

步骤 10：编制转回分录并过账

当调整分录和结账分录编制完毕并且已经过账后，即可将这些账户用于记录下一个会计期间的会计事项，编制调整分录可能有助于减轻下一个会计期间某些会计分录的编制工作。在下一个会计期间的期初，会计人员可能会编制一些转回分录并将其过账，以消除经济业务的实际发生时间与入账时间的差异。这种转回分录的金额与原始分录的金额相同，但借贷方向相反。转回分录将上一个会计期末的调整分录冲回，以便处理下一个会计期间的业务。

2．基于信息化环境的会计过程

基于信息化环境的会计处理由于使用了计算机这种具有庞大存储容量、高速运算能力的设备，以及能够代替人工进行会计核算的软件系统，因而极大地扩展了会计信息系统的资料处理、信息生成和数据管理能力。相对于手工会计处理系统，计算机会计信息系统能够接收和存储更大容量、更多类别的业务资料，可以更为快速并更可靠地执行既定的会计处理步骤，更及时与全面地收集业务信息，同时也能够更为快捷和灵活多样地输出会计信息。计算机会计信息系统可以把会计人员从烦琐的手工账务处理中解脱出来，使他们把更多的时间和精力用到对会计资料和信息的分析和利用上。图 4-6 所示为企业级计算机会计信息系统处理会计数据的过程。虽然不同系统的设计思路不同，数据流程也存在差异，但通用会计处理系统的数据处理流程必须克服手工会计处理的缺欠，使处理更为高效合理，更能发挥会计的作用。

步骤 1：建立账套

第一次使用会计信息系统处理会计业务之前，需要同手工会计那样准备空白凭证和会计报表等，即首先要创建一个会计处理的环境。所不同的是，计算机环境下建立的会计账套是计算机数据库文件，以后的会计资料都将以数据文件的形式存储在计算机中，计算机账套的建立为下一步的会计处理准备了基础条件。

步骤 2：初始化设置

账套建立之后，还需要如同手工会计那样确定会计科目、设定会计处理流程，并使会计人员明确会计原则等让计算机系统明确日常处理需要遵守的会计原则、系统执行的处理流程、需要使用的基本会计资料，以及执行系统功能的会计人员等，以保证会计处理能够在计算机环境下正确、连续并顺利地进行，这就是初始化设置。初始设置一旦完成，只要企业相关的基本信息没有变化，无须再行设置。同时因为初始设置是系统运行的基础，因此有些参数，如已使用的会计科目和凭证类型等一旦确定，在同一会计年度内将不允许修改，否则将影响系统的正确运行。

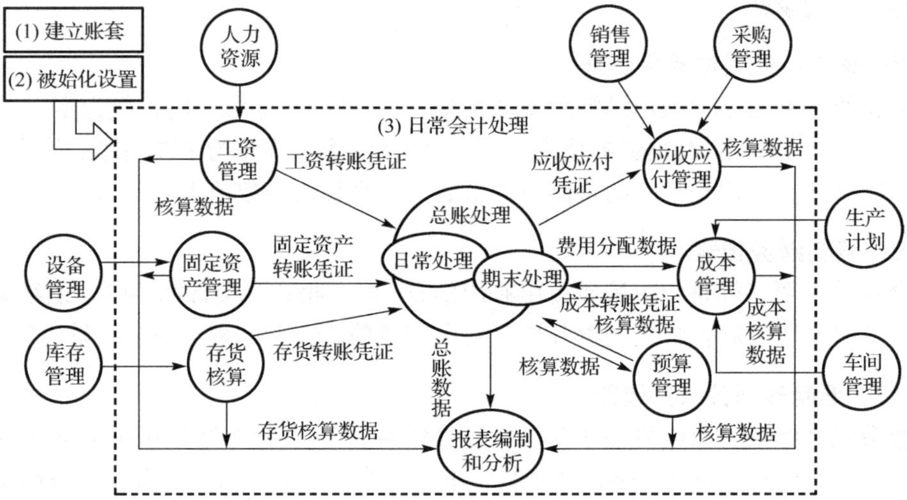

图 4-6　计算机会计处理过程

步骤 3：日常会计处理

初始化完成后，可以开始日常会计处理。企业级会计信息系统的日常处理大致可以分为如下步骤。

(1) 企业经济业务一发生，会计信息系统就从各经济业务系统直接获取会计核算需要的原始信息。

(2) 根据核算的明细要求和核算内容的不同，由不同的会计子系统进行相应的核算和管理。如果不需要进行明细核算和管理，则直接将数据以会计凭证的形式传递到总账子系统，否则由其他核算子系统进行相应的核算与管理。以工资的核算为例，从人力资源管理系统获取企业员工的基本信息，员工的基础工资信息、出勤信息、考核信息、工资调整信息，以及扣款信息等后，由会计信息系统的工资管理子系统计算各职工当月的工资及应缴所得税等。然后根据各职工所处的岗位，将需要计入成本的职工的工资数据传递给成本核算子系统作为成本核算的依据，同时将汇总后的工资数据以会计凭证的形式传递给总账子系统进行总分类核算。

(3) 由总账子系统核算总分类数据，并生成会计报告。总账子系统的处理过程包括由凭证处理、登账、转账等构成的日常处理和由对账、结账等构成的期末处理。

(4) 总账子系统将核算完成的总括核算信息传递给报表子系统，完成会计报表的生成与管理，并在财务报表的基础上进行财务分析。

(5) 总账子系统将核算完成的总括核算信息传递给各业务子系统，作为进一步决策的参考。

4.3.2　会计过程与其他业务过程之间的关系

从 4.3.1 节所述的会计处理过程中，我们可以看到企业级会计信息系统中会计处理过程与业务过程存在着紧密的联系，把这种联系抽取出来即可更深刻地理解会计过程与业务过程的关系。图 4-7 描述了会计过程与业务过程的关系，这一关系也正好反映了会计活动是对企业经济活动过程进行反映和控制的本质。

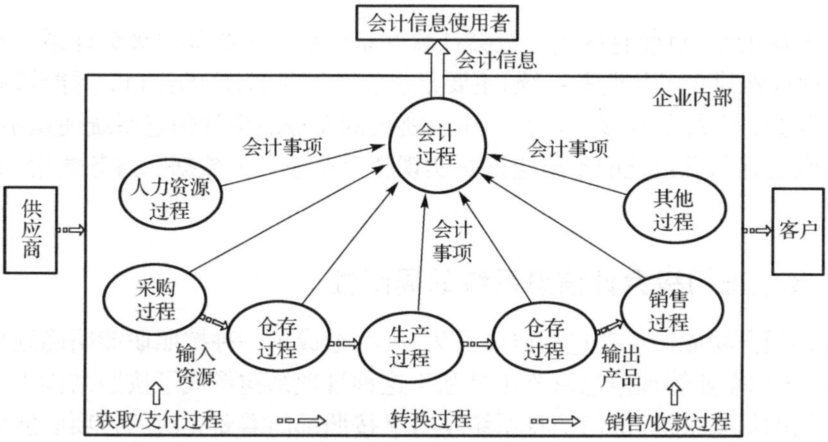

图 4-7　会计过程与业务过程的关系

4.3.3　会计信息系统与业务过程的关系

会计信息系统是完成会计目标，进行会计处理的直接工具。它要从业务过程获得业务数据和信息，然后应用特定的方法和规则做出确认、计量、记录、分类及汇总，并且以财务报表或其他报表的形式，向会计信息使用者传达企业的经营成果和财务状况。图 4-8 简单描述了企业各项业务活动与会计信息系统各子系统的对应关系。

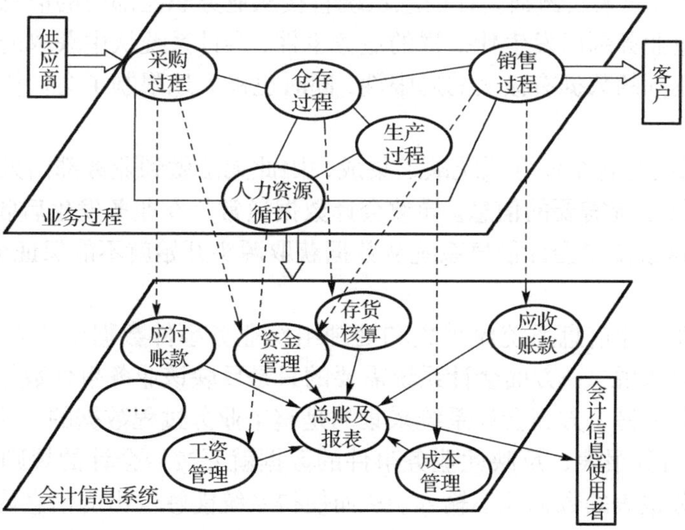

图 4-8　会计信息系统与业务过程的关系

图 4-8 上部分是业务过程，下部分是会计信息系统，虚线表示了会计业务的“分离”过程。由于总账及报表处理功能是会计信息系统所独有的，不属于业务系统的范畴，因此图中并没有直接与之对应的业务循环。

从图 4-8 中我们可以看到，企业级会计信息系统与业务处理系统是相互集成的。业务系统数据可以直接实时传递到会计信息系统,由会计信息系统加工成各类会计信息使用者需要的信息。业务系统与会计信息系统之间的这种集成避免了部门级会计信息系统存在的“会计信息孤岛”问题。

我们需要明确的是,目前有些企业级会计软件系统由于是在部门级会计系统基础上向外扩展形成的,因此虽然建立了与业务系统(主要是进、销和存部分)的接口,并能够利用自动转账实现业务系统与会计系统的连接,但是与本书所说的企业级会计信息系统还是不完全一致的。笔者认为企业级会计信息系统的本质应该是实现整个企业业务数据和财务数据、业务过程和财务过程的集成。

4.3.4 传统部门级会计信息系统的局限性

企业传统的面向功能的业务过程以产品为导向,形成了一种按照职能明确划分的金字塔式的管理结构。传统的企业管理信息系统正是基于这种管理结构形成了按照结构中不同的部门组织形成各自部门的信息系统,部门信息系统本身又按照部门需要完成的各项职能划分成不同的子系统(或功能模块)的体系结构。我们从企业会计处理的角度看,作为企业管理信息系统一部分的传统部门级会计信息系统体系本身存在着一定的局限性。

1. 原始数据采集输出的局限

传统部门级会计信息系统处理的数据主要有两个来源渠道:一是其他各业务职能部门信息系统加工的结果;二是会计部门直接输入的数据。由于会计系统未能和各个业务信息系统集成起来,因此会出现下面的问题。

(1)业务部门信息系统传递给会计信息系统的数据只能通过业务部门系统的程序事先定义好其数据格式和内容,而无法做到会计信息系统直接从业务职能部门的信息系统中提取需要的数据。从而使得无论业务部门发生什么样的业务事件,会计系统从中获取的数据内容和形式都是一样的,造成采集到的数据有极大的局限性,同时也极大地限制了会计信息系统采集数据的灵活性。

(2)由于会计系统与各个业务系统缺乏集成,因此无法做到业务部门处理某一项业务的同时也能实时传输会计系统需要的信息。导致会计数据通常是在业务发生后收集,而不是在业务发生时实时采集。这就使得会计信息系统从数据获取源头开始就不能保证会计信息的及时性,而只能是滞后的。

(3)传统部门级会计信息系统仅采集和处理组织业务事件数据中符合会计事项定义的数据。对一个业务事件来说,一方面会计系统需要的只是反映该业务事件数据的一小部分,而且一般是汇总后的结果;另一方面会计系统采集的是整个业务过程数据的一小部分。如果某项业务活动影响企业的财务报表,反映此业务事件的数据就要按照会计的规则汇总输入到会计系统,不影响企业财务报表的数据就不输入。从而使得系统能够输出的信息内容有限,会计信息所承载的作为信息使用者决策依据的作用就可能由于使用者不能获取关于业务活动的全面而详细的信息而大打折扣。

(4)系统的输入是记账凭证,记账凭证中的数据来自原始凭证中业务活动详细数据汇总后的结果,而记账凭证中的数据又被进一步汇总记入日记账和分类账。数据被汇总记入日记账或分类账后,难以将其分解以反映业务的本来面目,从而必然限制会计人员所能提供的信息类型和信息的详细程度。

2. 信息存储的局限

(1)会计分录通常基于业务活动的原始凭证或其他相关数据取得。当某业务事件是会计事项时,该交易历史记录就被送至会计部门。由于没有实现会计系统和各个业务信息系统的集成,从而使得所有会计信息系统采集并存储的数据都在其他业务系统中同时保存,极易导致数据不一致、信息隔阂和信息冗余。

(2)一项业务活动往往牵涉多个部门，各个部门的信息需求各具特色，同时也存在一定的共性。为了从各个角度记录并报告业务活动，对每个业务活动需要从多少个角度管理，就需要有多少个信息系统，如订货活动需要从以下这几个角度进行管理：

- 生产部门确定货物数量和进货时间以便安排生产进度；
- 采购部门定价、下订单并寻找适当的供货商执行进货；
- 财务部门了解订单以便安排物料资金；
- 人事部门根据采购员业绩确定佣金；
- 仓库部门根据订单确定入库时间和入库数量，安排仓库和仓位；
- 执行经理需要知道订单以监督并评价这笔业务。

在传统信息系统体系结构中,系统设计者通过为每种角度各建立一套信息系统来解决信息客户需求的多样性问题。各个系统有各自的分类方法，它们各自从同一业务事件中选择并记录该业务数据的一个子集。各个子集之间有差异，也有共性。虽然这样做满足了各种信息使用者(业务管理者)的需求，结果却是业务数据的重复记录、维护和报告，增加了开支，恶化了数据的一致性。信息使用者迷失于各种系统错综复杂的处理过程、分类方法和数据中。

3. 数据处理和加工方面的局限

(1)传统的会计信息系统需经过一系列顺序的循环活动，会计核算严格按照“填制凭证——登记账簿——编制报表”的顺序一层层地进行。这种会计流程虽然在内部牵制方面能发挥一定的作用，但是会延长时间，降低会计报告的及时性，而且使得会计信息内容单一化。

(2)会计数据通常是在业务发生后采集，会计数据加工是将滞后采集的数据进行排序、过账、汇总及对账等。财务报告不能直接利用，必须经过若干后台加工才能提交到使用者手中。在经济环境瞬息万变的今日,信息的实时性决定了它的有效性和控制力度。会计信息的滞后性不能使管理者从会计信息系统中得到所需的信息,降低了会计信息的相关性,失去了其应有的价值。

(3)传统自动化会计信息系统基于会计科目表来组织数据，编制会计报表。系统设计人员调查用户的信息需求设计账户分类方案，依据这个账户分类方案来存储并汇总数据。许多组织建立多套会计科目表以满足财务会计、管理会计和税务会计的需要，生产部门、销售部门、公司总部和外地分支机构也各有各的会计科目表。为了同时支持多种会计科目表,系统开发人员和用户都需要做大量艰苦的工作,以保证信息的协调一致。即便我们成功地建立了满足信息用户当前需求的会计科目表,由于经济环境的变动导致信息用户的需求不断变动,因此现有的会计科目表会很快过时。一旦会计科目表做了修改，必然影响信息的记录、过账、结账、试算平衡和前后期会计数据的可比性，这种严重的依赖性给系统的实施和维护带来了困难。

(4)虽然传统部门级会计信息系统替代了手工操作，但会计流程自动化仅仅是手工会计工作的翻版，大部分会计系统按照会计部门职能分解为材料核算子系统、工资核算子系统、销售核算子系统、固定资产核算子系统、成本核算子系统、账务处理子系统，以及报表编制子系统等相对独立的模块。各模块下再进行细分，形成一个名副其实的“金字塔”式结构。因此各核算子系统之间彼此分隔，成为一个个独立的信息孤岛，会计数据传输往往是滞后且零散的。

4.4 业务流程整合和事件驱动

企业级会计信息系统应该建立在全面业务流程整合基础上，达到会计过程与业务过程的集成。

4.4.1 业务流程整合的思想

企业全面业务流程整合离不开对企业过程进行分析和改造的管理概念和思想，业务流程重组（Business Process Re-engineering，BPR）和业务流程管理（Business Process Management，BPM）就是近些年比较有影响的典型代表。

1. BPR

BPR 是 20 世纪 80 年代末到 90 年代初在美国提出来的一种新的管理概念，它的含义是使企业能够最大限度地适应以“顾客、竞争和变化”为特征的现代企业经营环境。为此应该对原有企业的业务过程进行重新构思、重新设计和重新构建，形成一个合理的新过程，这样才能真正取得效益。对 BPR 最具代表性的定义是迈克尔·哈默（Michael Hammer）博士和著名的咨询顾问钱皮（James A. Champy）在其名著 *Reengineering the Corporation: A Manifesto for Business Revolution* 中给出的“对企业的业务过程进行根本性再思考和彻底性再设计，从而获得在成本、质量、服务和速度等方面业绩的戏剧性的改善”。作为一种强调进行革命性变化的思想，BPR 强调业务过程的重构应该具有如下特点。

（1）根本性的：突破原有的定式，摆脱原有管理思想的一切束缚，采用全新的视角从根本上重新思考业务过程。

（2）彻底性的：从企业根本目标出发，从根本上对业务过程进行思考的基础上重新设计和构建业务过程，实现问题的彻底解决。

（3）戏剧性的：业务过程重构的最终目的是在根本性思考和彻底性重新设计的基础上，使企业能够实现突破性进展，得到戏剧性的飞跃。

业务过程重组强调应该遵循以企业目标为导向、面向企业流程，以价值为标准分析流程、以满足顾客需求为中心的基本原则。

BPR 提出后，以其概念的先进性和变革的彻底性吸引了许多企业的注意，成为欧美乃至世界关注的热点。在 1994 年，当时的 6 大会计师事务所以及咨询公司的调研表明，75%～80%的美国最大的公司已经开始重组。当然 BPR 的应用也存在一定的问题。1994 年 CSC Index 顾问公司做的调查结果中显示，有 67%的企业认为实施 BPR 的效果很小或失败。再加上实施 BPR 的大量投入，应该说“70%的 BPR 项目不仅没有取得预期的成果，反而使事情变得更糟”。

2. BPM

管理活动从来都不是被动地管理业务活动及其相关流程，而是在对现有流程分析的基础上，实施控制和管理。总结 BPR 实施成功的经验与失败的教训，于是出现了 BPM 的概念。BPM 是一种以规范化的构造端到端的卓越业务流程为中心，以持续地提高组织业务绩效为目的的系统化方法。与 BPR 不同的是，BPM 更强调流程的规范化，以及流程改进的渐进性和持续性。为了达到业务流程整合的目标，BPM 的开展应该遵循如下三个层次。

（1）规范流程：业务流程管理的第一步是对现有流程进行梳理和分析，并规范业务流程，使企业现有业务过程变得更加规范且高效。

（2）优化流程：BPM 强调在规范流程的基础上，对于不理想的流程应该首先立足于优化，而不是立刻推倒重来。流程优化要从企业的战略目标出发，考虑上下游企业。首先把实现企业战略目标有重要影响的关键流程作为优化对象，从而提高流程的效率和效益。

（3）再造流程：对无法优化的流程进行再造，从而可以在降低业务流程管理风险的前提下提高企业业务流程的效率。

4.4.2　基于事件驱动的会计信息系统

1．事件驱动

事件驱动（Event Driven）指当某一特定事件要求程序指令开始执行。在事件驱动的方式下，可以把信息使用者所需要的信息按使用动机不同划分为若干种事件，并为每一种事件设计相应的“过程程序”模型。当决策者需要某种信息时，根据不同事件驱动相应“过程”处理程序，从而得到相应的信息。

在企业业务活动分析中，我们一般认为一个业务过程是完成企业目标的一系列活动，而将业务过程中的单一活动表示为事件。为了更为清晰地理解企业业务过程，我们进一步把业务过程详细划分成业务事件、信息事件和管理事件三类。管理事件是管理者在计划、执行、控制和评价业务过程时的决策活动；业务事件是业务人员完成管理决策目标的活动；信息事件是利用一定工具，采用一定方法对企业业务活动及管理活动的数据进行采集、维护和报告的活动，这三类事件的关系如图 4-9 所示。

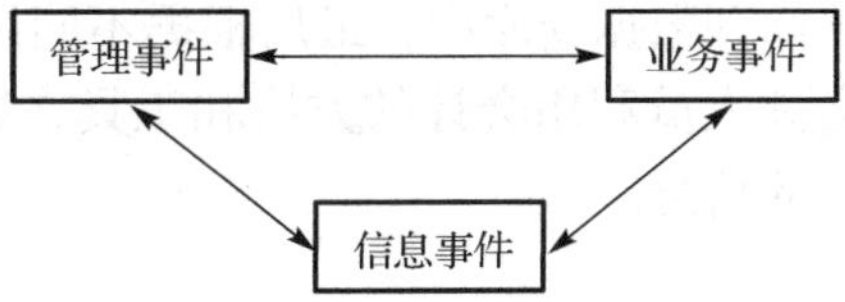

图 4-9　三类事件的关系

管理决策之后将开始业务活动，即触发业务事件，同时管理事件也触发信息事件，对管理活动信息进行处理；业务事件执行会触发对业务事件信息进行处理的信息事件，同时又会反过来触发对业务事件进行监督、控制和分析的管理事件；信息事件会触发对本身进行管理的管理事件。

将实时信息处理嵌入业务处理过程中。企业在执行业务活动的同时，将业务数据输入管理信息系统中，通过业务规则和信息处理规则生成集成信息。基于这种模式构建的信息系统被称为“基于事件驱动的信息系统”。

基于事件驱动设计的会计信息系统具有以下特点。

（1）实现了源数据仓库的共享，系统结构将使物理上分散的企业的多个数据库在逻辑上集中，支持不同层次、综合性的信息需求。按业务事件规则对业务数据和财务数据进行综合采集和存储后，可建立共享的综合业务数据库。经过标准编码的源数据信息，可以满足企业外部所有的信息使用者使用，使数据真正做到同出一源，实现共享。

（2）业务流程、信息流程和管理流程之间能够紧密合作，各部门信息孤岛的不协调和低效状态可以得到缓解。信息处理规则能够打破职能壁垒，根据信息使用者的决策需求进行信息加工。会计可以根据自己的规则进行信息加工，输出财务会计报表。

(3)实时财务报告提取信息与企业处理信息同步，信息处理与业务活动的执行过程也是同步的，嵌入各业务事件的会计控制规则能够实施会计的事中控制。系统能将违反规则的活动实时地向负责人发送异常情况报告，或者阻止舞弊活动的执行，系统预防风险的能力大大提高。

2. 事件驱动的会计信息系统体系结构

事件驱动的会计信息系统是基于业务过程和事件构建的系统，即从会计反映的对象出发，根据不同的对象——业务过程和事件采用不同的处理工具(定义业务和信息处理规则)，最终形成不同信息使用者需要的信息。事件驱动信息系统的核心是实现集成，即非财务信息和财务信息的集成、业务过程和信息处理过程的集成，以及业务活动和管理活动的集成。根据美国著名学者比尔·麦卡锡、J. S. 戴维的观点，事件驱动的会计信息系统一般应该由图4-10所示的构件构成。

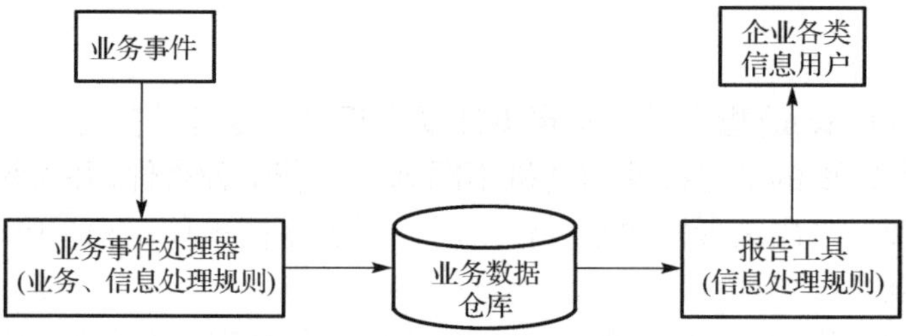

图4-10　事件驱动的会计信息系统的结构

通过记录业务过程和业务事件发生的内容、时间、当事人、相关事项和发生地点5个方面的信息，然后采用不同的业务和信息处理规则，形成所有反映该业务过程和事件的数据并集成存储到数据仓库中，最后根据不同用户需要，利用信息报告工具生成用户需要的信息。例如，会计人员利用会计的方法和工具在数据仓库存储的业务事件数据基础上生成会计信息用户需要的信息。

关键词

业务流程、会计过程、企业级会计信息系统、事件驱动

习题

(1)简述需求分析的过程和内容。
(2)试分析会计信息系统与业务过程的关系。
(3)简述需求分析中会计人员的价值。
(4)试分析传统部门级会计信息系统数据处理和加工方面的局限。
(5)简述业务流程再造与业务流程优化的异同点。
(6)简述什么是事件驱动？主要的事件类型有哪些？

第 5 章 会计信息系统管理

本章学习目标

通过本章学习，读者应达到以下目标。

(1) 理解信息系统生命周期的概念。

(2) 掌握会计信息系统的特点。

(3) 掌握企业信息系统项目管理。

(4) 掌握会计信息系统运行管理。

(5) 了解会计信息系统的评价。

5.1 会计信息系统管理概述

会计信息系统管理从广义上讲，涉及整个系统的生命周期，即包括从无到有或由旧变新的系统开发管理、系统投入运行后的运行管理及系统评价等。

5.1.1 会计信息系统管理的重要性

在当代，人们普遍认为，先进的科学技术和先进的管理科学是推动现代社会发展的“两个车轮”，缺一不可。这一点，已为许多国家的发展经验所证明。

管理的任务在于通过有效地管理好人、财、物等资源来实现企业的目标，而要管理好这些资源，需要通过反映这些资源的信息来管理。每个管理系统都首先要收集反映各种资源的有效数据，然后将这些数据加工成各种统计报表、图形或曲线，以便管理人员能够有效地利用企业的各种资源来完成企业的使命。所以信息是管理上的一项极为重要的资源，信息对于管理之重要在于“管理就是决策”。管理工作的成败，取决于能否做出有效的决策，而决策的正确程度则取决于信息的质和量。

基于计算机的信息系统，能收集、组织和控制生产和流通过程中的巨大数据流。经过处理，转换为对各部门来说都是不可缺少的数据。经过分析，使它变成对各级管理人员决策具有重要意义的有用信息。特别是运筹学和现代控制论的发展，使许多先进的管理理论和方法应运而生。而这些理论和方法又因为计算工作量太大，用手工方式根本不可能及时完成，只有现代电子计算机的高速准确的运算能力和海量存储能力，才为这些理论从定性到定量方面指导决策活动开辟了新局面。

同样，管理信息系统和会计信息系统的建设也离不开管理。信息技术和管理信息系统的发展极大地促进了生产和经营，促进了管理，但同时也向我们提出了许多根本性的问题。

1．信息系统的建设和应用是一项费时费力且艰巨复杂的系统工程

自 20 世纪 50 年代将计算机引入数据处理以来，历经管理信息系统发展的各个阶段，一方面是信息技术应用的迅猛发展；另一方面，许多管理信息系统在耗费了大量的人力、物力和财力之后夭折了。或者根本没有实现原定系统开发目标，而把计算机用做了打字机，这是长期以来困惑着人们的一大问题。现在人们日益深刻地认识到，把信息技术应用与应用环境分离是办不到的。管理信息系统不仅是技术系统，而且同时又是一个社会系统，“推进管理新信息系统的变革犹如推进社会变革”。MIS 技术的复杂性、需要资源的密集性和用户需求的多样性仅是问题的一个方面，而更重要的则涉及管理思想、管理制度、管理方法、权力结构和人们习惯的变化，这是在开发和实现 MIS 过程中必须十分明确的一个关键性的认识问题。

2．提高科学管理水平，为信息系统的实用创造有利的条件

只有输入数据十分可靠，才能获得有用的管理信息。如果原始数据十分混乱，计算机计算的结果当然不可信赖。如果企业本身没有建立符合大生产客观要求的制度方法，那么怎么能教会计算机正确工作呢？我们不能把计算机神化，期望它能把企业从混乱中拯救出来，轻而易举地实现现代化管理；相反，倒是要扎扎实实地做好管理工作的科学化，为信息系统的发展创造条件。

3．用信息技术促进企业管理

信息技术的飞跃正在促使企业管理发生深刻的变化。例如，由于信息系统改变了企业的通信状况，可能引起企业的重组工作流程、重新分工、重新划分职权，并且重新进行企业的组织设计，甚至过去的服务地点、时间和办公桌相对位置等也都可能做很大的调整。

4．提高企业文化培养新一代的工作人员，使之适应新技术应用和企业转型的挑战

“管理不能脱离人的价值，不是单纯的技术手段，而是一种植根于特定价值观念系统、习惯与信念之中的文化现象”。人是最积极的因素，人的素质和文化水平对信息活动的效率起着决定性的作用。为此，提高企业文化，做好人员选拔和培训具有重要的战略意义。

因此会计信息系统的管理问题与技术问题同等重要，甚至在当前信息技术快速发展的情况下，管理问题显得更为迫切。

信息系统理论和规律已经成为管理学的重要内容，而信息系统的规划与实现必须遵照信息系统理论和规律办事，否则就会大大增加失败的概率。

5.1.2 会计信息系统管理的目标和任务

1．信息系统的生命周期

任何事物都有产生、发展、成熟、消亡或更新的过程，信息系统也不例外。任何一个信息系统在使用过程中随着其生存环境的变化，都需要不断维护和修改。当它不再适应时就要被淘汰，由新系统代替老系统，这种周期循环称为“信息系统的生命周期”。

从宏观上讲，任意一个信息系统的生命周期都可以分为系统规划、系统分析、系统设计、系统实施、系统运行和维护 5 个阶段。

(1)系统规划阶段。系统规划阶段的任务是对企业的环境、目标、现行系统的状况进行初步调查，根据企业目标和发展战略，确定信息系统的发展战略。并对建设新系统的需求做出分析和预测，同时考虑建设新系统所受的各种约束，研究建设新系统的必要性和可能性。根据需要与可能，给出拟建系统的备选方案。对这些方案进行可行性分析，写出可行性分析报告。可行性分析报告审议通过后，将新系统建设方案及实施计划编写成系统设计任务书。

(2)系统分析阶段。系统分析阶段的任务是根据系统设计任务书所确定的范围，对现行系统进行详细调查。并且描述现行系统的业务流程，指出现行系统的局限性和不足之处，从而确定新系统的基本目标和逻辑功能要求，即提出新系统的逻辑模型。系统分析阶段的工作成果体现在系统说明书中。

(3)系统设计阶段。系统设计阶段的任务是根据系统说明书中规定的功能要求，考虑实际条件，具体设计实现逻辑模型的技术方案，即设计新系统的物理模型。这个阶段的技术文档是"系统设计说明书"。

(4)系统实施阶段。系统实施阶段是将设计的系统付诸实施的阶段，这一阶段的任务包括程序的编写和调试、人员培训、数据文件转换，以及计算机等设备的购置、安装和调试，系统调试与转换等。

这个阶段的特点是几个互相联系且互相制约的任务同时展开，必须认真安排并合理组织。

系统实施是按实施计划分阶段完成的，每个阶段应写出实施进度报告，系统测试之后写出系统测试分析报告。

(5)系统运行和维护阶段。系统投入运行后，需要经常进行维护和评价，记录系统运行的情况。根据一定的规范对系统进行必要的修改，评价系统的工作质量和经济效益。对于不能修改或难以修改的问题记录在案，定期整理成新需求建议书，为下一周期的系统规划做好准备。

2. 会计信息系统管理的任务

会计信息系统作为信息系统的一种，也遵循上述基本的周期规律。但是由于企业级会计信息系统的是企业整体管理信息系统的一部分，与其他管理信息系统的子系统高度集成，它不是一个独立建设和应用的系统。因而在本章中，我们主要是结合管理信息系统的管理来谈会计信息系统的管理问题。

管理的根本目的是提高效率和效益，对于会计信息系统而言，就是要最小的资源投入取得最大的经济效益和社会效果。

从会计信息系统的生命周期规律出发，会计信息系统管理的基本任务有如下几点。

(1)会计信息系统的规划管理。

(2)会计系统的建设(包括开发和实施)管理。

(3)会计信息系统的应用和维护管理。

5.1.3　会计信息系统规划

1. 成立会计信息化的领导机构

建立会计信息化领导机构的基本目的是为制定和执行会计信息化系统总体规划提供组织保证。

根据我国会计信息化工作的实践经验，会计信息化组织管理机构的设立和作用的发挥，是一个单位会计信息系统能否建设成功的首要因素，需要给予高度的重视。

组织管理机构应由单位负责人挂帅，由相关职能部门的负责人和技术骨干参加。

组织管理机构的主要任务和职责是制定本单位会计信息化工作的发展规划和计划、组织会计信息系统的建立、建立会计信息化管理制度、组织有关人员参加会计信息化培训和学习，并且监督会计信息系统的正常运行。

2. 管理咨询

我国会计信息化建设的成功经验和失败教训无不证明，进行会计信息化建设的咨询很有必要。尤其是要实施较复杂及规模较大的系统，向提供咨询服务的专业化机构进行咨询的意义更为重大。这是因为专业咨询人员经过长期的职业化训练，积累了丰富的应用经验。他们对行业业务处理特殊性的清醒认识，具备系统运作的分析能力，经过调研能很快把握应用的需求，制定出相应的切合实际的实施方案，并能提供实施过程中的一系列技术支持，大大降低系统实施的风险。其作用体现在如下方面。

(1) 准确把握和描述企业事业单位的应用需求，为企业制定合理的技术战略和技术方案。

(2) 帮助企业选用合适的会计软件。

(3) 辅助企业进行软件的安装、调试和系统集成。

(4) 对企业原有的业务流程进行重组，制定规范合理的新的业务处理流程。

(5) 结合软件的功能和新的业务流程，组织软件实施过程。

(6) 组织用户进行培训，辅助企业建立会计信息系统的管理制度。

(7) 负责应用软件系统在企业中的正常运行。

(8) 根据应用软件，为企业提供进一步分析利用会计数据的方案。

(9) 负责系统正常运行后的运行审查。

在进行会计信息化系统建设咨询的基础上，结合本单位企业管理和会计管理的现状，根据企业未来发展的目标和发展战略，进一步进行会计信息系统建设分析，科学制定会计信息化建设的具体实施方案。

3. 会计信息系统规划

系统规划是企业信息系统的长远发展规划，是建立管理信息系统的先行工程，是在系统开发前进行的，也称为“总体规划”或“战略规划”。系统规划是决策者、管理者和开发者共同制定和共同遵守的建立信息系统的纲领，是企业战略规划的一个重要组成部分。一个好的系统规划将意味着系统开发的顺利进行和成功。

(1) 会计信息系统规划的重要性。

制定系统规划的主要目的是保证建立的目标系统的科学性、经济性、先进性和适用性，其重要性体现在如下 4 个方面。

- 系统规划是系统开发的前提条件。
- 系统规划是系统开发的纲领。
- 系统规划是系统开发成功的保证。
- 系统规划是系统验收评价的标准。

(2) 系统规划的内容。

系统规划是管理信息系统生命周期的第一个阶段，这个阶段的主要目标是制定管理信息系统的长远发展方案，决定管理信息系统在整个生命周期内的发展方向、规模，以及发展进程。信息系统规划主要包括以下 6 个方面的内容。

- 确定信息系统的总目标、发展战略与总体结构。根据企业的战略目标和内外约束条件，确定信息系统的总目标和总体结构，使管理信息系统的战略与整个企业的战略和目标协调一致。信息系统的总体目标规定信息系统的发展方向、发展战略规划，并提出衡量具体工作完成的标准；总体结构则提供系统开发的框架。
- 企业现状分析。包括对计算机软件、硬件、产业人员、开发费用及当前信息系统的功能、应用环境和应用现状等情况进行充分的了解和评价。
- 可行性研究。在现状分析的基础上，从技术、经济和社会因素等方面研究并且论证系统开发的可行性，可行性研究的目的是用最小的代价，在最短的时间内确定问题是否能够得到解决。即所给定问题是否现实、目标系统是否存在可行的解决方案，或目标系统的建立所带来的收益是否大大超过建立系统的费用。这些问题的回答要通过客观准确的分析才能得到。
- 企业流程重组。对业务流程现状、存在问题和不足进行分析，使流程在新的技术条件下重组。企业流程重组是根据信息技术的特点，对手工方式下形成的业务流程进行根本性的重新思考和重新设计。
- 对相关信息技术发展的预测。信息系统规划必然受到信息技术发展的影响，因此对规划中涉及的软硬件技术、网络技术、数据处理技术和方法的发展变化及其对信息系统的影响要做出预测。
- 资源分配计划。制订为实现系统开发计划而需要的软硬件资源，数据通信设备、人员、技术和资金等计划，给出整个系统的概算，并进行可行性分析。

(3) 系统规划的步骤：

- 确定规划的基本问题。
- 收集初始信息。
- 评价系统状态和识别计划约束。
- 设置目标。
- 识别系统限制因素。
- 进行项目可行性研究。
- 提出项目的实施进度计划。
- 写出管理信息系统规划。
- 上报企业领导审批。

5.1.4 人员培训

管理信息系统是一个人机系统，人员是系统的主要组成部分，这些人员包括企业的各级管理人员及管理与维护信息系统的专业人员。如前所述，管理信息系统的开发与应用是一种企业变革的努力。由于企业管理的传统思想及陈旧方法与管理信息系统有着巨大的差异，企业管理人员对这种新的管理思想和管理方法不甚了解，在行动上也可能对开发工作形成阻力。显然，在信息系统开发之前及开发之中对企业各级管理人员做有关信息系统基本知识的培训是非常有必要的。

将承担信息系统管理与维护工作的企业专业人员一般是信息系统开发的主要力量,但目前我国企业还缺乏这种专业人员。因此通过系统开发过程来培养一批既懂管理业务，又懂信息系统的企业专业人员也应是企业开发信息系统的主要目标之一。

信息系统的知识是非常广泛的,企业管理人员与企业信息系统专业人员的培训内容应各有侧重。管理人员的培训重点应该是基本概念与一些结合具体项目的必需知识，一般建议的培训内容如下。

(1)信息系统的基本概念。包括信息的概念、性质与作用，系统的概念与特点，信息系统的概念、意义、开发方法与开发过程概要等。

(2)计算机基本知识。包括计算机硬件与软件的基本概念、常用管理软件的功能与人机界面的格式，以及网络与通信的基本概念等。

(3)管理方法。主要讲解现代管理方法的基本思想、数据分析与管理决策的基本概念与常用方法。

(4)本企业信息系统介绍。主要讲信息系统的目标、功能及总体描述、开发计划，以及主要事项与配合要求等。

(5)本企业信息系统的操作方法。需要特别强调的是，对管理人员的培训要结合企业的实际，多举实例，在条件许可的情况下安排一些演示与参观。通过培训使各级管理人员明确开发与应用信息系统对企业生存与发展的重要意义，在了解与掌握基本概念的基础上打消顾虑，使他们能积极参与信息系统的开发并为下一步的应用做好准备。

对企业信息系统管理专业人员的培养应把重点放在系统知识与系统规范方面,培养方法除强调在实践中学习外，还可以采取委托培养、进修与请人系统授课等方法。

5.2 会计信息系统建设的项目管理

5.2.1 项目及其特性

项目是一种一次性的工作，它应当在规定的时间内，由为此专门组织的人员来完成。它应有一个明确的预期目标和可利用的资源范围，它需要运用多种学科的知识来解决问题，没有或很少有以往的经验可以借鉴。

项目可以是建造一栋大楼、一座工厂，或一座大水坝，也可以是解决某个研究课题。例如研制一种新药，设计、制造一种新型设备或产品，如一种新型计算机。这些都是一次性的，都要求在一定的期限内完成，不得超过一定的费用，并有一定的性能要求等。所以，有人说项目是新企业、新产品、新工程、新系统和新技术的总称。

由此可见，在各种不同的项目中，项目内容可以说是千差万别的。但项目本身有其共同的特点，这些特点可以概括如下。

(1)项目由多个部分组成，跨越多个组织，因此需要多方合作才能完成。

(2)通常是为了追求一种新产物才组织项目。

(3)可利用资源预先要有明确的预算。

(4)可利用资源一经约定，不再接受其他支援。

(5)有严格的时间界限，并公之于众。

(6)项目的构成人员来自不同专业的不同职能组织，项目结束后原则上仍回到原职能组织中。

(7)项目产物的保全或扩展通常由项目参加者以外的人员来进行。

5.2.2　项目管理

与项目的概念相对应，项目管理可以说是在一个确定的时间范围内为了完成一个既定的目标，并通过特殊形式的临时性组织运行机制，通过有效的计划、组织、领导与控制，充分利用既定的有限资源的一种系统管理方法。

项目管理具有以下基本特点。

(1)项目管理是一项复杂的工作。项目管理一般由多个部分组成，工作跨越多个组织，需要运用多种学科的知识来解决问题。项目工作通常没有或很少有以往的经验可以借鉴，执行中有许多未知因素，每个因素又常常带有不确定性。还需要将具有不同经历且来自不同组织的人员有机地组织在一个临时性的组织内，在技术性能、成本、进度等较为严格的约束条件下实现项目目标等。这些因素都决定了项目管理是一项很复杂的工作，而且复杂性与一般的生产管理有很大不同。

(2)项目管理具有创造性。由于项目具有一次性的特点，因而既要承担风险，又必须发挥创造性，这也是与一般重复性管理的主要区别。项目的创造性依赖于科学技术的发展和支持，而近代科学技术的发展有两个明显的特点：一是继承积累性，体现在人类可以沿用前人的经验，继承前人的知识、经验和成果，在此基础上向前发展；二是综合性，即要解决复杂的项目，往往必须依靠和综合多种学科的成果，将多种技术结合起来，才能实现科学技术的飞跃或更快的发展。因此在项目管理的前期构思中，要十分重视科学技术情报工作和信息的组织管理，这是产生新构思和解决问题的首要途径。

(3)项目管理有其生命周期。项目管理的本质是计划和控制一次性的工作，在规定期限内达到预定目标。一旦目标达到，项目就失去其存在的意义而解体，因此项目具有一种可预知的生命周期。项目在其生命周期中，通常有一个较明确的阶段顺序。这些阶段可通过任务的类型来加以区分，或通过关键的决策点来加以区分。项目的每个阶段应涉及管理上的不同特点并提出需完成的不同任务。

5.2.3　项目组织

项目管理需要集权领导和建立专门的项目组织，项目的复杂性随其范围不同变化很大。项目越大越复杂，所包括或涉及的学科、技术种类也越多。项目进行过程中可能出现的各种问题多半是贯穿于各组织部门的，它们要求这些不同的部门做出迅速，而且相互关联和相互依存的反应。但传统的职能组织不能尽快与横向协调的需求相配合，因此需要建立围绕专一任务进行决策的机制和相应的专门组织。这样的组织不受现存组织的任何约束，由各种不同专业和来自不同部门的专业人员构成。因此复杂而包含多种学科的项目，大都以矩阵方式来组织，这是一种着眼于取得项目和职能组织形式二者的好处的组织方式。

项目负责人(或称“项目经理”)在项目管理中起着非常重要的作用。项目管理的主要原理之一是把一个时间有限和预算有限的事业委托给一个人，即项目负责人。他有权独立进行计划、资源分配、指挥和控制。项目负责人的位置是由特殊需要形成的，因为他行使大部分传统职能组织以外的职能。项目负责人必须能够了解、利用和管理项目的技术逻辑方面的复杂性，必须能够综合各种不同专业观点来考虑问题。但只有这些技术知识和专业知识仍是不够的，成功的管理还取决于预测和控制人的行为的能力。因此项目负责人还必须能通过人的因素来熟练地运用技术因素，以达到其项目目标。也就是说，项目负责人必须使其组织成员成为一支真正的队伍，一个工作配合默契、具有积极性和责任心的高效率群体。

5.2.4 信息系统项目管理的过程

总体而言，项目生命期可以分为 4 个大的阶段，即概念阶段（Conceive）、开发阶段（Develop）、执行阶段（Execute）和结束阶段（Finish）。根据其英文含义，目前多简称为 C、D、E、F 4 个阶段，也相应称为“启动”、“计划”、“实施”与“收尾”4 个阶段。

1. 项目的启动阶段

项目的启动阶段，即提出概念的阶段（C），包括识别需求、可行性研究分析和项目评估等。该阶段涉及需求、问题或机会的识别和确认，是客户和承包商在项目前期交互，使需求清晰化的一个过程。客户向个人、项目团队或承包商征询需求建议书，提出满足所投资项目需求和解决问题的要求。项目团队或承包商需要根据客户需求提出需求分析说明书（或建议书）、相关技术和实施方案等，同时双方要完成可行性分析、项目立项和项目评估等。

2. 项目的计划阶段

项目的计划阶段，即开发阶段（D），该阶段对前一阶段的各要素进行提炼，确立解决需求或相关问题的具体技术、管理或实施的方案。将会有一个或多个承包商向客户提交书面项目建议书（需求申请书或需求分析说明书等），其中应该包含项目背景描述、目标确认、工作范围界定、资源计划、进度计划、质量控制计划和承诺、费用估算和相关的技术及实施方案等。如果是竞标项目，还要决定是否投标，其项目建议书可转化为总投标书。

这一阶段有一个很重要的工作，即所有的文件及其标准都将在此阶段产生并确认，如合同、验收使用、沟通及控制的标准文件等。

3. 项目的实施阶段

项目的实施阶段，即执行阶段（E），该阶段开始于客户已经选择了能更好地满足其需求的个人或承包商，并与该个人或承包商签订了项目合同，项目团队已经组建。根据项目建议书，进一步详细制订实施计划，然后执行该计划，对项目合同、采购、质量、沟通、费用、进度、资源、变更及阶段审计等进行实际的管理与控制，以实现项目目标，达到客户的需求，获得用户的认可。例如，一个系统承包商已经完成某客户 ERP 系统的设计、开发、系统安装及调测，并且系统顺利通过相关测试，客户也接受了此系统，那么我们就视该阶段的完成是成功且圆满的。

4. 项目的收尾阶段

项目的收尾阶段，即结束阶段（F），该阶段是在项目实施完成后的一个检查和交付的过程，包括对项目范围的确认、围绕交付成果的质量、文档资料的验收、项目交接与清算，以及项目审计和评估。

收尾一般都强调投资方的项目审计和评估，但实际上承包商除了要参与投资方的项目审计和评估外，其自身也应该从项目可行性、项目管理及实施等角度来审计和评估项目完成的情况和实施及管理质量。这是因为客户的接收或验收通过只能作为项目完成的依据，还不能作为承包方的项目实施及管理成功的依据。有可能在成本、进度和质量等方面有重大缺陷，比如项目质量和进度绩效非常好，但成本严重超支，导致合同利润的严重下降或已无利润可言，那么该项目就不能算是成功的项目。

虽然项目生命期可以划分为以上 4 个阶段，但每一个项目依据其业务需求、实施内容、复杂程度和规模大小等因素，不一定必然经历以上 4 个阶段和按照这 4 个阶段发展。例如，一个典型的信息系统集成项目，通常包括如下阶段：① 需求分析；② 系统分析；③ 系统设计；④ 系统开发；⑤ 网络系统集成测试；⑥ 软件系统集成测试；⑦ 整体测试；⑧ 项目收尾。

5.3　会计信息系统的运行管理

5.3.1　信息系统的日常运行管理

1．系统运行前的准备工作

系统运行前的准备工作，主要包括人员培训和结构调整两方面的工作内容。

在人员培训方面，着重培训参与会计信息系统使用的有关人员。培训的内容包括三个方面。一是掌握计算机和会计软件的基本操作技能，如账务处理和报表编制等。二是掌握会计信息化的基本工作内容和过程，使系统操作管理人员在熟悉本单位财会业务。同时又能够熟练地使用会计核算软件的基础上，掌握会计应用软件的程序结构、数据结构和会计信息化的会计处理过程，掌握会计软件的恢复与维护、数据库与账表处理系统运用等知识，为单位的会计系统分析和应用开发提供业务支持。三是高层次的培训任务，主要是为了培养和造就会计信息化系统分析、系统设计和协调管理等方面的高级人才。

2．会计信息系统的初始化

在会计软件开始投入使用时，应先进行会计软件的初始化。系统初始化工作是系统运行的第一步，要做的事情就是进行一些建账的初始设置和基础数据的录入，这就需要将准备录入计算机的有关手工数据进行搜集、整理和审核。

为此，应主要做好以下几个方面的基础工作。

- 建立会计科目体系并确定其编码。
- 规范各类凭证、账簿和报表的格式和内容，使其更符合信息化工作的特点。
- 规范有关会计核算方法和各种凭证、账簿、报表的生成、传递和处理程序。
- 重新核对账目，整理手工会计数据。

做好相关基础工作后，即可进行会计软件的初始化。会计软件的初始化是确定会计软件核算规则与输入基础数据的过程，即根据使用单位的业务性质，通过对会计软件进行具体限定，以及输入基础数据等一系列操作准备工作，将通用软件转换为适合本单位实际情况的专用会计软件，并从手工处理方式转换成会计信息化方式。例如，账务处理初始化的主要内容包括设置系统总体参数(设置核算单位、启用日期和编码规则等)，并设置凭证类别、会计科目、输入期初余额和设置自动转账分录等。

3．会计信息系统的运行

(1)人机并行。

利用计算机进行会计核算的初期是人机并行期，即在会计软件使用的最初阶段人工与计算机同时进行会计处理的过程，这是试运行阶段。在此期间，通过手工与计算机处理结果的双向对比与检验，考察会计软件数据处理的正确性，针对发现的问题进行相应的调整、调试。培养和提高相关人员的操作熟练程度和业务处理能力并通过实践，进一步健全和完善各项会计信息化内部管理制度。

通过系统试运行，为保证系统正式投入后的正常运行做好各种准备。

(2)替代手工记账。

人机并行期结束后要甩掉手工账，实现计算机代替手工记账。

根据财政部的规定，采用计算机替代手工记账的单位，应当具备以下条件。

- 配备了适用的会计软件和相应的计算机硬件设备。
- 配备了相应的会计信息化工作人员。
- 建立了严格的内部管理制度。
- 用计算机进行会计核算与手工会计核算同时运行3个月以上，取得一致的核算结果。

(3)日常运行。

计算机替代手工记账后，会计软件的日常运行通常包括输入凭证、凭证审核、记账、成本计算、输出账簿和编制报表等内容。

- 输入凭证：指输入各种原始凭证和记账凭证。输入前，应先对凭证的合法性、正确性、合理性、真实性、完整性等内容进行检查；同时还要根据计算机的需要在用于输入的凭证上加写有关代码及编号等内容，进行预处理，以方便凭证输入。
- 凭证审核：输入的凭证或由计算机自动编制的记账凭证，必须由另一个人审核后才能用于记账，审核的内容包括凭证是否合法、合理、正确、完整和真实等。打印出的机制记账凭证应由制单人员、审核人员、记账人员及会计机构负责人、会计主管人员等签名或盖章。
- 记账及成本计算：记账及计算成本等处理是由计算机自动完成的，只要将原始数据正确输入计算机，计算机就能够按事先设计的程序完成各种账簿的登记和各种计算工作。
- 输出账簿：信息化会计核算下，必须及时打印日记账。明细账和总账可以根据需要按月、按季或按年打印，不满页时，也可满页后再打印。打印输出的账页应连续编号，经审核无误后作为正式账页装订成册，并由记账人员和会计机构负责人、会计主管人员签名或盖章。
- 编制报表：计算机自动编制会计报表的工作通常于每月月末进行。

4．会计信息系统的维护

会计信息系统的维护是指为保证系统正常运行而开展的各种工作，它贯穿于会计核算和会计管理工作的整个过程。系统维护包括硬件维护、软件维护、数据维护和用户需求维护这4个方面。

(1)计算机硬件设备的维护。

计算机硬件设备的维护内容主要有保养有关设备，保持机房和设备的整洁，防止意外事故的发生；定期检查机房的安全措施，如消防和报警设施、地线和接地、防静电、防雷及防电磁波等设备；在出现硬件故障时，及时进行故障分析，并做好检查记录等。

(2) 系统软件和会计软件的维护。

系统软件一般由系统开发商提供，也可以通过购买得到。系统软件维护的主要任务是检查系统文件的完整性、是否为正版软件，以及系统文件是否被非法修改等。

会计软件的维护是会计信息系统维护的主要工作，主要包括操作维护、程序维护和需求维护这三个方面。会计软件的维护内容包括发现问题要及时解决；改进正在使用的会计软件；对通用会计软件进行升级等工作，要有一定的审批程序；对软件修改、升级，要保证实际会计数据的连续性和安全性，并设专人进行监督等。

(3) 会计数据的安全维护。

会计数据的安全维护是为了确保会计数据和会计软件的安全保密，防止对数据和软件的非法修改和删除。如经常进行备份工作、双备份磁性介质存放的数据、备份盘应定期检查或复制、健全必要的计算机病毒措施，以及指定系统发生意外事故时会计数据的维护制度等。

(4) 用户需求维护。

特别需要提出的是，随着管理理念和信息技术的不断发展，会计信息系统也应在不断的维护中实现其自身的动态变革。与信息技术人员不同，会计人员对会计信息系统的维护重点主要有如下几点。

- 根据会计管理变革的新需求，提出对会计控制规则和会计信息规则变革的新需求。
- 协助信息技术人员正确理解、抽象和描述上述规则。
- 在信息技术人员完成规则变革的信息设计后，会计人员对会计信息系统的新功能进行验收评测。

5.3.2　组织机构

根据会计信息化工作的特点，要做好会计工作，充分发挥计算机会计信息系统的作用，必须根据本单位实际情况和会计工作的要求，合理设置会计部门的组织机构及工作内容。会计信息化工作的组织还与信息化的发展阶段有关，应根据每一个阶段的需要来建立相应的机构组织负责会计信息化工作。如果企业整体信息化程度不高，刚刚开始初步的会计信息化（即当前普遍认同的会计电算化）工作，原有的会计机构是按照手工处理要求设置的，那么开展会计信息化工作要求对原有的机构进行重新调整，岗位重新设置。除要按国家对会计工作的统一要求组织会计工作外，还应考虑以下几点。

(1) 企业的管理模式和组织机构设置。二者决定了会计信息化机构设置的方式。有的单位已经建立了信息中心等类似的信息管理机构，并设置了 CIO（信息主管）的岗位，那么可以在这一基础上进一步规划会计信息化机构设置。即将计算机管理、维护和数据存储等工作和会计部门分开，并加强数据安全性控制。

(2) 业务规模和性质。既要考虑会计信息化工作的特点，又要按企业生产经营的特点来组织会计工作。企业业务规模的大小直接影响机构设置的方式，数据处理量大的企业更适宜采取集中管理方式。业务性质也对机构设置有影响，即使同一类型单位，其机构设置和权限管理等也会有不同的要求。对会计业务人员及会计信息化人员的配备，都必须结合本单位业务的特点和经营规模的大小等情况做合理的安排。

(3) 现有技术和人员状况。机构设置还要考虑单位现有技术条件及现有人员对计算机的操作维护能力。

(4)注重效益。对会计机构的设置，以及会计业务人员和会计信息化人员的配备，应力求精简且合理，以节约人力，降低费用。实现会计信息化后，会计业务人员和会计信息化人员之间的分工要根据实际情况确定，做到最佳配备。

一般而言，会计信息化后，会计部门有如下几种组织形式可供选择。

1. 信息中心与会计部门并列

设立与会计部门等各职能部门独立并列的信息中心，由企业负责人直接领导。在这种组织形式下，信息中心与会计部门都是独立的部门，行政上是同级的，会计信息化工作仅是企业信息化的一项重要内容。会计信息化的管理、软件开发和使用维护等各项工作都是由信息中心负责，会计部门设有网络终端，配备计算机及相关外设，并且只负责会计软件的使用及简单日常维护。

这种组织形式是由我国信息化建设初期的集中管理模式发展而来的，当时计算机设备价格昂贵，单位购置计算机后通常要单独设立机房，成立计算机中心(后多称为“信息中心”)对计算机应用进行集中管理。随着计算机和网络系统的大量使用，这种组织形式已很少采用。

在这种组织形式下，财会部门的组织机构是否做较大的调整，要由计算机在会计工作中的应用程度和应用策略来决定。如果计算机和网络系统主要用于内部办公，而不是处理会计业务，会计部门的结构就不用做大的调整；如果会计核算工作基本上由计算机来处理，则有必要调整会计部门的内部组织结构。一般不再按手工核算方式设置组织结构，如资金组和材料组等，而主要设置数据采集与数据复核、数据处理与维护和会计管理等组。

这种组织形式的优点是有利于企业信息化建设的统一规划和管理，可按企业的总体要求来集中力量组织计算机应用工作，避免各部门各自为政、独立开发而造成各部门的信息不能为其他部门利用及不必要的浪费，有利于信息的充分利用。

这种组织形式的主要缺点是由两个部门负责会计工作，工作上需要协调，容易受两个部门的关系影响。信息中心的技术人员不熟悉会计业务，会影响会计信息系统的开发质量，不利于调动会计部门的积极性。

2. 没有独立的信息中心

这种组织机构的设置是目前我国中小企业会计信息化采用的最普遍形式。

在这种组织形式下，企业的信息化工作处于初级阶段。各个部门的信息化工作还是各自为战，企业不设立独立的信息中心，一般以会计信息化为主。会计信息化的全面工作由会计部门负责，包括规划计划、组织会计信息系统的开发或商品化会计软件的选购、系统的使用和维护等工作。

这类企业一般采用商品化的会计软件，建立部门级的会计信息系统。工作中以会计核算信息化为主，其他方面的业务核算基本上为手工处理，达到初步会计信息化。

这种组织机构的特点是会计部门内部设立信息化小组，与各手工业务核算小组一起接受会计部门负责人的领导。会计部门单独配备计算机软硬件设备或者设立机房设施，并配备有关人员，如数据录入员、系统操作员和系统维护员等。

这种组织机构的优点是能调动会计部门人员实现会计工作信息化的积极性，能够较好地协调原有会计人员，适应性强；并且能根据会计部门的需求确立开发步骤和项目，开发的软件实用性强或根据单位业务特点选择适用的商品化软件，投资少，见效快。缺点是计算机的利用率低，不利于满足单位的总体信息需求，也不利于协调会计部门与其他部门之间的关系。一般适用于信息化程度不高的中小型单位。

3. 信息部门集中管理，信息中心和会计部门信息化组同时存在

在这种组织形式下，企业设有独立的信息中心，在会计部门也设有会计信息化小组。会计信息化工作由信息中心和财会部门会计信息化小组共同完成，会计信息化小组长期专职负责会计信息系统的建设和维护管理工作。信息中心负责统一规划、集中性的开发和与其他系统的协调。

这种组织机构的特点是单位管理信息系统的总体规划、设备的配备、软件的开发，以及系统使用过程中的软硬件维护等由信息中心统一管理；同时在会计部门设置计算机网络终端，会计部门主要负责数据收集、整理及输入。系统运行在信息中心总体规划下，按照会计信息化工作计划分步开发实施。会计部门内的组织机构的设置取决于信息化的程度，如果会计核算工作基本由计算机来处理，则不能再按手工方式来设置组织机构，而主要设数据准备、数据处理和财务管理等小组。

这种组织机构的优点如下。

(1) 便于对企业信息化进行统一规划和集中管理，避免重复开发，提高数据的共享程度。而且会计信息化的规划是会计部门根据企业信息化的统一规划并结合财会工作的特点和需要制定，会计部门参与会计信息系统的开发工作，并对其他系统的开发提出需求和意见。因此有利于调动会计部门的积极性，增强系统的适用性。

(2) 有利于会计信息化工作的组织协调。由于有信息中心参加这项工作，因此能从总体上考虑与其他系统的关系，并在代码、接口、规范和制度等方面实施统一的标准，避免了单独由会计部门自由设定模式的弊端；同时由于有信息部门的参加，信息部门既充分了解会计信息化的情况，又为其他有关系统的开发和运行打下基础，为企业会计数据资源共享提供了条件。

(3) 有利于提高人财物的利用。会计部门配备较多的信息化专业人员没有必要，但在初期需要较多的人参与。在这种情况下，当需要较多的人员时，信息中心的人员可到会计部门参加相关工作。这样，综合了两方面的优点，使本单位人财物都得到充分利用。

但这种模式需要投入的人力、物力和财力较多，而且开发周期长，一般适用于大中型企业。但是随着计算机和网络技术的不断发展，软硬件设备价格的逐步下降，企业人员素质的提高，这种模式也适用于信息化程度较高的小企业。

5.3.3　规章制度

为了全面管理会计信息系统，保证会计信息系统安全并正常运行，在企业中应切实建立会计信息系统岗位责任制度，做好操作管理和会计档案管理等工作。

1. 建立岗位责任制

会计信息系统的建设应建立健全会计工作岗位责任制，要明确工作岗位的职责范围，切实做到事事有人管、人人有专职、办事有要求、工作有检查。

实现会计信息化后，单位要按照会计信息化的特点和要求，加强对会计信息化系统使用人员和维护人员的管理，按照“责、权、利相结合”的原则，明确系统内各类人员的职责、权限，并与利益挂钩，建立、健全岗位责任制。

《会计电算化工作规范》中提出了建立会计信息化岗位责任制的原则，“实行会计电算化的单位，要建立会计电算化岗位责任制，要明确每个工作岗位的职责范围，切实做到事事有人管、

人人有专责、办事有要求、工作有检查”。建立会计信息化岗位责任制，定人员、定岗位、明确分工、各司其职，有利于会计工作程序化和规范化，有利于落实责任和会计人员钻研分管业务，有利于提高工作效率和工作质量。

按照这一原则和会计信息化工作的特点，实施会计信息化过程中，各单位可以根据内部牵制制度的要求和本单位的工作需要，对会计岗位的划分进行调整并设立必要的工作岗位。会计信息化后的工作岗位可分为基本会计岗位和信息化会计岗位。

基本会计岗位可分为会计主管、出纳、会计核算岗位、稽核和会计档案管理等工作岗位。各基本会计岗位与手工会计的各会计岗位相对应，基本会计岗位必须是持有会计证的会计人员，未取得会计证的人员不得从事会计工作。基本会计岗位可以一人一岗、一人多岗或多人一岗，但应当符合内部牵制制度的要求，出纳人员不得兼管稽核、会计档案保管以及收入、费用和债权债务账目的登记工作。基本会计岗位的会计工作人员还应当有计划地进行轮换，以促进他们全面熟悉业务，不断提高业务素质。会计人员还必须实行回避制度。

信息化岗位是指直接管理、操作、维护计算机及会计软件系统的工作岗位。实行会计信息化的单位要根据计算机系统操作、维护及开发的特点，结合会计工作的要求，划分信息化会计岗位。大、中型企业和使用大规模会计信息化系统的单位，信息化会计可以设立如下岗位。

(1) 信息主管：负责协调计算机及会计软件系统的运行工作，要求具备会计和计算机知识，以及相关的会计信息化组织管理的经验。信息主管可以由会计主管兼任，采用中小型计算机和计算机网络会计软件的单位应设立此岗位。

(2) 软件操作员：负责输入记账凭证和原始凭证等会计数据，输出记账凭证、会计账簿、报表和进行部分会计数据处理工作。要求具备会计软件操作知识，达到会计信息化初级知识培训的水平。各单位应鼓励基本会计岗位的会计人员兼任软件操作岗位的工作。

(3) 审核记账员：负责审核输入计算机的会计数据（记账凭证和原始凭证等），以保证凭证的合法性、正确性和完整性，并且操作会计软件登记机内账簿，确认打印输出的账簿和报表。此岗位要求具备会计和计算机知识，达到会计信息化初级知识培训的水平，可由主管兼任。

(4) 系统维护员：负责保证计算机硬件和软件的正常运行，管理机内会计数据。此岗位要求具备计算机和会计知识，经过会计信息化中级知识培训。采用大型、小型计算机和计算机网络会计软件的单位，应设立此岗位，此岗位在大中型企业中应由专职人员负责。维护员一般不操作实际会计数据。

(5) 系统审查员：负责监督计算机会计软件系统的运行，防止利用计算机进行舞弊。审查人员要求具备会计和计算机知识，达到会计信息化中级知识培训的水平，此岗位可以由会计稽核人员兼任。采用大型和小型计算机和大型会计软件的单位，可设立此岗位。

(6) 数据分析员：负责分析计算机内的会计数据，要求具备计算机和会计知识。采用大型、小型计算机和计算机网络会计软件的单位，可设立此岗位，可由主管会计兼任。

另外还可以设置一个会计档案资料保管员负责存档数据软盘、程序软盘，输出的账表、凭证和各种会计档案资料的保管工作，做好软盘、数据及资料的安全保密工作。

基本会计岗位和信息化会计岗位可在保证会计数据安全的前提下交叉设置，各岗位人员要保持相对稳定。中小型单位和使用小规模会计信息化系统的企业，可根据本单位的工作情况，设立一些必要的信息化岗位，许多岗位可以由一个人担任。

上述信息化会计岗位中，软件操作岗位和审核记账、系统维护和系统审查岗位为不相容岗位。

会计信息化岗位及其权限一般在系统初始化时完成，平时根据人员的变动可进行相应调整。信息主管负责定义各操作人员的权限，具体操作人员只有修改自己口令的权限，无权更改自己和他人的操作权限。

上面提到的会计信息化工作岗位划分是针对使用大规模会计信息化系统的大型企业的，这些单位的会计部门往往有几十个人，工作岗位划分很细，常常一岗多人。因此实现信息化后可适当调整各岗位的人员，设置必要的会计信息化岗位。但是在我国的几千万家企事业单位中，绝大多数是中小型企事业单位，这些单位的会计部门的人数常常不足 10 人。由于会计部门的人数比较少，会计业务比较简单，实行信息化后的岗位划分应根据实际需要对信息化岗位进行适当合并，只设置一些必需的岗位，一人可以兼任多个工作岗位。这样不仅能够加强对会计信息化工作的管理，而且能够提高工作效率，节约人力。

中小型企业实行信息化后的信息化会计岗位设置应该注意满足内部牵制制度的要求，如出纳和记账审核不能是同一个人，软件开发人员不能操作软件处理会计业务等。较小单位的信息化岗位的设立，可由会计主管兼任信息主管和审核记账岗位，由会计人员任软件操作员和系统维护员，但应单独设立出纳员岗位。

2. 操作管理

会计信息系统能正常、安全及有效运行的关键是操作使用，操作管理主要体现在建立与实施各项操作管理制度上。如果企业的操作管理制度不健全或实施不得力，都会给各种舞弊行为以可乘之机。如果操作不正确，会造成系统内数据的破坏或丢失，从而影响系统的正常运行，也会造成录入数据的不正确，影响系统的运行效率，直至输出不正确的账表。因此，企业应建立健全操作管理制度并严格实施，以保证系统的正常、安全及有效地运行。

操作管理制度主要包括上机运行系统的规定、操作员职责、操作权限、操作规程及会计业务处理程序。

(1) 上机运行系统的规定。主要是指哪些人员能上机运行系统，哪些人员不能上机运行系统。一般包括以下内容。

- 信息系统管理员、软件操作员、系统维护员、审核记账员及其他经信息主管批准的有关人员，有权上机操作运行系统。
- 非指定人员不能上机运行系统。
- 各操作人员的权限根据业务需要确定。
- 软件操作人员需经培训合格后方可上机运行系统。

(2) 操作权限。是指系统各类操作人员所能进行操作的权限，主要包括如下方面。

- 信息主管一般具有最高的权限。
- 软件操作员应严格按照凭证输入数据，不得擅自修改凭证数据。如发现差错，应在输入计算机前及时反映给凭证编制人员或信息主管。已输入计算机的数据在记账前发现差错，可按凭证数据进行修改；如在记账后发现差错，必须另做凭证，然后以红字冲销，录入计算机。
- 审核记账员只具有审核记账权限。
- 系统维护员必须按有关的维护规定进行操作。除了系统维护员之外，其他人员不得直接打开数据库文件进行操作，并且不允许随意增删和修改数据、源程序和数据库文件结构。

(3)操作规程。主要指操作中应注意的事项，是保证系统正确、安全运行，防止各种差错的有力措施，主要包括如下事项。

- 操作人员在上机操作前后应进行上机操作登记，填写姓名、上机时间和操作内容，供信息主管检查核实。
- 操作人员的操作密码应注意保密，不能随意泄露。
- 操作人员必须严格按照操作权限操作，不得越权或擅自上机操作。
- 每次上机完毕，应及时做好所需的各项备份工作，以防止发生意外事故。若中途离开机房，应执行相应命令退出会计软件，否则会给无关人员擅自操作留下机会。
- 不能使用来历不明的软盘和各种非法复制工作，以防止计算机病毒的侵入。

(4)会计业务处理程序。主要包括以下内容。

- 要按照《会计基础工作规范》的要求处理会计业务。
- 预防已输入计算机的原始凭证和记账凭证等会计数据未经审核而登记机内账簿，保证会计数据正确合法。
- 替代手工记账后，各单位应做到当天发生的业务当天登记入账，现金和银行存款日记账必须日清月结。
- 要保证记账凭证的连续编号。
- 要按规定程序编制转账凭证。
- 期末要按规定时间及时结账，结账时应防止本期还有未记账的凭证。
- 期末应及时生成和打印输出会计报表。
- 在保证凭证及账簿清晰的条件下，计算机打印输出的凭证、账簿中的表格线可以适当减少。
- 在当期所有记账凭证和明细分类账数据都存储在计算机的情况下，总账可以从这些数据中产生，因此可以用“总分类账户本期发生额及余额对照表”替代当期总账。
- 要按有关规定装订原始凭证、记账凭证、账簿和报表等。

同时还要灵活运用计算机对数据进行综合分析，及时并定期向单位领导报告主要财务指标和分析结果。

3. 维护管理

系统的维护包括硬件维护和软件维护两个部分，软件维护主要包括正确性维护、适应性维护和完善性维护 3 种。正确性维护是指诊断和清除错误的过程；适应性维护是指当单位的会计工作发生变化时，为了适应会计工作的变化而进行的软件修改活动；完善性维护是指为了满足用户在功能或改进已有功能的需求而进行的软件修改活动。软件维护还可分为操作性维护与程序性维护两种。操作性维护主要是利用软件的各种自定义功能来修改软件，以适应其变化；操作性维护主要是指需要修改程序的各项工作。

维护是系统整个生命周期中最重要且最费时的工作，应贯穿于系统的整个生命周期，不断地重复进行，直至系统过时和报废为止。现有资料表明，软件系统生命周期各部分的工作量中，软件维护的工作量一般占 50%以上。因此各单位应加强维护工作的管理，保证软件的故障及时排除，满足单位会计工作的需要。加强维护管理是系统安全、有效及正常运行的保证之一。在硬件维护工作中，较大的维护工作一般由销售厂家进行，使用单位一般可不配备专职的硬件维护员。

维护工作的管理工作主要通过制定维护管理制度和组织实施来实现，维护管理制度的主要内容包括系统维护的任务、维护工作的承担人员、软件维护的内容、硬件维护的内容、系统维护的操作权限和软件修改的手续等。

4．档案管理

会计档案主要包括 3 个方面的内容。

(1)计算机打印输出的各种书面形式的会计凭证、会计账簿、会计报表及其他会计资料，应当符合国家统一的会计制度的规定，并且根据有关规定立卷归档保管，保存期限按《会计档案管理办法》的规定执行。

(2)以磁盘、光盘及微缩胶片等磁性介质存储的会计数据(会计凭证、会计账簿和会计报表等)是会计信息化下新的会计档案形式，在未打印成书面形式输出之前应妥善保管并留有副本。这些介质都应视同会计资料或档案进行保存。

(3)会计信息化系统开发和使用的全套文档资料及软件，也应视同会计档案保管。会计信息系统的文档是描述系统从无到有整个发展与演变过程及各个状态的文字材料，信息系统实际上是由系统实体及与此对应的文档两大部分组成。系统的开发要以文档的描述为依据，系统实体的运行与维护更需要文档来支持。文档管理是有序并规范地开发与运行信息系统所必须做好的重要工作。

会计档案管理除需执行一般的档案管理制度外，还应强调各种会计档案的安全与保密。单位一般应建立以下安全和保密措施。

(1)要做到防磁、防火、防潮及防尘等工作，重要会计档案至少应准备双份，存放在两个以上不同的地点。

(2)采用磁性介质存储的会计档案要定期检查、定期复制，防止由于磁性介质损坏而使会计档案丢失。

(3)严格执行安全和保密制度，不得随意堆放会计档案，严防毁损、散失和泄密。

(4)各种会计资料，包括打印的会计资料，以及存储会计资料的软盘、光盘和微缩胶片等，未经单位负责人同意不得外借和拿出单位。

(5)借阅会计资料应该履行相应的节约手续，经手人必须签字记录。存放在磁性介质上的会计资料借阅归还时，还应认真检查，防止感染病毒。

会计信息系统的系统文档不是事先一次性形成的，它是在系统开发、运行与维护过程中不断地按阶段依次推进编写、修改、完善与积累而形成的。可以说，如果没有系统文档或没有规范的系统文档，信息系统的开发、运行与维护会处于一种混沌状态。这将严重影响系统的质量，甚至导致系统开发或运行的失败。当系统开发人员发生变动时，问题尤为突出。因此有些专家认为，系统文档是信息系统的生命线，没有文档就没有信息系统。

文档的标准与规范要按照国家规定并结合具体系统的特点在系统开发前或至少在所产生的阶段前制定，用于指导与督促系统开发人员及系统使用人员及时编写有关的文档资料。为保持文档的一致性与可追踪性，所有文档都要齐全，并且集中统一管理。

文档管理虽不是一件日常性的工作，但因为对系统的质量至关重要而必须由专人负责，并形成制度化。

5．病毒预防

计算机病毒是危害计算机信息系统的一种新手段，其泛滥传播的客观后果是危害和破坏计算机资源。轻则中断或干扰信息系统的工作，重则破坏机内数据，造成系统重大甚至是无可挽回的损失。因此在会计信息系统的运行过程中必须对计算机病毒问题给予充分的重视。

根据病毒独特点和侵害过程，防范计算机病毒的主要有以下措施。

(1)建立网络“防火墙”以抵御外来病毒或“黑客”对网络系统的非法侵入。

(2)使用防病毒软件经常对系统进行检查以防止病毒对计算机系统的破坏。

(3)不断改进数据备份技术并严格执行备份制度，从而将病毒可能造成的损失降低到最低程度。

5.4 会计信息系统的评价

会计信息系统建成并投入运行后，要在日常管理工作的基础上，定期对其运行状况进行集中评价。系统评价的目的是通过对系统运行过程和绩效的审查来检查系统是否达到了预期的目标，技术性能是否达到设计要求，是否充分利用了系统内各种资源(包括计算机和信息资源)，经济效益是否理想，系统的管理工作是否完善，并指出系统的长处与不足，为今后系统改进和扩展提出意见。

系统评价的主要依据是系统日常运行记录和现场实际测试数据，通常新系统的第一次评价与系统的验收同时进行，以后每隔半年或一年进行一次。参加首次评价工作的人员有系统研制人员、系统管理人员、用户、用户单位领导和外来专家，以后各项评价工作主要是系统管理人员、用户和单位领导参加。

5.4.1 信息系统的评价内容

信息系统的有利与不利之处体现在定性与定量两个方面，因此评价工作难度较大。目前一般都采用多指标评价体系的方法，这种方法首先提出信息系统的若干评价指标，然后对各项指标评出表示系统优劣的值，最后用加权等方法将各项指标组合成一个综合指标。

对信息系统的评价主要是从技术与经济两方面进行。

技术上的评价内容主要是系统性能，具体内容如下。

(1)信息系统的总体水平。

(2)系统功能的范围与层次。

(3)信息资源开发与利用的范围与深度。

(4)系统的质量。

(5)系统的安全与保密性。

(6)系统文档的完备性。

在经济上的评价内容主要是系统的效果和效益，包括直接和间接两个方面。

直接的评价内容如下。

(1)系统的投资额。

(2)系统运行费用。

(3)系统运行所带来的新增效益。

(4)投资回收期。

间接的评价内容如下。

(1) 对企业形象的改观及员工素质的提高所起的作用。

(2) 对企业的体制与组织结构的改革及管理流程的优化所起的作用。

(3) 对企业各部门间及人员间协作精神的加强所起的作用。

5.4.2　信息系统评价管理

信息系统在运行与维护过程中不断地发生变化，因此评价工作不是一项一次性的工作，系统评价应定期进行或每当系统有较大改进后进行。信息系统的第一次评价一般安排在开发完成并投运一段时间，进入相对稳定状态后，通常本次评价的结论将作为系统验收的最主要的依据。

信息系统的评价工作由系统开发人员、系统管理与维护人员、系统用户、用户单位领导及系统外专家等组成，评价的方式可以是鉴定或评审等，评价的结论以书面的评价报告或评价意见等提出。评价结论也是系统的重要文档，应予以收存归档，统一保管。

要特别指出的是，目前我国信息系统的评价有重计算机轻信息的倾向。计算机和通信网络等固然重要，但它们毕竟是工具，是信息系统的一个构件。信息系统好坏的评价依据主要是信息开发与利用的深度，是对企业的生存与发展所起的作用。

关键词

会计信息系统、项目管理、日常运行管理

习题

(1) 如何理解信息系统生命周期的概念？

(2) 会计信息系统的特点有哪些？

(3) 试述企业信息系统项目管理过程。

(4) 会计信息系统日常运行管理的内容是什么？

(5) 如何选择会计信息系统管理的组织机构形式？

(6) 会计信息系统的评价难点是什么？

第 6 章 会计信息系统控制

本章学习目标

通过本章学习，读者应达到以下目标。

(1) 理解现代信息技术对会计信息系统控制的影响。

(2) 理解风险概念、风险与控制的关系。

(3) 理解会计信息系统风险的特点和会计信息系统面临的主要风险。

(4) 理解内部控制的定义和构成要素。

(5) 掌握会计信息系统控制的基本概念，包括定义、目标、功能、分类及局限性。

(6) 掌握会计信息系统一般控制的内容。

(7) 掌握会计信息系统应用控制的内容。

6.1 会计信息系统控制的基本概念

6.1.1 内部控制的基本概念

企业内部控制是从内部牵制发展而来的。20 世纪 70 年代后期，企业陆续开始建立内部控制，很多职业团体也从不同层面研究内部控制，发布指南。如美国注册会计师协会(AICPA)所属审计人员责任委员会发布了《报告、结论与建议》，并颁布了审计准则公告第 30 号(1980)、第 43 号(1982)和第 48 号(1984)，内部审计人员协会(IIA)发布了内部审计准则公告第1号《控制：观念及责任》。1992 年，美国 COSO 委员会提出了《内部控制——整体框架》的报告，并在 2013 年给出了《内部控制——整体框架》修订版。该报告从不同使用者的角度，全面阐述了内部控制这一概念，目前已为人们普遍接受。为了加强和规范企业内部控制，提高企业经营管理水平和风险防范能力，促进企业可持续发展，维护社会主义市场经济秩序和社会公众利益，根据国家有关法律法规，2008 年，我国财政部会同证监会、审计署、银监会、保监会印发了《企业内部控制基本规范》，对我国企业的内部控制进行规范，2010 年 4 月又发布了相关的配套指引。

1. 内部控制

《企业内部控制基本规范》认为，内部控制是由企业董事会、经理阶层和其他员工实施的、旨在实现控制目标的过程。其中，内部控制的目标是合理保证企业经营管理合法合规、资产安全、财务报告及相关信息真实完整，提高经营效率和效果，促进企业实现发展战略。

由此定义可以看出，内部控制是一个管理和控制过程。它在企业中的有效执行必须有企业董事会、经理阶层和其他员工的共同参与。为了达到这些目标，内部控制必须考虑 5 个方面的内容，即内部控制构成要素。

2. 内部控制的构成要素

内部控制是企业管理的重要组成部分，其构成要素应该与企业管理的过程相结合，具体包括如下 5 个要素。

(1) 控制环境。控制环境确定了一个组织的氛围并影响管理层和雇员的控制意识，其内容包括如下几个方面。

- 管理层的正直和道德价值观。
- 管理层的管理哲学和经营风格。
- 管理层评定业绩的方法。
- 组织结构。
- 员工的职业道德及胜任能力。
- 董事会和审计委员会的参与程度。
- 人力资源管理政策及实务。
- 责任分配和授权的程序。

若高层管理人员具有高标准的道德价值观并实施高尚的道德伦理行为，就会雇用有能力的员工，并对他们进行适当的工作培训，建立良好的组织结构。让一个人的工作是检查另一个人的工作，并保持保守的管理风格和财务报告制度，这是一种强有力的控制环境。

控制环境要素是内部控制其他组成部分的基础。

(2) 风险评估。风险评估是指对组织风险的分析、确认和管理，它是提高内部控制效率和效果的关键。一般而言，风险会随多种环境因素而产生或变化，如经营环境变化、改造或采用新的信息系统、新的员工、新的行业或新产品开发、新技术的应用，以及经营方式的变化或扩张等。不完善、不健全或无效的内部控制制度就是风险存在的信号。为此，企业必须设立相关的风险评估机制，以了解自身所面临的风险，并适时加以处理。

(3) 控制活动。控制活动是指管理者为了降低与组织实现目标有关的风险而采取的一系列适当的政策和程序。它旨在帮助企业对实现组织目标会涉及的风险采取必要的行动或减少损失的措施。它贯穿于整个企业内部的各个阶层和各职能部门，包括交易授权、职责划分、业务流程与操作规程、业务记录、信息处理控制、规章制度和独立检查等手段。控制活动按照其用途可分成如下 3 类。

- 预防性控制：主要用于防止错误和舞弊的发生。
- 检查性控制：主要用于在错误和舞弊发生时识别它们。只要差错和舞弊行为一经发生，就能够自动发出信号实施检查。
- 纠正性控制：主要用于错误和舞弊发生时能自动采取措施加以调整，从错误和舞弊所带来的后果中修复损害，从而减轻损失。

(4) 信息和沟通。组织可以利用会计信息系统取得在执行、管理和控制企业经营过程中所需的信息，并交换这些信息。信息和沟通是组织在实现其目标过程中必不可少的内容，因而会计信息系统也就成为重要的内部控制因素之一。会计信息系统产生信息的质量直接会影响管理层采取措施和制定决策的能力，一个有效的会计信息系统应能够完成下列工作。

- 确认和记录所有有效的财务交易。
- 及时提供交易的详细信息以满足适当分类及财务报告的要求。
- 正确计量交易的财务价值以确保它们在财务报告中得以正确反映。
- 在交易发生所属的会计期间内准确记录交易。

健全的信息系统必须有效地传输或沟通各种信息，有效沟通的含义包括员工必须自最高管理层开始，清楚地获得需谨慎承担责任的信息；组织成员应能理解内部控制的各个角色及责任，以及每个人的活动如何影响他人的工作；当例外情况发生时，必须具有向上沟通的方法，也应与顾客、供应商、政府主管机关和股东等进行有效沟通。

(5) 监督。监督是对内部控制的整体框架及其运行情况的跟踪、监测和调节，监督可以通过日常的监控活动来完成，也可通过执行独立监督（内部审计和外部审计）或二者结合来实现。监督应该贯穿于整个内部控制的全过程，通过监督活动可以实现在必要时对内部控制加以修正的目的。

6.1.2 会计信息系统风险分析

信息技术的应用使原来需要人工完成的业务处理由计算机来完成，这样一方面可以防范手工环境下的一些风险，另一方面又使企业面临与手工环境不同的新风险。

1. 会计信息系统风险

会计信息系统风险指从会计信息系统的分析、设计、实施、运行、维护，直到生命期结束而报废的全过程所面临的风险，本章仅对会计信息系统运行阶段的风险进行分析。会计信息系统在运行阶段面临着由于人为或非人为因素导致的系统运行正确性、可靠性、安全性，以及运行效率等多方面的风险。由于信息系统的正确性、可靠性和运行效率主要取决于分析和设计阶段，而非运行阶段，因此本章对会计信息系统风险的分析主要指会计信息系统的安全风险，会计信息系统控制也主要针对安全风险。会计信息系统安全风险损失主要表现在以下几个方面。

(1) 会计信息失真。会计信息的真实、完整及准确是对会计信息处理的基本要求，由于会计信息是企业生产经营活动的综合且全面的反映，企业的各个职能部门几乎都不同程度地需要并利用会计信息，因此会计信息的质量不仅仅关系会计信息系统，还影响企业管理的其他子系统，乃至企业的整个管理决策。一旦会计信息系统的安全受到侵害，最直接的影响就是会计数据错误、数据丢失或被篡改而使会计信息失真，从而不同程度地影响会计信息使用者的有关决策。

(2) 资产损失。企业资财损失是会计信息系统风险的主要危害，这种危害既来源于自然灾害，也来源于错误和舞弊。随着犯罪技术的日趋多样化和复杂化，舞弊造成的损失越来越大，后果越来越严重。

(3) 重要信息泄露。信息技术高速发展的今天，信息在企业的管理中变得尤为重要，成为企业的一项重要资本，甚至决定了企业在激烈的市场竞争中的成败。因此利用高技术手段窃取组织机密是当今计算机犯罪的主要目的之一，也是构成系统风险的重要因素形式。

(4) 系统无法正常运行。无论是无法避免的自然灾害，还是出于非法目的而输入破坏性程序、操作者有意或无意的操作造成硬件设施的损害、计算机病毒的破坏等都有可能使会计信息系统的软、硬件无法正常工作，甚至使系统瘫痪，造成巨大损失。

2．会计信息系统风险的特点

(1)风险更具隐蔽性，主要表现在以下几个方面。

- 舞弊的手段更具隐蔽性。通过使用计算机及通信设施等高技术工具，作案人不用亲自到现场即可完成犯罪活动。如曾经造成全球几百万台计算机系统瘫痪的 CIH 病毒，通过附着在软件或电子邮件上，随着软件的传播和电子邮件的下载而广泛传播，使计算机在不知不觉中受到感染。在特定的时候，如每月 26 日等激发而造成计算机系统的损坏。
- 系统受到侵害后，不易被发现。由于所有的数据和程序都以电子文件存储，数据文件受到篡改后可以不留下任何像手工业务处理下的笔迹，以及涂改和伪造之类的痕迹。同时由于数据存储在磁盘、光盘及胶片之类的信息媒体上，人的肉眼无法直接识别。因此即使数据文件的内容已经有非法更改，程序已经有变化，操作者也难以发现。同时，操作者通过计算机读出的信息与媒体上存储的信息并不完全等同。即存在输出的数据是正确的，而数据文件中存储的数据可能有问题，使问题难以被发现。
- 错误和舞弊人员不易被发现。无论是系统的合法用户还是非法破坏者，由于手段的隐蔽、作案后留下的线索和痕迹较少，以及系统内外部人员相互勾结和远程破坏等原因，都使系统安全遭到破坏后难以及时发现作案者。

(2)风险损失更大，后果更严重。

- 由于难以及时发现，所以问题可以反复出现而不被察觉。一旦发现，已经损失巨大。
- 由于计算机病毒和电脑黑客等不仅威胁数据，甚至破坏程序及硬件系统等，因此可以造成单位计算机系统的瘫痪，系统难以恢复。从而丢失数据或系统无法进行正常业务处理，造成巨大损失。
- 如果企业经营决策信息、技术机密和其他保密数据等重要信息被泄露，其损失和影响将难以计量。此外，由于水灾、火灾及地震等破坏性自然灾害造成计算机系统破坏，数据丢失，后果严重。

(3)舞弊手段及方法更为先进。在网络环境下，由于各种信息都存储在非纸质媒体上，除非直接窃取或破坏有关媒体(如盗窃存放数据、程序、重要资料的软盘或撕毁原始凭证等)，舞弊基本上都利用计算机及通信设施等现代化工具通过修改软件、非法接入硬件、破坏传输系统、释放病毒及黑客袭击等隐蔽的方法和手段达到非法目的。如在网上设置陷阱，在用户不知不觉中截获用户密码，然后以合法身份进入系统进行非法操作等。

3．会计信息系统风险分析

(1)信息系统固有的脆弱性和缺陷。

信息系统的组件在设计、制造和组装中，由于人为和自然的原因，可能留下各种隐患。如网络传输介质、服务器等硬件设施的稳定性和运行速度、软件设计中的缺陷，以及不同信息子系统的接口等。

- 硬件的脆弱性：信息系统硬件组件的安全隐患大多来源于设计，主要表现为物理安全(如物理可存取和电磁兼容等)方面的问题。由于这种问题是设计时所遗留的固有问题，因此在自制硬件和选购硬件时应尽可能减少或消除这类安全隐患。
- 软件系统的脆弱性：软件系统的安全隐患来源于设计和软件工程实施中的遗留问题，软件设计中的疏忽可能留下安全漏洞；软件设计中不必要的功能冗余，以及软件过长过大，不可避免地存在安全脆弱性；软件设计不按信息系统安全等级要求进行模块化设计，从而导致软件的安全等级不能达到应有的安全级别；软件，尤其是自制应用软件编程时程序员暗地里编写指令，使之执行未经授权的功能等，这些问题一般不易被防止和发现。

- 网络和通信协议的安全隐患：由于因特网本身是一个没有明确物理界限的网际，而支持因特网运行的 TCP/IP 协议栈在设计的当初主要考虑了互联互通和资源共享问题，无法兼容解决来自网际的大量安全问题。如对通信双方真实身份的鉴别，以及 TCP/IP 在 IP 层上缺乏对路由协议的安全认证。应用层处于最顶部，下层的安全缺陷必然导致应用层的安全出现漏洞，甚至崩溃，同时各种应用层协议本身也存在一些安全隐患等。

(2) 舞弊产生的风险。

- 针对系统硬件的破坏：有意破坏系统硬件设备，致使系统运行中断或毁灭。计算机系统的操作人员不按规定的程序使用硬件设备可能引起系统的损坏，从而危害系统的安全，直至系统完全毁灭。例如，不按正确的顺序开启设备致使硬件系统被烧及系统无法正常运行等，后果非常严重；通过盗窃等手段破坏计算机系统，如窃走竞争对手存有数据的磁带或磁盘，从而非法获得对方企业的重要信息；在原有的计算机系统中，非法加入硬件设备以达到窃取口令和重要信息的目的等。
- 针对软件系统的破坏：软件系统是威胁、攻击及舞弊的主要对象，其方法和手段多种多样，常用的方法如截尾术、越级法、程序天窗、逻辑炸弹及冒名顶替等。
- 针对数据所做的破坏：计算机舞弊中最简单且最常用的方法是篡改输入，即在输入计算机之前或输入过程中篡改数据。使舞弊数据进入系统，达到非法目的的作弊方法。除此之外还有操作员或其他人员不按操作规程或非法操作系统，改变计算机系统的执行路径从而破坏数据；通过篡改输出来输出正确数据以蒙蔽检查；存储在软磁盘、硬盘及光盘等介质上的信息泄露，以及通信的某一方对发出或接收信息的行为进行抵赖，如事后否认已经发送过的订货申请信息等。
- 计算机病毒：计算机病毒实际上是一段小程序，它具有自我复制功能，常驻留于内存、磁盘的引导扇区或磁盘文件中。它能在计算机系统之间传播，常常在某个特定的时刻破坏计算机内的程序、数据，甚至硬件。虽然绝大多数病毒并不是针对某个系统设计，但是由于其隐蔽性强、传播范围广且破坏力大，因而对网络信息传输的安全构成了极大的威胁，逐渐成为威胁系统安全的重要因素。
- 网络黑客：黑客是指非授权侵入网络的用户或程序。黑客最常用的诡计有捕获个人信息（尤其是口令）、采用多种程序以极快的速度用无数的消息“轰炸”某个特定用户造成用户系统瘫痪，以及通过盗窃系统合法用户的口令，然后以此口令合法登录系统实现非法目的等。

(3) 信息系统应用和管理上的问题带来的风险。

- 如果企业规模很大，信息系统的结构就会很复杂，发生信息错误的概率也随之增大，即数据完整性较难保证。
- 计算机交易授权管理上的问题。在信息系统中，很多原来手工系统下由不同的人完成的业务处理环节集中由计算机统一处理，这样就不能像手工方式那样相互牵制并相互制约，操作人员只要获得授权文件或注册系统的密码即可获得某种权限或运行特定程序进行业务处理。密码一旦被他人掌握或一人掌握多个级别操作员的密码，权限就会失控，从而造成损失。

- 职责分离失效。在信息系统中，业务人员可能一人身兼多个职能。例如，在零售业，当顾客购买商品时，销售人员扫描商品的条形码。由计算机系统自动读取商品价格，计算已销售商品数量，并自动更新销售收入余额和存货余额。如果发现存货余额低于最低数量，计算机系统还可以自动向供应商发出订单。这样一个销售人员即可完成授权、记录和保管工作，极易出现问题。

6.1.3　会计信息系统控制

1．会计信息系统控制及其目标

会计信息系统控制指为了保证会计信息系统的正确性、可靠性和安全性，提高会计信息系统运营效率，确保会计信息的准确可靠，利用各种手段和技术，对会计信息系统实施管理和控制的过程。会计信息系统控制的对象是信息系统，由计算机硬件和软件资源、应用系统、数据和相关人员等信息系统的组成要素构成。

会计信息系统控制的根本目的就是在信息系统风险分析基础上消除或降低风险危害，其控制目标主要有以下几个方面。

(1) 及时提供正确、完整、可靠和合理的会计信息。

(2) 保证会计处理符合会计制度和会计原则的要求，无论在设计阶段，还是在运行阶段都必须建立适当的内部控制体系，确保系统及其所处理的经济业务合规并合法。

(3) 保护资产和资源，提高系统的安全性。

(4) 提高系统的效率和效益，提高企业的竞争能力，辅助管理者提高管理决策的正确性。

2．会计信息系统控制分类

会计信息系统控制可以按照不同的标准分类，如按照控制的层次，会计信息系统控制可以分为战略控制、管理控制和业务处理控制；按照信息系统的不同发展阶段，会计信息系统控制可以分为规划控制、系统分析控制、设计控制、实施控制、运行与维护控制等。

(1) 会计信息系统的战略控制、管理控制和业务处理控制。

战略控制是为了使企业的信息化战略能够更好地与企业当前所处的内外环境及企业目标协调一致，在企业信息化战略的实施中通过检查企业为达到目标所进行的各项活动的进展情况，将实施战略后的企业绩效与既定的战略目标及实际绩效标准进行比较与评价，而对企业信息化战略实施过程进行的控制。

管理控制是在战略目标基础上确定企业各级段、各层次信息化的运作目标，然后将该目标进一步分解形成各级管理的具体目标和计划，并据此对信息系统的管理活动实施控制的过程。

业务处理控制是对信息系统、信息处理过程及其处理的信息实施控制的过程。

(2) 一般控制和应用控制。根据控制作用范围的不同，可以把会计信息系统的管理控制和业务处理控制重新划分为一般控制和应用控制两类。

一般控制是对会计信息系统的组织、开发、安全和操作等系统运行环境所进行的控制，它有两个主要特点：一是其制度和措施普遍适用于某个单位的所有信息系统；二是能为每一个信息系统的正常运行提供相对安全的环境。一般控制常常以制定规章制度、采用网络安全软件和程序控制的形式体现，主要包括系统规划控制、系统开发与维护控制、系统运行控制和系统外包控制等。其中会计信息系统的运行控制又可以分为组织控制、操作控制、系统硬件和软件资源控制、数据资源和文档控制几个方面。

应用控制是对信息系统的某一具体处理过程所施加的控制，它随着所处理业务的不同而不同。一般按照信息系统处理的环节把应用控制划分为输入控制、处理控制和输出控制几种类型。应用控制主要以程序的形式发挥作用。

一般控制是整个信息系统控制体系的基础，只有在一般控制有效的情况下应用系统才能有效地运行，应用控制才能发挥作用。

3．会计信息系统控制功能

为了实现会计信息系统控制的目标，会计信息系统控制必须具有预防、检测和纠正功能。

(1) 预防性控制功能：为了防止错误、灾害、事故及舞弊等事件的发生，必须采取各种避免上述事件诱发因素的措施。例如，通过设置口令，防止非法人员非法使用会计信息系统的终端、主机、数据文件和程序，从而避免对数据文件和程序进行破坏、篡改或非法复制。

(2) 检测性控制功能：为了及时找出和发现正在发生的错误、灾害、事故及舞弊而采取的阻止上述事件的危害扩大，及时使危害得到补偿的措施。例如，通过检查会计信息系统的运行记录，实时监测会计信息系统的访问情况，及时发现非法用户，降低非法用户对系统软件、应用程序或数据文件的破坏程度等。

(3) 纠正性控制功能：为了对已经发生的错误、灾害、事故、舞弊等事件进行更正，降低和减少上述事件损失和危害而采取的处理和补救的措施。例如，利用备份软件恢复已经被篡改或破坏的系统，弥补因灾害、舞弊造成的数据和程序损毁的危害，使系统恢复正常。

4．会计信息系统控制的局限

会计信息系统控制的作用不是无限的，它有一定的局限性，主要表现在如下几个方面。

(1) 如果建立或实施某项控制的成本过大，而取得的效益相对较小，这样的控制就会被放弃。

(2) 一般针对经常发生的事项而设置，而不适用于那些偶然发生的事项。

(3) 即使很有效的控制措施，也可能因执行人员的错误理解、粗心大意、疲劳或其他人为因素而失效。

(4) 一旦不相容职务的用户相互勾结、串通舞弊，或用户判断错误，再好的控制也会失效。

(5) 系统的管理者如果逾越控制权限，滥用职权，会使其管理的系统的控制形同虚设。

(6) 会计信息系统的运行环境发生变化，将可能使原有的控制措施失效。

【案例 1】

超市使用 POS 系统后，当顾客购买商品时销售人员扫描商品的条形码。由计算机系统自动读取商品价格，计算商品数量。然后打印销售及收款票据，销售人员收取现金。一笔交易完成后，计算机系统会自动更新超市数据库中的现金余额和存货余额。如果发现存货余额低于事先设定的需要订货的最低数量，计算机系统就可以自动向供应商发出订单。

在上述业务处理中，一个销售人员完成了授权、业务处理、记录和收取现金的工作，于是原来需要多人完成的工作现在只需一个人就能完成。原来通过授权和业务处理、记录之间，业务处理和记录之间，业务处理、记录和收取现金之间的岗位分离实现的控制，现在改由计算机程序实现，包括自动计算收取现金数量、库存现金余额和存货余额、自动与需订货数量比较并生成订单，以及发出订单。

6.2　会计信息系统的一般控制

会计信息系统运行阶段的一般控制主要包括组织控制、操作控制、硬件和软件系统控制、数据资源控制和档案资料控制几个方面。

6.2.1　组织控制

组织控制是将组织作为控制的对象和手段，通过建立具有控制能力的组织结构、采用满足控制要求的组织流程、构筑认同和重视控制的组织文化达到控制的目标，它是其他控制实施和发挥作用的基础。

会计信息系统的组织控制应该包括以下几方面的工作。

1．合理的职责分工

(1)合理划分人、机职责。

建立会计信息系统后，很多人工操作由机器代替了，此时人的工作就要进行适当转移。下面以企业级会计信息系统的人机分工为例进行说明，职责分工如表 6-1 所示。

表 6-1　职责分工表

分类	主 要 工 作
管理人员的职责	确定管理目标
	发现问题，收集数据
	选择决策方案
	制定控制标准
	组织、领导经济活动，执行计划方案
	按控制标准来控制经济业务
	根据核算信息和分析信息，寻找差异、发现问题、分析原因、提出改进措施
	根据发现的问题，修改目标，选择新的决策方案
会计业务人员职责	收集各种经济业务核算的原始数据，如银行对账单、各种发收料单、各种销售发票等
	对各种原始数据、记账凭证进行合法性、正确性审核，保证输入单据的正确性
	按规定的时间、分工和格式，将原始数据输入信息系统，如直接输入记账凭证、固定资产卡片，或从网上获取凭证数据等
	校验输入数据的正确性
	按照规定的时间和规定的手续传递各种单据、凭证
	执行信息系统功能，完成业务处理
	定期做好数据的备份、存档和管理工作
	定期对信息系统输出信息进行传递与分发
	随时做好系统软、硬件设备的维护工作
	定期对会计信息进行分析，做好日常的管理工作，为企业经济决策提供需要的信息
信息系统的职责	完成自原始数据输入后到会计信息输出这一阶段的数据处理工作和相应的业务核算处理等，定期提供会计报表
	根据目标要求和需要解决的问题，提供预测和决策模型的选择，并进行经济效益的分析，对方案进行比较和评价，帮助领导选择最优方案
	根据决策结果编制会计计划和预算，提供资金计划、成本计划和销售计划等
	对实际发生的经济数据，进行事后的分析，定期地、及时地提供分析信息

在企业级会计信息系统中，会计人员的工作归纳起来有原始数据的准备、会计信息系统的操

作和管理、系统的维护，以及输出信息的传递、分发和分析研究等。会计人员的工作并没有减少，而是工作性质与工作方式发生了改变。由原来的记账、算账，做事后的核算工作向两个方向转移，一方面要加强计算机的操作、管理和维护工作；另一方面要加强日常的财务管理工作。管理人员的工作主要围绕着利用会计信息来规划、组织、领导和控制各项经济活动，开展有效的经济管理。会计信息系统的主要工作是按照会计人员的指令完成业务核算，生成需要的信息。

(2)合理划分岗位职责。

划分岗位并确定岗位职责时要考虑不相容职务的分离和岗位的相互牵制，如管理人员不能参与日常业务数据处理操作、业务处理人员不能进行系统维护，以及档案保管应该是独立的等。岗位的划分应该是分层次的，如系统维护员还要进一步分为软件维护员和硬件维护员；业务处理人员还要根据具体业务进一步分为凭证处理、审核、成本核算、固定资产核算、工资核算及往来核算等岗位。岗位职责如表 6-2 所示。

表 6-2　岗位职责表

岗　位	主要职责
网络管理员	负责整个企业网络系统的启动、退出、备份、恢复、监控等管理，网络资源的分配，网络一级用户的管理等。网络管理员不属于会计部门
系统管理员	负责管理、协调计算机及会计信息系统的运行工作
会计信息系统主管	负责对输入计算机的会计数据进行审核、记账、结账、会计基础数据库的维护，并对打印输出的账簿、报表进行确认，以及对机内的会计数据进行分析等业务
系统维护员	负责保证计算机硬件和软件的正常运行，管理机内会计数据
业务处理人员	负责会计凭证(记账凭证和原始凭证)的输入，会计证、账、表的输出，并进行诸如报表格式定义等数据处理工作；负责企业会计业务中除总账处理外其他业务，如成本核算、销售核算、工资核算等系统的日常处理
信息系统审查人员	负责监督计算机及会计信息系统的运行，防止利用计算机进行舞弊，从而确保系统安全。此岗应根据企业网络规模、内部控制的需要等因素设置
一般查询用户	指具有会计数据阅读权限的各类人员，其访问系统的权限根据需要由系统管理员赋予
数据分析员	负责对计算机内的会计数据进行分析
档案保管员	负责管理所有与会计信息系统有关的档案

(3)确定岗位标准。

会计信息系统是人机系统，内部控制的成败离不开人员的素质，因此对各个岗位人员的知识、技能及职业道德必须提出具体的要求。如系统管理员应该具有会计和网络技术、通信技术和计算机技术等相关知识，同时具有会计信息系统的组织和管理经验；会计信息系统主管应该熟练掌握会计业务并能熟练使用信息系统；系统维护员要精通网络技术、通信技术、计算机技术及相关知识并具有基本会计知识；系统业务处理人员要具备会计信息系统操作知识和技能，可以由基本会计岗位人员担任；信息系统审查人员要熟练掌握会计业务、审计业务和网络技术、通信技术、计算机技术的基本知识，以及会计信息系统相关知识；数据分析员应该具备会计知识和熟练应用计算机的能力；档案保管员要具备档案管理知识。

2. 设置满足控制要求的组织流程

组织流程是由组织建立并采用，为实现组织目标而采取行动的过程。组织流程本身就是一种控制手段，按照组织控制的需要，组织中每一项核心工作都应该有明确规定的流程。而且流程设计时要把明确的业务记录、岗位之间的牵制，以及上下级之间的签核等方式作为流程的一部分，从而实现组织流程控制的目的。

【案例 2】 会计信息系统会计总账处理的流程主要包含的环节

(1) 凭证处理人员检查原始凭证，有问题的退回修改，并据原始凭证输入记账凭证。
(2) 凭证审核人员对已经输入的凭证进行审核，有问题的由原凭证处理人员修改。
(3) 记账处理。
(4) 结账处理。
(5) 生成会计报表。
(6) 主管对报表进行审核签章。
(7) 对外传递和输出审核后的报表。

在上述流程中必须满足对原始凭证、记账凭证、凭证输入人员及会计报表等进行控制的需要，所以采取如下的控制流程。

(1) 凭证处理人员检查原始凭证，有问题的退回修改。
(2) 凭证审核人员审核已经输入的凭证。
(3) 主管对报表进行审核签章。

6.2.2　操作控制

操作控制主要是建立和实施操作管理制度，对系统使用、操作规程和会计业务处理几个方面做出规定，主要控制措施如表 6-3 所示。

表 6-3　控制措施

	控 制 措 施
系统使用管理	(1) 建立经常性检查和定期维护保养设备的规定，记录机器设备的运行情况及维修情况
	(2) 除系统管理和操作人员及经过批准的人员外，其他人员严禁进入机房
	(3) 机房中禁止的行为，如吸烟等
	(4) 设备、材料及外来磁盘和光盘进入机房的管理要求，尤其是外来磁盘。为了防止计算机病毒的传播，应禁止来历和情况不明的磁盘进入机房
	(5) 建立严格的硬件管理制度和损害补救措施，如采用磁盘双工和磁盘镜像可以在一块硬盘失效时，由另一块硬盘替换工作；双机热备份可以在一台计算机(服务器)失效时，由备用的计算机接替继续工作
	(6) 硬件管理应分清责任，各自管理和使用自己职责范围内的硬件设备，不得越权使用。禁止非计算机操作人员使用计算机系统，以免不当的操作损坏硬件设备。多个用户使用同一台设备时，要严格登记并记录运行情况
	(7) 加密机内运行的会计软件，防止软件被他人有意无意篡改、更换或破坏，对自主开发的软件尤为重要
	(8) 对软件的修改建立审批制度和监督制度
	(9) 任何上级操作都应该留有记录并进行上机登记
	(10) 操作日志记录和上机登记应由专人负责，负责人无权销毁自己的记录
	(11) 上机操作记录应定期打印并存档保管，系统各功能工作效率和质量应有记录，并应对记录的责任人、内容及事后的分析及处理工作制定明确的规定
	(12) 操作人员调离原操作岗位，电算管理员应及时更换进入该人员操作范围的口令
	(13) 各类操作人员应根据规定，定期更换口令
	(14) 建立发生泄露口令并被越权操作时的处罚办法
	(15) 建立必要的应急预案以保证发生故障时系统能及时得到恢复
	(16) 明确一般故障的现象及处理程序

续表

	控 制 措 施
操作规程管理	(1)每个操作人员只能拥有其分工范围内的操作权限，口令是操作人员身份的标识。每个操作人员必须设置自己的口令，操作人员负责对口令经常更换并对他人保密
	(2)信息系统主管无权调阅操作人员自设的口令密码
	(3)系统的操作人员一般不能拥有对系统的修改权限，包括修改软件、代码、记账凭证上的数据等，也不能调阅系统开发的文档资料和系统的源程序
	(4)有关人员应有必要的权限分割，如操作人员不能兼任出纳及手工凭证的制证和审核等工作，系统维护员不能处理系统日常的任何业务
	(5)规定包括网络、通信和计算机在内的所有设备的使用权限，如访问文件服务器的权限等
	(6)规范各设备的使用方法和操作流程
	(7)任何操作都要按照事先确定的流程进行，严禁不按规程操作
	(8)规范每个岗位的操作流程
	(9)规范每个系统(及系统功能)的操作流程
	(10)定期调换不同的操作岗位
会计业务处理管理	(1)预防原始凭证和记账凭证等会计数据未经审核而输入计算机
	(2)数据录入人员只能严格按照凭证输入数据，不得擅自修改凭证数据。如发现差错，应退回原凭证编制者修改
	(3)已输入计算机的原始凭证和记账凭证未经核对不能登记机内账簿
	(4)按照信息系统业务处理的分工建立不相容职务的分离制度，如数据录入员与机内凭证的审核员必须由两个人分别担任，不能互相替代等
	(5)除系统维护员维护软件外，任何人员不能直接打开库文件增加、删除和修改数据

操作控制中需要强调如下几个方面。

(1)各部门应该事先对系统的使用与管理做出计划安排，如什么时间按照何种程序全面(或局部)检测整个系统、什么时间优化升级系统，以及什么时间清理系统的中间文件等。

(2)操作日志是操作管理的重要手段，是对日常系统操作情况的最基本、最全面和最详尽的反映。操作日志包括系统日志和人工日志，系统日志是利用系统提供的功能对各用户操作系统的所有活动的自动记录；人工日志是对系统的运行情况、出现的异常现象及其处理、人员使用系统的情况等进行的记录。系统主管应充分利用操作日志，定期监察和检验日志，以便及时了解非法用户和有权用户越权使用系统的情况及设备状况。

(3)操作控制中除了要求各类操作人员按照制度规定操作系统外，还应该强调员工的责任、能力和可信赖程度。每一个员工在履行新职责前都应该进行相关的培训，给其明确的指导并测试其掌握情况。员工上岗后应该有明确的责任要求，并对履职情况进行考核。对重要岗位的人员，如系统管理员和重要的业务处理人员必须关注其可信赖性，即从事这些岗位的人应该是可信赖的。

【案例 3】 Lenven 公司对会计信息系统的输出规定如下控制

(1)分析检验输出的会计报表，确保报表数据的准确。

(2)会计主管对向其他部门及上级主管等报送的报表核准签章。

(3)向其他部门和上级主管等报送的报表要登记在案，以防止企业信息的无控外流。

(4)专人负责并妥善保管存储有会计数据的磁盘和光盘等介质。

6.2.3 硬件、软件系统控制

1. 硬件系统控制

会计信息系统的硬件系统包括网络设施、通信设施、计算机及其辅助设备等。硬件设备本身的控制措施一般由设备生产厂家固化在设备中，设备使用者难以改变。它能自动查出某些类型的错误，而无须程序或操作人员输入任何特殊指令。硬件控制的失效会减弱其他控制措施的作用，影响系统的可靠性。

(1)计算机硬件的控制主要包括如下方面：

- 重复处理控制。通过重复执行同样的处理操作，比较结果以发现错误。
- 冗余校验。在数据编码中设置冗余位，依据冗余位编码与数据编码中位数的逻辑关系检测是否存在数据传送或处理错误。
- 回波检验。输出设备将接收到的数据再传回到来源单位，以便和原始数据对照比较，从而检查数据传送(特别是远途传送)过程中是否发生错误。
- 设备检验。将控制手段构造在计算机集成电路板中，检查并更正错误。
- 有效性校验。利用计算机实际操作与有效操作进行对比，检测错误。
- 二模冗余。采用两个相同的副本。当出现故障时两个副本不再一样，只要经过简单比较即可检测出来。
- 双电路。在硬件的要害部位和外部关键设备上设置双重电路，有些系统的硬件要害部位甚至还设置了三重保险系统。

(2)硬件环境控制：硬件设备易受环境的影响，对周围环境的要求比较严格。为硬件设备的运行提供安全环境，包括电源、温度、湿度、静电、尘土、电磁干扰和辐射等。以充分发挥计算机的性能，延长计算机系统的使用寿命。

(3)协议和网络安全策略：网络系统中的协议和网络安全也是非常重要的，它是网络上信息传输安全的基础。

- 加密机制。信息加密的目的是保护网内的数据、文件、口令和控制信息，保护网上传输的数据。以便防止对消息流的观察和篡改，以及通信业务流分析、抵赖、伪造、非授权连接和篡改消息。网络加密常用的方法有链路加密和端点加密。
- 访问控制策略。访问控制是网络安全防范和保护的主要策略，它的主要任务是防止对信息系统资源的非授权访问和非授权使用。它也是维护网络系统安全和保护网络资源的重要手段。访问控制是保证网络安全最重要的核心策略之一，访问控制的策略很多。
- 安全认证机制。通过认证的方式确定双方身份，网络安全认证机制主要有鉴别机制、数字签名、数字信封、数字证书和数字时间戳等方式。

【案例4】 Lenven公司的网络系统中采用如下控制

(1)防火墙控制：防火墙是一种保护计算机网络安全的技术性措施，它是一个用以阻止网络中的黑客访问某个机构网络的屏障，也可称之为“控制进/出两个方向通信的门槛”。在网络边界上通过建立相应的网络通信监控系统来隔离内部和外部网络，以阻挡外部网络的侵入。

(2)网络端口和节点的安全控制：在网络中服务器的端口使用自动回呼设备及静默调制解调器加以保护，并以加密的形式来识别节点的身份。自动回呼设备用于防止假冒合法用户，静默调制解调器用于防范黑客的自动拨号程序对计算机进行攻击。网络还常对服务器端和用户端采取控制，用户必须携带证实身份的验证器(如智能卡、磁卡和安全密码发生器)。在验证用户的身份之后，才允许用户进入用户端，然后用户端和服务器端进行相互验证。

2. 软件系统控制

信息系统软件一般包括操作系统(包括网络操作系统和单用户操作系统)、工具软件(包括数据库管理系统、编译器和程序设计语言、Excel等电子表格处理软件、Web服务、发布和浏览软件、信息采集、FTP,以及Telnet等软件)及应用系统软件3大部分。操作系统处于信息系统软件平台的最底层,因此它的安全是整个软件平台安全的基础。应用系统处于最上层,是完成具体业务处理的软件。由于各种业务处理对安全的需求程度不同,因此应用软件自身提供的控制措施也有很大区别。工具软件介于操作系统和应用软件之间,是应用系统开发所用的软件。操作系统自身的控制主要包括如下方面。

(1)错误处理:如果计算机在工作中发生读写困难,或者读写的字符溢出,操作系统会指出发生的错误并做相应处理,如重新读写或停止计算机的操作等。

(2)文件保护:对于断电、死机等突发事件,系统能够对有关文件进行一定程度的保护和恢复能力,防止文件完全丢失或损坏。

(3)安全保护:对系统的操作进行控制,防止未经授权批准的人使用系统。如提供密码功能,通过使用密码控制没有权限的用户进入系统。

为了减少应用系统本身的安全隐患和漏洞,对应用软件的开发应该实施如下控制。

(1)为了防止应用软件中留下不该有的漏洞和安全隐患,软件开发商或开发应用软件的,应该控制应用系统的开发过程。

(2)系统开发过程应该遵循明确的程序,并且严格管理,如制定正式的系统开发规划,记录软件检测与调试的结果。

(3)软件测试时除了测试功能和软件应有的控制外,还要重点检查和测试软件的漏洞,以及是否具有不该有的程序块。

(4)系统开发过程要编制和保存完整的文档资料,如系统目标、系统流程图、程序流程图、关键控制点、编码表和源程序清单等。

【案例5】 Lenven公司为了防止计算机病毒的侵害,采取了以下控制措施

(1)加强机房管理,避免使用来路不明的磁盘和非法复制的软件,不允许接收异常的电子邮件。

(2)购置反病毒软件,经常对磁盘进行检测及杀毒处理。

(3)定期备份系统软件和数据。

(4)分析并评估系统的危险程度,制定防止病毒入侵行动方案。

(5)坚持使用正版的软件,不使用盗版或来历不明的软件。

(6)在不能确定计算机是否带有病毒的情况下,读取磁盘的数据时应使磁盘处于写保护状态。

6.2.4 数据资源控制

数据资源是企业的重要资源,它们都以记录的形式存储在系统的数据库中。因此数据资源控制的重点是数据库的管理控制,其主要目的是防止系统内外人员对数据库的非法访问,以及系统故障、误操作或人为破坏造成数据库毁损。为此,应实施如下控制。

1. 访问控制

访问控制即控制数据的接触和访问,主要措施如下。

(1)密码或身份鉴别：通过密码和身份鉴别限制数据库访问人员，仅限于经过授权的用户访问。当用户要求访问数据库时，要识别用户身份。可以采用软件手段，如口令等；也可以采用硬件手段，如使用指纹及声音等识别设备。

(2)存取权限控制：通过权限设置数据库数据的访问范围，可以根据岗位、工作性质和涉及的内容等为数据库用户设置一定的权限，主要包括为不同用户确定其可存取数据的范围、确定哪些用户可更新修改数据，以及哪些用户只能读取数据。

(3)数据存储介质管理：磁盘不随意摆放，使用后要加锁保护，对重要数据可以采用硬加密的防复制技术和防跟踪技术进行加密保护等。

2．建立数据备份和恢复制度

一方面，数据库中的数据应定期或不定期地按需要转储；另一方面，定义和实施适当的后备和恢复策略，周期性地转储备份数据，维护日志文件。一旦系统发生故障，能够在最短时间内把数据库恢复到某一正确状态，并且尽可能不影响计算机系统其他部分的正常运行。

6.2.5　档案资料控制

采用会计信息系统之后，大量的会计数据和信息保存在磁性介质和光介质中，人凭肉眼无法直接读取，必须借助机器才能够识别这些信息。而且对这些信息的修改也可以不留下任何痕迹，这就使得档案的保存具有了与传统的手工会计不同的要求。

1．信息化环境下的主要档案资料

在信息化环境下，会计档案主要有下面几类。

(1)各种纸质的报表、凭证和账簿。

(2)企业会计信息系统软、硬件技术资料。

(3)系统软件、应用软件源代码。

(4)各种软件、资料、数据、报表的备份介质。

(5)各种系统开发维护的文档资料、历史记录。

2．系统档案管理制度

信息化环境下的档案资料控制主要是建立完善并切实可行的档案管理制度，包括档案保管制度、档案存取制度、档案作废制度几个方面。其中，档案保管制度主要对哪些应该作为档案进行管理、如何管理做出规定；档案存取制度主要对档案的接触做出规定；档案作废制度主要对档案作废做出规定。档案管理制度的内容如表 6-4 所示。

表 6-4　档案管理制度

项目	管 理 内 容
档案保管制度	会计档案的保管应实行权限分工制度，由专人负责
	系统的操作人员和程序开发设计人员不能兼任会计档案保管
	建立适当的系统备份和系统恢复制度，如规定定期备份的间隔期等
	备份文件与备份程序是否保存在远离计算机房的地方
	备份文件及其他档案应设有内外标签
	档案应分类管理，并有清晰的分类标识
	应该对各类磁盘、光盘的保管环境条件做出规定，如软盘的防高温、防水、防霉、防震、防磁场、防盗等
	定期对磁性档案进行检查、定期进行复制，防止由于磁性介质损坏而使档案丢失

续表

项目	管理内容
档案存取制度	档案应根据不同级别，对保密级进行管理，对档案调阅者规定不同的权限
	任何档案调阅都要履行一定的审批、交接手续
	任何档案调阅都要做详细的登记，并对档案交接、阅读的地点和时间做出规定
档案作废制度	按照有关规定设定档案的有效期，有效期内的档案要妥善保管
	对超过有效期的档案，规定处理方案
	任何人无权擅自对任何档案进行作废处理（包括超过有效期的档案）
	任何档案的作废处理都要履行一定的手续，并经过有关主管的核准
	任何档案的作废处理都要做详细的记录
	作废档案在手续齐全的情况下，应进行销毁处理，防止外泄
	档案的销毁必须有不同的人在场，严禁一个人做此处理

在一般控制中，我们要强调的是企业除了建立切实可行的管理制度外，还要重视建立信息系统灾难预警和恢复机制。事先制定灾难预警应对方案和灾难恢复策略，详细计划企业信息平台受到灾难性打击或破坏后的恢复，以便以最快的速度恢复信息系统，并把灾难带来的损失尽可能地减少到最小。

6.3 会计信息系统的应用控制

应用控制是对具体业务处理过程实施的控制，其内容与业务处理有关，取决于业务处理的需要。任何业务处理系统都可以划分为输入过程、处理和存储过程，以及输出过程几个环节，如图 6-1 所示。不同环节的应用控制又可以分别称为“输入控制”“处理和存储控制”及“输出控制”。

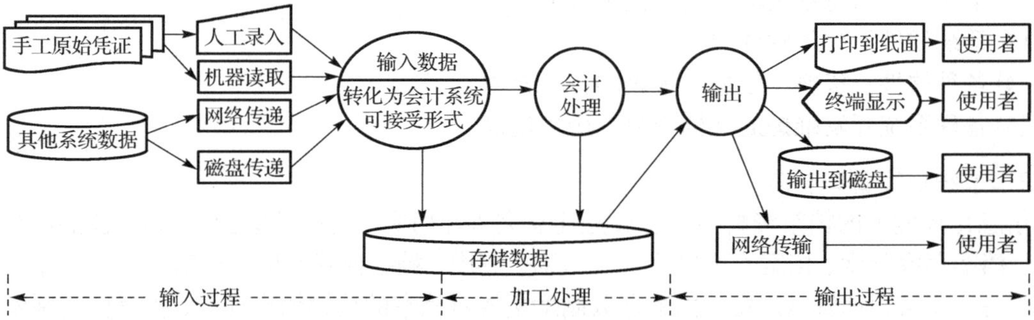

图 6-1　计算机处理过程

6.3.1 输入控制

输入控制是为了防止和发现进入信息系统的数据错误而施加的控制。会计信息系统的处理是用会计方法对输入的数据进行加工处理的过程，如果输入的数据有误，由于任何数据处理控制都无法纠正输入时不完整或不准确的数据错误，正确的加工也只能产生错误的结果，因此输入数据到计算机系统时必须实施控制，以确保进入系统中的数据是准确、完整和被授权的。

一个完整的数据输入过程包括数据采集、数据准备、输入数据和数据存储几个环节。

（1）数据采集是获取加工需要的经济业务数据的过程，这些数据可能存在纸面上，如购货发票、领料单和销售发票等；也可能是通过通信设施直接传递过来的，如网上传来的订单等。

(2)数据准备是将采集的数据按照系统的要求进行整理的过程。

(3)输入数据是将准备好的数据输入计算机中的过程。

(4)数据存储是将输入的数据转化为机器可读的数据，并存储在数据文件中的过程。

会计信息系统的数据输入方式主要有人工录入、机器读取、磁盘导入和网络传入。人工录入是将纸面上的数据直接通过键盘输入计算机中的方式；机器读取是借助设备，如扫描仪和读卡机等将数据录入计算机中的方式；磁盘导入是通过存储介质，如磁盘将数据输入系统中的方式；网络传入是直接通过通信设施将数据传递到系统中的方式。

常用的输入控制方法有如下几种。

1．数据采集控制

数据采集控制的目的是确保在合理授权的基础上全面、完整且准确地收集经济业务数据，主要的控制措施有合法及合规性检查、授权、采用标准化格式的原始凭证、原始凭证审核、经济业务履行适当的程序、数据采集采用适当的程序，以及原始单据进行批量控制等。

2．输入数据控制

(1)授权控制：为保证每个用户只输入被允许输入的数据而采取的控制措施，主要控制方法是授权和密码。

(2)正确性控制：为保证输入数据的正确性而采取的控制措施，常用方法有校验、格式化输入和比较等。

- 校验控制可以采用人工目测核对和计算机校验两种方式。人工目测核对是指数据录入后，在处理之前，由人工目测屏幕上的数据，核对无误后处理；计算机校验是在应用程序中嵌入校验程序对输入数据的正确性进行校验，包括合理性校验、界限校验、平衡校验和校验码检验等。
- 格式化输入控制提供标准化输入格式，减少用户出错的概率。
- 比较控制将同样的数据向计算机系统输入两次，由系统自动核对两次输入的结果。并标记不一致的记录，核对后由输入员修改标记错误的记录。

(3)完整性控制：常见的有批总数控制，即对处理的一批业务单证，在数据输入前先以某种特征为基础(如凭证张数和金额)计算总数。输入该批业务后，由计算机程序自动计算该批的总数，二者核对来判断该批业务数据是否全部输入系统。

(4)错误纠正控制：输入系统中的错误数据应提供改正和重新输入的机会，并对改错与重新输入实施控制。

3．数据存储控制

输入的数据应根据需要保存足够长的时间，确保可以重新查询、分析或检查。输入数据保存时应同时保存输入者信息，包括时间、用户ID号和终端号等，以便为审计提供线索。

【案例6】　篡改输入数据进行舞弊

某钢铁公司的一名考勤员，负责300人的考勤记录。他发现计算机考勤工资系统中全部输入数据包括每位工人的姓名和工号，计算机处理时只使用工号查找职工姓名和住址，而计算机外所有的人工处理和控制都按姓名进行检索。于是，他利用控制中的这个空挡经常利用加班人员的姓名和自己的工号填写加班工时表，每年收入增加数千元。直到审计人员偶尔检查职工收入表时才发现此职工工资收入异常高，经过检查计算机系统中的考勤文件和考勤记录发现了事实真相。

此案涉及所有可能接近计算机系统的人，包括参与数据处理的人员、数据准备人员、源数据提供人员，以及能够接触数据但不参与处理的人员等。采用核对数据、检查文件、计算机审查和人工检查对比、验证异常情况、计算机输出结果正确性检查、分析等方法对数据文件、计算机存储媒介、计算机运行记录和错误运行结果等可能的证据进行分析，最终查清事实真相。

对采用篡改输入数据的方法进行的舞弊，一般数据进入计算机系统之前涉及的所有能够接触数据的人员都应该作为可疑人员进行调查，并依据计算机和各种人工记录发现可疑迹象得出调查结果。

6.3.2 处理和存储控制

处理控制是为了保证在合法的权限内，数据处理能够按照预先设定的程序正确并完整地进行而实施的控制。处理控制一般是通过预先编好的计算机程序实现的，常用的控制措施有如下几个。

1. 处理权限控制

应用程序中应设计处理权限授权功能，只有经过授权批准的人员才能执行处理操作。

2. 业务时序控制

会计业务数据处理有时序性，某一处理过程的运行结果取决于若干相关条件过程处理的完成。所以可在程序中增加业务时序控制，违反顺序的处理应通过预先设置的检查来发现。例如，凭证输入计算机后不经审核直接记账，系统程序不予处理。

3. 钩稽关系检查

充分利用数据之间的钩稽关系验证处理的正确性，如资产负债表中“未分配利润”项目与利润分配表中“未分配利润”项目有对应关系，数额应一致；利润分配表中“净利润”项目与损益表中“净利润”项目“本年累计数”有对应关系，数额应一致；编制的资产负债表应满足：资产=负债 + 所有者权益的关系等。

4. 数据合理性检验

由计算机程序/数据库为数据处理结果确定一个合理范围（或预测结果），数据处理时自动将处理结果和设定的范围相比较。如果数据处理结果超出范围（或与预测结果不一致），则系统应自动报警提示。如借贷记账法下，资产类账户余额在借方，负债及所有者权益类账户余额在贷方。通过检查处理结果是否符合该标准，从而了解数据处理是否合理。

5. 错误更正控制

对于数据有效性检验发现的错误，将错误数据先写入待处理文件，更正后与同批或其他批次业务数据一起输入处理；对于处理过程结束后发现的错误，不能采用直接删除原有错误记录的方式。要输入两次数据更正错误，一次输入冲销原有的错误，一次输入正确的数据。

6. 断点技术

断点技术是指在程序中设置断点，程序运行到该点时，程序运行能被外部干预或为监督程序中断。程序运行中断以后，可以直观检查、打印输出或做其他分析。在断点处可以通过计算，发现错误可能出在程序运行的哪一个环节，从而及时更正错误，并从断点处开始继续处理数据。

7. 审计线索控制

在数据处理过程中，应当产生必要的审计线索，以便追踪审查各项交易。对于成功处理的交易应记录在交易日志中，交给适当的用户核对；未能成功处理的交易应记录在错误文件中，交给适当的用户纠错并重新提交。

8. 数据存储控制

处理后的结果应根据需要保存足够长的时间，确保可以重新查询、分析或检查。处理数据保存时应同时保存业务处理者信息，包括业务处理时间、用户 ID 号和终端号等，以便为审计提供线索。

9. 备份及恢复控制

在信息系统运行过程中，偶尔也会出现因意外事件而中断处理的情况。如果此时正在更新数据文件，数据的完整性将会受到破坏。因此，应当做一些必要的备份，一旦处理过程中发生意外中断，可恢复到处理前的状态。然后再次处理，从而保证数据处理的正确性。对重要数据系统可增加退出系统时的强行备份功能，用户再次进入系统时自动把备份数据与机内数据比较对照，及时发现数据文件的改变。

6.3.3　输出控制

信息系统处理结果主要通过屏幕显示、打印到纸介质、存入磁性介质，如磁盘和网络传递几种方式输出给使用者。输出控制既要保证输出正确的信息，同时还要确保输出的信息只提供给经过授权的使用者。输出控制的主要手段有如下几个。

1. 输出信息控制

输出的信息要符合使用者的要求，内容完整、正确且及时，并且格式清晰，易于使用者理解和把握重要信息。

2. 输出权限控制

通过授权，保证只有经过批准的人员才可执行输出操作，才可以获得权限允许的信息。

3. 输出数据正确性控制

输出数据正确性的控制有多种方法，应针对具体的应用系统，设计相应的控制措施，如以下措施。

(1) 总数控制：即将初始的输入控制总数与最后输出的控制总数相比较。

(2) 数据稽核控制：根据单证、账簿和报表之间的钩稽关系，设置控制程序核对输出数据，给出错误信息，以保证数据的正确性。

(3) 审校输出结果：检查正确性和完整性。

(4) 抽样统计控制：通过对某些特定的项目进行抽样统计来判断输出的正确性。

(5) 对照检查控制：将输出文件中的有关数据与其他相关文件对照检查。

(6) 制度保证：规定纠正输出错误和处理重要数据。

4．输出数据审核控制

业务职能部门要审核收到的机制单证数据，与保存的原始凭证清单逐一核对，确定输出数据的完整性和正确性。对于与实物有关的数据应核对实物，对于发现的输出信息差错必须予以调查和更正。同时，内部审计人员也要定期审核输出数据与报告。

5．输出资料的传递控制

输出的信息要有适当的审核过程和签章，并且只能分发给有权接受资料的使用者，对此可采用资料分发与使用登记制度加以控制。设置输出报告发送登记簿，记录报告发送份数、时间和接收人等事项。如果采用打印输出方式，则打印的资料必须登记。资料的传送事先应该制定程序，由专人负责发送，用户收到必须签字确认。

6．差错更正控制

无论是输出正确性检查，还是输出信息分发控制，其中都可能发现某些差错，为此需要设计专门的更正程序，并设置相应的控制日志，以督促和保证错误更正，顺利正确地完成工作。对于发现的输出信息差错必须及时予以调查和更正。

关键词

内部控制、会计信息系统控制、一般控制、应用控制

习题

(1) 简述会计信息系统会面临哪些风险。

(2) 简述会计信息系统风险的特点。

(3) 举例说明硬件、软件系统控制。

(4) 什么是会计信息系统控制？会计信息系统控制的目标、功能和分类是什么？

(5) 会计信息系统的输入包括哪些环节？与其对应的输入控制又包括哪些内容？

(6) 举例说明会计信息系统的处理和存储控制包括哪些措施。

(7) 简述输出控制主要包括哪些措施。

第7章 会计信息系统审计

本章学习目标

通过本章学习，读者应达到以下目标。

(1) 了解会计信息系统审计的必要性。

(2) 理解会计信息系统审计的基本概念。

(3) 掌握会计信息系统的审计方法。

(4) 了解计算机辅助审计技术。

(5) 熟悉会计信息系统的审计过程。

(6) 熟悉审查与评价会计信息系统控制的过程。

(7) 了解信息系统审计准则框架。

7.1 概述

开展企业会计信息化工作，不仅要利用信息技术建立支持企业经营管理工作所需要的会计信息系统，而且要对会计信息系统的建立与运行实施控制，以确保会计信息系统有效运作。而会计信息系统运行是否正常、控制系统是否有效，则需要通过会计信息系统审计进行监控。在审计过程中，一旦发现会计信息系统和控制系统出现或存在问题，必须通过有效渠道及时反馈给信息系统的管理部门和控制部门，使之及时修改或完善。

7.1.1 会计信息系统审计的必要性

信息技术的快速发展及其在企业管理中广泛深入的应用，使企业的会计信息化程度越来越高。目前许多企业已实现会计信息系统与业务系统的集成，成为财务业务一体化的管理信息系统。现代企业都在利用信息系统推动其经营管理活动的进步，信息系统所提供的通信和分析计算能力已成为企业在全球范围内进行贸易和管理必不可少的工具。信息系统不仅能生成某个企业或地区范围内有关生产和经营的报表，而且也能获得全球范围内各种有关生产和经营的信息。信息系统为企业的经营管理带来了许多便利，然而信息系统又有其脆弱的一面。在计算机信息系统环境下，大量数据存储在计算机中。同手工环境相比，存储在计算机中的数据受到的威胁更多。计算机信息系统受到的威胁主要有计算机硬件故障、计算机软件故障、人员安排不当、终端存取控制不利、数据盗窃、火灾、用户使用错误、程序的改变，以及通信问题等。特别是通信技术和计算机软件的发展使得计算机信息系统更加脆弱。通信网络可以将不同地点的计算机信息系统连接在一起，这样就有可能导致未经许可的数据存取、滥用和发生错误的可能性不仅仅局限于单台计算机，而且在网络的每个节点上都可能发生。计算机软件的发展也增加了信息系统误用和滥用的机会，使用第四代语言，用户不需要专门的技术人员也可自己编写程序。用户自己编写的程序可能无意地产生一些错误，也可能出于非法目的故意修改系统的数据。

要使系统发生的错误、灾难及其安全性受到破坏的可能性减小，除了加强信息系统的管理与控制外，还必须定期对信息系统进行审计。会计信息是企业经营管理决策中使用最多的信息，会计信息系统在管理信息系统中处于重要地位，因此随着会计信息化程度的提高，开展会计信息系统审计十分必要。通过审计可以发现会计信息系统本身及其控制环节的不足之处，以便及时改进与完善，使会计信息系统在企业的经营管理中有效地发挥作用。

7.1.2 会计信息系统审计的基本概念

会计信息系统审计是通过一定的技术手段采集审计证据，对被审计单位会计信息系统的安全性、可靠性、有效性和效率进行综合审查与评价的活动。

1. 会计信息系统的审计目标

会计信息系统的审计目标是指人们通过审计实践活动所期望达到的理想境界或最终结果，或者说是指审计活动的目的和要求。会计信息系统审计的目标是对被审计单位计算机会计信息系统的安全性、可靠性、有效性和效率发表审计意见并提出改进建议。

系统的安全性是指组成信息系统的硬件、软件和数据资源是否受到妥善保护，不因自然和人为的因素而遭到破坏、更改或者泄露系统中的信息。信息系统的资源通常包括硬件、软件、数据文件、系统文档、消耗性材料和其他设施。

系统的可靠性是由硬件系统、软件系统及数据的可靠性等因素共同决定的。硬件系统的可靠性是指在一个指定的时间周期内，在给定的控制条件下，硬件系统执行所需功能的成功概率；软件系统的可靠性是指在运行环境中，在规定的运行时间内或规定的运行次数下，程序和所有数据元素运行不同测试用例的无差错概率；数据的可靠性是指数据真实、准确和及时，它取决于系统对数据的处理过程是否准确无误，以及确保数据可靠的控制措施是否有效。系统的可靠性与系统的组织管理和涉及的人工过程也有一定的关系。

系统的有效性是指系统能否实现既定的目标、系统的各项处理过程是否符合国家法律和有关规章制度的要求。评价系统的有效性必须了解用户的需求，系统有效性的审计一般在系统运行一段时间之后进行，通过事后审计可确定信息系统是否能够实现既定的目标。根据审计的结果，管理者可做出相应的决策：或者抛弃此系统，或者继续使用，或者对系统做一定的改进。在对系统的有效性进行审计时，要以现行法律和规章制度为依据，对系统的各项处理过程进行详细调查与分析，取得充分的证据，对其符合性做出评价并提出改进建议。

系统的效率是指系统能否充分利用各种资源、快速运行及时输出用户所需要的信息，系统的效率主要是由组成系统的计算机硬件和软件资源所决定的。信息系统要耗费各种资源，如机时、计算机硬件、软件和人力等都是稀缺资源，信息系统中的各个子系统都在使用这些资源。

2. 会计信息系统审计的内容

会计信息系统审计的对象是被审计单位的计算机会计信息系统，会计信息系统投入使用前和使用后都要对其进行审计和评价。在实际工作中，有各种会计信息系统审计需求，涉及与会计信息系统开发和运行有关的各种审计业务。而且对于每一具体的审计项目，其审计内容也各不相同。但概括起来讲，会计信息系统审计的内容主要有会计信息系统开发的审计、会计信息系统控制的审计和会计信息系统功能的审计。

会计信息系统开发的审计主要是审查评价系统开发过程是否符合有关的开发规程；会计信息系统能否以完整、准确、可靠的方式处理信息；会计信息系统中是否设计了适当的控制；会计信息系统的各项功能是否符合有关法规、政策、方法、制度的要求；会计信息系统是否达到了既定的目标。

会计信息系统控制的审计是对会计信息系统各项控制措施的健全性和有效性进行审查与评价。只有健全有效的内部控制，才能确保会计信息系统安全可靠且有效运作。审查和评价会计信息系统的控制是会计信息系统审计的核心内容，因此本书重点阐述会计信息系统控制的审查与评价。

会计信息系统功能的审计主要是审查系统对各项业务处理的合法性和正确性、系统能否按照现行会计制度及有关财经法规的要求处理各项经济业务，以及嵌入应用程序中的控制功能是否适当和有效。尽管在系统开发审计中，对会计信息系统的功能已进行了审计，但是在系统运行过程中，由于需求的变更或为适应新的业务需求，系统可能已进行了相应的改变，特别是应用程序具有被篡改而不留痕迹的特点，因此在系统运行过程中仍然要对会计信息系统的功能进行审计。

7.1.3　会计信息系统审计与信息技术环境下的财务审计的比较

会计信息系统审计与信息技术环境下的财务审计有明显区别，这不仅表现在审计的具体内容上，而且还表现在审计的对象、目标、依据、时间和执行者等方面。鉴于企业财务报表审计在企业财务审计中的重要地位，以及财务报表审计基本上涉及企业财务收支活动的一切方面。其审计目标和内容基本上可体现企业财务审计的相关内容，比较注册会计师执行的信息技术环境下的财务报表审计与会计信息系统审计，结果如表 7-1 所示。

表 7-1　会计信息系统审计与信息技术环境下财务报表审计的比较

类　别	财务报表审计	会计信息系统审计
审计对象	被审计单位的财务收支及其有关的经营管理活动	被审计单位的会计信息系统及相关的业务处理系统
审计目标	对被审计单位会计报表的合法性、公允性及会计处理方法运用的一贯性发表审计意见	对被审计单位会计信息系统的安全性、可靠性、有效性和效率进行审查和评价，发表审计意见
审计内容	被审计单位的财务收支及其有关的经营管理活动，以及被审计单位的各种作为提供财务收支及其有关经营管理活动信息载体的会计资料及其相关资料	会计信息系统的开发、会计信息系统的控制、会计信息系统的功能，以及与会计信息系统有数据传递关系的相关应用系统
审计依据	以会计法、财务制度及有关法规、财务活动事实等为主要依据	信息系统的管理制度、条例和法规，信息系统的实际运作情况等为主要依据
审计准则	注册会计师审计准则	信息系统审计准则
审计时间	以事后审计和定期审计为主	事后审计、事前审计和事中审计兼而有之
审计技术	手工审计技术及计算机辅助审计技术	手工审计技术，同时必须利用计算机辅助审计技术
审计执行者	对审计人员专业素质的要求侧重于会计与审计技能，并掌握一定的信息技术知识和计算机辅助审计技术，审计执行者往往是一般审计人员和注册会计师	对审计人员素质的要求侧重于信息技术、信息系统管理、计算机辅助审计技术，并掌握一般审计理论与实务。审计执行者往往是信息系统审计人员和注册信息系统审计师

7.2 会计信息系统审计的方法与技术

在实施会计信息系统审计时，只有熟练掌握各种审计方法和技术，才能获取充分可靠的审计证据，有效地执行审计，实现审计目标。

7.2.1 获取审计证据的方法

在会计信息系统审计过程中可以采用询问、检查、观察、确认、再执行和分析等审计方法获取审计证据。

1．询问法

询问法是指审计人员对有关人员提出问题进行询问以获取审计证据的方法。在会计信息系统审计时，可以向信息部门主管、系统管理人员和系统使用人员提出有关信息系统管理、应用和控制的问题，根据对方的回答获取某些资料。

2．检查法

检查法是指查阅有关文档资料，从而获取审计证据的方法。在会计信息系统审计时，要阅读和审查流程图、程序列表、系统产生的运行记录和信息系统的管理制度等。

3．观察法

观察法是指审计人员通过实地观看视察取得审计证据的方法。在会计信息系统审计时，可实地查看会计信息系统的物理场所、计算机硬件设备、计算机操作过程和数据备份过程等。

4．确认法

确认法是对询问所得到的信息进行确认。在会计信息系统审计时，通过询问得到的有关信息系统管理、应用和控制方面的信息需要进行确认，以成为有根据的信息。

5．再执行法

再执行法是对有关业务数据重新由系统进行处理，从而获得应用系统的处理逻辑是否正确和控制功能是否恰当的审计证据。如在会计信息系统审计时，可建立一个测试账套。审计人员可在企业业务数据的基础上，设计测试数据，交由系统进行处理，以检测系统的处理和控制功能。

6．分析法

分析法是对审计过程中获取的资料进行系统分析，揭示其是否有异常、是否合理，以及是否存在问题，为进一步审计提供线索。如在会计信息系统审计时，可取得操作系统层、数据库管理层和应用系统层的系统运行记录，其中记录了操作的起止时间、操作名称和种类、访问的数据库，以及中断和故障等方面的信息，审计人员通过对系统运行记录进行分析，可发现是否存在异常。

上述获取审计证据的方法可以采用手工审计技术、计算机辅助审计技术或手工与计算机辅助审计技术相结合。

7.2.2 计算机辅助审计技术

2010年9月1日发布了中华人民共和国审计署令第8号《中华人民共和国国家审计准则》，

在第七十六条中明确了“审计人员在检查被审计单位相关信息系统时，可以利用被审计单位信息系统的现有功能或者采用其他计算机技术和工具，检查中应当避免对被审计单位相关信息系统及其电子数据造成不良影响”。

随着信息技术和信息系统的发展，计算机辅助审计技术也在不断发展，几种常见的计算机辅助审计技术如下。

1. 测试数据

测试数据是指审计人员把预先设计好的测试数据交给被审计的应用程序进行处理，并将处理结果同预期结果加以比较分析，进而对被审应用程序的处理逻辑及其控制的有效性做出评价。在测试之前，应当取得被测试应用程序的最新版本。

2. 综合测试

综合测试是在应用系统正常处理其业务的同时，用测试数据对系统进行检测，从而对应用系统的处理逻辑和控制功能是否恰当有效做出评价。这种方法需要在应用系统中建立一个虚拟实体，测试数据被认为是该实体数据。在系统正常运行时测试数据和正常业务数据一同输入应用系统进行处理，以检测应用系统的处理和控制功能。

3. 平行模拟

平行模拟是指审计人员模拟被审应用程序的功能与特点，编写一个与被审程序具有相同处理及控制功能的模拟程序。然后用模拟程序处理当期实际发生的业务数据，并将模拟程序的处理结果与被审程序的处理结果进行比较，从而对被审应用程序的处理功能是否正确做出评价。

4. 嵌入审计程序

嵌入审计程序是在应用系统中嵌入审计模块，用于采集审计人员感兴趣的信息。审计人员通过对采集的信息进行审查分析，可以确定被审系统的处理功能和控制功能是否正确可靠。

5. 映像

映像(Mapping)是用专门的软件测量包(Software Measurement Package)监控程序的执行，该软件可以对程序中每一语句执行的次数进行计数并提供有关资源利用的累计统计数。对未执行的程序语句产生一个列表，审计人员应对未执行的语句进行分析，以确定其是否恰当。一些语句可能是为处理例外业务而设，但例外业务没有执行过，有些未曾执行的语句也许是程序设计员的花招或是其他原因。

6. 实用软件

在信息系统运行中，经常会用到实用软件，实用软件也是执行信息系统审计时不可缺少的工具。一些实用软件可用于评价系统的安全性，一些则可用于评价系统的效率。

7. 连续审计

连续审计是在信息技术环境下，特别是网络环境下的一种新的审计模式，连续审计技术要在系统中嵌入审计模块。嵌入的审计程序同病毒扫描程序一样，可以检测系统运行中出现的异常和高风险的事项，并做出标识。

在实际工作中，选择的审计技术方法得当，不仅可以保证信息系统的正常运行，而且可以获取有效的审计证据。在会计信息系统审计过程中，应结合各单位信息系统的应用状况和技术条件，并且根据具体的审计目标，合理利用计算机辅助审计技术。在开展会计信息系统审计的初期，可选择简便易行的计算机辅助审计技术。随着信息系统审计工作的逐步展开和审计人员技术水平的提高，可采用多种计算机辅助审计技术，以获取更加充分有效的审计证据。

7.3 会计信息系统审计的过程

审计过程是指审计工作从开始到结束的整个过程，会计信息系统审计同财务审计过程一样，包括审计计划阶段、审计实施阶段和审计完成阶段。但是由于二者的审计对象和审计目标不同，因此在审计过程各阶段所做工作的具体内容也有所不同。

7.3.1 审计计划阶段

计划阶段是整个审计过程的起点，科学合理的计划可以帮助审计人员有的放矢地审查、取证，形成正确的审计结论，从而实现审计目标。计划阶段的主要工作是了解被审计单位的基本情况、识别重要性、了解内部控制、进行风险评估，并且制订审计计划。

1. 了解被审计单位的基本情况

为做好审计计划工作，审计人员必须充分了解被审计单位的基本情况。在进行会计信息系统审计时，主要了解被审计单位的业务性质和组织结构、信息系统的战略规划、计算机应用的体系结构、现行会计信息系统及相关业务系统、经营管理工作对会计信息系统的需求，以及应用系统所处理交易和事项的类型等。

2. 识别重要性

为有效地实现审计目标，应合理使用审计资源。在制订审计计划时，审计人员应当对重要性进行适当评估。进行会计信息系统审计时，要评估会计信息系统各子系统的重要性。越是重要的子系统，越需要获取充分的审计证据。

3. 了解内部控制

在计划阶段，审计人员应了解被审计单位的内部控制。特别是信息系统的控制，对内部控制的健全性进行初步评估，以确定需要测试的项目并制订测试计划。在了解信息系统的控制时，要了解被审计单位的信息系统及其应用环境。

(1)信息系统的结构：信息系统的结构有主机中心结构、客户服务器结构和浏览器服务器结构等，不同结构的信息系统，硬软件的配置不同，信息系统的控制也有所不同。

(2)硬件和软件：对于硬件部分，要了解主机型号、CPU 厂家、内存容量、输入输出设备及辅助存储设备，并对本年度设备的变更予以特别关注；对于软件部分，应对当前信息系统所使用的操作系统及其他系统软件，包括通信软件、数据库管理系统软件、应用软件和编程语言有一个全面的了解。

(3)会计信息系统及相关业务系统：通过对会计信息系统及相关业务系统的了解，可以知道各系统的重要性、复杂程度及各系统间的数据传递关系。在审计过程中，对重要系统和复杂系统及其控制引起重视。

(4)信息系统的管理控制措施：特别要全面了解的是会计信息系统的控制措施。可以从一般控制和应用控制两方面了解被审计单位的信息系统控制情况。一般控制，即保障信息系统正常运行的稳定性、有效性、安全性等方面的控制；应用控制，即保障信息系统产生的数据的真实性、完整性、可靠性等方面的控制。

4. 进行风险评估

风险评估的理念及思路应当贯穿于整个审计过程的始终。实施风险评估时，可以考虑固有风险及控制风险。在计划审计工作阶段，可以对内部控制的固有风险进行评估，作为编制审计计划的依据之一。根据对控制风险评估的结果，调整计划阶段对固有风险的判断，这是一个持续的过程。

在制订审计计划时，审计人员要进行风险评估。一般来讲，对固有风险和控制风险估计越高，支持审计人员形成审计意见所需要审计证据的数量就越大；反之，所需要审计证据的数量就越少。通过风险评估可以识别出风险相对高的领域，引起审计人员对该领域的重视，从而获取充分的审计证据，有效地控制审计风险，保证审计质量。

企业实现会计信息化后，利用信息系统实施内部控制至少应当关注下列风险。

(1)信息系统缺乏或规划不合理，可能造成信息孤岛或重复建设，导致企业经营管理效率低下。

(2)系统开发不符合内部控制要求，授权管理不当，可能导致无法利用信息技术实施有效控制。

(3)系统运行维护和安全措施不到位，可能导致信息泄漏或毁损，系统无法正常运行。

在进行风险评估时，可以从下列方面了解信息技术对内部控制产生的特定风险。

(1)系统或程序未能正确处理数据，或处理了不正确的数据，或两种情况同时并存。

(2)在未得到授权情况下访问数据，可能导致数据的毁损或对数据不恰当的修改，包括记录未经授权或不存在的交易，或不正确地记录了交易。

(3)信息技术人员可能获得超越其履行职责以外的数据访问权限，破坏了系统应有的职责分工。

(4)未经授权改变主文档的数据。

(5)未经授权改变系统或程序。

(6)未能对系统或程序作出必要的修改。

(7)不恰当的人为干预。

(8)数据丢失的风险或不能访问所需要的数据。

通常实施下列风险评估程序，可以获取有关控制设计和执行的审计证据。

(1)询问被审计单位的人员。

(2)观察会计信息系统特定控制的运用。

(3)检查与会计信息系统相关的文件和报告。

(4)追踪交易在会计信息系统中的处理过程(穿行测试)。

5. 制订审计计划

审计计划应形成书面文件，并在审计工作底稿中加以记录。审计计划的基本内容应当包括被审计单位的基本情况、审计范围和重点、审计步骤和时间安排、人员分工、运用的审计技术与方法，以及审计中应注意的事项和其他有关内容等。

在审计计划阶段，获取审计证据的主要方法有如下几种。

(1)调查问卷：将与系统安全、数据完整、系统的有效性和效率有关的事项列为调查对象，并设计成调查表交由企业有关人员填写或由信息系统审计人员根据调查结果自行填写。

(2)面谈：针对某些问题直接与内部审计人员、信息系统管理人员及其他有关人员进行面对面交流。

(3) 审阅系统文档：查阅信息系统的文档资料和管理规定等书面文件。

(4) 实地观察：实地查看信息系统工作的场所及其设施。在搜集审计证据的过程中，审计人员要关注可能出现问题的环节和相关的控制措施。

7.3.2 审计实施阶段

审计实施阶段是根据计划阶段确定的范围、要点、步骤及方法进行取证评价，借以形成审计结论，实现审计目标的中间过程，它是审计全过程的中心环节。在审计实施阶段通常要进行符合性测试和实质性测试。

1．符合性测试

符合性测试的目的是检查内部控制机制是否健全有效。为了达到这一目的，审计人员要对会计信息系统的一般控制和应用控制进行测试。在此阶段，采集审计证据的方法包括手工作业技术和计算机辅助审计技术。审计人员只对实际存在的控制程序执行符合性测试。执行这种测试时，应将实际控制程序和补偿性控制与规定的程序进行比较。为确定各项控制是否适当并一贯应用，审计人员还应审核有关文档，并与相关人员进行面谈。符合性测试的步骤如图 7-1 所示。

符合性测试着重审查被审计单位信息系统的内部控制制度及其执行情况，内部控制越强，信息系统出现差错的概率就越小，可以相应地减少实质性测试的范围与数量；反之，内部控制越弱，信息系统出现问题的概率就越大，审计人员则应加大实质性测试的范围与数量。

在符合性测试的结论中，审计人员应对控制程序的执行情况予以记录说明，并就规定的程序和补偿性控制是否适当，以及各项控制是否一贯应用得出结论。根据符合性测试的结果可以确定所需要执行实质性测试的范围，以便为确定控制程序是否适当提供合理保证。

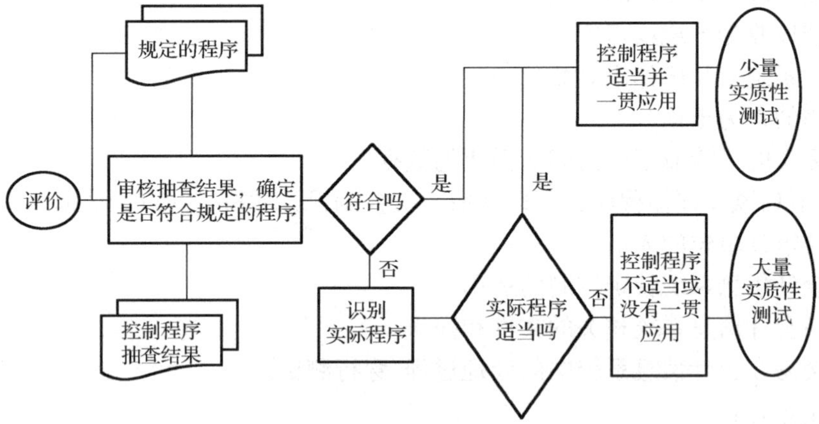

图 7-1　符合性测试的步骤

2．实质性测试

实质性测试是对交易和事项的详细测试或分析性复核，以获得审计期间交易和事项完整、准确或存在的审计证据。实质性测试的目的是通过必要的数据测试，对能否实现特定的目标向管理者提供最终的保证或不保证。

从系统安全性来看，为评价计算机中心实体资产的安全性，审计人员要查看防火及防盗等设施的存在性及可靠性。

从系统有效性来看，为评价应用系统的处理功能是否正确，审计人员可把预先设计好的测试数据交给被应用系统程序进行处理，并将处理结果同预期结果加以比较分析。

从系统效率来看，为评价系统的效率，审计人员要审查应用系统的响应时间，以确定其是否在可接受的范围之内。具体测试时，可利用审计软件从事务日志中选取样本进行评价。

值得注意的是，在执行会计信息系统审计时，日志文件中的记录是对系统运行情况最全面和最详尽的反映。日志文件是重要的审计线索，因此审计人员应将日志文件作为重点进行审查，对操作系统的日志、数据库管理系统的日志及应用系统的日志文件要进行认真审查分析。

7.3.3 审计完成阶段

在审计完成阶段，审计人员必须运用专业判断综合收集到的各种审计证据，即以经过核实的审计证据为依据，形成审计意见，出具审计报告。审计报告应说明审计范围、审计目标、审计期间所执行审计工作的性质和范围、采用了哪些计算机辅助审计技术，以及有关审计结果。在审计过程中，如果受到被审计单位或客观环境的限制，对某些重要事项未能获取充分完整的资料，也应在审计报告中予以说明。

评价审计报告时，审计人员既要考虑所发现错误的重要性，又要考虑由于控制弱点而产生潜在风险或错误的重要性。如果按照一般可接受的控制惯例(Generally Accepted Control Practices)，没有重要的控制弱点，控制适当，可实现控制目标，则审计人员可考虑发表控制适当的无保留意见。如果缺乏控制而导致不能为实现控制目标提供合理保证，则控制弱点被视为是重要的，应在审计报告中予以说明。在审计过程中，识别出重要的控制弱点时，应考虑发表保留意见或提出有关建议。

根据审计目标，审计人员也应考虑向管理者报告不重要的控制弱点，特别是增强控制的成本不高时，更应当考虑向管理当局报告不重要的控制弱点。

在正式发布审计报告前，还应考虑期后事项。在外勤工作结束日到发布审计报告日之间一般都有一段时间，审计人员应考虑在此期间被审计单位及其信息系统是否发生了重大变化，这些变化可能会对审计结果和建议产生影响。如审计了某一应用系统的控制之后，发生了舞弊；审核了安全管理控制之后，发生了严重的火灾；被审计单位将信息系统业务承包给了外部信息服务机构等。如果确认发生了某些重大事项，审计人员应考虑这些事项对审计结果和建议的影响，并告知审计报告使用者。

综上所述，会计信息系统审计的主要步骤如图 7-2 所示。

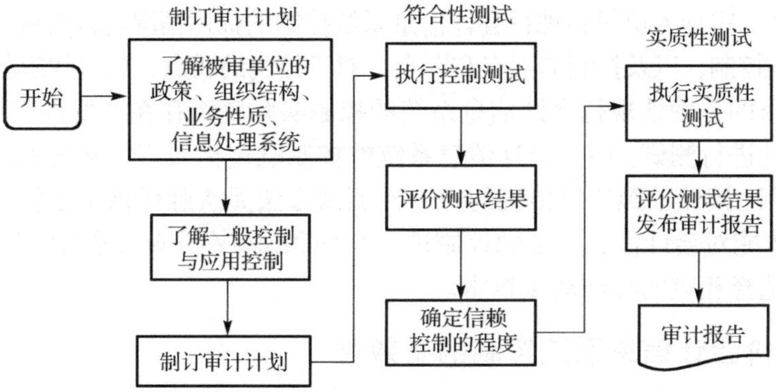

图 7-2 会计信息系统审计的主要步骤

7.4 会计信息系统控制的审查与评价

对会计信息系统各项控制措施的健全性和有效性进行审查与评价，是会计信息系统审计的核心内容。只有健全有效的内部控制，才能确保会计信息系统安全可靠并有效地运行。

7.4.1 了解会计信息系统的控制

在了解被审单位会计信息系统的控制时，审计人员应首先对信息系统及其应用环境有一个大致的了解，了解的信息主要包括信息系统的结构、硬件和软件及应用系统。

了解会计信息系统的应用环境之后，要全面了解会计信息系统的控制，包括对一般控制与应用控制的了解。了解会计信息系统控制的方法主要有审阅前任审计的工作底稿；与被审计单位的高层管理人员、信息系统人员及其他有关人员进行面谈；对计算机设施及操作过程实地观察；审阅信息系统的文档及与信息系统有关的会议记录；组织流程图等书面文件。

7.4.2 记录会计信息系统控制情况

对于了解到的会计信息系统控制情况，审计人员应将其记录在工作底稿上，记录时可采用调查表、文字表述和流程图。

(1) 调查表是将那些与信息系统的安全、数据完整、系统的有效性和效率密切相关的事项列为调查对象，由审计人员设计成调查表，交由被审计单位有关人员进行填写或由审计人员根据调查结果自行填写。

(2) 文字表述是对信息系统控制的健全程度和执行情况通过文字进行描述，通常按一般控制和应用控制分别编写，记录在工作底稿上，应用控制要按不同的应用系统来编写。

(3) 流程图是用专用标志和符号表示应用系统的业务处理过程，同时标出控制环节。审计人员可以使用 CASE 工具绘制流程图。

在实际工作中，审计人员应根据具体审计对象的情况选择一种或若干种描述方法，记录被审计单位信息系统控制的情况。

7.4.3 测试会计信息系统的控制

对会计信息系统的控制进行测试是为了确定会计信息系统控制的设计和执行是否有效，包括控制设计测试和控制执行测试两个方面。

控制设计测试的目的是确认现行会计信息系统的控制设计是否合理并适当，即测试会计信息系统控制的健全性。审计人员可将现行会计信息系统控制的描述情况与理想的控制模式进行比较分析，识别出关键控制，以及控制的强点和弱点。对于控制的弱点，应寻找解救性的控制措施。

测试控制的目的是确认现行会计信息系统的控制实际是否存在并发挥作用，即对会计信息系统控制的有效性进行测试。由于会计信息系统的控制既包括人工实施的控制，又包括由计算机程序实施的控制，因此单纯依靠传统的符合性测试方法无法胜任该项工作，必须利用计算机辅助审计技术，才能对会计信息系统的控制进行全面测试。在实际工作中，审计人员应针对不同的控制形式，选择相应的控制测试技术。

7.4.4 评价会计信息系统控制的有效性

在对会计信息系统的控制进行测试之后，审计人员要对会计信息系统的控制是否健全有效做出评价。根据控制测试执行结果，审计人员通过合理判断，可以确定会计信息系统的一般控制和应用控制在哪些方面控制严格，能够发挥其作用，哪些方面控制不足或存在缺陷。针对识别出的控制薄弱环节，应进行深入研究与分析，提出完善会计信息系统控制的建议。

在评价会计信息系统的控制时应注意应用控制的审查不应孤立地考虑，应将应用控制同与之相关的一般控制联系起来进行审查评价。应用控制往往依赖于一般控制，如嵌入应用程序中的应用控制是否有效，要视与之相关的一般控制是否有效而定。如果对程序的修改缺乏控制，那么审计人员在测试嵌入应用程序中的应用控制时，难以取得被测程序与本期处理业务的程序完全相同的证据，因此对会计信息系统控制的审查与评价，通常从一般控制开始。评价应用控制时，要考虑相关的一般控制。在审计过程中，如果审计人员认定某项一般控制的主要控制目标未能实现，应将控制弱点记录在审计工作底稿上，并评价其对应用控制的影响。

为了更加清晰地理解会计信息系统控制的审计过程，下面以应用控制审核为例，说明其审计过程，如表 7-2 所示。

表 7-2 应用控制审核的审计过程示例

审计项目：应用控制		日 期		页 次
审计步骤	审计过程	底稿索引	审计人员	日 期
1	制订审计计划 (1)制订应用控制审查计划指引 (2)确定审计范围 (3)人员安排 (4)向审计人员介绍概况			
2	审计开始 通知相关人员审计范围			
3	输入和输出控制 (1)识别主要的输入项目 (2)确定输入方法(成批输入或联机输入) (3)审核批输入控制 ● 审查和概括批输入程序 ● 描述批输入授权控制和确保批输入完整的控制 ● 审查并描述批数据是如何传输到处理过程的，数据处理人员如何确认输入的数据是经过授权的 ● 评价批输入控制的适当性 (4)审核联机输入控制 ● 描述输入终端的类型和数量 ● 审查并描述交易输入到应用系统的过程 ● 审查防止未经授权的交易输入到应用系统的控制 ● 确认输入错误是否予以检查并及时纠正 ● 确定为纠正错误而输入的数据是否有控制 (5)识别主要的输出项目 (6)确定输出审核程序的适当性 ● 审查输出信息分发前对其进行审核确认的程序 ● 审查输出信息分发程序的适当性			
	● 评价验证输出信息完整准确的程序 ● 确定是否有专人审核输出 ● 评价输出审核程序是否适当 (7)审核输出总数核对程序 (8)确定对敏感数据的控制是否适当 (9)审核输出资料保管过程 (10)评价输入和输出控制是否适当			
4	输入/输出测试 (1)选取交易数据进行测试 (2)追踪交易处理 (3)记录测试结果，评价输入和输出处理是否恰当			

续表

审计项目：应用控制		日 期		页 次
审计步骤	审计过程	底稿索引	审计人员	日 期
5	处理控制 （1）取得应用系统文档，对主要处理过程和处理控制进行详细审核 （2）测试处理逻辑和处理控制，可采用下列方法进行测试 ● 测试数据 ● 综合测试 ● 嵌入审计程序 （3）评价处理控制是否适当			
6	通信控制 （1）识别环境 ● 所使用终端的类型和数量 ● 通信线路的类型 ● 控制器的类型、数量和位置 ● 访问的类型（查询、实时更新及远程终端输入等） （2）审核访问控制 ● 终端访问是否仅限于经过授权的用户 ● 是否通过口令限制对数据的访问 ● 确认口令保密控制是否适当 ● 系统如何验证口令 ● 是否经常更换口令 ● 用户忘记口令要执行哪些程序 ● 用户访问级别是否满足其需求 ● 系统是否限制尝试访问的次数 ● 是否所有访问试图都有日志记录和报告 ● 保密信息是否受到保护而不在终端屏幕上显示 （3）执行必要的测试，确定访问控制是否起作用 （4）评价数据传输的安全性 ● 电话线和专用通信线路的物理安全性 ● 数据加密 ● 真实性检查			
7	整理审计工作底稿，发布审计报告 （1）完成工作底稿 （2）概述审计结果 （3）提交工作底稿以进行审核 （4）起草审计报告草案 （5）呈交审计报告草案以进行审核 （6）对审计报告做必要的修改 （7）最终的审核工作底稿和审计报告 （8）发布审计报告			

7.5 信息系统审计专业组织与信息系统审计准则框架

7.5.1 信息系统审计专业组织

信息系统审计与控制协会（Information Systems Audit and Control Association，ISACA）是从事信息系统审计与控制研究工作的专业组织，该组织在世界上 100 多个国家设有分会。该协会推出了注册信息系统审计师（Certified Information System Auditor，CISA）考试与资格认证。ISACA 每年举办 CISA 资格考试，通过考试的人员可以申请 CISA 资格。CISA 在全世界范围内得到广泛认可，成为信息系统审计发展的重要标志。

在我国，信息系统审计工作还没有真正开展起来，但是人们已逐渐认识到信息系统审计的必要性，开始关注信息系统审计。积极探索信息系统审计理论与方法，并着手培训信息系统审计人员。审计署干部培训中心与信息系统审计与控制协会合作，于 2002 年正式推出注册信息系统审计师考试与培训。这一举措不仅有利于扩大注册信息系统审计师的影响，吸收众多的中青年人才从事信息系统审计事业，而且将会进一步推动我国信息系统审计工作的开展。

7.5.2 信息系统审计准则框架

信息系统审计与控制协会（ISACA）通过制定和颁布信息系统审计准则、指南和程序等专业标准来规范和指导信息系统审计工作。信息系统审计与控制协会发布的信息系统审计准则①包括信息系统审计准则、指南和程序 3 个层次。

（1）信息系统审计准则是信息系统审计准则体系的总纲，也是信息系统审计人员执业行为的基本规范。执行信息系统审计和出具审计报告必须遵守执行，具有强制性。信息审计与控制协会发布的信息系统审计准则的内容包括审计章程、审计独立性、职业道德和标准、执业能力计划、审计工作的执行、审计报告、后续工作、违规和非法行为、信息技术管治、审计计划中风险评估的应用。

（2）信息系统审计指南为信息系统审计准则的应用及如何遵守信息系统审计准则提供了指导。

（3）信息系统审计程序提供了执行审计业务时，信息系统审计人员可以效仿的范例。审计人员根据信息系统或信息技术环境的具体情况，通过职业判断，选择适当的审计程序。

执行信息系统审计时可以参照信息系统控制与审计协会发布的信息系统审计准则，指导信息系统审计工作。

此外，国际内部审计师协会（Institute of Internal Auditors，IIA）发布了全球技术审计指南（Global Technology Audit Guide，GTAG）。全球技术审计指南为首席审计执行官（CAE）和审计主管人员，提供了有关信息技术管理、控制和安全方面最为及时的问题。在指南中（GTAG）中，IT 控制分为一般控制和应用控制，同时为了更好地评估角色和责任，将 IT 控制分为治理控制、管理控制和技术控制。GTAG 特别针对技术控制的相关主题发布了相应的审计指南。

关键词

审计、会计信息系统审计、计算机辅助审计技术、审查与评价

习题

（1）简述会计信息系统审计的目标与内容。
（2）会计信息系统审计与信息技术环境下的财务审计有何不同？
（3）在实施会计信息系统审计时，获取审计证据的方法有哪些？
（4）什么是计算机辅助审计技术，常用的计算机辅助审计技术有哪些？
（5）简述会计信息系统审计的过程。
（6）如何审查和评价会计信息系统的控制？
（7）分析我国信息系统审计的发展现状。
（8）了解国内外信息系统审计的相关规范。

① 信息系统审计与控制协会发布的信息系统审计准则可在 www.isaca.org 查阅。

第 8 章

采购与付款过程

本章学习目标

通过本章学习，读者应达到以下目标。

(1) 了解采购与付款过程的目标和内容。

(2) 理解采购与付款过程与其他业务流程之间的关系。

(3) 了解采购与付款过程包含的典型业务场景。

(4) 理解赊购业务涉及的相关子系统的应用流程。

(5) 掌握采购管理和应付款管理子系统的构成。

(6) 掌握采购管理和应付款管理子系统的使用方法。

8.1 采购与付款过程概述

8.1.1 采购与付款过程的目标和内容

采购与付款过程是企业物资供应部门取得企业生产经营活动所需要的各种物资，并支付货款的过程。

1. 采购与付款过程的目标

采购与付款过程的目标是获取、维护和支付企业所需物资，即为企业的生产过程提供必需的资源。该目标可分为以下子目标。

(1) 明确对物资质量、数量和到货时间等方面的要求，确保采购需求合理有效。

(2) 选择合适的供应商，协商合理的价格，并及时签订采购合同和订单。检验到货商品，确保采购需求能有效执行。

(3) 有效控制采购到的商品，防止其丢失、被盗或损坏。

(4) 对已验收的商品，及时并正确地付款，维护良好的企业信誉和稳定的物资供应。

(5) 核算采购与付款过程中发生的成本和费用，分析薄弱环节，改善采购和支付过程的效率和效益。

2. 采购与付款过程的内容

采购与付款过程主要由提出采购请求、授权采购、采购商品、验收商品、存放和保管已验收的商品、为商品付款，以及退回商品等环节组成。

(1) 及时并准确地完成采购订货管理，反映和监督采购订单的制定、审核和执行情况。

(2) 完成采购的日常业务处理，包括采购入库、采购退货、发票处理和采购结算等日常处理工作。

(3) 完成应付账款的核算与管理，包括应付账款业务的日常核算，全面反映企业赊购形成的债务状况，从而及时还款，降低信用成本；及时反映和监督采购业务中资金的支出和应付情况，确定合理的中、长期还款计划；及时记录并反映供应商的情况，在保证准时且足量得到供货的同时降低采购成本。

(4) 实现其他有关业务的管理，包括供应商管理、价格及供货信息管理、物料对应管理和质量检验管理等工作。

(5) 完成采购分析和采购统计工作，打印输出各种需要的台账及报表等，将各种信息按照需求传递到其他业务过程。

8.1.2　与其他业务过程的关系

采购与付款过程是企业生产经营过程的重要组成部分，它从销售过程和生产过程得到对各种材料物资的需求情况，并且结合库存数据，在预算管理过程的控制下形成有效的采购需求；为库存管理和存货核算提供入库成本和数量等信息；对现金管理过程提出付款请求；向账务核算和分析过程提供采购成本和费用等数据。

8.1.3　典型业务流程

在企业生产经营过程中，存在多种采购和付款流程。例如，采购可分为现购、赊购、直运采购、受托入库采购和退货等类型。而赊购中产生的应付款处理又可分为发票付款、其他应付单付款、未付款退货、已付款未核销退款退货、已付款已核销退款退货，以及期末调汇等类型。

现购是指货物的接收与货款的支付同时完成；赊购是指购销双方利用商业信用交易，货款的支付滞后于货物的接收，形成应付账款；直运采购是直运业务的一部分，该业务是指企业接到客户的订单后，与第三方供应商签订采购订单，由第三方供应商根据采购订单组织货源直接向客户发出货物。对于直运销售的企业而言，无须实物的收发即完成购销业务。结算包括两个部分，即企业和供应商之间的开票及付款，以及企业和客户之间的开票及付款。受托入库采购是委托代销的一种对称业务，它通常用来处理代理商向已经签订代销协议的上游分销商和生产厂商进行订货的业务；退货则是由于质量问题、延期、运输损坏及发运错误等原因，退回供应商的货物。

发票付款是指根据发票确认应付账款和申请付款，然后付款记账；其他应付单付款是指根据其他应付单确认其他应付款和申请付款，然后付款记账。未付款退货是指如果物资已采购入库，并且货款尚未支付时需要退货，则使用红字发票冲回应付账款；已付款未核销退款退货是指如果物资已采购入库且货款已支付尚未核销时需要退货，则使用红字发票冲回应付账款，同时使用退款单退回已付款，然后将退款单与付款单核销，将红蓝字发票对等核销，或者将红字发票与退款单核销、蓝字发票与付款单核销；已付款已核销退款退货是指如果物资已采购入库，并且货款已核销时需要退货，则使用红字发票冲回应付账款，同时使用退款单退回已付款，然后将红字发票与退款单核销；期末调汇则是当企业存在往来科目余额，且期末记账汇率发生变化时，调整往来科目的余额，并相应确认汇兑收益或损失。

下面简要说明现购、赊购和退货的业务流程。

1．现购流程

现购业务的基本流程如图 8-1 所示。

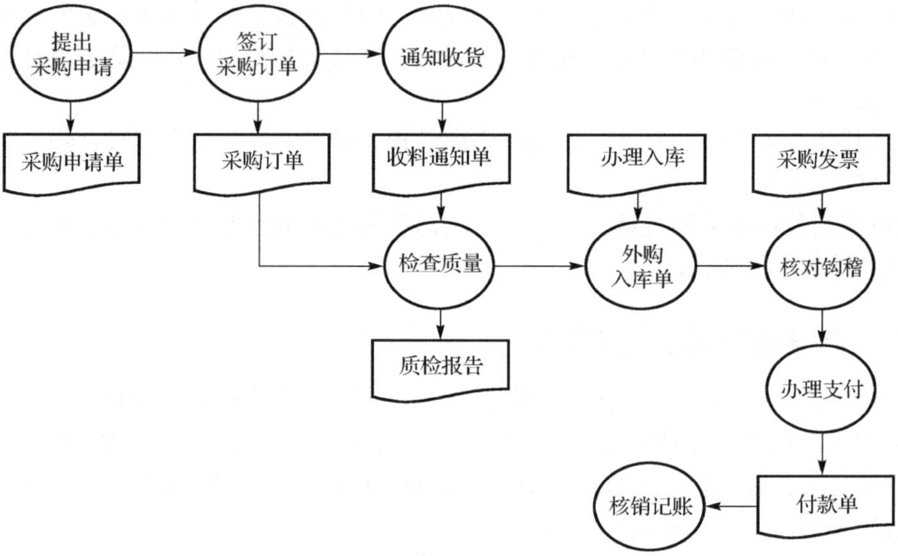

图 8-1　现购业务流程

(1)业务人员/计划人员根据企业的实际需要，基于销售订单、库存情况或零星的采购需求，编制采购申请单。

(2)采购业务人员依据采购申请、采购配额信息和采购价格，向供应商下达采购订单。

(3)采购业务人员跟踪订单执行情况，及时填制收料通知单，通知企业接收货物。

(4)质检人员根据订单要求，对接收的货物进行质量检验，并提交质检报告。

(5)仓管人员根据质检合格报告和收料通知单，办理入库业务，填写外购入库单。

(6)会计接收采购发票，与订单和入库单核对，钩稽发票和入库单，并通知出纳办理付款。

(7)出纳付款。

(8)会计记账，核算采购成本和费用，并核销相关单据。

2．赊购流程

赊购业务的基本流程如图 8-2 所示。

(1)业务人员/计划人员根据企业的实际需要，基于销售订单、库存情况或零星的采购需求，编制采购申请单。

(2)采购业务人员依据采购申请、采购配额信息和采购价格，向供应商下达采购订单。

(3)采购业务人员跟踪订单执行情况，及时填制收料通知单，并通知企业接收货物。

(4)质检人员根据订单要求，检验接收货物的质量，并提交质检报告。

(5)仓管人员根据质检合格报告和收料通知单，办理入库业务，并填写外购入库单。

(6)会计接收采购发票，与订单和入库单核对，钩稽入库单和发票，记账确认应付账款；如果发票未到，则对应付账款进行暂估，核算采购成本和费用。

(7)在付款期限内，出纳付款。

(8)会计记账，核销应付账款和相关单据。

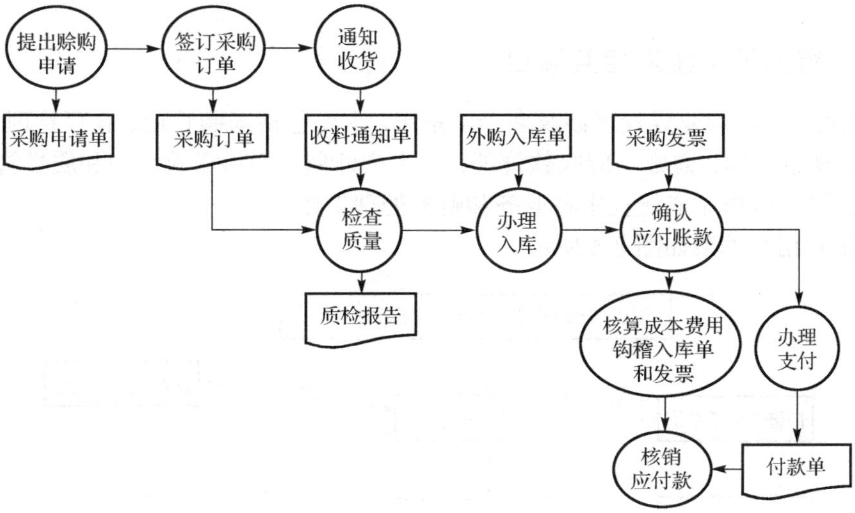

图 8-2　赊购流程

3．退货流程

退货业务的基本流程如图 8-3 所示。

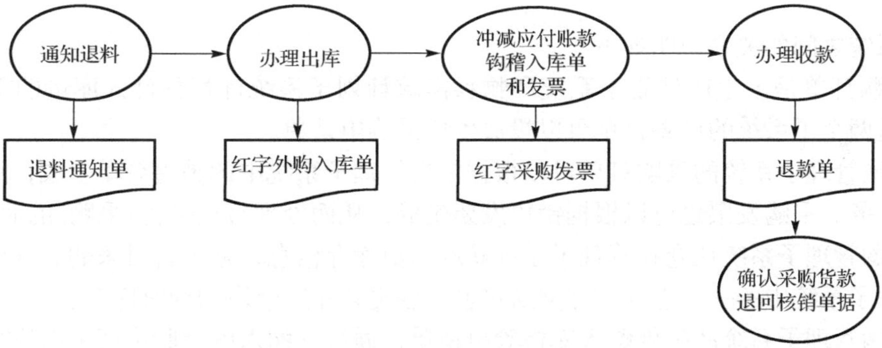

图 8-3　退货流程

(1)采购业务人员依据原来的收料通知单或者收到的红字采购发票，填制退料通知单，并通知仓库准备退料。

(2)仓管人员办理退料手续，填制红字外购入库单。

(3)会计根据红字采购发票和红字外购入库单，钩稽入库单和发票，并记账冲减应付账款。

(4)如果已经支付了货款，则由出纳办理退款手续。

(5)会计记账确认采购货款退回，并核销相关单据。

受各企业所处经营环境和自身管理要求的影响，不同企业的具体采购和付款流程与上述描述会有出入，但它们都是一个业务与财务协调运作的过程。考虑到赊购业务在企业经营实践中广泛存在，本章以赊购业务流程为例说明在 K3 软件系统中如何完成相关的业务操作、财务核算和分析，以及相关管理和控制。

8.2 赊购业务处理流程

8.2.1 相关子系统及相互接口

在 K3 系统中，赊购业务处理涉及多个子系统，主要包括采购管理、仓存管理、存货核算、应付款管理、现金管理、总账、应收款管理、主生产计划、物料需求计划和质量管理。各子系统实现数据共享，协作完成流程中各业务和财务处理工作。

各子系统的相互关系如图 8-4 所示。

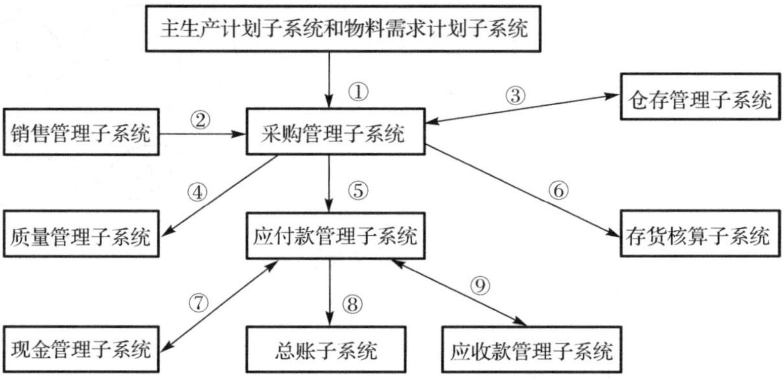

图 8-4 相关子系统及接口

各子系统之间的关系说明如下。

(1) 采购订单是主生产计划子系统和物料需求计划子系统计算预计入库量的重要单据之一，而且这两个子系统的计划订单可以投放生成采购申请单。

(2) 采购管理子系统的采购订单可以根据销售管理子系统中的销售订单生成，从而处理以销定购的业务。采购发票也可以根据销售发票生成，从而处理直运销售(采购)的业务。

(3) 采购管理子系统从仓存管理子系统获取当前库存信息，减少盲目采购。其外购入库单是仓存管理子系统中的一种重要库存交易单据，会更新相应仓库的即时库存。

(4) 采购管理子系统产生外购入库检验申请单，通过外购入库检验申请单的执行和采购不良品处理单，控制外购入库质量。

(5) 采购管理子系统中的采购发票可以直接传递到应付款管理子系统作为确认应付账款的依据，费用发票在保存时会传递到应付款管理子系统形成其他应付单。

(6) 采购管理子系统中的外购入库单是进行入库核算的原始依据之一，入库核算之后的入库成本将反填到外购入库单的单价中，核算完成的外购入库单将根据凭证模板生成相应的凭证。

(7) 现金管理子系统与应付款管理子系统的应付票据互相传递，应付款管理子系统中的“付款申请单”可以传递到现金管理子系统，现金管理子系统的付款单可以传递到应付款管理子系统。

(8) 采购管理子系统的采购发票作为确认应付的原始凭证之一，可按照凭证模板生成相应的应付凭证。

(9)应收款管理子系统中的销售发票和其他应收单与应付款管理子系统中的采购发票和其他应付单进行应收抵应付的核算。

8.2.2　主要功能模块

赊购业务处理涉及多个子系统，由于销售管理、应收款管理、仓存管理、存货核算、总账和现金管理子系统在其他章节中介绍，而主生产计划、物料需求计划和质量管理子系统使用较少，所以本章只介绍采购管理和应付款管理子系统的功能模块。

1. 采购管理子系统的功能模块

K3 的采购管理子系统的功能模块如图 8-5 所示。其主要包含以下几方面的功能。

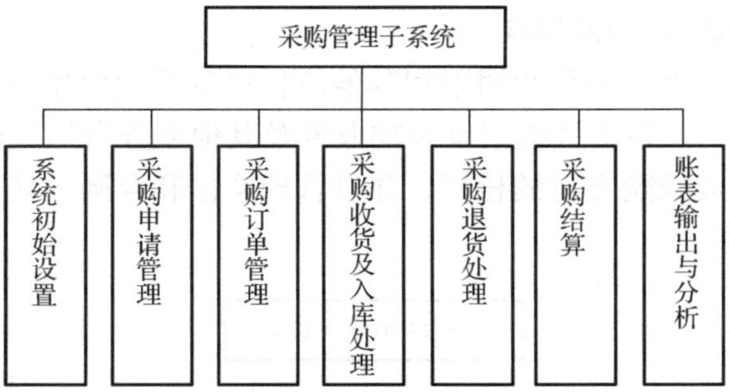

图 8-5　采购管理子系统的功能模块

(1)系统初始设置。系统的初始设置是日常业务处理的前提，是一项比较繁重且复杂的工作。采购管理子系统的初始设置主要包括参数设置、基础信息设置、业务流程设置、期初数据输入，以及启动系统等。

(2)采购申请管理。该模块用于采购人员对经上级审核确认后的购货申请进行的业务处理和管理，包括采购申请的录入、审核和打印；采购业务已经确认并得到实施的单据的关闭；录入的错误单据的作废处理；申请单数据的引出；申请单附件的管理，以及申请单的批量处理和管理等。

(3)采购订单管理。采购订单是购销双方共同签署并以此确认采购活动的标志，它是物资在采购业务中流动的起点，是采购管理系统的核心。采购订单管理包括采购订单的生成和维护、订单数据的引出、采购订单附件的管理，以及订单的批量处理和订单管理等功能。

(4)采购收货及入库处理。采购部门在物料到达企业后首先要填制收料通知单，登记验收人和入库的物料等情况，便于物料的跟踪与查询。根据此单进行收货质检，检验合格的物料才能入库，入库时要填制外购入库单。采购收货和入库处理就是处理物料收到和验收入库，并管理有关单据。

(5)采购退货处理。当由于质量不合格或价格错误等因素或与采购订单或合同的相关条款不相符等原因需要把物料退回供货单位时，则填制退料通知单，进行退货处理，并管理有关单据。

(6)采购结算。采购结算是根据采购发票和费用发票确认采购成本的过程，包括在采购管理中处理采购发票和费用发票，以及在存货核算中计算采购成本两个过程。因此采购管理子系统的采购结算主要是采购发票和费用发票的管理，发票处理主要完成发票的生成、审核、维护、附件的管理，以及发票的批量处理。此外还要进行发票下推式关联红字和蓝字发票的对等核销等处理。

(7)账表输出与分析。采购管理提供的账表包括业务报表和分析报表两大类，采购业务报表是系统针对用户已经实现的业务处理。即将所取得的业务成果进行筛选、分析及处理，以综合反映企业采购业务的信息。采购分析报表是对采购流程中各项主要业务的处理结果和运作情况进行的分析，如采购订单 ABC 分析、采购价格分析和供应商供货 ABC 分析等。除了这些固定报表外，为了满足企业特殊业务反映的需求，一般系统还提供报表工具和查询分析工具，可以用来制作和查询企业需要的报表。账表输出功能提供了这些报表的查询和打印。

以上所述仅仅是从概念上划分的模块结构，K3 v10 的实际菜单组织与此略有不同。其中采购收货和入库处理在“收料通知”和“入库”菜单下完成；采购退货处理在“退料”和“入库”菜单下完成，但此时的“入库”操作是录入红字外购入库单；采购结算在“结算”和“费用发票”菜单下完成。

2．应付款管理子系统的功能模块

应付款管理以采购发票、采购费用单和其他应付单等原始单据为依据，综合管理企业的往来账款。如图 8-6 所示，各子系统记录采购业务及其他业务所形成的往来款项、处理应付款的支付和转账等、完成采购支付的核算，并且管理票据和合同。其主要包含以下几方面的功能。

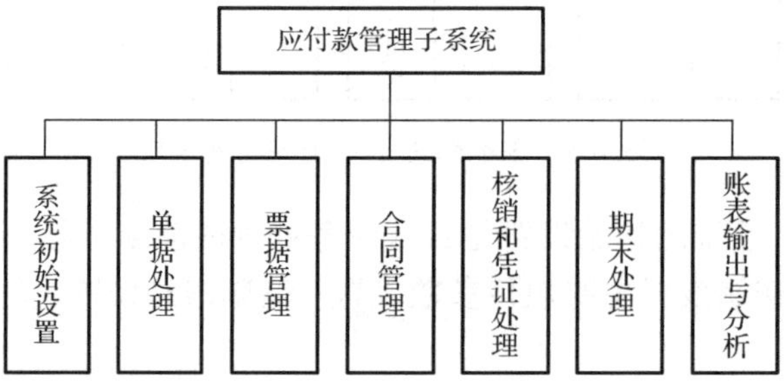

图 8-6　应付款管理子系统功能模块

(1) 系统初始设置。应付款管理子系统的初始设置主要包括参数设置、基础信息设置、业务流程设置、期初数据输入和启动系统等。

(2) 单据处理。本模块主要维护采购发票、其他应付单、付款单和退款单，如新增、修改、审核及删除等。

(3) 票据管理。应付票据用来核算公司因采购商品和接受劳务等而付出的商业汇票，包括银行承兑汇票和商业承兑汇票。本模块主要维护应付票据，如新增、修改、删除及付款和退票等。

(4) 合同管理。本模块管理合同的建立、执行和关闭的过程。

(5) 核销和凭证处理。核销处理确定付款单与原始发票、应付单之间的对应关系，即指明每一次付款是支付哪几笔采购业务的款项。凭证处理则是根据业务单据生成记账凭证的操作。

(6) 期末处理。本模块主要包括期末调汇、期末对账和期末结账。对于有外币业务的企业，在会计期末如有汇率变化，通常要进行期末调汇的业务处理。当本期所有操作完成之后，如所有单据进行了审核及核销处理，相关单据已生成了凭证，同时与总账等系统的数据资料已核对完毕，即可进行期末结账工作。期末结账处理完毕，系统进入下一个会计期间。

(7) 账表输出与分析。本模块主要提供各种报表的查询。为了满足企业特殊业务反映的需求，一般系统还提供报表工具和查询分析工具，可以用来制作和查询企业需要的报表。账表输出功能提供了这些报表的查询和打印。

以上所述仅仅是从概念上划分的模块结构，K3 v10 的实际菜单组织与此略有不同。其中，单据处理在“发票处理”、“其他应付单”、“付款申请单”、“付款”和“退款”菜单下完成，票据管理在“票据处理”菜单下完成，核销和凭证处理在“结算”和“凭证处理”菜单下完成，账表输出和分析在“账表”和“分析”菜单下完成。

8.2.3　K3 v10 中的应用流程

在 K3 v10 系统中，赊购业务的处理流程主要涉及采购管理、应付款管理和现金管理子系统中的多个菜单项。图 8-7 所示为在 K3 v10 中处理赊购业务主要涉及的菜单项。其中值得注意的是，采购发票和费用发票形成所谓的“连属单据”。所以费用发票和入库单的钩稽操作在“采购发票—钩稽”菜单中处理，而且现金管理子系统中的付款单需通过“发送”操作传递到应付款管理子系统。

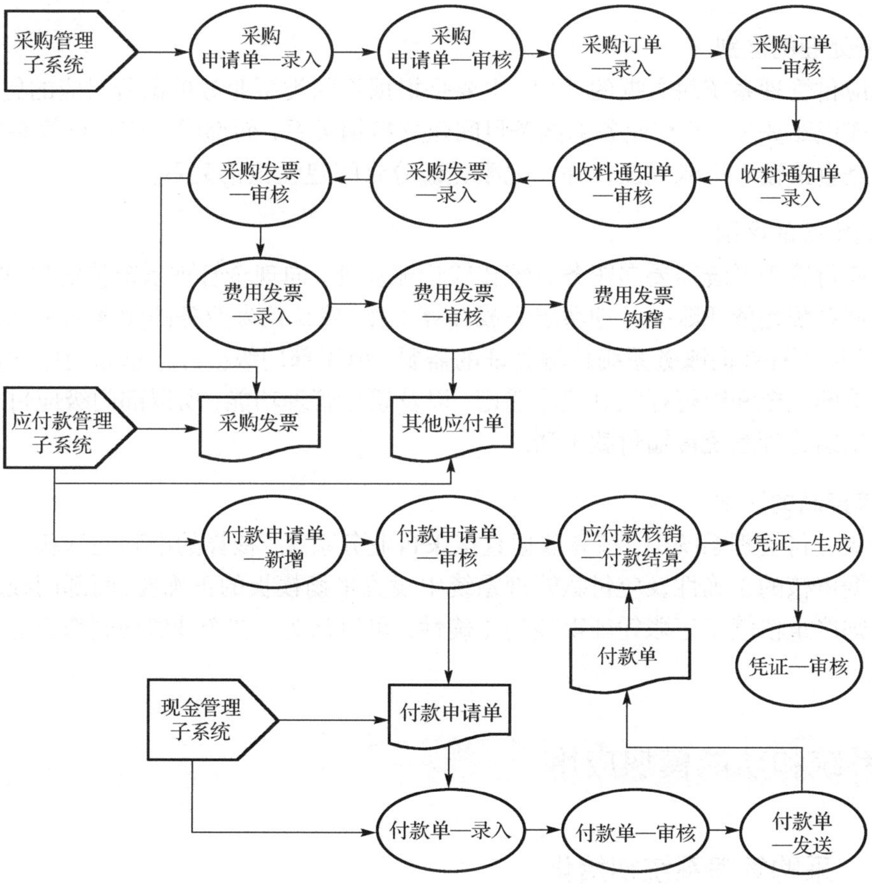

图 8-7　K3 中赊购业务处理流程

8.2.4　企业级应付管理系统与部门级应付核算系统的区别

所谓企业级会计信息系统，是指实现了财务业务一体化，将企业的财会预算、核算、控制、分析功能与业务的计划、执行、控制、分析功能紧密集成的会计信息系统。而所谓部门级会计信息系统，则是指仅服务于企业的财会部门，提供会计凭证录入、记账、报表编制和简单财务分析等功能的系统。二者在会计信息的采集、存储、处理、传输和系统控制等方面存在较显著的区别。就企业级应付管理系统与部门级应付核算系统而言，它们存在以下区别。

1．数据采集的区别

企业级应付管理系统的输入数据主要来自于业务部门使用的采购管理系统，采购部门录入的采购发票和费用发票信息会传递到企业级应付管理系统；而部门级应付核算系统则需要会计人员手工重新整理原始纸质单据，直接录入记账凭证。

2．数据存储的区别

企业级应付管理系统与业务执行系统共享集成存储的数据库，由业务执行系统存储的数据能够为企业级应付管理系统所利用；而部门级应付核算系统的数据存储独立于业务执行系统，发生数据不一致问题的风险较大。

3．数据处理的区别

企业级应付管理系统对数据的处理，主要是根据不同类型业务单据所对应的凭证模板，对业务单据生成记账凭证，并在业务单据条目间建立核销关系；而部门级应付核算系统对数据的处理，主要是直接输入记账凭证，并在记账凭证分录间建立核销关系。

4．数据传输的区别

企业级应付管理系统需要向账务系统传输记账凭证，向现金管理系统传输付款申请；而部门级应付核算系统是依托账务处理系统完成核算工作，确认往来业务的凭证本来就是在账务系统输入的，所以不存在向账务系统传输凭证的需要。由于部门级会计信息系统中的出纳管理系统只提供简单的现金和银行存款日记账登记，以及票据管理功能，所以部门级应付款核算系统也不需要向出纳管理系统传输付款申请。

5．系统控制的区别

在企业级应付管理系统中，核算数据直接来自业务系统，核算的准确性依赖于业务系统对原始业务单据审核的正确性及应付款管理系统中设置平衡模板的正确性；而部门级应付核算系统的准确性则严重依赖于记账凭证审核的正确性。可以认为，在企业级应付管理系统中，控制环节提前了。

8.3 子系统和功能模块应用

8.3.1 采购管理系统初始化

系统初始化设置是日常业务处理的前提，是原来手工处理的数据进入计算机系统进行计算机处理的起点。也是通过对资金流、物流全面跟踪、管理，最终提高企业管理整体水平的基础，是影响整个系统运作质量和效率的直接因素。

初始化工作主要可分为参数设置、基本信息设置、业务流程设置、期初数据输入和启动系统等部分。参数设置是对数据基本处理原则和方法、业务操作的基本规则、业务流程规范等进行设置，以及为使系统正常运转和简化日常处理工作，预先定义系统涉及的一些信息；基本信息设置是将企业基础资料和管理资料进行整理、汇总后录入系统中的过程；业务流程设置是由用户自定义业务处理的环节和相互关系，系统将根据用户的设置进行相关控制，从而满足企业特定业务流程需要；期初数据输入是输入系统启用期之前的业务数据；启动系统是结束初始化设置开始日常处理的操作。

1．参数设置

需要设置的参数一般可以分成核算参数和系统参数两大类。

(1) 核算参数设置。

核算参数定义系统的基本处理方式，这部分内容在“系统设置”→“初始化”→“采购管理”→“系统参数设置”中设置。系统需要设置的核算参数包括以下内容。

- 启用年度和启用期间：系统默认为系统年度和日期，用户可以更改，选择业务实际的启用年度和期间。
- 核算方式：有“数量核算”和“数量、金额核算”两种方式，如果核算方式定义为“数量核算”，则系统日常处理中将只核算存货的数量，不核算金额；“数量、金额核算”是核算存货的数量和成本。对于管理一体化系统，供销链与财务系统是相互联系的，因此必须定义为“数量、金额核算”；如果企业只是进行购销存的物流管理，不需要核算其价值，则可以选择“数量核算”方式。
- 库存结余控制：主要是让用户确定是否允许负库存，如果选择不允许负库存，则在库存单据中不允许出现库存即时数量为负数的情况；如果选择允许负库存，则系统单据数量和金额允许出负数，但系统会控制不允许单价为负的情况。
- 库存更新控制：主要是针对库存的即时库存更新的处理，系统有两种选择。如果选择“单据审核后才更新”，则系统将在库存类单据进行业务审核后才将该单据的库存数量计算到即时库存中，并在反审核该库存单据后进行库存调整；如果选择“单据保存后立即更新”，则系统将在库存类单据保存成立后就将该单据的库存数量计算到即时库存中，并在修改、复制、删除、作废及反作废该库存单据时进行库存调整。

(2) 系统参数设置。

系统参数是定义业务操作的基本信息、操作原则和方法，即系统运行的规范和控制，如设置单据编码规则、打印设置、设置单据类型、根据业务特点和需要设置业务处理规则和处理惯例选项等。

有些系统参数适用于供应链管理涉及的多个子系统，例如，审核人与制单人是否可为同一人；是否使用几种计量单位来衡量物料的收、发和结存；单据是否可手工录入编号；单据操作权限是否控制到操作员；单据打印前是否自动保存等。这部分内容在“系统设置”→“采购管理”→“系统参数设置”→“供应链整体选项”中设置。

有些系统参数则仅适用于采购管理子系统。例如，录入采购订单、采购发票或直接供应商供货信息中设置采购价格和折扣时是否需要采购最高限价预警；采购申请单选择销售订单时，销售订单上的单价、金额等信息是否可以看到；采购订单的单价、供应商供货信息中的报价及采购的最高限价是否是含税（增值税）价格；检验方式不为免检的物料是否允许不检查；现购发票是否传递到应付款管理系统等。这部分内容在“系统设置”→“采购管理”→“系统参数设置”→“采购系统选项”中设置。图 8-8 所示为系统参数设置界面的示例。

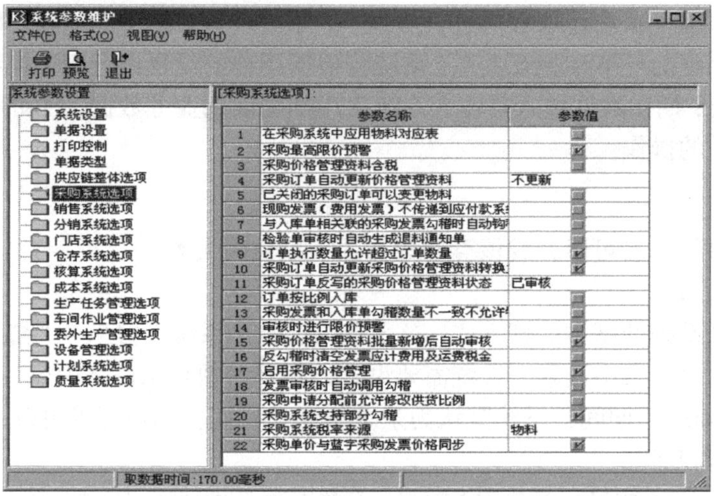

图 8-8 系统参数设置界面的示例

2．录入基础资料

基础资料的初始设置和日常维护是使用供应链管理系统最重要及最基本的环节，系统的所有子系统都需要调用基础资料的信息，因此其设置的合理性、录入的正确性、资料之间相互关系的合理性直接关系到初始设置的成功和整个系统能否正常运行和运行效率的高低等。

供应链管理涉及的基础资料主要包括会计科目、核算项目、凭证字、币别、计量单位、仓库和仓位、客户、部门、职员、物料、供应商及结算方式等，其中会计科目、核算项目、凭证字、币别、部门、职员和结算方式等资料的录入参见总账子系统；仓库和仓位资料的录入参见仓存管理子系统；客户资料的录入参见销售管理子系统。

(1) 定义计量单位。

计量单位是物料的附属资料。实际业务处理时，有些存货财务核算所用的计量单位和业务活动所用的统计单位不相同，如衬衣可以按“件”计量，也可以按“箱”统计。在信息系统的处理中一般通过定义计量单位组来管理多个计量单位，每个计量单位组中有一个基本计量单位，同时可以定义若干个辅助计量单位与基本计量单位的换算关系。这部分内容在“系统设置”→“基础资料”→“公共资料”→“计量单位”中设置。

(2) 建立供应商档案。

供应商是企业购销业务流程的起点，需要建立所有供应商档案，这部分内容在“系统设置”→“基础资料”→“公共资料”→“供应商”中设置。图 8-9 所示为其操作界面。供应商信息主要包括“基本资料”和“应收应付资料”两部分内容。其中，基本资料必须填列的项目有供应商代码、供应商名称、供应商的应用状态及供应商的地址及区域等备注信息。供应商的状态是指该供应商当前是否被使用，对于处于未使用和冻结状态的供应商，系统将不允许处理与其有关的往来业务；“应收应付资料”是由应付款子系统使用的供应商的信息资料，在此定义应付账款、预付账款科目代码。处理日常凭证时，系统将自动取该科目。录入分管部门和专营业务员信息后，当采购处理中新增与该供应商相关业务的发票和付款单时，系统将自动填充此信息，并且可以按分管部门及业务员统计各种应付账款情况。而交易日期、最后交易金额、最后付款日期、最后付款金额及信用期限等数据可以帮助企业随时了解企业欠各供应商的货款情况，做到及时付款。

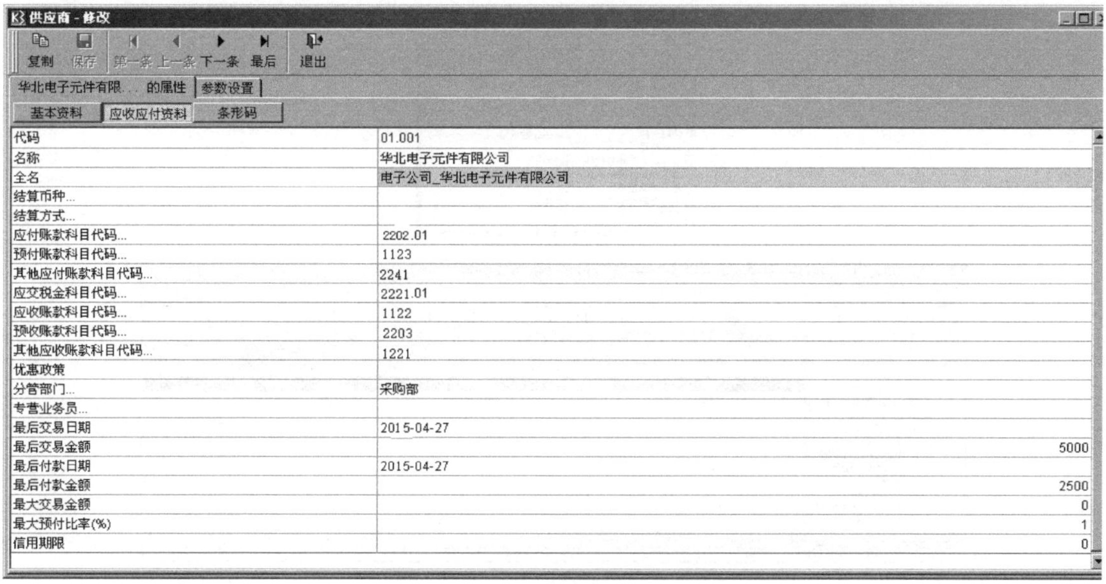

图 8-9　供应商档案操作界面

(3)建立物料档案。

物料是对原材料、半成品、产成品等企业生产经营资料的总称，是企业经营运作、生存获利的物质保障。物料信息主要包括基本资料、物流资料、计划资料、设计资料、标准数据和质量资料。这部分内容在“系统设置”→“基础资料”→“公共资料”→“物料”中设置。物料信息中的计划资料和设计资料用于生产管理，标准数据用于成本管理，此处略。

- 基本资料：包括物料代码、物料名称、规格型号、物料属性、计量单位、来源数量精度、单价精度、最低存量、最高存量及安全库存数量等物料的基本信息。
- 物流资料：描述物料流转方面的信息。其中计价方法是指存货发出结转存货成本所采用的计价方法，一旦确定，系统将通过存货核算系统。根据该方法对日常物料收发进行成本核算和生成凭证等处理，并统一依据业务资料自动形成财务信息传入总账系统；计划单价是采用计划成本法计价时物料所规定的计划单价；存货科目代码是当前物料核算对应的最明细会计科目；销售收入科目代码是当前物料用于销售时所对应的最明细会计科目；销售成本科目代码是当前物料用于结转销售成本时所对应的最明细会计科目；成本差异科目代码是当前物料采用计划成本法计算计划差价时所对应的最明细会计科目。
- 质量资料：描述物料的检验方式、检验周期、检验方案及检验人员等信息。

(4)维护供应商供货信息。

供应商供货信息在物料档案和供应商档案之间建立联系，它既说明供应商对某物料的内部编码、最小采购批量及采购配额比例，也提供了采购价格管理手段，能够维护不同供应商、物料、采购批量范围、币种、时间段内的价格和折扣情况。这部分内容在“系统设置”→“基础资料”→“采购管理”→“供应商供货信息维护”或“系统设置”→“基础资料”→“应付款管理”→“采购价格管理”和“供应链”→“采购管理”→“供应商管理”中设置，图 8-10 所示为其操作界面。

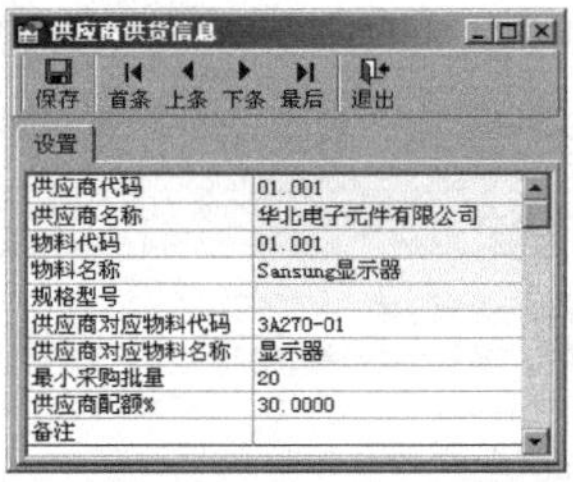

图 8-10　维护供应商供货信息操作界面

3．输入期初数据

企业在系统启动日期之前，可能因为单据不全或者业务需要分期处理，会有一些业务没有处理完毕或者存在结余。比如在采购业务中没有收到对方开出的发票时，由于无法确定已入库的货物成本而只能暂估入账，导致出现业务日期在系统启用期之前的暂估入库单；在销售业务中，处理分期收款的销售业务时，存在一些尚未核销的前期销售出库单，以及启用期前库存物料存在结余数量和成本等。为了保证经营运作的连贯性和启用期前、后业务处理的平滑连接，实现初始设置与正常业务的融合，需要将启用期前未完成的业务处理或存在的结余逐笔反映到信息系统中。

在“系统设置”→“初始化”→“采购管理”→“初始数据录入”中，录入启用期前库存物料结余数量和成本。采用不同计价方法和不同管理方法的物料，其录入的信息和录入的方法均不相同，具体内容可参见仓存管理和存货核算章节中输入期初数据部分的内容。

在“系统设置”→“初始化”→“采购管理”→“录入启用期前的暂估入库单”中，录入启用期前的暂估入库单。启用期前单据不能调整期初余额，其发生额也不计算到本期报表及即时库存中。由于在启用期初的账务余额中已经包括了以前期间暂估单据的账务金额(即已在总账系统生成凭证)，所以启用期前的暂估入库单在业务系统不生成暂估凭证，等发票到后统一进行单到冲回处理。

供应链系统日常处理中不可以处理以前期间的库存单据，只能对已审核的暂估入库单进行冲回处理，对已审核但尚未核销的销售出库单进行拆单操作，因此初始化设置中必须对启用期前的暂估入库单据进行审核。如果未审核，将不能启用业务系统。

4．其他初始设置

(1)用户权限设置。

为了明确岗位责任，实现分权管理，系统提供了基于用户组的权限控制和管理功能。具体分为功能权限、数据权限和字段权限。功能权限是指对各子系统中功能模块的功能操作权限，当用户拥有了子系统的功能模块的功能权限时，才能进行执行对应模块的功能操作；数据权限是指对系统中具体数据的操作权限，分为数据查询、数据修改和数据删除权限；字段权限是指对各子系统中某数据类别的字段操作权限，只有当用户拥有了该字段的字段权限时，才能对该字段执行相应的操作。

(2) 业务流程设计。

不同企业的业务处理流程往往存在差异，为了适应多样化的业务流程，系统提供了业务流程设计功能。由于软件中的信息流转是通过单据流转体现的，所以业务流程的自定义表现为单据流转过程的自定义。

业务流程设计的界面安排是通过目标单据选择源单据的方式来实现的。系统列出供应链业务流程涉及的所有目标单据及每一目标单据所能选择的所有源单据，用户根据实际业务处理流程和处理惯例选择每一处理环节的所有源单据。源单据具有可选和必选两个属性，其中可选属性是指该种目标单据和对应的源单据关联所形成的业务路线可以作为选择方案；必选属性是指该种目标单据和对应的源单据关联所形成的业务路线是必须选择的方案。一旦选择，则其他方案将不可选。对一个目标单据来说，一个必选方案必然是一个可选方案。

例如，选择采购订单为目标单据，则所能关联的源单据包括采购申请单和采购合同，如果用户定义采购订单为必选，则采购申请单就是采购订单的唯一源单据，系统就不再提供采购合同传递到采购订单的业务路线。同时采购订单也不能再通过手工输入生成，只能通过采购申请单传递生成。

(3) 多级审核定义。

多级审核是处理业务单据时采用多角度、多级别及顺序审核的管理方法，体现工作流管理的思路，属于 K3 系统的基本管理设置。多级审核的需求在实际业务中是非常普遍的。针对同一个业务，除了对单据的业务数据及业务描述的正确性做出审核之外，还必须对该项业务的可行性进行评价，确认其合法性并对合理性进行审核和批准。特别是一些涉及大型项目管理及重要业务合同的处理更是慎重，同时多级审核也是岗位负责制的体现，对企业人员职责管理起到重要作用。

系统中的多级审核管理提供了一个多级审核的授权工作平台，多级审核初始设置利用这个平台对多级审核的级次、各级审核人、各级审核权限及审核效果等授权。日常处理中，对于启用了多级审核的业务将根据初始设置的定义采用多级审核单据处理流程。

单据新增→单据一级审核→单据二级审核→…→单据业务审核→单据关联→单据保存→单据成本核算→单据记账

5. 启用业务系统

初始化的最后一项工作就是启用业务系统，即将初始化工作中所输入的业务和管理信息转换为业务日常处理所需的格式，为日常处理提供基础信息、初始数据及管理信息来源。一旦启用账套，就意味着关闭初始化界面，这一过程是不可逆的。

8.3.2 采购管理系统日常处理

采购管理子系统的日常业务是按采购业务流程涉及的采购单据划分的，通过对采购申请单、采购订单、收料通知单、退料通知单、采购入库单及采购发票等单据的处理和管理实现采购管理的目标。

1. 采购申请管理

采购申请管理是采购人员对经上级审核确认后的购货申请进行的业务处理和管理。

采购申请单是采购部门根据计划部门的主生产计划、物料需求计划、库存管理需要、销售订货或零星需求等实际数据，向上级业务主管或部门提请购货申请，并批准采购的业务单据。一般情况下，申请部门根据具体需要物料的情况进行采购申请，经上级业务审核后执行。

采购申请的一般业务操作功能包括新增、审核、关闭、作废、打印、引出附件管理等多项功能。其中新增操作主要在“采购申请单—录入”中实现，而“采购申请单—查询”等功能提供了采购申请单序时簿。除了能够实现业务处理里的一般操作之外，更主要的是对采购申请单进行批量处理和管理。采购申请单的批量处理主要是指对采购申请单的批量关闭与反关闭，以及复制等功能；采购申请单的管理主要包括购货申请的合并处理、下推式关联生成采购订单和单据关联关系的连续查询等。下面简要说明采购申请单的新增、审核及合并处理。

(1)采购申请单新增。

采购申请的来源有很多种,不同来源的采购申请单生成方式不同,常用的方式有以下几种。

- 手工录入：不需要借助其他单据或其他系统信息，手工录入整张采购申请单。
- 关联生成：在以销定购的经营业务模式下，可以根据销售订货情况生成采购申请。即将销售订单作为源单据，根据用户选择的销售订单自动生成采购申请单。
- 单据复制：复制已存在的申请单部分或整张单据信息，然后添加及修改也可以实现单据的新增。
- 根据库存和计划自动生成：由于库存管理系统产生的缺货需求进行的采购申请可以根据库存生成，或根据计划部门的主生产计划和物料需求计划等自动生成。

图8-11所示为一个采购申请单的示例。

图 8-11　采购申请单示例

(2)采购申请单审核。

采购申请单的审核指新增并保存了一张单据后对该单据进行检查，确认其合法性及正确性，然后利用系统提供的审核按钮对申请单进行签章的处理过程。只有审核之后的采购申请才能进行订货处理。

(3) 采购申请单合并。

采购申请的提出虽然可能来自不同部门的不同需求，但根据这些需求生成的采购申请单是统一管理的。主管用户检查这些购货申请后可以将相同部门、申购相同物料或其他内容相同的采购申请单汇总起来合并为一张申请单，然后统一进行采购订货。这种合并申购业务的功能称之为采购申请合并。进行合并的申请单必须满足未审核、未作废及未被其他单据执行关联几个条件。

2. 采购订单管理

采购订单是购销双方共同签署确认采购活动的文件，在 K3 采购管理子系统中处于核心地位，通过它可以直接向供应商订货。到货入库等信息在通过下游单据处理的同时，也会被反写到采购订单，从而可通过采购订单了解采购活动的执行状况。

采购订单的一般业务操作功能包括新增、审核、关闭、作废、打印、引出及附件管理等，其中新增操作主要在“采购订单—录入”中实现，而“采购订单—查询”等功能提供了采购订单序时簿。除了能够实现业务处理中的一般操作之外，更主要的是对采购订单进行批量处理和管理功能。采购订单的批量处理主要是指对采购订单的批量关闭与反关闭，以及批量复制等功能；采购订单的管理主要包括采购订单的变更、下推式关联、分销管理业务处理、单据关联关系的连续查询和查询关联合同。下面简要说明采购订单的新增、变更和下推式关联。

(1) 采购订单新增。

一般来说，采购订单可以通过手工录入、合同确认和采购申请关联等多种途径生成。

- 手工编制：手工录入整张单据信息。
- 根据采购申请单生成：初始设置时，建立采购申请单与采购订单的关联关系。编制采购订单时，选择关联的源采购申请单，系统会自动生成采购订单。
- 根据采购合同生成：初始设置时，建立采购合同与采购订单的关联关系。编制采购订单时，选择关联的采购合同，系统会自动生成采购订单。
- 单据批复制生成：通过复制已编制好的采购订单来达到新增的目的。一般根据需要，复制后的单据可以不做或做部分修改后保存。

图 8-12 所示为一个采购订单的示例。

(2) 采购订单变更。

采购订单变更是指采购订单在执行过程中，或在已经执行完毕的情况下，因购货计划变动或其他原因，需要增加本次下单的订货数量、修改订货价格或直接补货。此时，在不改变其他业务要素的前提下，系统提供用户直接补充订货的功能。系统提供采购订单按单据条目逐条执行，并且可以逐条变更的功能。

(3) 采购订单下推式关联。

下推式单据关联在源单据的序时簿上自动生成目标单据，它作为主动单据传递模式，为很多 ERP 软件所采用。单据传输采用主动方式传递，有利于缩短事务处理时间并简化用户操作，同时增加业务处理人员的业务流程认知水平。下推式单据关联模式特别适合业务流程简单明晰或业务需要强制性管理的用户使用。

下推式关联将单据传递方式从目标单据关联到源单据发展为从源单据就可以直接关联到目标单据，单据的关联方式多样化，同时丰富了单据的生成方式。

针对采购订单，通过下推关联可以直接生成收料通知单、外购入库单和采购发票(包括专用发票和普通发票），从而进一步完善了采购订单流程。使采购订单与其他下游目标单据之间的关系更加紧密，更利于企业管理，从而为供应链系统业务处理的自动灵活及 ERP 思想的完善贯彻打下基础。

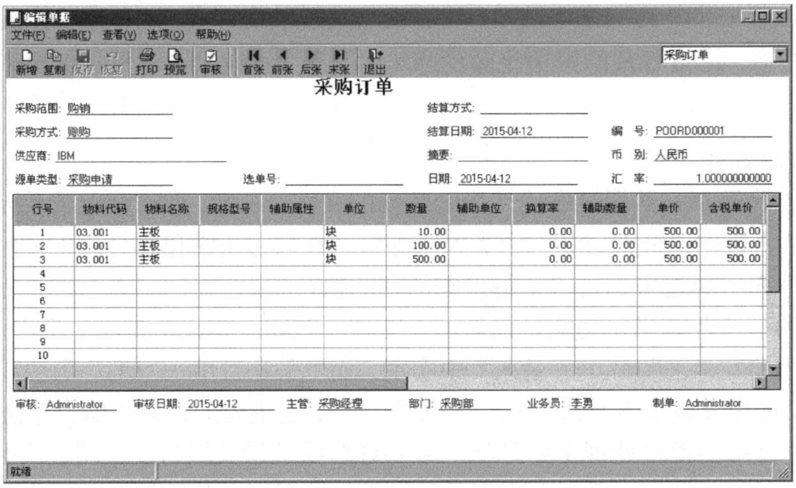

图 8-12　采购订单界面示例

3．采购收货及入库处理

采购物资到达企业后一般需要经过收货、验货和入库几个业务过程才成为企业的存货。

(1) 采购收货处理。

收料通知单是采购部门在物料到达企业后，登记采购到货物料情况、验收部门和人员及入库仓库等情况的单据。一般来说，收料通知单可以由如下多种方式生成，包括手工录入、系统根据采购订单或采购发票自动生成、由销售出库单自动生成、销货分支机构的发货通知单或集团内部通知单转换等多种途径，后两种方式生成的收料通知单需要采购业务员进行补充录入。此外，为了减轻手工录入的工作量，收料通知单复制也可以达到单据新增的目的。

收料通知单审核是实现收货业务检查、确认和多级控制的必要手段，审核后可以执行通知单，即生成外购入库单和退料通知单等单据。审核后的收料通知单不能再修改。收料通知单反映的业务经过确认并得到实施后，可以执行单据关闭进行归档。已保存但尚未审核的收料通知单出现错误可以做作废处理。

收料通知单可以通过下推关联直接生成退料通知单、外购入库单、其他入库单和检验单，进一步完善收料通知流程，并有助于动态了解通知单与其他下游目标单据之间的关系。

(2) 验货处理。

验货处理过程是由收料通知单（送检通知单）直接生成检验单，检验员执行质检后处理检验数据形成最终的检验单。并将物料检验合格数反写回收料通知单，根据合格数量生成外购入库单，出现质量问题导致不能入库时将货物退回供应商。

(3) 采购入库处理。

采购的物料检验合格后需要进行入库处理，并填写外购入库单。外购入库单是确认货物入库的书面证明，又称“收货单”或“验收入库单”等。图 8-13 所示为一个外购入库单的示例。外购入库单包括蓝字外购入库单和红字外购入库单两类，红字外购入库单是蓝字外购入库单的反向单据，代表物料的退库。二者内容一致，数量相反。

外购入库单是库存业务的重要单据，它是货物转移和货物所有权实际转移的重要标志，也是货币资金转为储备资金的标志。外购入库单一方面表示实物的流入，同时预示着货币资金的流出或债务的产生，因此相关的采购发票处理与其关系密切。外购入库单还是财务人员据以记账及核算成本的重要原始凭证。外购入库单确认后需要继续进行采购发票与外购入库单的核销、外购入库单的暂估、自动生成入库会计凭证，以及核算原材料成本等处理，这是正确进行成本核算和结账的基础。

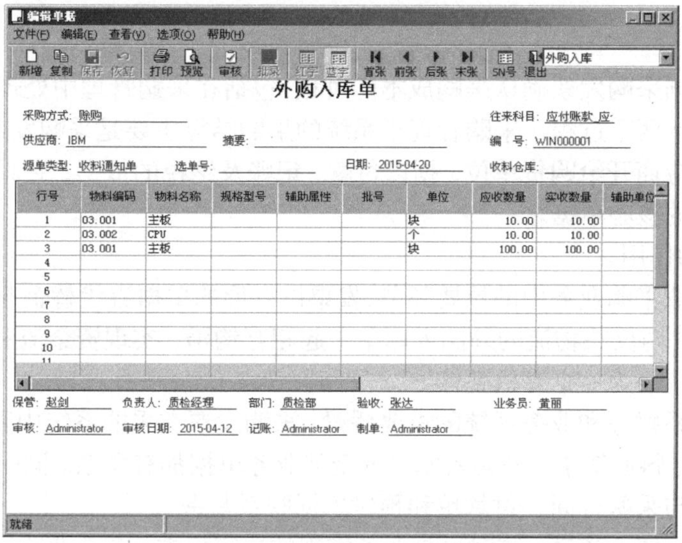

图 8-13　外购入库单界面示例

外购入库单可以通过以下 3 种方式生成。

- 手工录入：即整张单据由手工生成，适用于没有正式订单的零星入库。如果核算参数定义中选择了“单据保存后立即更新”，则在入库单保存后，相应物料的数量就计算到当前仓库的库存中。
- 根据关联的采购订单、收料通知单和采购发票生成蓝字外购入库单，根据关联的蓝字外购入库单、退料通知单及红字采购发票生成红字外购入库单。即系统根据相关单据自动生成外购入库单，然后由业务员补齐数据。其中采购订单、收料通知单、退料通知单及蓝字外购入库单等必须是已审核且尚未关闭的单据，而发票必须是尚未审核的发票。
- 通过外购入库单复制和人工调整补充实现新增。

外购入库单的管理功能涵盖多方面，主要包括外购入库单的拆分和合并、红蓝入库单对等核销、下推式关联、分销管理处理、单据关联关系，以及钩稽关系的连续查询等。其中入库单拆分是将一张入库单中需要在本期钩稽的部分拆分出来，从而解决一张前期暂估入库单部分到货后不能及时钩稽，或者一张当期单据需要部分记入成本等问题；入库单合并则是将已拆分的外购入库单(子单)合并到母单。

4．采购退货处理

当由于质量不合格、价格不正确等因素或与采购订单或合同的相关条款不相符等原因需要把物料退回供货单位时，需要填制退料通知单，进行退货处理并对有关单据进行管理。退料通知单是收料通知单的反向操作单据，其反向作用主要表现在：

- 作为收料通知单的反向执行单据，可以设为红字外购入库单的源单据，执行退货操作。
- 退料通知单是采购质量管理中不合格品的退库单。在收货质量检验过程中，不合格品不能入库，要退回给供应商。
- 作为受托加工物料加工完毕交还委托单位的业务处理单据。
- 涉及集团内部的分销业务处理时，与收料通知单一起作为处理集团内部购销业务和集团内部调拨业务的重要单据。

5. 采购结算

采购结算是根据采购发票确认采购成本的过程，包括在采购管理中处理采购发票和在存货核算中计算采购成本两个过程。采购管理子系统的采购结算主要是采购发票的处理和管理。

采购发票是供应商开给购货单位，据以付款、记账及纳税的依据，它具有业务和财务双重性质，是采购管理的核心单据之一。

(1)采购发票的作用。

发票处理是企业采购业务中的重要环节，发票以有形的单据流代替企业生产经营活动中无形的资金流轨迹。并与反映物流的外购入库单一起相互钩稽，实现资金流和业务流的并行，从而将整个业务流程统一为一个有机整体。

采购发票是联系财务和业务系统的重要桥梁，采购发票在采购系统中联系的单据最多，它与采购订单、收(退)料通知单、外购入库单等全部业务单据都有联系。同时与应付款管理系统实现发票共享，并与采购合同、付款单和预付单据联系紧密。

发票不仅表现了资金流动，同时也是业务实现的法定标志。在企业购销业务中，发票往往是确认收入实现的标志，也是抵扣税额的法定凭证。

发票是财务人员据以记账、核算成本的重要原始凭证。发票与外购入库单钩稽后，需要继续处理入库核算并自动生成记账凭证，是正确计算利润和结账的基础。

(2)采购发票的种类。

采购发票包括增值税专用发票和普通发票两类，其中增值税专用发票是一般纳税人销售货物或者提供应税劳务所开具的发票，发票上记载了销售货物的售价、税率，以及税额等，购货方以增值税专用发票上记载的购入货物已支付的税额作为扣税和记账的依据；普通发票是除了专用发票之外的发票或其他收货款凭证。此外在信息系统中，把运杂费用等以费用发票的形式处理。采购发票还可分为蓝字发票和红字发票，红字发票是蓝字发票的反向单据，代表采购退回，二者内容一致，数量相反。采购发票界面示例如图 8-14 所示。

发票处理主要完成采购发票的生成、审核、维护、附件的管理，以及采购发票的批量处理和管理功能。采购发票可以通过手工录入、关联生成及单据复制等方式生成。蓝字采购发票可以通过关联采购订单、采购合同、蓝字外购入库单、蓝字委外加工入库单及销售发票生成；红字采购发票可以通过关联采购订单、采购合同、红字外购入库单和蓝字采购发票生成。关联生成操作要求源单据已审核但是未完全关联完毕。采购发票的管理功能主要包括采购发票下推式关联、红字和蓝字发票的对等核销、单据关联关系、钩稽关系、关联合同和凭证的连续查询等。

(3)采购发票与入库单的钩稽。

对于采购发票，钩稽是发票与入库单确认的标志，是核算入库成本的依据，已钩稽的发票才可以执行入库核算。根据凭证模板生成记账凭证等操作，无论是本期或以前期间的发票，钩稽后都作为当期发票来核算成本。图 8-14 所示为采购发票示例。

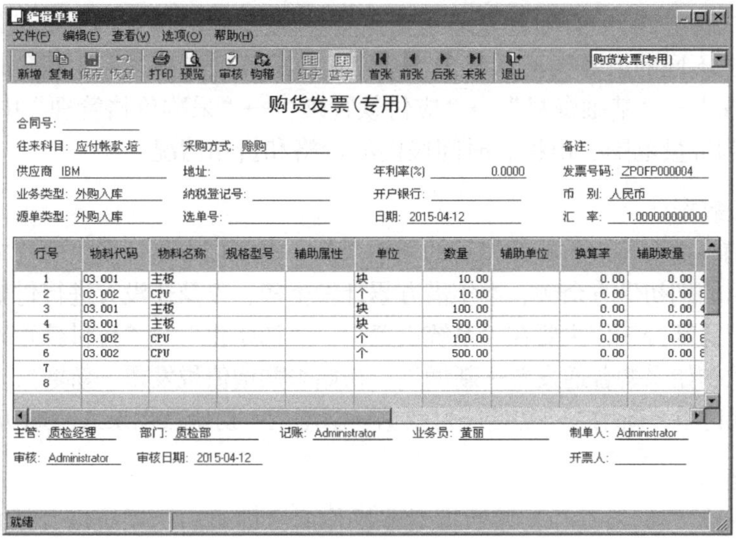

图 8-14　采购发票界面示例

8.3.3　应付款管理子系统初始化

应付款管理子系统的初始化主要包括参数设置、录入基础资料、录入期初数据和启用系统几个部分,有关权限设置、流程设计及多级审核方面的内容可参见有关采购和付款过程的章节。

1. 参数设置

这部分内容主要在“系统设置”→“应付款管理”→“系统参数”中设置，包括公司信息、会计期间、科目设置、单据控制、合同控制及核销控制等。其中“科目设置”部分需要设置单据类型科目，包括其他应付单、采购发票、付款单、预付单及退款单等。还需要设置应付票据科目代码和应交税金科目代码，并选择核算项目类别。当不根据凭证模板生成凭证时，会用到在“科目设置”中定义的内容。

2. 录入基础资料

在“系统设置”→“基础资料”→“公共资料”→“结算方式”中对结算方式进行设置。系统预设了一些结算方式，用户可以根据需要修改，每一种结算方式可以指定对应的会计科目。付款单、预付单及退款单生成凭证时，根据结算方式，可以自动找到对应的会计科目填充。

在“系统设置”→“基础资料”→“应付款管理”→“类型维护”中对票据类型、合同类型、偿债等级、现金折扣、担保类型、应付单类型及付款单类型进行设置，以实现不同类型业务的分类管理。

在“系统设置”→“基础资料”→“应付款管理”→“凭证模板”中定义各种业务类型的凭证模板，包括模板编号、模板名称、凭证字号、科目来源、金额来源及摘要等内容。应付款管理系统提供如下 3 种生成凭证的方式。

- 新增单据时，在单据序时簿或单据新增界面即时生成凭证。
- 采用凭证模板，凭证处理时直接根据模板生成凭证。
- 采用凭证处理时，用现场定义凭证科目的方式生成凭证。

如果采用第二种方式，即必须首先定义凭证模板。按不同的事务类型定义好凭证模板之后，凭证处理时，根据不同的事务类型系统自动套用相应的凭证模板进行生成凭证处理。

在“系统设置”→“基础资料”→“应付款管理”→“采购价格管理”中可以设置不同供应商、物料、采购批量范围、币种、时间段内的价格和折扣情况。

3．录入期初数据

在启用系统前，需要将应付账款科目的期初余额、本年借方累计发生额、本年贷方累计发生额、预付账款科目的期初借方余额、本年借方累计发生额，以及还没有进行付款结算的应付票据等信息输入系统。这部分工作主要在“系统设置”→“初始化”→“应付款管理”→“初始化数据—应收账款”、“初始采购普通发票—新增”、“初始采购增值税发票—新增”、“初始其他应付单—新增”、“初始预付单—新增”、“初始应付票据—新增”、“初始数据录入—期初坏账”等中完成。

4．启用系统

在成功执行初始数据检查和初始数据对账操作后，即可启用系统以开始日常业务处理。

8.3.4 应付款管理子系统日常处理

应付款管理子系统对包括应付款、其他应付款、预收款和应付票据等在内的应付款项进行全面核算、管理、分析、预测和决策。

1．单据处理

应付款日常核算的原始单据包括采购发票、其他应付单、付款单、预付单和应付退款单等。单据处理就是对以上单据执行新增、修改、删除、审核及输出等操作。

(1)采购发票和其他应付单。

采购发票和其他应付单记录了应付账款的产生。采购发票是指采购业务中的各类普通发票和专用发票；其他应付单是由非采购业务产生的应付原始凭证，它与采购发票的最大区别在于没有存货的信息资料，主要用于记录一些零星的应付账款。图 8-15 所示为其他应付单界面的示例。

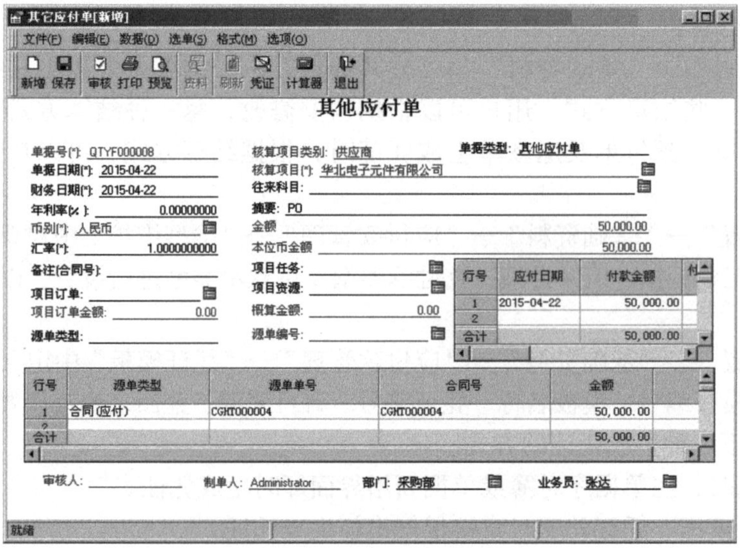

图 8-15 其他应付单界面示例

如果企业同时使用采购管理子系统和应付款管理子系统，那么采购管理子系统中的采购发票会直接传入应付款管理子系统，而采购管理子系统中的采购费用发票会传入应付款管理子系统形成其他应付单；应付款管理子系统可以进行查询、审核、核销及生成凭证等操作，如果没有使用采购子系统，则各类发票和应付单均应在应付系统录入并审核。

(2)付款单、预付单和应付退款单。

付款单是支付应付款项后填写的付款凭证；预付单则用于记录预付款，即按照购货合同规定预付给供应单位的款项，它不能和发票、其他应付单进行关联；如果需要和发票、其他应付单进行钩稽，应采用普通付款单。在实际应用中，预付单的形成一般分两种情况：一种是当支付的货款大于企业已有的欠款金额时，将支付的货款一部分核销应付款项，另一部分形成预付款；另一种是将支付的货款全部作为预付款，以后可通过“预付冲应付”冲减该账户。应付退款单是因采购退款而填制的收款单据，在 K3 中作为红字付款单处理。

2. 票据管理

票据管理对公司因采购商品及接受劳务等而付出的商业汇票进行管理，包括银行承兑汇票和商业承兑汇票。它记录票据详细信息和处理情况，包括票据新增、审核、付款、退票处理过程。

新增应付票据保存并审核后，系统即自动生成一张付款单或预付单，默认是付款单。该付款单(或预付单)是未审核未核销状态，除实付金额、币别和汇率外其他内容允许修改。该付款单或预付单经审核后可以进行凭证处理，生成付款业务凭证。对应付票据则不进行凭证处理，只有审核后的应付票据才能执行付款或退票等业务处理。

应付票据到期进行付款处理时，只需在应付票据录入结算日期、金额、应付利息、付款时支付的银行手续费、应付票据的对方会计科目等信息进行付款处理，并生成应付票据付款凭证，不需要录入付款单。

如果由于资金不足或票据过期等多种原因，导致应付票据不能兑付时，必须进行退票处理。对已审核的票据进行退票处理时，必须反核销原已核销的相关记录。退票成功后系统自动产生一张退款单，单中注明“票据退票”，该单与原票据新增审核后产生的付款单进行核销。应付票据退票的凭证只能在“凭证处理”→“凭证生成”中的应付票据退票中进行处理，退票的凭证不能通过采用凭证模板的方式生成。

3. 核销和凭证处理

(1)核销。

核销处理是确定付款单与原始发票、应付单之间对应关系的操作，即指明每一次付款是支付哪几笔采购业务的款项。因为只有经过核销的应付单据才真正作为付款处理，所以核销处理是正确计算账龄分析表、到期债务列表和应付计息表的基础。

核销处理时，可以一张发票(或应付单)或付款单分次核销，也可以一张发票(或应付单)一次对应多张付款单核销、一张付款单一次对应多张发票(或应付单)核销或多张发票(或应付单)对应多张付款单核销。无论采用何种方式，应付款的本次核销金额必须等于付款的本次核销金额。

K3 系统提供了 7 种核销类型及 3 种核销方式，其中不同的核销类型可以和不同的核销方式进行组合。图 8-16 所示为付款结算核销界面示例。

核销类型主要是按单据的不同分类。

- 付款结算主要是付款单、退款单与采购发票、其他应付单核销，或付款单与退款单互冲，红字采购发票、其他应付单与蓝字采购发票、其他应付单互冲，不包括预付单。
- 预付冲应付解决的是预付单的核销问题，包括预付款与采购发票、其他应付单核销，或预付单与退款单互冲。预付冲应付与付款结算的区别之处在于预付冲应付要根据相应的核销记录生成预付冲应付凭证，而付款结算则不用。
- 应付冲应收解决的是采购发票、其他应付单与销售发票及其他应收单的核销问题。
- 应付款转销则属于单边核销，即从一个供应商转为另一个供应商，实际应付款的总额并不减少。
- 预付款转销也是属于单边核销，即将预付款从一个供应商转为另一个供应商，实际预付款的总额并不减少。
- 预付款冲预收款解决的是预付单与预收单的核销问题。
- 付款冲收款解决的是付款单与收款单的核销问题。

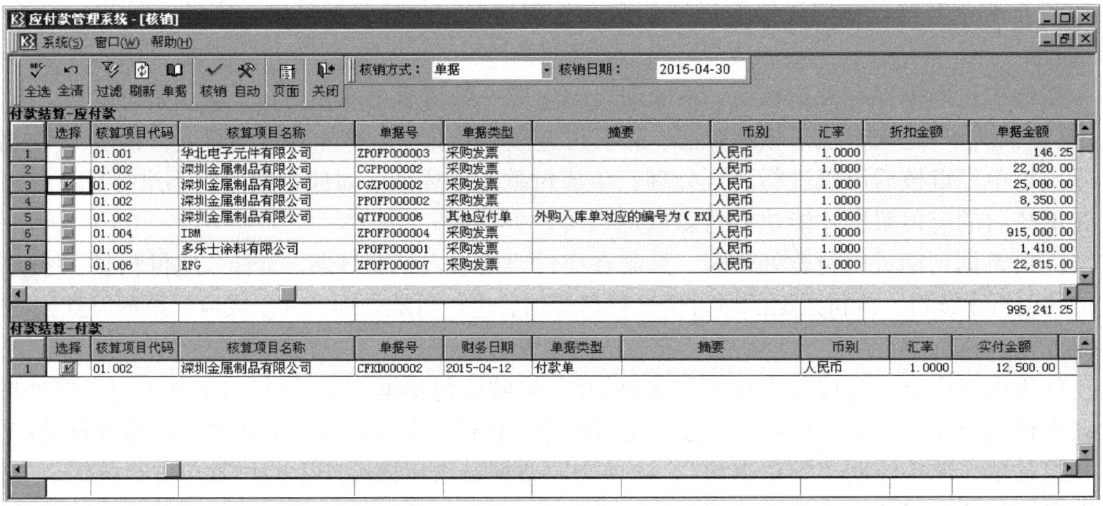

图 8-16　付款结算核销界面示例

核销方式主要是按单据核销内容的不同进行分类，单据与关联关系方式仅仅只核销金额，存货数量则还可以核销存货数量。单据与关联关系不同之处只在于，按关联关系核销时由于在录入付款单时已指定了相应的关联关系，此时只需选中要核销的付款单即可进行快速核销，而不用指定对应的应付单，关联关系只是金额核销方式中一对多的特例。此两种核销方式的特点是快捷、方便；不足之处是不能及时了解未核销的存货数量，只能了解未核销金额。而按存货数量进行核销则可以解决此问题，但缺点是必须按不同的存货品种逐一进行核销，工作量大。

(2) 凭证处理。

为保证应付款管理子系统与总账系统的数据保持一致，在应付款管理子系统新增单据之后，必须通过凭证处理把单据生成凭证传入总账系统。应付款管理子系统的单据要生成凭证，在凭证处理模块中完成。在应付款管理子系统中集中进行凭证处理时，可以分为采用凭证模板的处理方式与不采用凭证模板的处理方式两种。

当采用凭证模板生成记账凭证时，用户根据系统提示选择需要生成记账凭证的事务类型和单据范围后，系统就会依据“系统设置”→“基础资料”→“应付款管理”→“凭证模板”中定义的信息，完成借贷科目设置及金额计算等工作并生成记账凭证。

当不采用凭证模板生成记账凭证时，用户根据系统提示选择需要生成记账凭证的单据范围后，系统就会依据“系统设置”→“应付款管理”→“系统参数”的“科目设置”中定义的信息，完成借贷科目设置及金额计算等工作并生成记账凭证。

4．合同管理

合同管理在企业的日常管理工作中越来越重要。应付子系统的合同管理主要是对采购合同的新增、打印及完成情况进行管理。通过合同管理功能，可以实现按合同进行统计、查看相关的合同明细表及合同付款计划等。

5．期末处理

对于有外币业务的企业，在会计期末如有汇率变化，通常要进行期末调汇的业务处理。如果确认当月的各项处理已经结束，如所有单据进行了审核及核销处理，相关单据已生成了凭证，同时与总账等系统的数据资料已核对完毕，可以进行月末结账处理，结账后系统进入下一个会计期间。结账时应注意如果上月没有结账，则本月不能结账；当月的单据在结账前应该全部审核，如果当月的结算单还有未核销的，则不能结账。如果结账期间是本会计年度最后一个期间，则必须本年度所有的核销、转账等处理都已生成凭证，否则无法结账。如果启用了采购管理子系统，则应保证采购管理子系统本月业务已经完成，应付款管理子系统才能结账。

8.3.5　输出的证、账、表

采购管理与应付款管理子系统的输出可分为各种凭证（原始凭证及记账凭证）的查询输出和各种账表的输出。凭证的查询输出主要通过相关的序时簿筛选操作完成，比较简单。下面重点介绍相关账表的输出。

采购管理与应付款管理子系统需要输出的账表可以分成业务报表和统计分析报表两大类，业务报表是系统针对用户已经实现的业务处理，将所取得的业务成果进行筛选、分析及处理形成的综合反映企业采购业务及应付账款情况的信息；分析报表是对采购流程中各项主要业务的处理结果和运作情况进行分析，并以表格的形式输出的信息。

1．采购管理的主要报表

(1)采购管理的主要业务报表。

- 采购汇总表：由采购发票和外购入库的结合查询获得，综合反映采购基本业务——入库情况和购进成本的对应情况及差异。
- 采购明细表：由采购发票和外购入库的结合查询获得，按物料来反映企业明细收货情况的报表。
- 采购订单执行情况汇总表：是综合反映订单执行情况的报表，可以按物料类别及供应商类别等不同条件查询汇总数据。
- 采购订单执行情况明细表：是按供应商及订单分别反映每种订单详细执行情况的报表。
- 采购发票明细表：是详细反映一定时间每张发票的详细业务信息的报表。

(2)采购管理的主要统计分析报表。

- 供应商供货 ABC 分析表：是确定每一个购货单位某个时段内签订订单金额占总订货金

额比例和供货额占供货总额比例，并以供货占订货百分比进行 ABC 排序分析的报表。输出的内容包括订单金额、占订货总额、供货金额、占供货总额、供货占订货额，以及 ABC 分类等。

- 采购价格分析表：是针对某个时段内每个购货单位的供货数量和供货金额进行汇总，从而计算出单个供应商平均供货价格，以比较供应商之间的供货价格差异的报表。输出的内容包括起始日期、物料代码、物料名称、供应商名称、订货数量、订货金额、最高价格、平均价格、最低价格，以及最新价格等。
- 物料采购结构 ABC 分析表：是分析某一时段内某物料或某类物料采购金额占所有物料采购金额的比重，并按 ABC 分析法排序的报表。输出的内容包括起始日期、物料类别、物料代码、物料名称、采购金额、占总金额的百分比，以及 ABC 分类等。物料采购结构 ABC 分析和供应商供货 ABC 分析都是针对采购订货情况的分析，不同的是，后者是针对供应商供货的分析，而前者是针对被采购的物料的订货量分析。
- 采购订单 ABC 分析表：是以某个时段内每个采购订单的订货总金额为标准，计算单个采购订单的订货金额占订货总额比例，并进行 ABC 分类排序的报表。输出的内容包括：起始日期、订单号码、采购部门、经办人员、供应商代码、供应商名称、订货金额、订货总额，以及 ABC 分类等。供应商供货 ABC 分析、物料采购 ABC 分析和采购订单 ABC 分析都是针对订单进行的分析，但其分析的侧重点不同。前两个分析报表分别针对的是供应商、物料，而采购订单 ABC 分析则侧重于每张订单自身的订货数据，从而对采购订货业务自身合理性进行分析。

除了上述业务、分析的固定格式报表外，为了满足企业特殊业务反映的需求，系统还提供报表工具用来制作企业需要的报表。

2．应付款管理的主要报表

(1) 应付款管理的主要业务报表。

这些报表有应付款汇总表、应付款明细表、往来对账单、到期债务列表及应付计息表等，其中应付款汇总表主要是用来反映往来单位在某段时间的本期应付数、本期实付数、本年累计应付数、本年累计实付数、期初余额，以及期末余额等信息，以方便与总账对账；往来对账单主要是用于与供应商进行对账；到期债务列表反映截止到指定日期，已经到期的未核销应付款及过期天数、未到期的应付款及未过期天数信息；应付计息表反映到截止日期止已经到期应付款的应计利息等信息。

(2) 应付款管理的主要统计分析报表。

应付款管理的统计分析包括账龄分析、付款分析及付款预测等，其中账龄分析主要是对未核销的往来账款进行分析；付款分析主要是统计往来单位（或地区、行业）付款的金额及占总的付款金额的比例；付款预测主要是根据应付款及已付款金额来统计将来的付款金额。

通过上述分析可以全面反映企业赊购形成的债务状况，便于及时还款，降低信用成本，并有助于制订合理的中、长期还款计划。

3．账表的输出过程

(1) 账表输出的一般步骤。账表输出一般经历以下步骤。

- 定义报表，新建报表需要进行定义，定义方法参见通用报表部分。
- 输入报表输出条件。

- 浏览分析输出的账表。由于系统中建立了业务单据、核算单据之间的关联关系，可以通过输出的账表进行单据联查。查询流程：业务汇总表→业务明细表→业务单据→关联单据、钩稽单据、合同及记账凭证。

如采购业务系统中，采购汇总表可以联查采购明细表，同时在采购明细表可以联查采购发票等关联业务单据。

- 保存并输出报表。

(2) 举例。我们以应付款汇总表为例说明应付核算中报表的输出过程。

- 设定应付款汇总表查询条件。在账表管理执行应付款汇总表，系统弹出应付款汇总表条件设置界面。逐一输入以下条件：会计期间、核算项目类别及具体核算项目、部门、业务员、币别，以及地区和行业。核算项目可以是非明细级，可以随时查看某个级次的往来款，以便随时掌握每个级次的采购情况。
- 浏览查询应付款汇总表。查询条件输入完毕，单击“确定”按钮。系统即按所设定的条件显示应付款汇总表，如图 8-17 所示。应付款汇总表中“本期应付”栏列示的是采购发票及其他应付单的数据，“本期实付”栏列示的是付款单、预付单及退款单的数据。
- 检查并分析输出应付款汇总表。通过检查并分析可以及时发现报表中存在的错误和问题，有助于及时发现并纠正业务处理中存在的错误和问题。如输出的应付款汇总表中，如果本期应付与本期实付的数据与总账系统不一致，则应分析是出现的错误，还是凭证的借贷方向与汇总表中单据的显示方向不一致所致。如果期末余额与总账系统不一致，则可考虑是否由于单据没有生成凭证所致。一般情况下，应付款汇总表的期末余额应与总账系统的(应付账款＋预付账款)余额合并对账，应付款汇总表的本期应付、本期实付应与总账系统应付账款的本期贷方、本期借方对账。
- 打印及预览应付款汇总表。

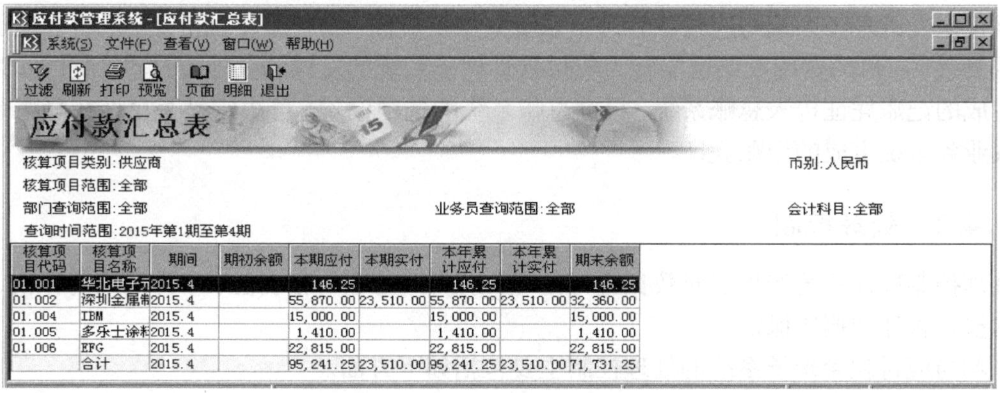

核算项目代码	核算项目名称	期间	期初余额	本期应付	本期实付	本年累计应付	本年累计实付	期末余额
01.001	华北电子元	2015.4		146.25		146.25		146.25
01.002	深圳金属制	2015.4		55,870.00	23,510.00	55,870.00	23,510.00	32,360.00
01.004	IBM	2015.4		15,000.00		15,000.00		15,000.00
01.005	多乐士涂料	2015.4		1,410.00		1,410.00		1,410.00
01.006	EFG	2015.4		22,815.00		22,815.00		22,815.00
	合计	2015.4		95,241.25	23,510.00	95,241.25	23,510.00	71,731.25

图 8-17 输出的应付款汇总表示例

8.4 采购与应付款管理子系统的主要控制环节和控制内容

8.4.1 输入控制

输入控制确保只有有效的、经授权的信息才能进入系统，确保数据的准确性、有效性和完整性。

采购与应付款管理子系统的输入控制主要包括如下方面。

1．供应商档案管理

建立供应商档案，对供应商的编码、名称、结算信息、供货范围、采购配额等进行统一管理。在签订订单、登记入库单、发票等业务单据时，只能从供应商档案中选择，保证输入的准确性。

2．物料档案管理

建立物料档案，统一维护物料编码和名称，在登记订单、入库单、发票等业务单据时，只能从物料档案中选择，以保证输入的准确性。

3．采购价格管理

维护统一的价格政策，记录对于不同物料、不同时间段、不同采购批量、不同供应商所能接受的采购价格范围，并设置采购价格预警选项。可在订单、发票录入或审核时进行价格预警，降低内外勾结、高价采购的风险。

4．业务单据编号规则设置

允许对业务单据分类设置编号规则，支持手工编号或自动编号。

5．业务单据的关联生成

根据订单、入库单、发票的联系，既支持从上游业务环节的单据下推生成下游业务环节的单据。例如，由采购订单下推生成入库单，由入库单下推生成采购发票，直接将上游业务环节的详细业务信息带入下游业务环节；也支持在下游业务环节选择上游业务环节的单据作为源单据。例如，在付款时选择采购发票，将采购发票中的应付明细信息带入付款单中。

6．子系统间的数据共享

不仅采购管理子系统与应付款管理子系统共享供应商、物料等基础信息，采购管理子系统的采购发票、应付的费用发票也能转为应付款管理子系统的发票和其他应付单。应付款管理子系统生成的记账凭证传入总账系统，根据总账系统的选项设置，可决定是否允许在总账系统手工修改业务系统生成的记账凭证。

8.4.2 处理控制

处理控制确保系统按规定对数据进行处理，以确保处理的正确性、审计线索的保留、重要修改的授权管理和痕迹保留。

采购与应付款管理子系统的处理控制主要包括如下方面。

1．业务审批流程控制

可在系统中定义业务的审批流程，支持多级审核，为各级审核指定不同的审核责任人。

2．单据钩稽

在系统中管理入库单与采购发票的钩稽关系，确认入库信息与应付款信息的对应关系，降低由于采购发票和物料到达时间不一致，从而导致漏登或错登应付信息的风险。

3．按数量或金额将采购杂费分摊计入成本

根据用户选择，按数量或金额将采购杂费分摊计入成本，以保证采购成本计算的准确性。

4．单据核销

在系统中管理付款单与发票的核销关系，确认付款信息与应付信息的对应关系，避免重复付款和漏付款。

5．凭证模版控制

通过凭证模版规范业务单据自动生成记账凭证的映射规则，在凭证模板中定义借贷分录的科目来源、金额来源、辅助核算项来源、现金流量变动类别等，保证业务单据能够自动生成正确的会计记账凭证。

8.4.3 输出控制

输出控制确保输出的信息正确可靠、不被篡改，确保用户仅能获取其被授权访问的信息。采购与应付款管理子系统的输出控制主要包括如下方面。

1．输出权限控制

只有经过授权的用户才可以执行输出操作，而且只能输出特定范围的数据内容。这种控制在信息系统中主要通过用户权限管理和操作日志实现。权限包括功能权限和数据权限。功能权限决定了用户是否可以执行某项功能，通常表现为不同职权的用户所能使用的菜单项、按钮组合不同。数据权限决定了用户可访问的数据范围，如普通用户无权看到别人的工资信息，但出纳可看到所有用户的工资信息。操作日志功能可详细记录系统中每个用户的登录时间、操作内容，从而确保操作的可审计性。

2．打印总数控制

可以在系统中设置各类报表被允许打印的总份数，并记录每次打印的时间和操作人。

关键词

采购管理、应付款管理、业务流程、软件应用流程

习题

(1) 简述采购与付款流程与采购与应付款管理子系统的关系。
(2) 试分析现购业务处理流程，并画出流程图。
(3) 简述采购与应付款管理子系统初始化包括的内容，初始化时需要注意的问题。
(4) 简述采购发票与其他应付单的区别。
(5) 简述采购发票与入库单相钩稽操作的作用。
(6) 简述 K3 中核销类型和核销方式的分类。
(7) 应付款管理子系统的日常处理主要包含哪些功能？
(8) 应付款管理子系统主要控制环节有哪些？各自的控制内容是什么？
(9) 简述应付款管理子系统控制的要点。

第9章 销售与收款过程

本章学习目标

通过本章学习，读者应达到以下目标。

(1) 了解销售/收款过程的目标和内容。

(2) 理解销售/收款过程与其他业务过程之间的关系。

(3) 了解销售与收款过程包含的典型业务场景。

(4) 理解赊销业务涉及的相关子系统的应用流程。

(5) 掌握销售管理和应收款管理子系统的构成。

(6) 掌握销售管理和应收款管理子系统的使用方法。

9.1 销售与收款过程概述

9.1.1 销售与收款过程的目标和内容

销售与收款过程是企业向客户销售和交付商品及服务，并收取货款的业务过程。

1. 销售与收款过程的目标

销售与收款过程的总目标是通过向客户销售商品或提供服务，取得收入。具体应实现以下目标。

(1) 采用多种营销手段吸引客户，扩大销售。

(2) 合理定价，使企业能够在销售收入弥补成本的同时，得到适当的回报。

(3) 根据合同及订单中对质量、数量、交货时间和地点等方面的要求，向客户交付商品和服务。

(4) 准确、及时收款，采用多种收款方式，加速货款收回。

(5) 核算销售与收款过程中发生的收入、成本及费用，分析薄弱环节，改善销售与收款过程的效率和效益。

2. 销售与收款过程的内容

销售与收款过程主要由营销、接受客户订货、选择和准备交付商品和服务、装运/交付商品和服务、收款，以及接受客户退货等，它的主要工作有如下几个。

(1) 进行市场预测，及时且准确地编制销售计划并反映和监督销售合同的执行情况。

(2)完成销售的日常业务处理，包括销售报价和订货、销售出库、销售发货、销售退货、发票处理，以及结算等日常处理工作。

(3)完成应收账款的核算与管理，包括完成应收账款业务的日常核算，全面反映企业各项债权的时点状况，便于及时催款；及时反映和监督各项赊销业务的货款收回情况，以尽量减少坏账损失，并对可能的坏账数额进行估计；按照企业既定的计提方法进行计提坏账处理，及时处理确实无法收回的款项，以及已确认并已转销为坏账损失后又收回的款项；及时记录客户资料，对客户的欠款情况和资信程度等进行动态跟踪管理，及时评价各客户的偿债能力和信用，以确定信用政策，准确完成账龄分析。

(4)实现其他有关业务的管理，包括客户管理、价格管理、订单管理、信用管理、折扣管理和物料对应管理等。

(5)完成有关销售分析、统计工作，包括打印输出各种需要的台账和报表，将各种信息按照需求传递到其他业务过程。

9.1.2 与其他业务过程的关系

销售与收款过程是企业实现增长和赢利的关键过程之一，它决定了组织的生产计划，进而决定了在采购与付款过程中所需采购的资源；为库存管理和存货核算过程提供出库成本及数量等信息；从现金管理过程获取收款情况；向账务核算和分析过程提供销售收入及费用等数据。

9.1.3 几种典型业务流程场景

在企业生产经营过程中，存在多种销售和付款流程。例如，销售可分为现销、赊销、直运销售、委托代销、分期收款及受托代销等类型。而对于赊销中产生的应收款处理，又可分为发票收款、其他应收单收款、未收款退货、已收款未核销退款退货、已收款已核销退款退货、坏账处理、应收票据处理，以及期末调汇等类型。

现销是指客户一手交钱，一手交货的销售业务。赊销是购销双方利用商业信用进行购销交易的一种业务，货款的收回滞后于货物的交付，形成应收账款。直运销售是直运业务的一部分，直运业务是指企业接到客户的订单后，向第三方供应商签订采购订单，第三方供应商根据采购订单，组织货源直接向客户发出货物。对于进行直运销售的企业而言，无须进行实物的收发，即完成购销业务。结算包括两个部分，即企业和供应商之间的开票及付款，以及企业和客户之间的开票及付款。委托代销是指委托方将商品提供给代理商，代理商可在双方协议规定的期限内销售此商品，并在销售后结算货款。代理商可以在规定的期限内将未销售出去的商品退回，在结算货款前商品的所有权属于委托方。一般情况下，代销商品的品种、数量及期限由双方协商确定，并有专人负责监测代销商品在代理商处的存货品种、数量及期限等。其关键点是委托代销就是我方委托他人进行销售。分期收款发出商品业务类似于委托代销业务，货物提前发给客户。分期收回货款，收入与成本按照收款情况分期确认。分期收款销售的特点是一次发货，当时不确认收入，分次确认收入，在确认收入的同时配比性地结转成本。受托代销是指代理商按照代理协议销售上游企业委托的商品，其关键点是受托代销是我方受他人委托进行销售。退货则是由于质量问题、交期、运输损坏，以及发运错误等原因从而导致客户将货物退回。

发票收款是指根据发票确认应收账款及申请收款，然后收款记账。其他应收单收款是指根据其他应收单确认应收账款及申请收款，然后收款记账。未收款退货是指如果商品已交付、货款尚未收回时发生退货，就使用红字发票冲回应收账款。已收款未核销退款退货是指如果商品已交付、货款已收回，但尚未核销时发生退货。一方面使用红字发票冲回应收账款，另一方面使用退款单退回已收款，然后将退款单与收款单核销，同时将红蓝字发票对等核销，或者将红字发票与退款单核销、蓝字发票与收款单核销。已收款已核销退款退货是指如果商品已交付、货款已核销时发生退货，一方面使用红字发票冲回应收账款，另一方面使用退款单退回已收款，然后将红字发票与退款单核销。坏账处理是完成坏账计提、损失到收回的全过程。企业存在应收业务时，就可能存在坏账发生的可能。企业可以选择备抵法或坏账直接转销法来处理，在期末需要根据应收债权科目的余额，对可能发生的坏账计提准备。并在发生坏账时做冲销准备，在收回坏账时增加准备；或是在发生坏账时直接计入费用，并在收回时直接冲回费用。应收票据处理是完成应收票据的维护、收款、贴现、背书、转出和退票的业务；期末调汇则是当企业存在往来科目余额，且期末记账汇率发生变化时，对往来科目的余额进行调整，并相应确认汇兑收益或损失。

下面简要说明现销、赊销和退货的业务流程。

1．现销流程

如图 9-1 所示，现销业务的基本流程如下。

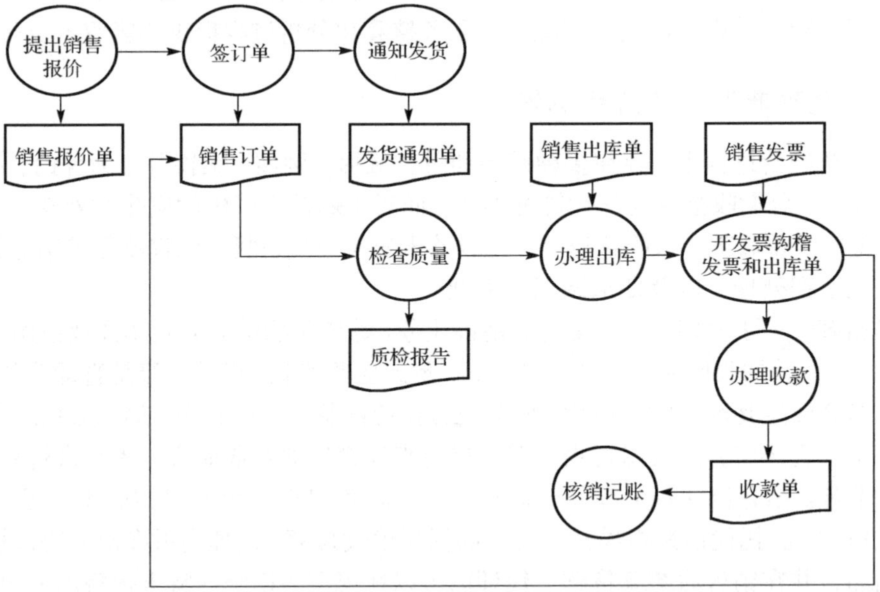

图 9-1　现销流程

(1) 销售业务人员根据市场、客户和成本信息进行销售报价，并编制销售报价单。
(2) 销售业务人员将客户提出的产品需求整理后填制销售订单。
(3) 销售业务员必须及时了解订单及库存信息，按照订单的要求发出发货通知。
(4) 质检人员根据订单要求，对要发出的货物进行质量检验，提交质检报告。
(5) 仓管人员根据质检合格报告和发货通知单，办理出库业务，填写销售出库单。
(6) 会计核对订单及销售出库单，填写发票、钩稽发票和出库单，通知出纳办理收款。
(7) 出纳收款。
(8) 会计记账，核算销售收入、产品出库成本和销售费用，并核销相关单据。

2．赊销流程

如图 9-2 所示，赊销业务的基本流程如下。

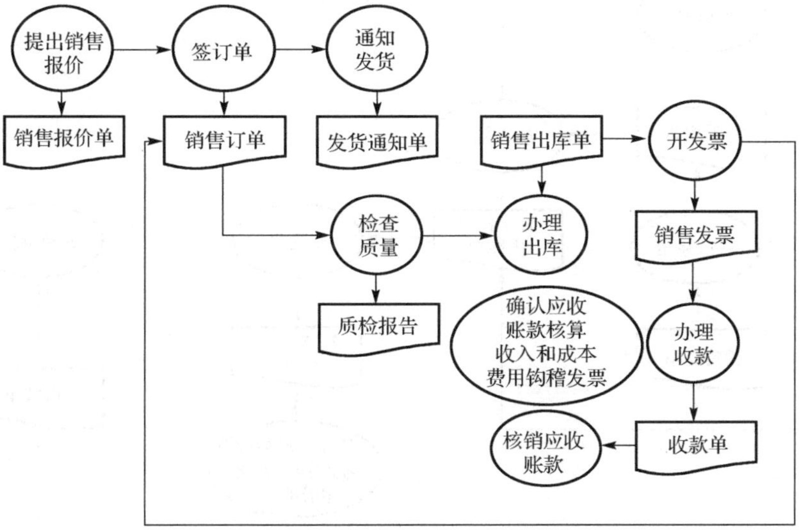

图 9-2 赊销流程

(1) 销售业务人员根据市场、客户和成本信息进行销售报价，编制销售报价单。

(2) 销售业务人员将客户提出的产品需求整理后填制销售订单。

(3) 销售业务人员必须及时了解订单及库存信息，按照订单的要求发出发货通知。

(4) 质检人员根据订单要求，对要发出的货物进行质量检验，提交质检报告。

(5) 仓管人员根据质检合格报告和发货通知单，办理出库业务，填写销售出库单。

(6) 会计核对订单及销售出库单，填写发票，核算销售收入、产品出库成本和销售费用，钩稽发票和销售出库单。

(7) 在收款期限内，出纳收到客户支付的货款。

(8) 会计记账，核销应收账款和相关单据。

3．退货流程

如图 9-3 所示，退货业务的基本流程如下。

(1) 销售人员根据原来的发货通知或者是红字销售发票，填制退货通知单，通知仓库准备接收。

(2) 质检人员根据订单要求，对要收回的货物进行质量检验，提交质检报告。

(3) 仓管人员办理退货手续，填制红字销售出库单。

(4) 会计根据红字销售出库单开红字销售发票，记账冲减应收账款并钩稽发票和出库单。

(5) 如果已经收到了客户支付的货款，则由出纳办理退款手续。

(6) 会计记账确认销售退货，并核销相关单据。

受各企业所处经营环境和自身管理要求的影响，不同企业的具体销售和收款流程与上文的描述会有出入，但它们都是一个业务与财务协调运作的过程。考虑到赊销业务在企业经营实践中广泛存在，本章以赊销业务流程为例，说明在 K3 软件系统中如何完成相关的业务操作、财务核算和分析、相关管理和控制。

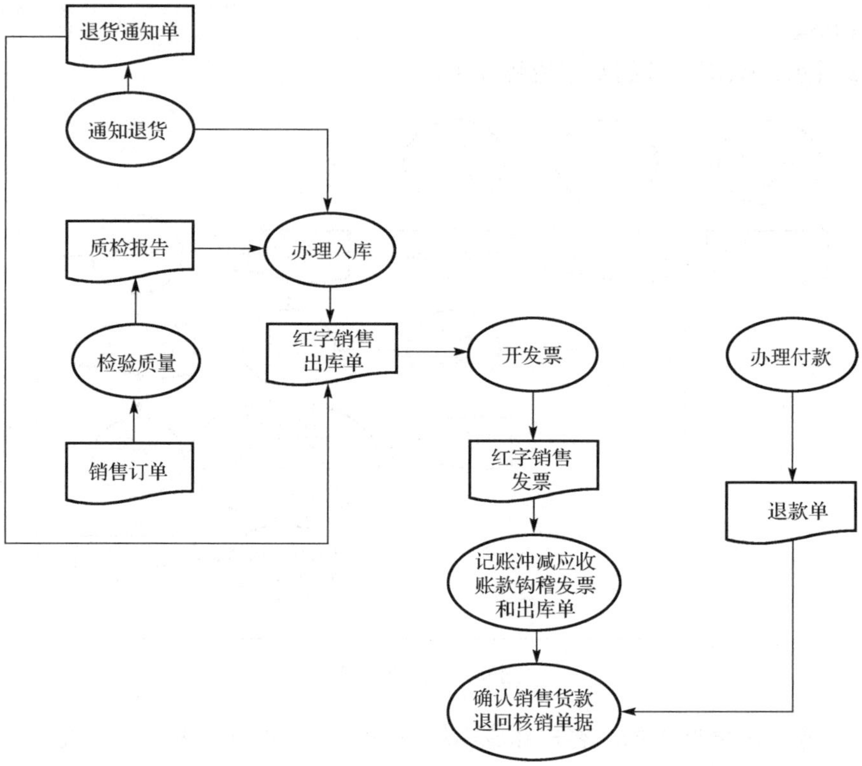

图9-3　退货流程

9.2　赊销业务处理流程

9.2.1　相关子系统及相互接口

在K3系统中，赊销业务处理涉及多个子系统，主要包括销售管理、仓存管理、存货核算、应收款管理、现金管理、总账、应付款管理及质量管理。各子系统实现数据共享，协作完成流程中各业务和财务处理工作。

各子系统的相互关系如图9-4所示。

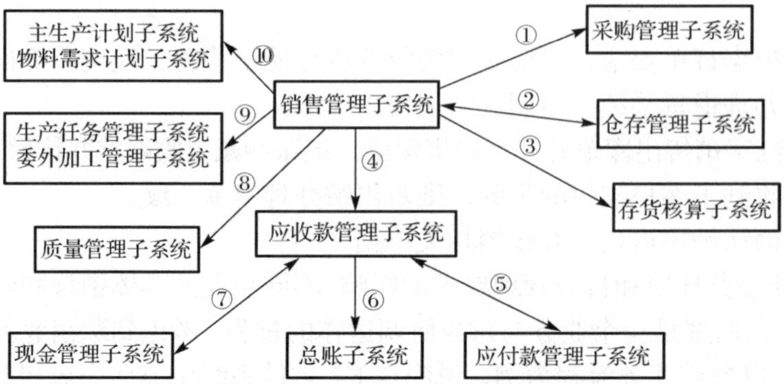

图9-4　各子系统的相互关系

各子系统之间的关系说明如下。

(1) 采购管理子系统可以根据销售订单生成采购订单，从而处理以销定购的业务。

(2) 销售管理子系统从仓存管理子系统获取当前库存信息，进行销售可用量管理。销售系统的销售出库单也是仓存系统中的一种重要库存交易单据，它会更新相应仓库的即时库存。

(3) 销售管理子系统中的销售出库单是进行产成品出库核算的原始依据之一，出库核算之后的出库成本将反填到销售出库单的成本单据中，核算完成的销售出库单将根据凭证模板生成相应的凭证。销售管理子系统的销售发票作为确认收入的原始凭证之一，可按照凭证模板生成相应的销售收入凭证。

(4) 销售管理子系统中的销售发票可以直接传递到应收款管理子系统作为确认应收的依据，应收类型的销售费用发票在保存时传递到应收款管理子系统转换为其他应收单；应付类型的销售费用发票在保存时传递到应付款管理子系统转换为其他应付单，现销的销售费用发票不传递到应收款管理子系统。

(5) 应付款管理子系统中的采购发票和其他应付单与应收款管理子系统进行应收冲应付的核算。

(6) 应收款管理子系统生成的往来款凭证传递到总账子系统。

(7) 现金管理子系统与应收款管理子系统的应收票据互相传递，现金管理子系统的收款单可以传递到应收款管理子系统。

(8) 销售管理子系统产生发货和退货检验申请单，控制发货和退货商品的质量。

(9) 生产任务单和委外加工生产任务单可以根据销售订单生成，处理以销定产的业务。

(10) 销售订单是计划系统的主要需求来源之一，销售订单可以作为 MPS 和 MRP 计算的输入。

9.2.2 主要功能模块

赊购业务处理涉及多个子系统，由于采购管理、应付款管理、仓存管理、存货核算、总账及现金管理子系统在其他章节中绍，而主生产计划、物料需求计划、质量管理、生产任务管理及委外加工子系统使用较少，所以本章只介绍销售管理子系统和应收款管理子系统的功能模块。

1. 销售管理子系统的功能模块

K3 的销售管理子系统的功能模块如图 9-5 所示。

(1) 系统初始设置。

系统的初始设置是日常业务处理的前提，是一项比较繁重且复杂的工作。销售管理子系统的初始设置主要包括参数设置、基础信息设置、业务流程设置、期初数据输入及启动系统等。

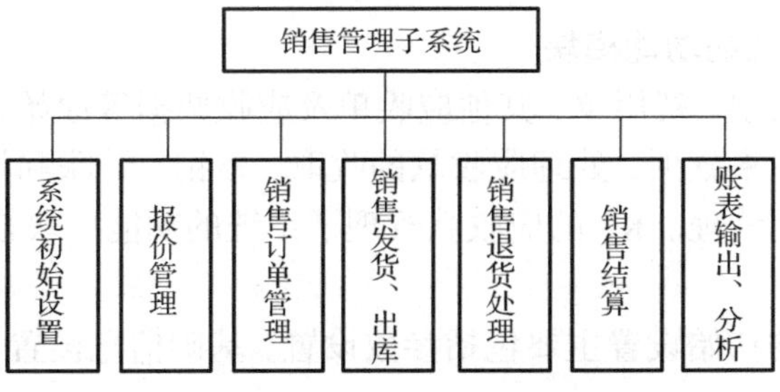

图 9-5 销售管理子系统的功能模块

（2）报价管理。

销售报价是销售部门根据企业销售政策、产品成本、目标利润率及以往价格资料等提出产品报价，经上级业务审核后提供给客户的过程，它为销售订单提供基本价格信息。报价管理包括销售报价单的录入、审核、作废及关闭等功能。

（3）销售订单管理。

销售订单是购销双方共同签署的，以此确认销售活动的标志。销售订单不仅是销售管理系统的重要单据，而且在工业供销链系统中处于核心地位。销售订单管理包括销售订单的生成和维护、订单数据的引出、销售订单附件的管理，以及订单的批量处理和附件管理等功能。

（4）销售发货、出库处理。

销售部门根据订单要求填制发货通知单，由质检人员对发出商品进行检验，由仓库管理人员办理出库并填写销售出库单。销售发货、出库处理包括发货通知，销售出库单的录入、审核、作废及关闭等功能。

（5）销售退货处理。

当由于质量不合格或价格不正确等因素发生退货时，由销售部门填制退货通知单，由质检人员检验退回商品，由仓库管理人员办理入库，填制红字销售出库单。销售退货处理包括退货通知、红字销售出库单的录入、审核、作废及关闭等功能。

（6）销售结算。

销售结算是根据销售发票确认销售收入、销售成本、应交税金和应收账款的过程，包括在销售管理中处理发票、在存货核算中计算主营业务成本，以及在应收账款确认应收款项几个过程。销售管理子系统的销售结算主要是销售发票和费用发票的录入、审核、拆分、作废及钩稽等处理。

（7）账表输出、分析。

销售与应收款子系统提供的账表包括账簿、业务报表和分析报表几大类。账簿是反映销售与应收业务核算结果的信息，以总账和明细账的形式输出；业务报表是系统对已经实现的销售业务进行筛选、分析及处理形成的报表；分析报表是对销售流程中各项主要业务的处理结果和运作情况进行分析形成的报表，是了解企业销售情况的重要手段。通过销售分析，使用者可以根据历史情况进一步做出预测及决策。除了固定报表外，为了满足企业特殊业务反映的需求，一般系统还提供报表工具和查询分析工具，可以用来制作和查询企业需要的报表。

以上所述仅仅是从概念上划分的模块结构，K3 v10的实际菜单组织与此略有不同。在K3 v10的实际菜单组织中，销售发货和出库处理在“发货通知”和“出库”菜单下完成；销售退货处理在“退货”和“出库”菜单下完成，但此时的“出库”操作是录入红字销售出库单；销售结算在“结算”和“费用发票”菜单下完成。

2．应收款管理子系统的功能模块

应收款管理以销售发票、费用单、其他应收单及应收票据等原始单据为依据，记录销售业务及其他业务所形成的往来款项，处理应收款的收取、核销、转账和坏账处理等，同时进行票据管理、合同管理及信用管理。K3的应收款管理子系统的功能模块如图9-6所示。

（1）系统初始设置。

应收款管理子系统的初始设置主要包括参数设置、基础信息设置、业务流程设置、期初数据输入及启动系统等。

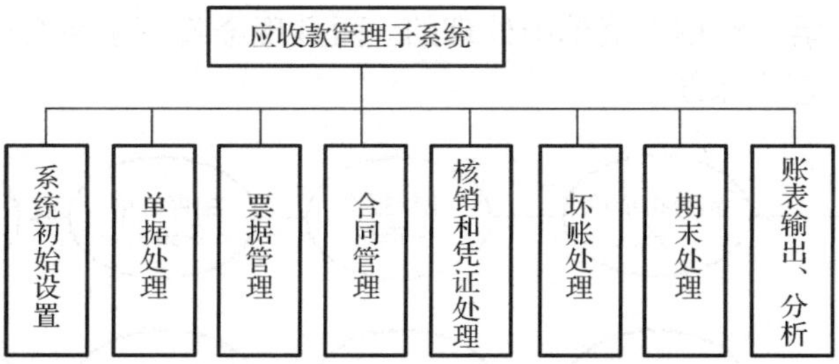

图 9-6　应收款管理子系统功能模块

(2) 单据处理。

本模块主要维护销售发票、其他应收单、收款单及退款单，如新增、修改、审核及删除等操作。

(3) 票据管理。

应收票据用来核算公司因销售商品及提供劳务等而收到的商业汇票，包括银行承兑汇票和商业承兑汇票。本模块主要维护应收票据，可以跟踪管理票据的新增、背书、贴现、收款及转出等操作。

(4) 合同管理。

本模块管理合同的建立、执行和关闭的过程。

(5) 核销和凭证处理。

核销处理是确定收款单与原始发票、应收单之间对应关系的操作，即指明每一次收款是对应哪几笔销售业务；凭证处理则是根据业务单据生成记账凭证的操作。

(6) 坏账处理。

坏账处理是对坏账准备计提、坏账损失的发生及坏账收回进行处理。

(7) 期末处理。

本模块主要包括期末调汇、期末对账及期末结账操作。对于有外币业务的企业，在会计期末如有汇率变化，通常要进行期末调汇的业务处理。当本期所有操作完成之后，如所有单据进行了审核及核销处理，相关单据已生成了凭证；同时与总账等系统的数据资料已核对完毕，即可进行期末结账工作。期末结账处理完毕，系统进入下一个会计期间。

(8) 账表输出与分析。

本模块主要是提供各种报表的查询。为了满足企业特殊业务反映的需求，一般系统还提供报表工具和查询分析工具，可以用来制作和查询企业需要的报表。

以上所述仅仅是从概念上划分的模块结构，K3 v10 的实际菜单组织与此略有不同。在 K3 v10 的实际菜单组织中，单据管理在“发票处理”、“其他应收单”、“收款”和“退款”菜单下完成；票据管理在“票据处理”菜单下完成；核销和凭证处理在“结算”和“凭证处理”菜单下完成；坏账处理在“坏账处理”菜单下完成；账表输出和分析是在“账表”和“分析”菜单下完成。

9.2.3　K3 v10 中的应用流程

在 K3 v10 系统中，赊销业务的处理流程主要涉及销售管理、应收款管理和现金管理子系统中的多个菜单项。图 9-7 所示为在 K3 v10 中处理赊购业务主要涉及的菜单项。其中值得注意的是，在 K3 v10 中销售发票和费用发票形成所谓的“连属单据”，所以费用发票与入库单的钩稽操作是在“销售发票—钩稽”菜单中处理的。而且现金管理子系统中的收款单需通过“发送”操作传到应收款管理子系统。

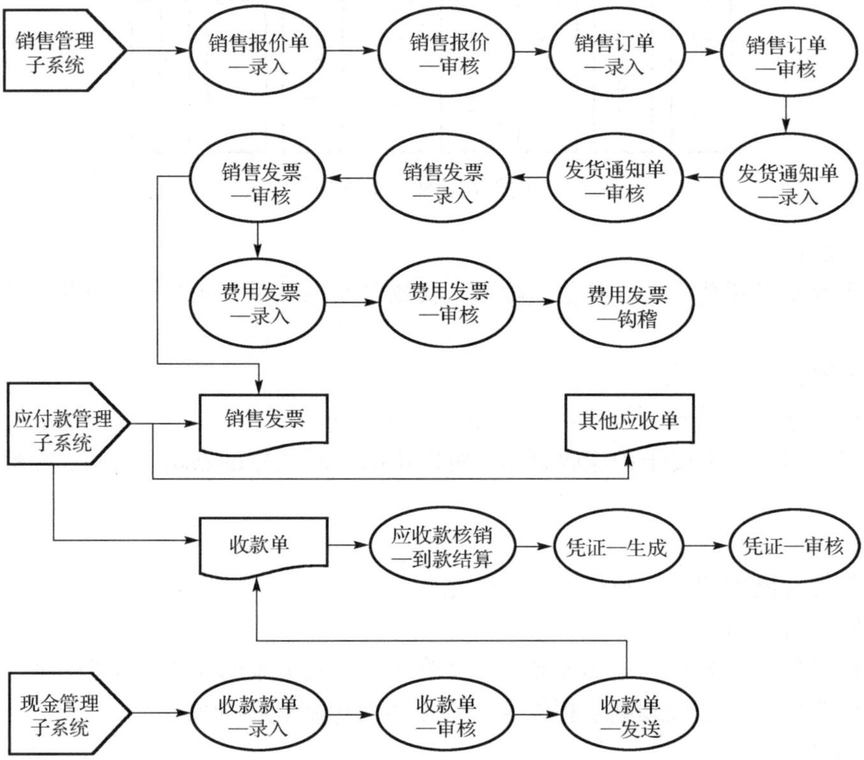

图 9-7　K3 中赊销业务处理流程

9.2.4　企业级应收管理系统与部门级应收核算系统的区别

所谓企业级会计信息系统，是指实现了财务业务一体化，将企业的财会预算、核算、控制、分析功能与业务的计划、执行、控制、分析功能紧密集成的会计信息系统；而所谓部门级会计信息系统，则是指仅服务于企业的财会部门，提供会计凭证录入、记账、报表编制和简单财务分析等功能的系统。二者在会计信息的采集、存储、处理、传输和系统控制等方面存在较显著的区别。就企业级应收管理系统与部门级应收核算系统而言，它们存在以下区别。

1．数据采集的区别

企业级应收管理系统的输入数据主要来自于业务部门使用的销售管理系统。销售部门录入的销售发票和费用发票信息会传递到企业级应收管理系统；而部门级应收核算系统则需要会计人员手工重新整理原始纸质单据，直接录入记账凭证。

2．数据存储的区别

企业级应收管理系统与业务执行系统共享集成存储的数据库，由业务执行系统存储的数据能够为企业级应收管理系统所利用；而部门级应收核算系统的数据存储独立于业务执行系统，发生数据不一致问题的风险较大。

3．数据处理的区别

企业级应收管理系统对数据的处理，主要是根据不同类型业务单据所对应的凭证模板，针对业务单据生成记账凭证，并在业务单据条目间建立核销关系；而部门级应收款核算系统对数据的处理，主要是直接输入记账凭证，并在记账凭证分录间建立核销关系。

4．数据传输的区别

企业级应收款管理系统需要向账务系统传输记账凭证；而部门级应收款核算系统是依托账务处理系统完成核算工作，确认往来业务的凭证本来就是在账务系统输入的，所以不存在向账务系统传输凭证的需要。

5．系统控制的区别

在企业级应收款管理系统中，核算数据直接来自业务系统，核算的准确性依赖于业务系统对原始业务单据审核的正确性，以及应收款管理系统中设置凭证模板的正确性；而部门级应收款管理系统核算的准确性则严重依赖于记账凭证审核的正确性。可以认为，在企业级应收款管理系统中，控制环节提前了。

9.3　子系统和功能模块应用

9.3.1　销售管理系统初始化

初始化工作主要可分为参数设置、基本信息设置、业务流程设置、期初数据输入、启动系统等。参数设置是对数据基本处理原则和方法、业务操作的基本规则、业务流程规范等进行设置，以及为使系统正常运转和简化日常处理工作，预先定义系统涉及的一些信息；基本信息设置是将企业基础资料和管理资料进行整理、汇总后录入系统中的过程；业务流程设置是由用户自定义业务处理的环节和相互关系，系统将根据用户的设置进行相关控制，从而满足企业特定业务流程需要；期初数据输入是输入系统启用期之前的业务数据；启动系统是结束初始化设置开始日常处理的操作。

1．参数设置

需要设置的参数一般可以分成核算参数和系统参数两大类。

(1) 核算参数设置。

核算参数在“系统设置”→“初始化”→“销售管理”→“系统参数设置”中设置。系统需要设置的核算参数包括以下几项。

- 启用年度和启用期间：系统默认为系统年度和日期，用户可以更改，选择业务实际的启用年度和期间。
- 核算方式：有“数量核算”和“数量、金额核算”两种方式。如选择“数量核算”，系统以后只核算数量，不核算金额，所以显示的核算金额不会正确；而“数量、金额核算”是对材料的数量和成本都核算。如果该账套是与财务各系统相互联系的，则应选择“数量、金额核算”。
- 库存结余控制：主要是让用户确定是否允许负结存，如果选择不允许负库存，则在库存单据中不允许出现库存即时数量为负数的情况。

如果选择允许负库存，则系统单据数量和金额允许出负数，但系统控制不允许单价为负的情况。在允许负结存情况下，建议物料的计划方法使用“计划成本法”，这样核算的成本准确性高。

- 库存更新控制：主要是针对库存的即时库存更新的处理，系统提供两种选择。如果选择“单据审核后才更新”，则系统将在库存类单据进行业务审核后才将该单据的库存数量计算到即时库存中，并在反审核该库存单据后进行库存调整；如果选择“单据保存后立即更新”，则系统将在库存类单据保存成立后就将该单据的库存数量计算到即时库存中，并在修改、复制、删除、作废及反作废该库存单据时进行库存调整。
- 是否启用门店管理：启用门店管理之后，系统屏蔽门店管理系统和系统设置涉及门店管理之外的菜单。

(2) 系统参数设置。

系统参数是定义业务操作的基本信息、操作原则和方法，即系统运行的规范和控制，如设置单据编码规则、打印设置、设置单据类型、根据业务特点和需要设置业务处理规则和处理惯例选项等。

有些系统参数适用于供应链管理涉及的多个子系统。例如，审核人与制单人是否可为同一人；是否使用几种计量单位来衡量物料的收、发和结存；单据是否可手工录入编号；单据操作权限是否控制到操作员；单据打印前是否自动保存等。这部分内容在“系统设置”→“系统设置”→“销售管理”→“系统设置”→“供应链整体选项”中设置。

有些系统参数则仅适用于销售管理子系统。例如，是否在销售系统应用物料对应表；登录系统时，是否按信用期限对超期应收款进行预警；是否启用缺货预警；设置缺货预警参数，包括预计量有效提前期、是否按辅助属性进行缺货预警，以及预计量参数等；是否已关闭的销售订单可以变更物料；与出库单相关联的销售发票在钩稽时是否自动钩稽；销售出库单审核后是否自动生成收料通知单；订单执行数量是否允许超过订单数量等。这部分内容在“系统设置”→“系统设置”→“销售管理”→“系统设置”→“销售系统选项”中设置，图 9-8 所示为系统参数设置界面的示例。

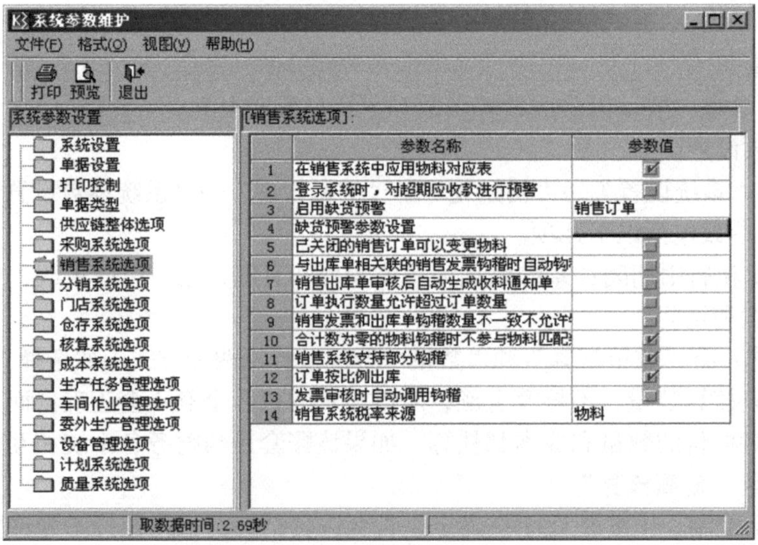

图 9-8　系统参数设置界面示例

2. 录入基础资料

销售管理用到的基础资料主要包括客户、部门、职员、物料、BOM 清单、价格资料、折扣资料及信用管理等。本节主要分析客户、价格资料和折扣资料及信用管理，其他内容参考有关章节。

(1) 建立客户资料。

客户资料提供每个客户的详细信息，这部分内容在“系统设置”→“基础资料”→“公共资料”→“客户”中设置。图 9-9 所示为其操作界面示例。客户属于核算项目，因此可以挂在会计科目下作为明细科目进行辅助核算。客户资料主要包括基本资料和应收资料，基本资料主要包括客户代码、客户名称、客户的应用状态、银行账号、税务登记号、对该客户是否进行信用管理、运输提前期及简称、地址，以及区域等备注信息；应收资料主要包括结算方式、对应会计科目、分管部门、专营业务员，以及最大交易金额等。

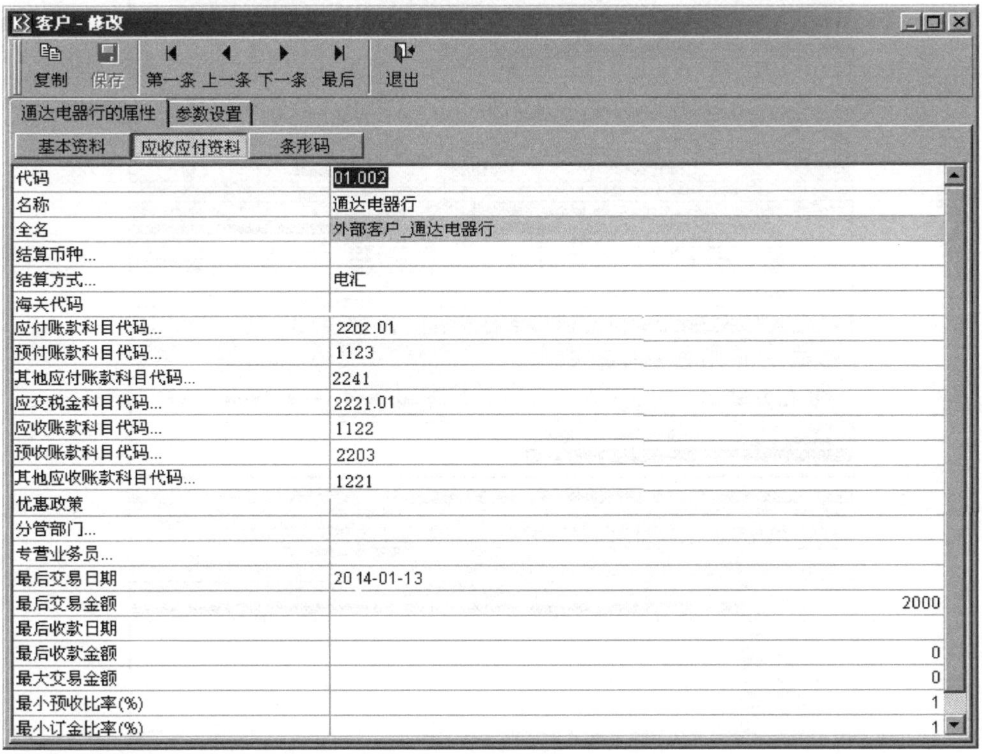

图 9-9　客户资料操作界面示例

(2) 建立价格资料和折扣资料。

价格资料包括价格政策和价格参数，价格政策是对销售价格进行综合维护的一种方案；折扣政策则侧重于对不同条件下折扣率或折扣额的处理。价格参数则被用来控制整个价格折扣管理在单据中的应用情形，以及取数逻辑的组合优先设置。价格资料和折扣资料与采购及应付款管理中的供应商供货信息、采购价格管理，一起构成了企业购销业务中价格管理的完整体系。

系统默认提供两种类型的价格政策，一种是基本价格，这种政策只能定义产品的基本售价，即该方案中的价格是针对各种物料所有客户的；另一种是特价政策，特价政策可以依据客户、业务员、VIP 组定义物料的不同辅助属性、不同计量单位、不同数量段，以及不同有效日期的价格，并且可以定义价格政策的周期，一般适用于比较复杂的价格应用。价格政策和折扣政策的内容在“系统设置”→“基础资料”→“销售管理”→“价格资料维护”和“折扣方案维护”或“供应链”→“销售管理”→“价格资料”和“折扣资料”中设置，图 9-10 所示为其操作界面示例。

(3) 建立信用管理资料。

信用管理主要是应收账款的管理。目前，赊销已经成为各行业市场中主要的交易方式。作为一种有效的竞争手段和促销手段，赊销能够为企业带来巨大利润；同时，伴随着赊销产生的商业信用风险，以及对这种风险的管理就变得越来越重要。

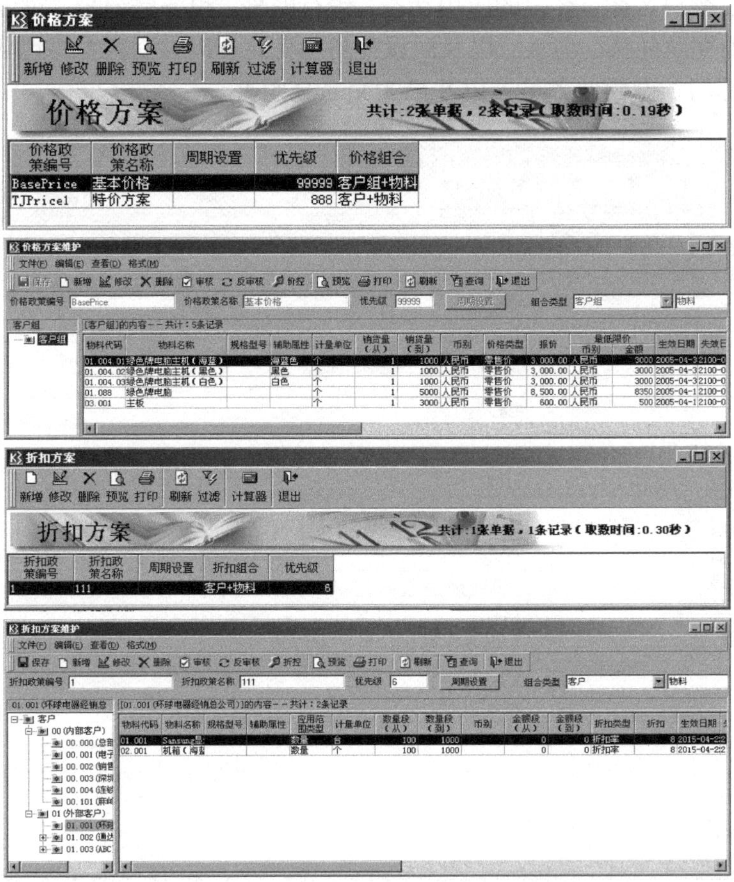

图 9-10　价格政策和折扣政策操作界面示例

● 启用信用管理。为了启用信用管理，首先要启用应收款管理子系统，然后设置信用管理相关对象属性。信用管理的主要对象包括客户（客户类别）、职员（职员类别）和部门，要对这些对象进行信用管理，首先要对这些对象启用信用管理。以客户为例，首先选择“基础资料”→“公共资料”→“客户”，对要采用信用管理的客户，选择“是否进行信用管理”属性，然后该客户才能在信用管理维护界面中显示并可设置信用信息，职员和部门相关设置类似。最后在主界面通过“系统设置”→“基础资料”→“销售管理”→“信用管理维护”中进入信用管理维护的界面，通过“工具”→“启用”启用信用管理。

● 维护信用信息。在系统主界面上单击“系统设置”→“基础资料”→“销售管理”→

“信用管理维护”选项，对客户、客户类别、职员、职员类别及部门的信用信息进行设置、维护和查询工作。图 9-11 所示为其操作界面示例。用户还可设置信用控制的选项，以及信用额度、信用期限、信用数量的计算公式和信用控制的时点。

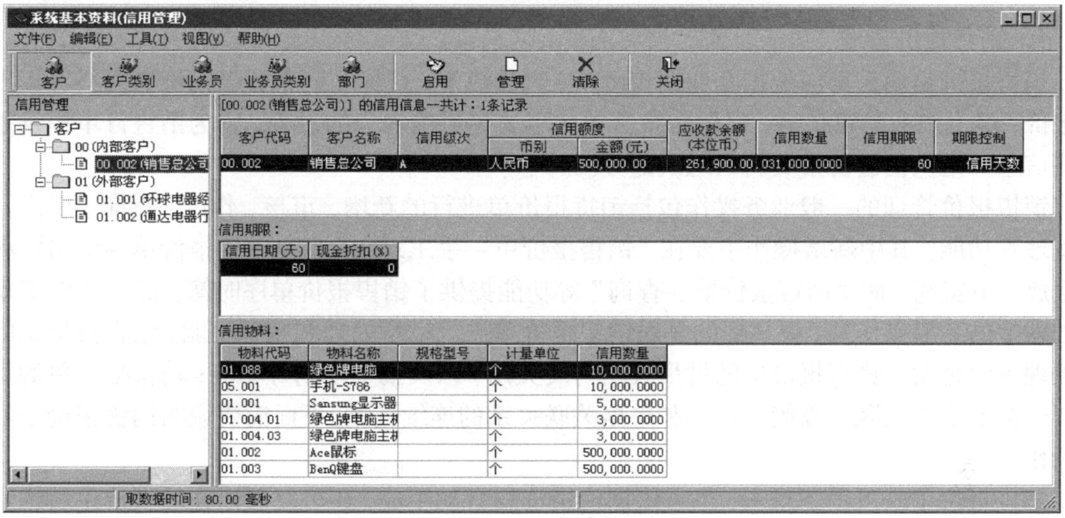

图 9-11　信用管理操作界面示例

3. 输入期初数据

销售管理系统的期初数据，包括期初库存物料结余数量、成本，以及未核销的销售出库单数据。

在“系统设置”→“初始化”→“销售管理”→“初始数据录入”中，录入启用期前库存物料结余数量和成本。采用不同计价方法及不同管理方法的物料，其录入的信息和录入的方法均不相同，具体内容可参见仓存管理和存货核算章节中输入期初数据部分的内容。在“系统设置”→“初始化”→“销售管理”→“录入启用期前的未核销销售出库单”中，录入启用期前的未核销的销售出库单数据。启用期前单据不能调整期初余额，其发生额也不计算到本期报表和即时库存中。

供应链系统日常处理中不可以处理以前期间的库存单据，只能对已审核的暂估入库单进行冲回处理，并对已审核但尚未核销的销售出库单进行拆单操作，因此初始化设置中必须对启用期前的暂估入库单据进行审核。如果未审核，将不能启用业务系统。

4. 其他初始设置

有关用户权限设置、业务流程设计及多级审核定义方面的内容，可参阅采购与付款过程章节中的介绍。

5. 启用业务系统

系统初始化完成后，需要执行启用初始化，将初始化设置状态转为日常操作状态。启用业务系统后初始化设置的数据很多都不能再修改，因此在完成初始化工作之后，应该仔细检查初始化数据，确保无误后启用。在启用业务系统之前，最好在“账套管理”中备份该账套，以防由于种种原因造成贸然启用，从而给业务处理带来不便。

9.3.2 销售管理系统日常处理

销售管理子系统的日常业务处理主要包括销售报价管理、销售订单管理、销售发货处理、销售退货处理和销售结算。

1. 销售报价管理

销售报价是销售部门根据企业销售政策、产品成本、目标利润率和以往价格资料等提出产品报价，经上级业务审核后，以销售报价单的形式提供给客户的过程。它为销售订单提供基本价格信息，是供销链价格资料的组成部分。

销售报价管理的一般业务操作包括销货报价单进行的新增、审核、作废、打印、引出及附件管理等功能。其中新增操作主要在“销售报价单－手工录入”和“销售报价单－价格资料自动生成”中实现，而“销售报价单－查询”等功能提供了销售报价单序时簿，除了能够实现业务处理中的一般操作外，更主要的是对销售报价单进行批量处理和管理功能。销售报价单的批量处理主要是指对销售报价单的批量关闭与反关闭，以及批量复制等功能；销售报价单的管理主要包括下推式关联生成销售订单和单据关联关系的连续查询。下面简要说明销售报价单的新增操作。

销售报价单既可手工录入，也可依据价格资料自动生成，还可复制以往的报价单后编辑修改。手工录入就是整张单据由手工生成；而依据价格资料自动生成，则是依据价格折扣方案或历史交易价格来生成报价单。图 9-12 所示为一个销售报价单的示例。

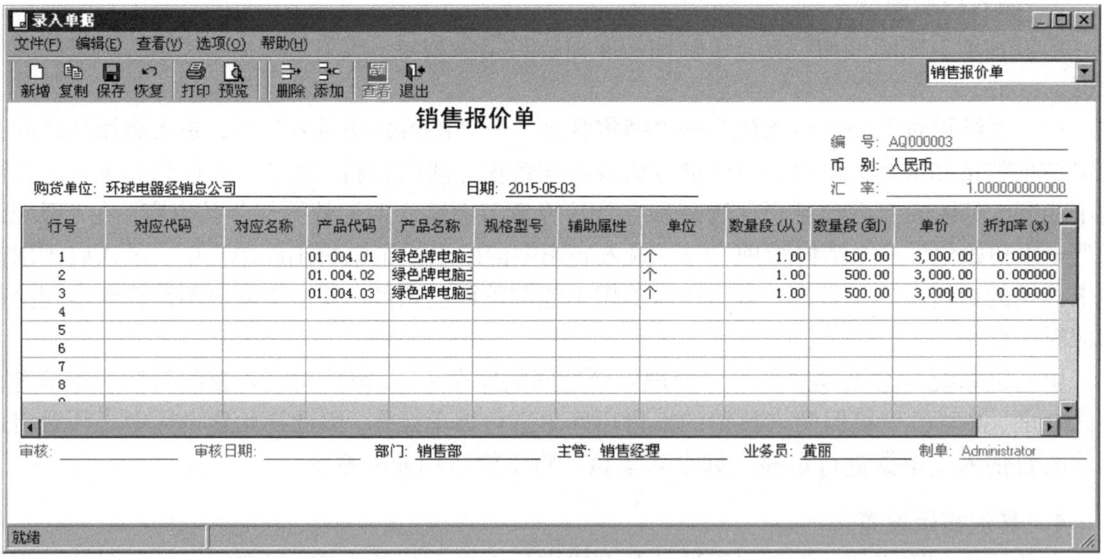

图 9-12　销售报价单界面示例

2. 销售订单管理

销售订单是购销双方共同签署并以此确认购销活动的文件，通过它可以直接向客户销货并可查询销售订单的发货情况和订单执行状况；它是销售业务中非常重要的管理方式，从而在销售系统中处于核心地位，同时在整个供需链系统中也处于非常重要的地位。

销售订单的一般业务操作功能包括新增、审核、关闭、作废、打印、引出及附件管理等多项功能，其中新增操作主要在“销售订单—录入”中实现，而“销售订单—查询”等功能提供了销售订单序时簿，除了能够实现业务处理中的一般操作外，更主要的是能对销售订单进行批量处理和管理功能。销售订单的批量处理主要是指对销售订单的批量关闭与反关闭，以及批量复制等功能；销售订单的管理主要包括销售订单的变更、下推式关联、分销管理业务处理、单据关联关系的连续查询和查询关联合同。下面简要说明销售订单的新增、变更和下推式关联。

(1) 销售订单新增。

销售订单可以通过手工录入、合同确认、销售报价单关联、购货分支机构的采购订单转换(分销管理业务)及单据复制等多途径生成。图 9-13 所示为一销售订单界面的示例。

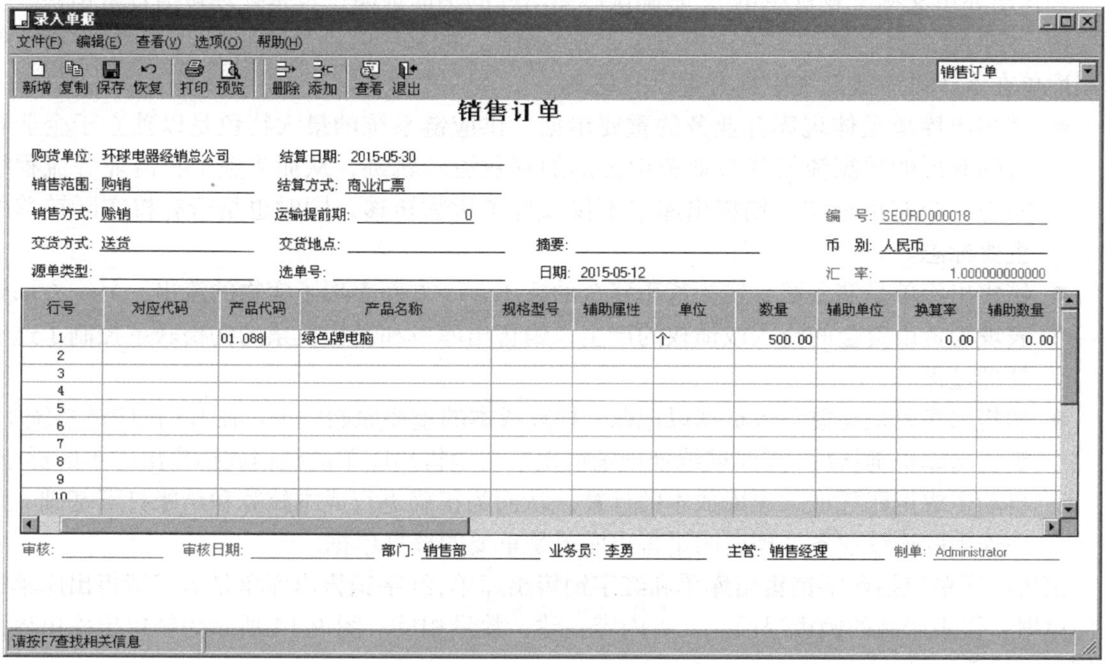

图 9-13　销售订单界面示例

(2) 销售订单变更。

销售订单变更是指销售订单在执行过程中或在已经执行完毕的情况下，因销货计划变动、客户临时增加订货量或其他原因，需要增加本次下单的订货数量、修改订货价格或直接补货。此时，在不改变其他业务要素的前提下，系统提供用户直接补充订货的功能。

(3) 销售订单下推式关联。

下推式单据关联是在源单据的序时簿上自动生成目标单据。针对销售订单，通过下推关联可以直接生成发货通知单、发货检验申请单、退货检验申请单、销售出库单、销售发票(包括专用发票和普通发票)、采购申请单、采购订单、生产任务单、委外加工生产任务单，以及产品入库单。

3. 销售发货处理

销售发货处理涉及的单据主要有发货通知单和销售出库单。

(1) 发货通知单。

发货通知单是销售部门在确定销售订货成立并向仓库部门发出的发货通知，是销售订单的重要执行单据。它不仅要处理与销售订单直接关联的执行情况，还要处理销售出库单与销售订单间接关联的执行情况，起到承上启下的业务管理作用。

一般来说，发货通知单可以通过手工录入、根据关联的销售订单或根据关联的销售发票几种方式生成。

(2)销售出库单。

根据销售部门传来的发货通知单，仓库发货，即产品出库处理。出库时要填制销售出库单，它是确认产品出库的书面证明，是处理包括日常销售、委托代销及分期收款等各种形式销售出库业务的单据。同采购管理系统的外购入库单一样，销售出库单也是供销链系统中非常重要的单据。

销售出库单又称“发货库单”，是确认产品出库的书面证明，也是处理包括日常销售、委托代销、分期收款等各种形式的销售出库业务的单据。同采购管理系统的外购入库单一样，销售出库单在 K/3 供应链系统中具有重要的意义。

- 销售出库单是体现库存业务的重要单据，供应链系统的最大特色是以独立于企业物流的有形的单据流转代替业务中无形的存货流转轨迹，从而将整个物流业务流程统一为一个有机整体。销售出库单不仅表现了货物转移，同时也是所有权实际转移的重要标志。
- 销售出库单是储备资金转为货币资金的标志，一方面表现了实物的流出，另一方面则表现为货币资金的流入或债权的产生，销售出库单和销售发票的钩稽联系控制了这一处理过程。
- 销售出库单也是财务人员据以记账、核算成本的重要原始凭证。在 K3 供应链系统中，销售出库单确认后，需要继续处理销售发票与销售出库单的核销或销售出库单的拆单、自动生成记账凭证、出库成本的计算，从而为正确进行成本核算和结账打下基础。这一连串的连续业务处理说明销售出库单是重要的核算单据。

销售出库单包括蓝字销售出库单和红字销售出库单，红字销售出库单是蓝字销售出库单的反向单据，代表产品的销售退回。二者内容一致、数量相反。图 9-14 所示为销售出库单界面示例。

4．销售退货处理

当由于质量不合格、价格不正确等因素，或所购产品与销售订单或合同的相关条款不相符等原因，购货单位要求退货。货物退回时需要填制退货通知单，进行退货处理。

退货通知单是发货通知单的反向操作单据，处理时可以作为红字销售出库单的源单据执行退货操作。另外由于退货通知单中一部分信息反映了产品质量的不合格情况，因此对企业的产品质量管理具有重要参考价值。退货通知单可以通过手工录入、发货通知单和发票关联等方式生成。

5．销售结算

销售结算是根据销售发票确认销售收入、销售成本、应交税金和应收账款的过程，包括在销售管理中处理销售发票、在存货核算中计算主营业务成本，以及在应收账款确认应收款项几个过程。销售管理子系统的销售结算主要是销售发票的管理。

销售发票包括销售专用发票和销售普通发票，其中专用发票是指增值税专用发票，是一般纳税人销售货物或者提供应税劳务所开具的发票。发票上记载了销售货物的售价、税率，以及税额等，在专用发票上记载所收取的销项税额抵扣采购增值税专用发票上记载的购入货物已支付的税额，作为报告增值税的依据；普通发票是指除了专用发票之外的发票或其他收购价凭证。所有销售发票上记载的销货收入都是所得税的应纳税所得额的组成部分。

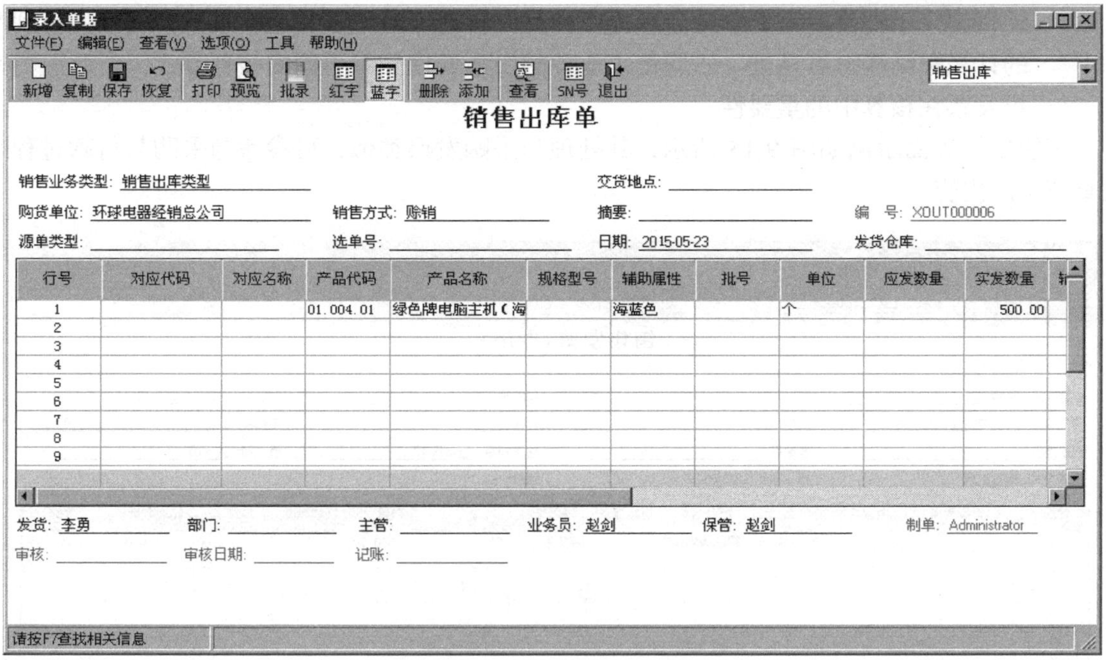

图 9-14　销售出库单界面示例

一般来说，销售发票可以通过手工录入、合同确认、销售订单及销售出库单关联等多途径生成。

销售发票是销货单位开给购货单位，据以付款、记账及纳税的依据，具有业务和财务双重性质，是销售管理的核心单据之一。

- 销售发票是企业收入的确认标志，发票的确认代表企业收入的实现和债权的取得。
- 发票以有形的单据流代替企业生产经营活动中无形的资金流动轨迹，并与反映物流的销售出库单一起相互钩稽，符合收入与费用的配比原则。实现资金流和业务流的双轨并行，从而将整个系统中的物流业务流程统一为一个有机整体。
- 销售发票是供应链的重要信息中心之一，是联系财务及业务系统的重要桥梁。销售发票在销售系统中联系的单据最多，与销售订单、发(退)货通知单及销售出库单等全部业务单据都有联系。同时与应收款管理系统实现发票共享，并与销售合同、收款单及预收单据联系紧密。这种联系既包括单据与单据关联的直接联系，还包括通过直接关联的单据与第三方单据间接关联，在供应链系统中，两种三方关联的模式中发票都是基本的关联因素。这样，业务和财务信息之间紧密结合，平滑连接，形成了一个信息丰富的整体。
- 发票是财务管理的重要内容，它所标志的营业收入是企业现金流入量的主要来源，是补偿经营活动中成本费用和形成利润的有效保障，因而在企业理财中具有重要地位。发票所记载的应收账款是企业流动资产的一个重要项目，系统所针对应收款管理的信用管理，很大程度上通过控制发票来进行信用控制。销售发票所记载的收入是应交所得税中应纳税所得额的组成部分；增值税发票所记载的税额又是抵扣增值税进项税额的法定凭证，因而也是税法和税务筹划中的重要管理内容。
- 发票是财务人员据以记账及核算成本的重要原始凭证。在 K3 供应链系统中，发票与销售出库单钩稽后需要继续处理出库核算并自动生成记账凭证，从而为正确进行利润的计算和结账打下基础。不同销售业务的发票处理又有不同的核算方式，由此说明销售发票在核算中的重要性。

销售发票界面示例如图 9-15 所示，其处理与采购发票类似，可参考与采购与付款过程有关章节中的内容。

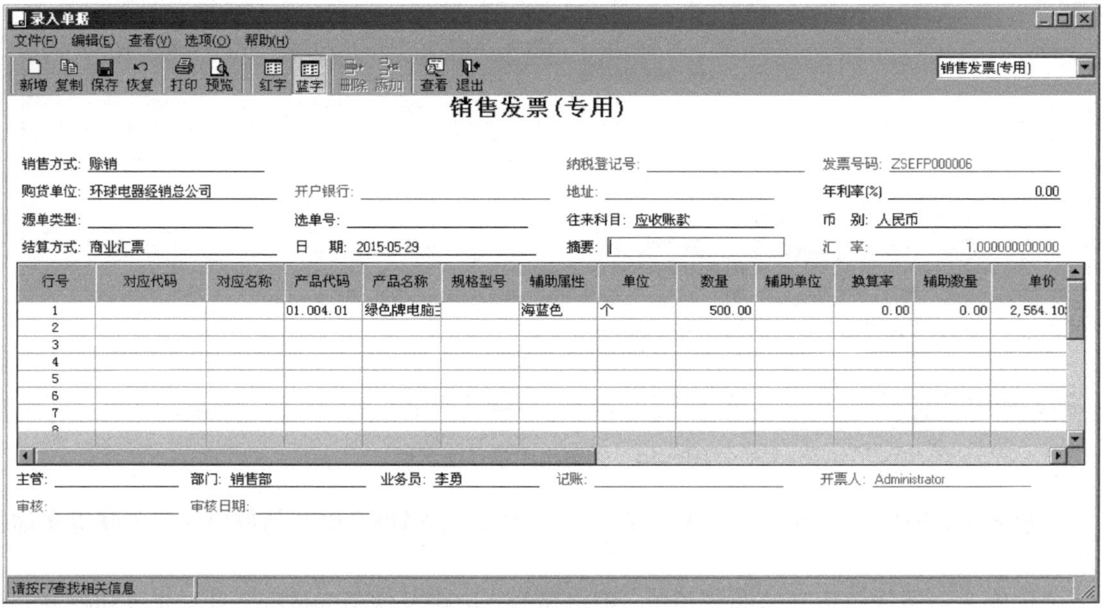

图 9-15　销售发票界面示例

9.3.3　应收款管理子系统初始化

应收款管理子系统的初始化主要包括参数设置、录入基础资料及录入期初数据和启用系统等几个部分。有关权限设置、流程设计及多级审核方面的内容可参见采购管理系统初始化中的说明，此处不再赘述。

1. 参数设置

这部分内容主要在“系统设置”→“应收款管理”→“系统参数”中设置，包括公司信息、会计期间、坏账处理方法、单据控制、合同控制和核销控制等。其中“科目设置”部分需要设置单据类型科目，包括其他应收单、销售发票、收款单、预收单及退款单。还需要设置应收票据科目代码和应交税金科目代码，并选择核算项目类别。当不根据凭证模板生成凭证时，会用到在“科目设置”中定义的内容。系统提供直接转销法和备抵法两种坏账处理方法供选择，如果选择直接转销法，则坏账计提模块不能使用；如果选择备抵法，则可以按销货百分比法、账龄分析法及应收账款百分比法中的任何一种方式计提坏账准备。

2. 录入基础资料

在“系统设置”→“基础资料”→“公共资料”→“结算方式”中设置结算方式。系统预设了一些结算方式，用户可以根据需要修改。每种结算方式都可以指定对应的会计科目，收款单、预收单及退款单生成凭证时，根据结算方式，可自动找到对应的会计科目填充。

在“系统设置”→“基础资料”→“应收款管理”→“类型维护”中设置票据类型、合同类型、偿债等级、现金折扣、担保类型、应收单类型及收款单类型，以实现不同类型业务的分类管理。

在“系统设置”→“基础资料”→“应收款管理”→“凭证模板”中定义各种业务类型的凭证模板，包括模板编号、模板名称、凭证字号、科目来源、金额来源和摘要等内容。应收款管理系统提供如下三种生成凭证的方式。

第一种，新增单据时，在单据序时簿或单据新增界面即时生成凭证。

第二种，采用凭证模板，凭证处理时直接根据模板生成凭证。

第三种，采用凭证处理时现场定义凭证科目的方式生成凭证。

如果采用第二种方式，即必须首先定义凭证模板。按不同的事务类型定义凭证模板之后，处理凭证时，系统会根据不同的事务类型自动套用相应的凭证模板进行凭证处理。

在“系统设置”→“基础资料”→“应收款管理”→“信用管理”中可以设置信用管理资料，在“系统设置”→“基础资料”→“应收款管理”→“价格资料”中可以设置价格方案。在“系统设置”→“基础资料”→“应收款管理”→“折扣资料”中可以设置折扣方案。有关信用管理、价格资料和折扣资料设置的内容，可参见销售管理系统初始化部分。

3. 录入期初数据

在启用系统前，需要将应收账款科目的期初余额、本年借方累计发生数、本年贷方累计发生数，预收账款科目的期初贷方余额、本年贷方累计发生数及还没有进行票据处理(背书、贴现、转出或已收款)的应收票据，以及以后有可能收回的坏账等信息输入系统，还要将期初合同信息输入系统。这部分工作主要在“系统设置”→“初始化”→“应收款管理”→“初始化数据—应收账款”、“初始销售普通发票—新增”、“初始销售增值税发票—新增”、“初始其他应收单—新增”、“初始预收单—新增”、“初始应收票据—新增”、“初始应收合同—新增”、“初始应收合同—新增”中完成。

4. 启用系统

在成功执行初始数据检查和初始数据对账操作后，即可启用系统以开始日常业务处理。选择“财务会计”→“应收款管理”→“初始化”→“结束初始化”选项，初始化工作即告完成。

9.3.4 应收款管理子系统日常处理

应收款管理子系统对包括应收款、其他应收款、预收款和应收票据等在内的应收款项进行全面核算、管理、分析、预测和决策。

1. 单据处理

应收款管理子系统以销售发票、其他应收单为依据来统计应收账款，以收款单、预收单及退款单来核销应收账款。单据处理就是对以上单据进行新增、修改、删除、审核及输出等操作。

(1)销售发票和其他应收单。

销售发票和其他应收单记录了应收账款的产生，它是指销售业务中的各类普通发票和专用发票；其他应收单是由非销售业务产生的应收原始凭证，它与销售发票的最大区别在于没有存货的信息资料，主要用于记录一些零星的应收账款。图9-16所示为其他应收单界面示例。

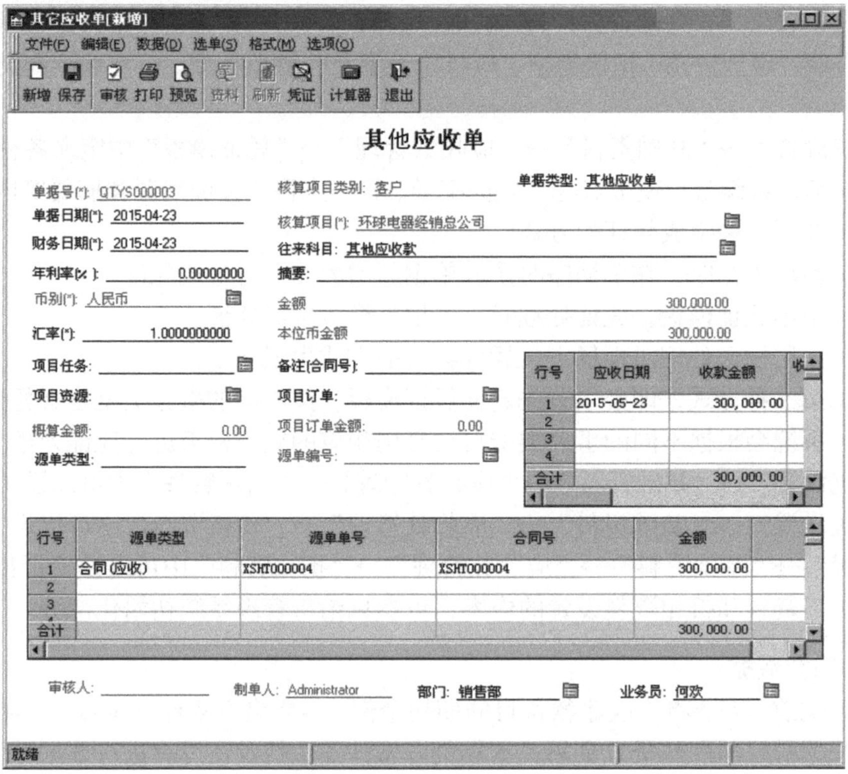

图 9-16　其他应收单界面示例

如果企业同时使用销售管理子系统和应收款管理子系统,那么销售管理子系统中的销售发票会直接传入应收款管理子系统,而销售管理子系统中的销售费用发票会传入应收款管理子系统而形成其他应收单;应收款管理子系统可以进行查询、审核、核销及生成凭证等操作。如果没有使用销售子系统,则各类发票和应收单均应在应收系统录入并审核。

(2) 收款单、预收单和应收退款单。

收款单是收到应收款项后填写的收款凭证;预收单则用于记录预收款,即按照销售合同规定预收客户的款项,它不能和发票及其他应收单进行关联。如果需要和发票及其他应收单进行钩稽,应采用普通收款单。在实际应用中,预收单的形成一般分两种情况:一种是当收到的货款大于原应收款的金额时,将收到的货款一部分核销原欠款项,另一部分形成预收款;一种是将收到的货款全部作为预收款,以后可通过“预收冲应收”冲减预收款。应收退款单是因销售退款而填制的付款单据,在 K3 中作为红字收款单处理。

2. 票据管理

票据管理是对公司因销售商品及提供劳务等而收到的商业汇票进行管理,包括银行承兑汇票和商业承兑汇票,用于记录票据详细信息及其处理情况,如新增、修改、删除,以及背书、转出、贴现及退票等操作。

(1) 应收票据新增及审核。

应收票据新增保存并审核后,系统即自动生成一张收款单或预收单。并且提示生成的单据号,通过该张收款单或预收单与应收账款核销。审核成功后应收票据的状态为“审核”,应收票据审核生成的收款单或预收单是未审核、未核销状态。该收款单或预收单经审核后可以进行凭证处理，生成收款业务凭证。收到应收票据并不进行凭证操作，只有审核后的应收票据才能进行转出、贴现、收款、背书及退票等业务处理。

(2) 应收票据收款、贴现及背书。

收到应收票据后，应收票据到期可以收取现金或银行存款，此时要进行收款处理。如果应收票据没有到期，由于急需资金，则可对票据进行贴现及背书处理，只有审核后的票据才可以进行贴现处理。应收票据进行收款处理后，不在应收款管理系统产生任何单据，只是状态变为"收款"。在此处进行了应收票据收款处理后，也不用再进行收款单的录入。应收票据贴现处理后不在应收款管理系统中产生任何单据，只是应收票据的状态变为"贴现"。应收票据的收款、贴现和背书操作都在"应收票据序时簿"进行。

应收票据背书需要输入背书日期、背书金额、被背书单位、利息、费用和对应科目，其中背书金额应是应收票据的票面金额；对应科目是生成凭证时对应的会计科目。K3 v10 系统提供四种背书方式，即冲减应付款、转预付款、转应收款和其他。如果选择"冲减应付款"，则系统在进行背书处理时自动在应付款管理系统产生一张付款单；如果选择"转预付款"，则系统在进行背书处理时自动在应付款管理系统产生一张预付单；如果选择"转应收款"，则系统在进行背书处理时自动在应收款管理系统产生一张其他应收单；如果选择"其他"，即直接增加原材料或材料采购等，不涉及冲销应收应付账款。生成背书凭证冲销应收票据即可，并且不在应收应付系统增加任何单据。图 9-17 是应收票据背书的示例。

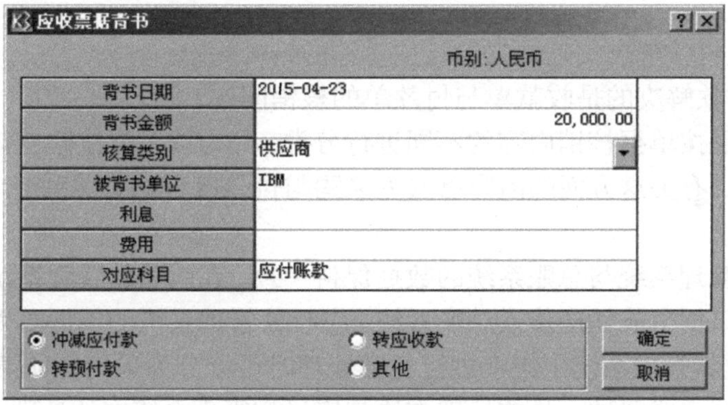

图 9-17　应收票据背书示例

(3) 应收票据转出与退票。

如果应收票据到期，不能收到钱款，则可以在应收票据模块进行转出处理，即再重新增加应收账款。应收票据进行转出处理时，应收票据减少；同时系统自动在应收单序时簿中产生一张其他应收单，此种业务也可以通过背书转应收款来进行处理。

如果因付款人无力支付票款，收到银行退回的商业承兑汇票，则应进行退票处理。应收票据的转出、退票操作都在"应收票据序时簿"进行。

3. 核销和凭证处理

(1) 核销。

核销处理是确定收款单与原始发票及应收单之间对应关系的操作，即指明每一次收款是对应哪几笔销售业务。因为只有经过核销的应收单据才能真正作为收款处理，同时核销日期也作为计算账龄分析的重要依据。

核销处理时，可以一张发票(或应收单)、收款单分次核销，也可以一张发票(或应收单)一次对应多张收款单核销、一张收款单一次对应多张发票(或应收单)核销或多张发票(或应收单)对应多张收款单核销。无论采用何种方式，应收款的本次核销金额必须等于收款的本次核销金额。

K3系统提供了7种核销类型及3种核销方式，其中不同的核销类型可以和不同的核销方式进行组合。

核销类型主要按单据的不同进行分类。

- 到款结算主要是收款单、退款单与销售发票、其他应收单核销，或收款单与退款单互冲。红字销售发票、其他应收单与蓝字销售发票、其他应收单互冲，不包括预收单。
- 预收冲应收解决的是预收单的核销问题，包括预收款与销售发票、其他应收单核销，或预收单与退款单互冲。预收冲应收与到款结算的区别之处在于预收冲应收要根据相应的核销记录生成预收冲应收凭证，而到款结算则不用。
- 应收冲应付解决的是销售发票，以及其他应收单与采购发票以及其他应付单的核销问题。
- 应收款转销则属于单边核销，即从一个客户转为另一个客户，实际应收款的总额并不减少。
- 预收款转销也是属于单边核销，即从一个客户转为另一个客户，实际预收款的总额并不减少。
- 预收款冲预付款解决的是预收单与预付单的核销问题。
- 在收款冲付款解决的是收款单与付款单的核销问题。

核销方式主要是按单据核销内容的不同进行分类，分为按单据核销、按关联关系核销和按存货数量核销3种。有关这方面的内容可参见采购与付款过程的有关章节。

(2)凭证处理。

为保证应收款管理系统与总账系统的数据保持一致，在应收款管理系统新增单据之后，必须通过凭证处理把单据生成凭证传入总账系统。应收款管理系统的单据要生成凭证，在凭证处理模块进行。在应收款管理系统中集中进行凭证处理时可以分为采用凭证模板的处理方式与不采用凭证模板的处理方式两种，具体处理方法与应付款管理系统中的处理方法类似。

4. 合同管理

合同在现代企业的经济活动中占据着越来越重要的地位，相应合同的管理在企业的日常管理工作中也非常重要。应收子系统的合同管理主要是对销售合同及其完成情况进行管理，即实现合同的新增、输出及统计分析等处理。处理时，每份销售合同可以分成基本资料、合同明细、合同数量完成汇总情况、合同收款情况及担保资料几部分进行管理。其中基本资料指合同名称、合同号、对方单位、签订合同日期、币别、汇率、折扣方式、销售时的商业折扣率、合同的补充条款，以及包括应收日期、收款金额在内的收款计划明细等；合同明细、合同数量完成汇总情况及合同收款情况从不同的角度反映合同的完成情况；担保资料指担保金额、担保类型、担保期限、担保事项、担保标的，以及存放保管地、到期解除等信息。

5. 坏账处理

坏账处理包括坏账损失、坏账收回、坏账计提及生成坏账的相关凭证等，系统根据用户在初始设置中定义的坏账核算的会计科目及定义并选择的计提坏账的方法，自动进行相应的处理。

进行坏账损失处理的单据只能是初始化的销售发票、其他应收单及初始化结束后新增的已生成凭证的销售发票及其他应收单。在进行坏账损失处理时，用户输入过滤条件，筛选发生坏账的应收单据，选择坏账原因、录入坏账日期和金额，并可生成凭证。

进行坏账收回处理的单据只能是期初坏账或已进行坏账损失处理的销售发票，以及其他应收单。在进行坏账收回处理时，用户输入过滤条件，筛选发生坏账收回的单据，输入坏账收回的金额，选择对应的已审核且未生成凭证的收款单，并可生成凭证。

坏账准备可以一年一次，也可以随时计提，坏账准备的计提方法也可以随时更改。系统根据设置的方法计提坏账准备，并产生相应的凭证。计提坏账准备时根据系统设置中的<坏账准备科目代码>生成凭证。

6．期末处理

对于有外币业务的企业，在会计期末如有汇率变化，通常要进行期末调汇的业务处理。如果确认当月的各项处理已经结束，如所有单据进行了审核和核销处理，相关单据已生成了凭证，同时与总账等系统的数据资料已核对完毕，可以进行月末结账处理，结账后系统进入下一个会计期间。如果启用了销售管理子系统，则应保证销售管理子系统本月业务已经完成，应收款管理子系统才能结账。

9.3.5　输出的证、账、表

销售管理与应收款管理子系统的输出可分为各种凭证（原始凭证和记账凭证）的查询输出和各种账表的输出。凭证的查询输出主要通过相关的序时簿筛选操作完成，比较简单，下面重点介绍相关账表的输出。

销售管理与应收款管理子系统需要输出的账表可以分成业务报表和统计分析报表两大类型，业务报表是系统针对用户已经实现的业务处理，将所取得的业务成果进行筛选、分析及处理形成的综合反映企业销售业务及应收账款情况的信息；分析报表是对销售流程中各项主要业务的处理结果和运作情况进行分析，并以表格的形式输出的信息。

1．销售管理的主要报表

(1)销售管理的主要业务报表。

- 销售订单统计表：是以物料为对象并汇总一定时间内销售订单所反映的订货数量和订货金额的汇总报表，它是针对销售订单的查询，反映不同期间销售订货的基本情况。
- 销售订单执行情况汇总表：是按关键字汇总数据并以综合反映订单执行情况的报表，即可以按物料类别及客户类别等汇总反映根据不同条件所查询到的汇总数据。
- 销售订单执行情况明细表：是按客户反映的每张销售订单的详细执行情况，它与销售订单执行情况汇总表一起，分别从详细和汇总的角度反映订货的出库情况。
- 订单批次跟踪表：主要是统计销售订单的生产执行情况，可以针对销售订单，反映销售订单的生产和物料领用的情况。
- 销售订单预评估报表：它以物料为对象，在接受销售订单前，对订单进行评估（包括成本、库存数量、交货期及预估价等），以确定是否具有经济利益，能否按照订单上的日期及时交货。本表实现订单成本、现有库存、预计库存及预估价的计算和查询功能。

- 销售出库汇总表：它综合反映一定时间货物的汇总发出情况，是销售发票和销售出库情况的结合查询，它反映销售基本业务——出库情况和销售收入的对应情况及差异。
- 销售出库明细表：详细反映一定时间每个物料的销售和发货情况。
- 销售收入统计表：是以物料为对象并汇总一定时间内确认为收入的销售发票所反映的销售数量、销售金额、销售税金及销售折扣的报表，是针对销售发票的查询，反映不同期间销售收入的基本情况。
- 客户单位销售情况明细表：它针对客户，详细反映一定时间每张销售发票的详细业务信息，是对销售发票的独立查询。
- 销售退货统计表：是以红字销售发票为依据，统计一定时间退货情况的报表。

(2) 销售管理的主要统计分析报表。

- 销售毛利润表：它是综合反映一定时间销售收入、销售成本，以及销售利润的情况，是针对销售毛利的汇总查询。
- 产品销售增长分析表：它是针对销售发票进行分析的报表，用于分析产品销售数量和金额与上年同期的增减幅度。输出的内容包括产品代码、产品名称、规格型号、计量单位（常用和基本）、销售数量本期数、上年同期数和增减百分比数、销售金额本期数、上年同期数和增减百分比数等，这些数据便于使用者了解销售的整体增减情况，为业务调整提供参考依据。
- 产品销售流向分析表：它是针对销售发票进行分析的报表，按购买产品的客户所在区域分析产品销售数量和收入的流向。输出的内容包括所属地区、产品类别、产品代码、产品名称、客户、计量单位（常用和基本）、销售数量和销售收入等，这些数据便于使用者了解销售的区域分布情况，为销售政策调整和人员配比等提供参考依据。
- 产品销售结构分析表：它是针对销售发票进行分析的报表，是对所有销售产品进行的销售分析，包括占同类销售比率和自身销售增长趋势的各种分析等。输出的内容包括产品类别、产品代码、产品名称、计量单位（常用和基本）、销售数量、销售收入、占同类销售百分比，以及与上年同期增长百分比等，这些数据便于使用者了解每个产品的整体销售情况。为销售政策调整、增加畅销产品的销售推广，以及停止滞销产品的资源占用等提供参考依据。
- 信用数量分析表：它是针对销售出库单进行分析的报表，还要用到与出库单核销的销售发票，以及与该销售发票核销的收款单中的数据信息。它对进行信用管理的客户和职员（系统用户）分别进行信用数量分析，输出的内容包括客户（职员）代码、客户（职员）名称、产品代码、产品名称、规格型号、计量单位（常用和基本）、信用数量、未收款出库数量，以及二者差额等。这些数据便于使用者了解每个客户和职员的信用数量整体和分产品情况，是销售信用管理的重要组成部分，也是调整信用管理方针并完善应收款管理政策的重要决策依据。
- 信用额度分析表：它是针对销售发票进行分析的报表，还要用到与该销售发票核销的收款单中的数据信息。它对进行信用管理的客户和职员（系统用户）分别进行信用额度分析，输出的内容包括客户（职员）代码、客户（职员）名称、信用级次、应收款余额、信用额度，以及二者差额等。这些数据便于使用者了解每个客户和职员的信用额度管理情况，是销售信用管理的重要组成部分，也是保证客户应收款在可控范围内的有效分析方法，同时也是调整信用管理方针并完善应收款管理政策的重要决策依据。

- 信用期限分析表：它是针对销售发票进行分析的报表，还要用到与该销售发票核销的收款单中的数据信息。它对进行信用管理的客户和职员(系统用户)，分别进行信用期限分析，输出的内容包括客户(职员)代码、客户(职员)名称、信用期限、信用级次，以及客户欠款余额等。这些数据便于使用者了解每个客户和职员的信用期限和折扣政策的管理情况，是销售信用管理的重要组成部分，也是保证客户应收款在可控范围内的有效分析方法，同时也是调整信用管理方针并完善应收款管理政策的重要决策依据。

除了上述业务分析的固定格式报表外，为了满足企业特殊业务反映的需求，系统还提供报表工具用来制作企业需要的报表。

2．应收款管理的主要报表

(1)应收款管理的主要业务报表。

- 应收款汇总表：主要是用来反映往来单位在某段时间的本期应收数、本期实收数、本年累计应收数、本年累计实收数、期初余额及期末余额等，以方便与总账对账。
- 应收款明细表：是反映往来单位在某段时间的往来账款的详细情况的日报表，作为应收款汇总表的补充报表。
- 往来对账单：主要用来与客户进行对账，往来对账单中主要包括销售发票、其他应收单的单据金额、本期实收金额、折扣金额和未核销单据金额等数据。
- 到期债权列表：是反映截止到指定日期已经到期的未核销应收款及过期天数、未到期的应收款及未到期天数的报表。
- 月结单：反映企业在实际工作中形成的一种与往来单位进行账务核对、单据核对及账龄核对的情况。月结单反映业务流水、未结算单据及账龄分析 3 大内容，其中“业务流水”是从整个业务角度，按业务发生的时间顺序，逐笔反映业务流水情况，同时提供往来账款的余额情况；“未结算单据”是从每张单据的角度出发，列示尚未结算(未核销)的单据明细，同时提供基于每张单据的未结算余额的累计情况，应与业务流水的余额相符；“账龄分析”则是基于上述余额，往来款的到期或未到期天数所对应的余额。
- 应收计息表：是反映到截止日期已经到期应收款的应计利息情况的报表。
- 调汇记录表：反映指定期间的调汇历史记录。

(2)应收款管理的主要统计分析报表。

- 账龄分析表：主要用来对未核销的往来账款进行分析。
- 周转分析表：主要是用来反映往来单位在某段时间的应收账款周转率及周转天数。
- 欠款分析表：主要是用来反映往来单位在某段时间的欠款周转率及周转天数。
- 坏账分析表：主要是用来分析客户、行业及地区等坏账发生的金额。
- 回款分析表：主要是用来统计往来单位(或地区及行业)回款的金额，以及占总的回款金额的比例。
- 收款预测表：主要是用来根据应收款及已收款金额来统计将来的收款金额。
- 信用余额分析表：主要是用来统计客户的应收款余额、信用额度及二者之间的差额。
- 信用期限分析表：主要是用来统计客户各个信用期限段的应收款余额。

9.4 销售与应收款管理子系统的主要控制环节和控制内容

9.4.1 输入控制

输入控制确保只有有效的、经授权的信息才能进入系统，以确保数据的准确性、有效性和完整性。

销售与应收款管理子系统的输入控制主要包括如下几方面。

1. 客户档案管理

建立客户档案，对客户的编码、名称、结算信息、信用等级等进行统一管理。在签订订单、登记出库单、发票等业务单据时，只能从客户档案中选择，以保证输入的准确性。

2. 物料档案管理

建立物料档案，统一维护物料编码和名称，在登记订单、入库单、发票等业务单据时，只能从物料档案中选择，以保证输入的准确性。

3. 销售价格和折扣管理

维护统一的价格政策，记录对于不同物料、不同时间段、不同销售批量、不同客户所能接受的采购价格范围和折扣情况，并设置销售价格预警选项。可在订单、发票录入或审核时进行价格预警，降低内外勾结、低价销售的风险。

4. 业务单据编号规则设置

允许对业务单据分类设置编号规则，支持手工编号或自动编号。

5. 业务单据的关联生成

根据订单、入库单、发票的联系，既支持从上游业务环节的单据下推生成下游业务环节的单据(例如，由销售订单下推生成出库单，由出库单下推生成销售发票，直接将上游业务环节的详细业务信息带入下游业务环节)，也支持在下游业务环节选择上游业务环节的单据作为源单据(例如，在收款时选择销售发票，将销售发票中的应付明细信息带入付款单中)。

6. 子系统间的数据共享

不仅销售管理子系统与应收款管理子系统共享客户、物料等基础信息，销售管理子系统的销售发票、应收的费用发票也能转为应收款管理子系统的发票和其他应收单。应收款管理子系统生成的记账凭证传入总账系统，根据总账系统的选项设置，可决定是否允许在总账系统下手工修改业务系统生成的记账凭证。

9.4.2 处理控制

处理控制确保系统按规定对数据进行处理，确保处理的正确性、审计线索的保留、重要修改的授权管理和痕迹保留。

采购与应付款管理子系统的处理控制主要包括如下几方面。

1．业务审批流程控制

可在系统中定义业务的审批流程，支持多级审核，为各级审核指定不同的审核责任人。

2．单据钩稽

在系统中管理出库单与销售发票的钩稽关系，确认出库信息与应收款信息的对应关系，降低由于发货和开票时间不一致，从而导致漏登或错登应收信息的风险。

3．客户信用控制

可在系统中设置选项，选择从金额、数量角度检查客户信用，可设置信用金额、信用数量的计算公式，可选择在不同业务单据的保存或审核时执行信用检查，确保能在销售首款业务的各个环节正确监控客户信用状况。

4．单据核销

在系统中管理收款单与销售发票的核销关系，确认收款信息与应收信息的对应关系，避免重复收款和漏收款。

5．凭证模版控制

通过凭证模版规范业务单据自动生成记账凭证的映射规则，在凭证模板中定义借贷分录的科目来源、金额来源、辅助核算项来源、现金流量变动类别等，以保证业务单据能够自动生成正确的会计记账凭证。

6．坏账处理控制

可在系统中灵活设置坏账准备的计提方法，可灵活设置账龄分组，以保证及时、正确计提和冲减坏账准备。

9.4.3　输出控制

输出控制确保输出的信息正确可靠、不被篡改，确保用户仅能获取其被授权访问的信息。销售与应收款管理子系统的输出控制主要包括如下几方面。

1．输出权限控制

只有经过授权的用户才可以执行输出操作，而且只能输出特定范围的数据内容。这种控制在信息系统中主要通过用户权限管理和操作日志实现。权限包括功能权限和数据权限。功能权限决定了用户是否可以执行某项功能，通常表现为不同职权的用户所能使用的菜单项、按钮组合不同。数据权限决定了用户可访问的数据范围，如普通用户无权看到别人的工资信息，但出纳可看到所有用户的工资信息。操作日志功能可详细记录系统中每个用户的登录时间、操作内容，从而确保操作的可审计性。

2．打印总数控制

可以在系统中设置各类报表被允许打印的总份数，并记录每次打印的时间和操作人。

关键词

销售管理、应收款管理业务流程、软件应用流程

习题

(1) 简述销售与应收款流程和销售与应收款管理子系统的关系。
(2) 试分析现销业务处理流程，并画出流程图。
(3) 简述销售与应收款管理子系统初始化包括的内容和初始化时需要注意的问题。
(4) 简述销售发票与其他应收单的区别。
(5) 简述销售发票与出库单相钩稽操作的作用。
(6) 简述 K3 中应收票据贴现和背书的处理方法。
(7) 简述 K3 中坏账损失、收回和坏账计提的处理方法。
(8) 应收款管理子系统的日常处理主要包含哪些功能？
(9) 应收款管理子系统的主要控制环节有哪些？各自的控制内容是什么？
(10) 简述应收款管理子系统控制的要点。

第 10 章 库存管理与存货核算过程

本章学习目标

通过本章学习，读者应达到以下目标。

(1) 了解库存管理与存货核算过程的目的和内容。

(2) 理解库存管理与其他业务流程之间的关系。

(3) 了解库存管理包含的主要业务过程。

(4) 理解存货核算过程的处理流程。

(5) 掌握存货核算系统的构成和系统的应用流程。

(6) 掌握企业级存货核算系统与部门级存货核算系统的区别。

(7) 掌握企业级库存管理与存货核算系统的使用方法。

(8) 掌握企业级存货核算系统的主要控制。

10.1 库存管理与存货核算过程概述

商业企业、工业企业，以及工商一体化企业的库存管理业务不同，如商业企业的存货称为“商品”，而一般供应链管理系统中的存货统称为“物料”。本书所指的库存管理与存货核算过程基于工业企业，是供应链中的一个环节。

10.1.1 库存管理与存货核算过程的目的和内容

存货是指企业在生产经营过程中为销售或耗用而储存的各种资产，包括商品、产成品、半成品、在产品，以及各种材料、燃料、包装物和低值易耗品等，它是保证企业生产经营过程顺利进行的必要条件。为了保障生产经营过程连续不断地进行，企业要不断地购入、耗用或销售存货。库存管理就是对企业存货的流动及循环进行动态控制和管理，它是企业物流管理的核心。同时由于存货是企业的一项重要流动资产，其价值在企业流动资产中占有很大比重，因此存货核算是企业会计核算的一项重要内容。

1. 库存管理与存货核算业务过程的目标

为了完成对库存的管理和存货核算的业务处理，库存管理与存货核算业务过程的主要目标包含如下几项。

(1) 及时完成库存的日常业务处理，包括入库业务、出库业务、库存调拨及库存调整等日常处理工作，及时、准确并全面地反映库存的出、入和现存情况。

(2) 实现其他有关业务的处理，库存管理还应提供批次、存货、库存盘点、质量检验、赠品及虚仓等管理，从而真正实现企业仓储信息的全面管理，达到对库存业务物流和成本的有效控制和跟踪。

(3) 完成存货的核算，包括存货出入库核算、存货出入库凭证处理、库存余额对账和调整等，从而反映和监督存货的收发、领退和保管情况；反映和监督存货资金的占用情况，促进企业提高资金的使用效果。

(4) 能够完成库存分析及统计工作，输出各种需要的台账、报表和存货核算的各类账表，并通过网络将各种信息按照需求传递到其他子系统。

2．库存管理与存货核算过程的内容

供应链管理是以独立于工业企业和企业集团物流的单据流作为纽带，代替业务中无形的存货流转轨迹，将整个物流业务流程统一为一个有机整体。库存管理业务过程正是按库存业务流程中的库存单据划分业务处理阶段，设置不同的连接轨迹和业务流转方法的。

库存管理的日常业务处理主要是入库、出库，以及与仓库中存货变动有关的业务。根据采购管理业务过程提供的收货通知单、生产部门提供的生产订单及其他入库凭证；根据实际入库数量分别填制外购入库单、产品入库单、委外加工入库单和其他入库单，并进行入库处理；根据销售管理业务过程提供的发货通知单、生产部门提供的领料单及其他出库凭证和实际出库数量分别填制销售出库单、领料单、委外加工出库单和其他出库单进行出库处理。发生采购退货时，根据采购系统传入的退货通知单输入红字外购入库单；发生销售退货时，根据销售系统传入的退货通知单输入红字销售出库单。当库存盘点发生盘盈入库、盘亏毁损时进行库存调整处理。赠品出入库时，进行有关处理。仓库之间发生存货转库业务或部门之间的有存货调拨业务时进行库存调拨处理；存货核算业务根据出、入库单，需要时核对有关发票，核算入库成本及出库成本并制作记账凭证，记入存货明细账的同时将数据传递给会计的总账进行登记总分类账的处理。企业各部门管理人员和有关业务人员可以随时查询输出其所关心的库存信息和有关的存货成本，以及业务分析信息。图 10-1 所示为库存管理与存货核算业务的日常业务过程。

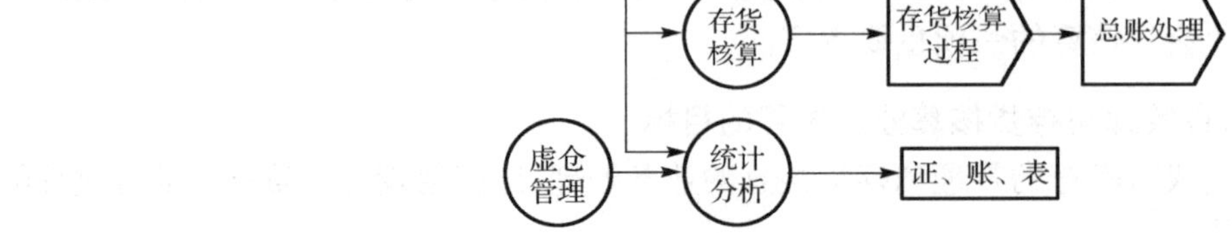

图 10-1　库存与存货核算日常业务处理流程

流程解析如下。

(1)检验入库存货的质量。

(2)根据采购部门的收料(退料)通知单填制外购入库单(红字外购入库单)，以及生产部门的产品、自制半成品、委外加工凭证、接受存货投资和捐赠等其他入库凭证，录入有关入库单中除了单价、金额外的存货基础数据，进行存货入库处理。经审核无误后传给采购、生产及存货核算业务过程。

(3)根据销售部门的发货(退货)通知单填制销售出库单(红字销售出库单)，以及生产部门的产品、自制半成品、委外加工凭证、投资转出和捐赠转出等其他出库凭证录入有关出库单中除了单价、金额外的存货基础数据，进行存货出库处理。经审核无误后传给销售、生产及存货核算业务过程。

(4)企业进行盘点处理，完成仓库盘点后，首先备份账存数据、打印盘点表、录入盘点数据并编制盘点报告，然后由系统自动生成盘盈盘亏单并调整存货账面数据。

(5)发生仓库调拨业务时，做不同仓库的出仓与入仓处理，只做数量在仓库间的变动，不进行计价处理。

(6)对仓库中存放的一部分物料，如待检物料、代管品及赠品等进行虚仓管理，并进行包括赠品入库、赠品出库及虚仓调拨等业务处理。

(7)进行入库、出库、盘点及调拨等业务的存货核算。

(8)根据需要进行统计分析，并输出各种有关账表、凭证、入库单及出库单等。

10.1.2　与其他业务流程之间的关系

库存管理业务是供应链的重要信息中心。每个业务单据之间、业务单据与业务基础资料和管理资料之间的联系形成了一个全面且严密的信息网,不断传递和接收着来自其他系统的各种业务信息。比如销售出库单，不仅在销售系统中与销售订单、发(退)货通知单、发票等全部业务单据都有联系，而且价格、物料对应表及信用管理等所有基础数据由整个供应链共享。业务信息、财务信息和管理信息之间紧密结合，形成了一个统一的整体，提高了整个供应链的运作水平和效率。库存管理与存货核算与其他业务流程之间的关系如图 10-2 所示。

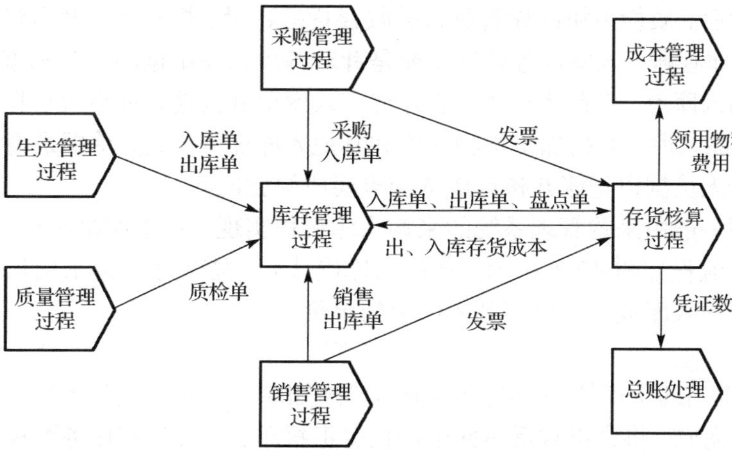

图 10-2　与其他业务流程之间的关系

各流程之间的关系说明如下。

(1)接收采购系统产生的采购订单、收料通知单及退料通知单生成外购入库单。

(2)根据质量管理的采购检验的物料、合格数量和采购让步接受数量进行采购入库，并根据采购之外的各种检验的物料、合格数量进行相应的出入库处理。

(3)根据销售系统输入的销售订单、发货通知单及退货通知单生成销售出库单。

(4)依据生产任务管理和重复生产计划流程的投料和单产品/自制半成品入库单、委外加工入库单、其他入库单、生产领料单、委外加工发出单及其他出库单等单据填制入库单和出库单，进行生产领料和产品入库；依据委外加工管理的委外生产任务单和投料单进行委外加工生产领料和委外加工入库。

(5)存货核算接收采购系统已审核(核销)的采购发票和外购入库单，进行外购入库核算和凭证处理；接收库存管理所有的其他出、入库及盘点单据，进行相应出入库核算、盘盈、盘亏核算和凭证处理；接收销售管理产生的已审核(核销)的销售发票和销售出库单，进行销售出库核算和销售收入及销售成本凭证处理；并把采购成本、出入库存货成本、销售收入及销售成本信息传递给有关业务环节。

(6)存货核算将材料出库核算结果传递给成本管理，成本管理将计算出的半成品及产成品入库成本传递到存货核算，进行半成品及产成品出库核算，存货核算之后的成本将反填到普通仓的出入库单的成本中。

(7)在存货核算中，将应计入外购入库成本的采购费用(运费、装卸费等)和应计入委托加工入库成本的加工费分别生成其他应付单传递到应付账款过程。

(8)将存货核算生成的凭证传递到总账处理。

10.1.3 几种典型业务流程场景

从图 10-1 可以看到，库存管理与存货核算过程包括的主要业务有质量检验、出入库管理、仓库调拨、盘点处理和存货核算。存货核算在 10.2 节进行详细分析。下面分别对上述其他与财务有直接数据联系的业务从处理流程的角度进行分析。

1. 入库管理

仓库收到存货后，质检员协同库管员将验收存货的数量、规格型号及质量等，确认验收无误后入库，并登记库存账。入库业务处理主要是针对各种入库单据的填制和审核。工业企业的入库单据包括外购入库单、产品入库单、委外加工入库单和其他入库单等单据，分别处理购进货物入库、完工产品入库、委托加工货物入库和其他入库业务。这些单据是确认货物入库的书面证明，也是财务人员据以记账并核算成本的重要原始凭证。

外购入库处理一般由采购管理系统的采购入库流程实现，请参阅第 8 章。

产品入库处理流程如图 10-3 所示。产品入库确认后，需要手工或采用从成本核算系统中自动取数的方式填入入库成本，反写到入库单的单价项。

流程解析如下。

(1)根据生产部门的生产任务汇报单生成检验通知单，由检验员执行质检，处理检验数据，填写检验单。检验完成，将合格数反写回生产任务汇报单，保存生产任务汇报单时将完工数和合格数累加到生产任务单。质量出现问题、检验不合格的产品不能入库，将其退回生产过程。

(2)根据生产任务汇报单生成完工入库单，并办理入库。

(3) 根据实际入库数量进行完工入库的存货核算。

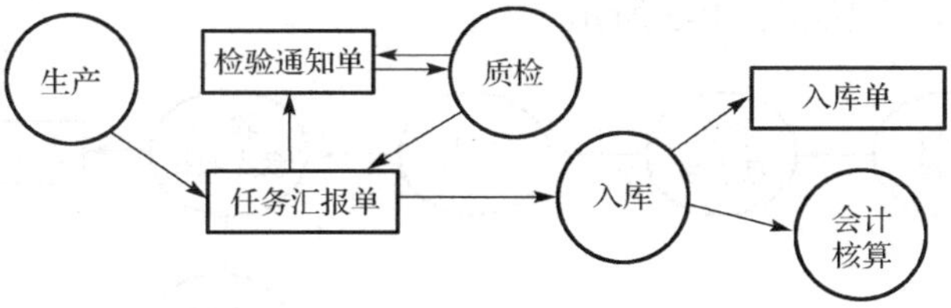

图 10-3　产品入库处理流程

2．出库管理

出库业务主要是填制和审核各种出库单据。工业企业的出库单据包括销售出库单、生产领料单、委外加工出库单和其他出库单等单据，分别处理销售出库、生产领料出库、委外加工货物出库和其他出库业务。这些单据是确认货物出库的书面证明，也是财务人员据以记账、核算成本的重要原始凭证。销售出库单确认后，需要在存货核算子系统继续处理销售发票与销售出库单的核销或销售出库单的拆单并自动生成记账凭证，计算出库成本。生产领料单、委外加工出库和其他出库单确认后，也需要在存货核算子系统继续处理出库成本的计算。销售出库和生产领料出库单据的处理过程相似，请参阅第 9 章。

3．仓库调拨

仓库调拨是指仓库之间存货的转库业务或部门之间存货的调拨业务，确认货物在仓库之间和部门之间流动的书面证明是调拨单。如果同一张调拨单上转出和转入部门不同，则表示是部门之间的调拨业务；如果转出和转入部门相同而转出转入仓库不同，表示是仓库之间的转库业务。仓库调拨业务处理过程如图 10-4 所示。

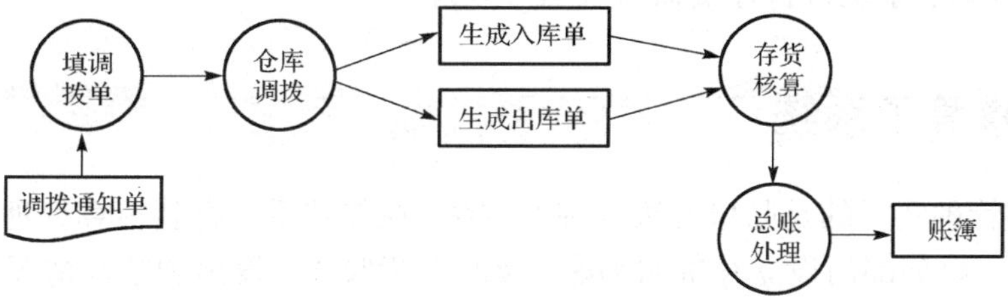

图 10-4　仓库调拨处理流程

流程解析如下。

(1) 根据调拨通知，库管员对仓库需要调拨的存货进行存量检查，并填制调拨单。

(2) 由主管审核确认后生成其他出库单和其他入库单，并传递到存货核算子系统。

(3) 由存货核算子系统填入调拨存货的价值信息，如价格和金额等。由于调拨既体现了一个仓库的发出，同时也体现另一个仓库的收入，所以异价调拨时，需要由会计人员手工输入调拨单上的调拨单价和调拨金额作为入库成本，存货核算子系统对转移的存货进行核算登记到存货明细账。

(4) 调拨存货的数据生成记账凭证传递到总账处理登存货总账。

4．盘点处理

盘点是企业日常进行存货清查盘点的业务，需要编制存货盘点报告单，并将其作为存货清查的原始凭据，财务人员据以记账并核算成本。盘点报告单也是确认仓库中货物盘盈及盘亏的书面证明。盘点处理的过程如图 10-5 所示。

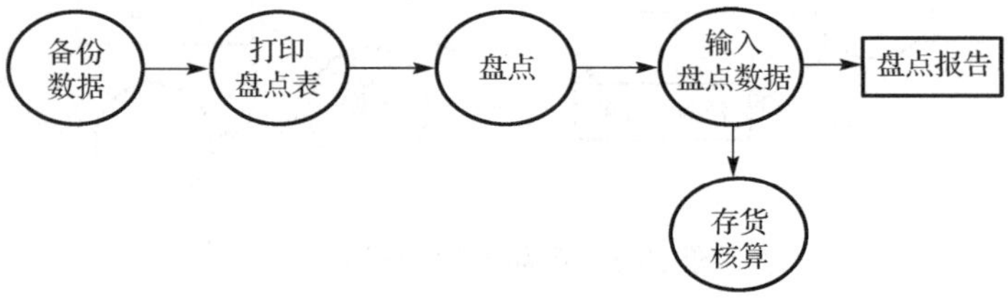

图 10-5　盘点处理流程

流程解析如下。

(1) 在库存盘点之前备份需要盘点仓库的账存数据，以便打印盘点表，获取最新的库存盘点资料。它是进行库存盘点前的准备工作，是库存盘点的第一步。

(2) 根据备份数据生成盘点数量是空白且物料属性与账面相同的“物料盘点表”，根据盘点存货的需要，可以打印某一仓库全部物料的空白盘点表，也可以打印部分仓库的部分物料空白盘点表。

(3) 盘库人员盘点库存。

(4) 根据盘库人提供的盘点资料按照仓库分别录入盘点数据，盘点表中设置了“账存数”、“实存数”和“盘点数”3 栏。其中“账存数”是盘点备份日的库存余额；“实存数”是截止账面日库存实际的余额，它是盘点的实际数量和还未入账的出、入库单加/减之后的库存余额；“盘点数”是盘点日盘点人实际清点的库存额。

(5) 将录入的盘点数据和账面数对比，分仓库生成物料盘点报告单。

(6) 由存货核算子系统进行存货盘盈及盘亏处理。

10.2　存货核算子系统

存货的日常管理实行的是归口分级管理的方法。在传统手工存货核算处理中，一般各仓库要设立库存台账。财务部门设立存货明细账，反映存货收入、发出和结存情况。本节将对信息系统方式下的存货核算进行分析。

10.2.1　存货核算的业务处理流程

1．信息系统方式下的存货核算流程

在信息系统方式下，企业不再设立多套存货明细账，而是作为一个整体，由不同部门处理同一存货账中的不同数据。存货核算子系统接收库存、采购、销售产生的入库单、出库单、采购发票及销售发票等核算单据数据；核算存货的出入库成本和库存金额及余额，确认采购成本并分配采购费用，确认销售收入、成本和费用；将应计入存货成本的采购费用与加工费用汇总后传递到成本核算系统，计入外购入库成本的采购费用、委托加工入库成本的加工费和不计入外购入库成本的税金合并生成其他应付单传递到应付系统，并将生成的凭证传递到总账系统登记存货总分类账，其处理流程如图 10-6 所示。

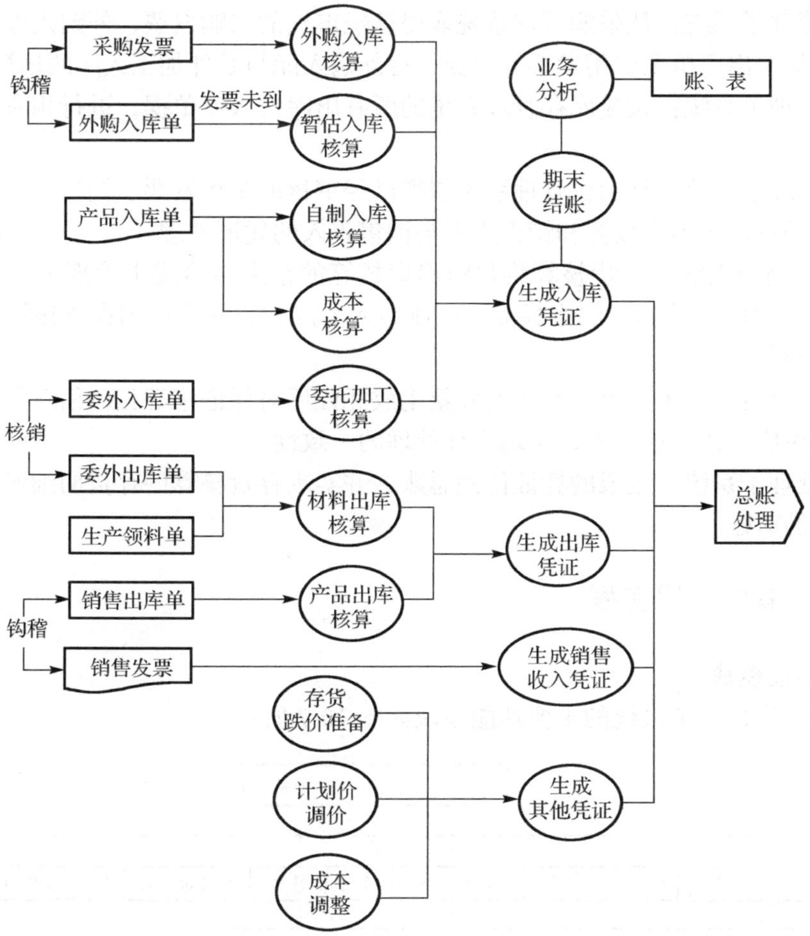

图 10-6　存货核算业务流程

流程解析如下。

(1) 取得库存系统输入的外购入库单与采购发票核对后进行外购入库核算，确认采购成本并分配采购费用。如果发票未到，则做暂估入库核算。然后取得生产系统的产品入库单，进行自制入库核算，并对委外入库单和委外出库单进行委托加工核算。上述核算完成后生成入库会计凭证，记入存货明细账，并传递到总账处理登记存货总分类账。

(2) 根据委外出库单和生产领料单进行材料出库核算，销售出库单与销售发票核对后进行产品出库核算，确认销售收入、成本和费用。上述核算完成生成出库会计凭证，记入存货明细账，并传递到总账处理登记存货总分类账。

(3) 调整处理存货跌价准备、计划价调整和存货成本，完成生成其他会计凭证传递到总账处理登记相关存货总分类账。

(4) 当期录入、审核、生成凭证及核算的所有业务完成后，需要进行月末及年末处理，以结束本月或本会计年度业务，开始下一期间处理。

(5) 根据需要进行统计分析，并输出相关的单据、业务账表及科目账表等。

2. K3 中存货核算涉及的子系统

K3 中处理存货核算的流程涉及如下子系统。

(1) 采购管理子系统：从采购管理系统取得已经审核的采购发票、外购入库单、委外加工入库单、委外加工出库单及费用发票等单据进行外购入库与委外加工入库的核算和凭证处理。

(2) 库存管理子系统：接受库存管理系统的所有出库及入库单据，进行相应的出、入库核算和凭证处理。

(3) 销售管理子系统：从销售管理系统取得已经审核的销售发票、销售出库单及销售费用发票等单据，进行销售出库核算和销售成本与销售收入的凭证处理。

(4) 成本管理子系统：存货核算将材料出库核算的结果传给成本管理子系统，同时从成本管理子系统取得已经计算出的半成品、产成品入库成本，并传递到存货核算，进行半成品与产成品出库核算。

(5) 应收、应付管理子系统：对各类发票生成凭证后对凭证字等相关信息传递到应收与应付管理子系统对应的往来单据上，实现会计处理的一致性。

(6) 总账处理子系统：生成的凭证传到总账，并实现存货核算的存货明细账与总账系统的存货总分类账的对账。

10.2.2 软件应用流程

1. 主要功能模块

库存管理存货核算子系统的主要功能模块如图 10-7 所示。

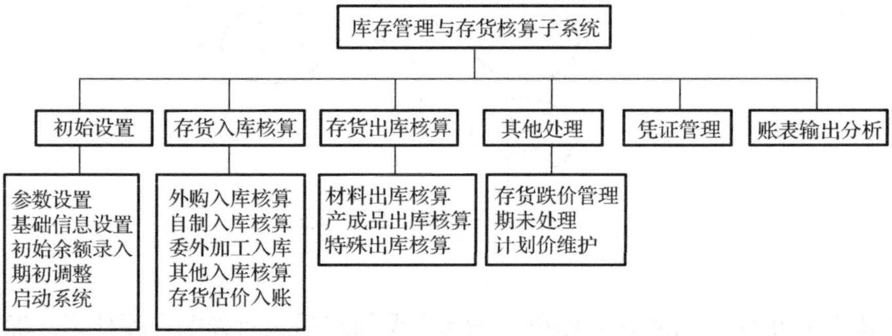

图 10-7 库存管理存货核算子系统的主要功能模块

(1) 初始设置。

存货核算初始设置包括参数设置、建立基础资料档案、初始余额录入及启动系统。

- 参数设置：是存货核算初始设置的重要环节，可以根据企业的实际情况对每一参数项进行设置。这些参数可以分成核算流程类参数、出库核算类参数及关账参数 3 类。
- 建立基础资料档案：存货核算需要用到的核算项目基础资料主要有客户、部门、职员、物料、仓库、供应商、成本对象、成本项目、要素费用、科目、凭证字、币别、计量单位、结算方式及 BOM 资料等。
- 初始余额录入：存货核算需要录入的初始余额即启用期前库存物料结余数量和成本。
- 期初库存余额调整：系统初始化完成之后进入存货核算子系统，可以查询期初余额，与总账系统对账，并调整期初余额。

(2) 存货入库核算。

存货入库核算主要用来核算各种类型存货入库的实际成本。

(3)存货出库核算。

存货出库核算功能是按用户选定的计价方法自动并准确地核算材料及产品的出库成本,并对红字出库、调拨出库等特殊出库单据进行金额核算。

(4)其他处理。

- 存货跌价管理：主要完成存货跌价计提和管理工作。
- 存货核算的期末处理：存货核算的期末处理主要是结账。为了确保结账的顺利进行，还应首先做好对账和关账处理。

(5)凭证处理。

凭证处理是存货出入库及盘盈盘亏等业务核算完成后编制核算记账凭证的处理,包括定义凭证、生成凭证和查询凭证几个过程。

(6)账表输出分析。

账、表输出功能提供了对系统报表的查询和打印。存货核算子系统可以输出各种有关材料、产品的明细账及业务报表等。

2．应用流程

存货核算子系统的应用主要包括第一次使用该系统时,或存货初始设置涉及的数据发生改变时进行的系统初始化和日常存货核算处理，其应用流程如图 10-8 所示。

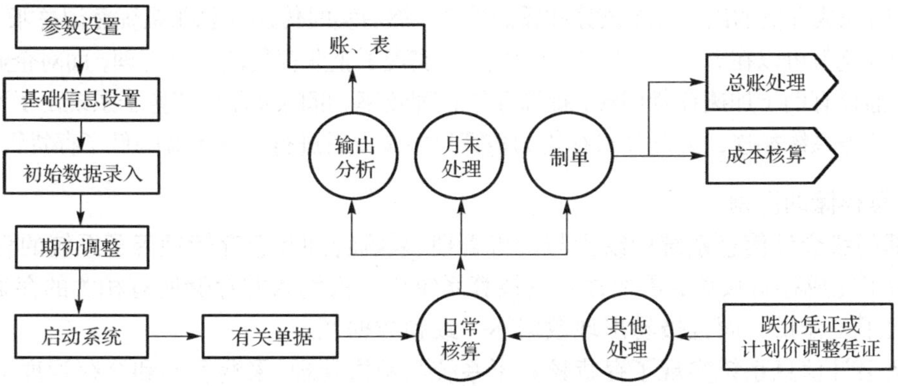

图 10-8　存货核算子系统的应用流程

10.2.3　与部门级存货核算子系统的区别

由于存货核算是对企业库存存货变化情况的反映，因此存货核算的动因是供应链业务。而且由于一般企业存货种类和数量繁多，存货出入库频繁，所以部门级存货核算子系统与手工核算相比，工作量仍然巨大，数据冗余多，实际中采用的单位较少。

1．数据采集的区别

存货核算子系统进行出入库核算的数据基本产生于财务部门以外的部门,即系统核算数据主要来源于部门以外的系统。因此部门级存货核算子系统必须把仓库、销售和采购等部门提供的采购发票、外购入库单、委外加工入库单、委外加工出库单、费用发票、销售发票、销售出库单及销售费用发票等纸面单据数据进行重新整理后人工输入。

企业级存货核算子系统中，由于其与仓库、销售及采购等管理子系统联用，所以只要企业存货发生变化，数据就可以实时传递到存货子系统，极大减轻了存货核算子系统的日常输入数据量。

2. 信息传递的区别

存货核算需要用到的核算基础资料包括客户、部门、职员、物料、仓库、供应商、成本对象、成本项目、要素费用、存货科目、凭证字、币别、计量单位、批次、结算方式及 BOM 资料等。

部门级存货核算子系统必须在初始化工作中对上述资料进行定义，并对它们进行日常管理。

企业级会计信息系统除了存货科目需要在本系统定义，凭证字、币别、成本对象、成本项目、结算方式及要素费用来源于会计部门的其他系统外，其他信息都由采购、销售及仓存子系统进行定义和管理，或者作为基础资料统一进行定义和管理。存货核算初始设置及这些基础资料的日常管理变得更为简单。

3. 业务处理的区别

(1) 由于存货核算的动因是供应链业务，因此存货核算子系统日常核算的数据都来源于供应链。由于与供应链不能直接进行数据交换，部门级存货核算子系统日常核算时只能人工输入从供应链获得的纸质数据后进行，所以存货业务处理的大部分工作变成了数据的采集。企业级存货核算子系统可以实时获取核算的原始数据，因此存货核算效率大大提高。

(2) 企业级存货核算子系统通过与成本核算子系统、供应链管理系统、应收及应付子系统的集成，可以实时完成存货的出、入库核算和凭证处理，然后实时传递到总账系统登记总账。于是供应链上存货的变化就可以在财务上及时地反映出来，实现了企业存货的实时管理，而对企业存货资金占用的实时监控有助于加速存货周转，提高存货管理效率。部门级存货核算子系统由于不能与除财务系统外的业务系统相连，因此其对存货的核算只能是事后进行，这无疑降低了存货管理的效率。

4. 信息存储的区别

由于部门级会计信息系统中缺少与销售管理、采购管理及仓存管理等子系统的直接数据传递，所以为了完成存货核算，需要在存货核算系统中二次输入并存储所有相关的存货数据。这样不仅增大了工作量，而且极易出现数据不一致和数据冗余。

企业级会计信息系统实现了存货核算子系统与销售管理、采购管理和仓存管理等子系统的实时数据传递，供应链存货管理业务一旦发生，其数据就可以实时传到存货核算子系统，存货核算子系统需要输入和存储的数据大大减少。

5. 系统控制的区别

(1) 控制的关键环节扩展：部门级存货核算子系统的控制主要体现在系统的基础数据输入、存货核算处理过程和系统操作过程几个环节。通过权限管理、重要输入数据的检验和操作流程限制等措施可达到控制目的。企业级存货核算子系统的大量数据直接来源于其他系统，因此除了上述控制以外，采购、销售、库存管理等业务的原始单据及其处理、从原始数据开始到形成成本所需数据的业务处理过程，以及传递过程等都是控制的重点。也就是说，企业级会计信息系统的控制已经不单单局限于存货核算子系统，而是对与其有数据传递关系的所有子系统的全面控制。

(2) 企业级会计信息系统实现了实时控制：由于采购、销售和库存管理等子系统与存货核算子系统实现了实时数据传递，因此从存货核算子系统可以实时获取存货数据，可以及时了解存货资金占压情况和企业存货变动情况，便于及时进行存货控制。

10.3　子系统和功能模块应用

库存管理子系统和存货核算子系统是两个不同的系统，它们又都可以进一步细分为多个功能模块。

10.3.1　库存管理子系统初始化

1．设置库存管理子系统的参数

(1) 设置核算参数。

进入供应链系统，首先要做的就是设置核算参数。在供应链系统中不存在任何已录入的初始余额和业务单据。在 K3 中进行参数设置的方法是单击“系统设置”→“初始化”→“核算参数设置”选项，系统弹出核算参数设置向导界面，然后按照向导的提示设置基本信息（如图 10-9 所示）。

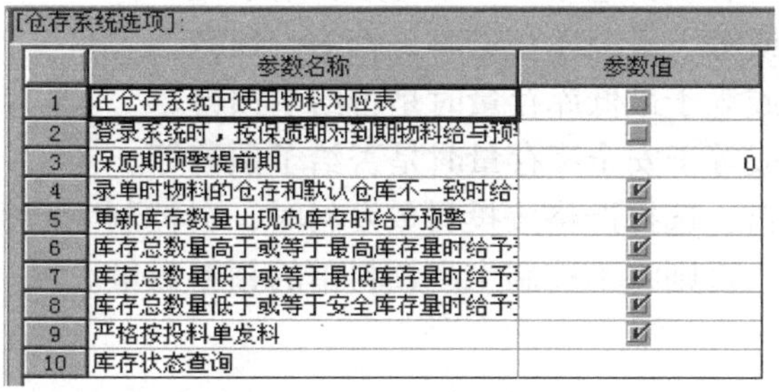

[仓存系统选项]:

	参数名称	参数值
1	在仓存系统中使用物料对应表	☐
2	登录系统时，按保质期对到期物料给与预	☐
3	保质期预警提前期	0
4	录单时物料的仓存和默认仓库不一致时给	☑
5	更新库存数量出现负库存时给予预警	☑
6	库存总数量高于或等于最高库存量时给予	☑
7	库存总数量低于或等于最低库存量时给予	☑
8	库存总数量低于或等于安全库存量时给予	☑
9	严格按投料单发料	☑
10	库存状态查询	

图 10-9　设置核算参数

库存管理系统需要设置的核算参数如下。

- 系统启用年度和启用期间：选择业务实际的启用年度和期间。
- 核算方式：有“数量核算”和“数量、金额核算”两种方式，“数量核算”意味着系统以后只核算数量，不核算金额；“数量、金额核算”是对材料的数量和成本都核算。如果该系统是与会计各系统相互联系的，则应选择“数量、金额核算”。
- 库存结余控制：主要是确定是否允许负结存，如果选择不允许负库存，则在库存单据中不允许出现库存即时数量为负数的情况；如果选择允许负库存，则系统单据数量和金额允许出现负数。在允许负结存情况下，建议物料的计划方法使用“计划成本法”，这样核算的成本准确性高。
- 库存更新控制：是针对库存的即时更新的处理，如果选择“单据审核后才更新”，则系统将在库存类单据进行业务审核后才将该单据的库存数量计算到即时库存中，并在反审核该库存单据后进行库存调整；如果选择“单据保存后立即更新”，则系统将在库存类单据保存成立后就将该单据的库存数量计算到即时库存中，并在修改、复制、删除、作废及反作废该库存单据时进行库存调整。

此外还需要对是否启用门店管理做出选择。

(2) 系统参数：进入“仓存管理”→“系统设置”，在“系统参数维护”界面下选择“仓存系统选项”。显示仓存管理子系统所涉及的系统选项及系统的默认设置，可以根据企业业务处理规范和处理惯例进行系统参数设置。库存管理子系统参数设置需要定义的选项如下。

- 登录系统时是否按保质期对到期物料进行预警和预警提前天数：保质期预警提前天数设定之后，库管员登录库存管理系统时，系统将自动检测仓库中进行保质期管理的物料，并将其提前预警日期与当前系统日期进行比较。如果有需要预警的物料，则逐条给出报告。提供预警日期的计算方法如下。

  提供预警日期 = 该批次采购(或)生产日期+保质期–保质期预警提前期

- 销售和采购业务的一些金额、价格、税务资料等金额数据是否在库存管理系统中可见：由于库存管理系统与销售、采购管理的业务单据之间存在关联关系，而库存管理系统只处理仓库事务，以及物料的收、发和结存，绝大部分企业销售和采购业务的一些金额、价格和税务资料等数据是保密的，不能所有人都可以看到，更不能被其他部门的业务员看到。为此，要求企业初始设置时应该对此进行定义，以便库存系统日常录入单据或选择采购及销售单据关联时，不显示单价和金额等信息，起到控制的作用。
- 更新库存数量出现负库存时是否给予预警。
- 录单时物料的仓库和默认仓库不一致时是否给予提示。
- 库存总数量高于或等于最高库存量时是否给予预警。
- 库存总数量低于或等于最低库存量时是否给予预警。
- 库存总数量低于或等于安全库存量时是否给予预警等。
- 严格按投料单发料：选择严格按投料单发料时，会控制生产领料单的领料数量不能超过投料单的数量；否则将不控制生产领料单的领料数量。

2．建立基础信息

库存子系统的基础信息主要包括计量单位、币别、仓库组、BOM资料、仓位、物料、仓库、价格类型、客户、部门、成本对象、职员等基础资料，以及备注资料和批号管理等信息。

(1)仓库和仓位设置。

仓库是物料的存放地点，是进行物料确认的基本标识之一，其信息的正确设置和管理是库存管理的基础。仓库是核算项目之一，系统可对某一科目按照仓库进行辅助核算，如按仓库进行库存成本核算。

在信息系统中，仓库不仅指具有实物形态的场地或建筑物，还可以包括不具有仓库实体形态，但代行仓库部分功能、代表物料不同管理方式的虚拟状态，即虚仓。虚仓不是实际存在的仓库，而是对在实仓中存放的一部分物料进行单独管理的手段。因此虚仓和实仓的区别主要在于实仓进行数量和金额核算；虚仓只核算数量，不核算金额，不进行仓位管理并且不宜处理物料批次管理和保质期管理。

仓库设置需要定义的信息主要包括仓库代码、仓库名称、仓库管理员、仓库地址和电话、仓库属性、仓库类型、是否进行仓位管理，以及选择进行仓位管理时的仓位。

仓位是仓库的附属属性，可以定义为仓库结构的详细描述。仓位管理在工业企业中非常普遍。很多企业不仅将仓库管理明细到每间库房，而且对每一个明细仓库，还按长、宽、高三维确定仓位，对物料进行严格的仓库方位管理。同时物料的保质期管理和批次管理都细化到仓位上。仓位本身不属于核算项目，只是仓库核算项目的附属属性，因此不能下挂到其他会计科目，也不能按仓位进行存货核算。

(2)批次和批号管理初始设置。

批次管理是工业企业的普遍需求，特别是在化工、机械制造、医药和食品等行业，采购、生产的原料和产品需要按一定的批次进行管理，对于物料库存的处理和分析信息的提供也要进行批次管理。

批号管理是批次管理的附属功能，提供批号的自定义功能，从而按用户要求设置批号编码规则，使企业进一步完善批次管理，以满足经营管理不同方面的应用需要。

批号管理初始设置即批号编码规则的定义，批号可以按每个采用业务批次管理的物料分别设置编码，也可以按每组物料或全部物料统一设置编码。每个编码设置时包括多个属性的确定，如当前往来单位或当前物料代码和名称、编码级次、日期和单据号码等。批号管理初始设置界面如图 10-10 所示。

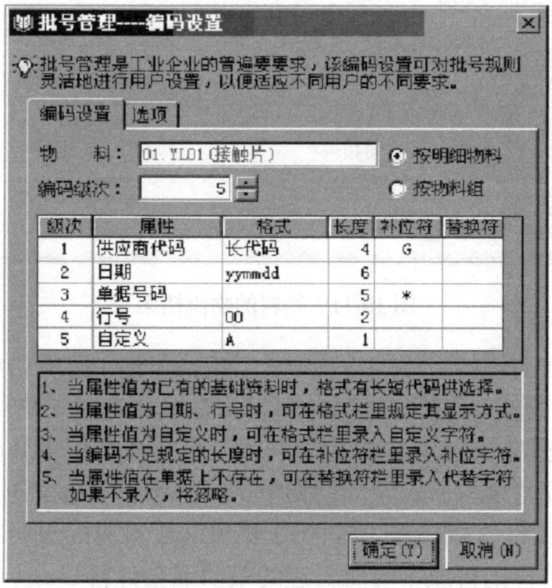

图 10-10　批号管理初始设置界面

(3)建立物料档案。

物料是对原材料、半成品和产成品等企业生产经营资料的总称，是企业经营运作、生存获利的物质保障。物料资料汇聚了许多业务信息，一般我们可以把这些信息划归成 4 类，即基本资料、物流资料、计划资料和设计资料。其中计划资料、设计资料用于制造系统，此处略。

- 基本资料：包括物料代码、物料名称、规格型号、物料属性、计量单位、来源数量精度、单价精度、最低存量、最高存量和安全库存数量等物料的基本信息。物料属性是物料的基本性质和产生状态，实际工作中一般根据业务处理和信息系统处理的需要设定成配置类、外购、委外加工、虚拟件和自制物料。最低存量、最高存量和安全库存数量都是衡量库存储备量的参照标准，其中最高库存量是指为避免库存积压而大量占压储备资金而规定的企业所能承担并以基本计量单位计算的当前物料最大库存储备量；最低库存量是指为满足企业正常生产经营需要，当前物料所能允许并以基本计量单位计算的最小库存储备量；安全库存量是指为维持基本生产需要必须达到并以基本计量单位计算的库存量,安全库存标准是物流管理中非常重要的指标。
- 物流资料：物料的物流档案描述了每一物料进、出企业时的信息，如图 10-11 所示。

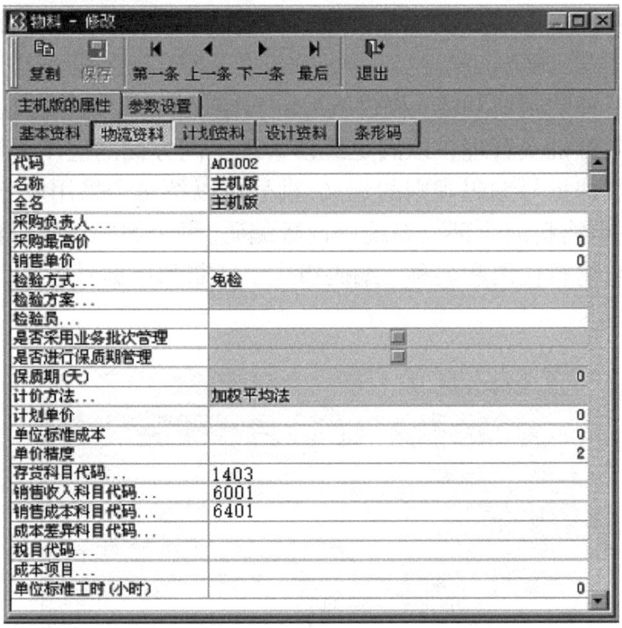

图 10-11　物料的物流档案

其中检验方式是指当前物料采用的检验方式，包括全检、抽检和免检 3 种选择。如果选择检验方式为全检或抽检，则要给出检验方案；计价方法是指存货发出结转存货成本所采用的计价方法，存货核算子系统根据该方法对日常物料收发进行成本核算并生成凭证等处理；计划单价是采用计划成本法计价时物料所规定的计划单价；存货科目代码是当前物料核算对应的最明细会计科目；销售收入科目代码是当前物料用于销售时所对应的最明细会计科目；销售成本科目代码是当前物料用于结转销售成本时所对应的最明细会计科目；成本差异科目代码是当前物料采用计划成本法计算计划差价时所对应的最明细会计科目。

其他基础资料设置参见有关章节。

3．输入期初数据

为了保证经营运作的连贯性和启用期前、后业务处理的平滑连接，供应链系统必须将启用期前未完成的业务处理和系统启用时仓库物料的结存情况逐笔反映到系统中，这些业务包括启用期前的暂估入库单、未核销销售出库单、未核销委外加工出库单，启用期前库存物料结余数量和成本等。

(1)启用期前的暂估入库单、未核销销售出库单、未核销委外加工出库单。

在采购业务中，当没有收到对方开出的发票无法确定已入库的货物的成本时只能暂估入账，所以在系统启用期前可能有些暂估入库单；在销售业务中，处理分期收款业务时会存在一些尚未核销的前期销售出库单。不能在同一期完成的委外加工，需要分期进行时也会存在未核销委外加工出库单，初始设置时需要对这些单据进行录入并审核。录入方法与日常的外购入库单、销售出库单大致相同，但启用期前单据不能调整期初余额，其发生额也不计算到本期报表，以及即时库存中；同时，由于在启用期初的账务余额中已经包括了以前期间进行暂估的单据的账务金额(即已在总账系统生成凭证)，所以启用期前的暂估入库单在业务系统不再生成暂估凭证，等发票到后统一进行单到冲回处理。

(2)启用期前库存物料结余数量和成本。

录入启用期前库存物料结余数量和成本是指第 1 次使用库存管理系统时,将仓库存货的结存情况输入计算机系统中或者以新系统代替旧系统时,将原有系统的库存物料结余转入新系统的相应数据文件中的过程。企业存货一般分仓库和某仓库下的仓位分级管理，因此录入时一般应按照仓库和仓位分级处理，直到企业全部仓库下所有仓位的全部物料初始数据输入完毕。图 10-12 所示为期初库存物料结余数量和成本输入界面。

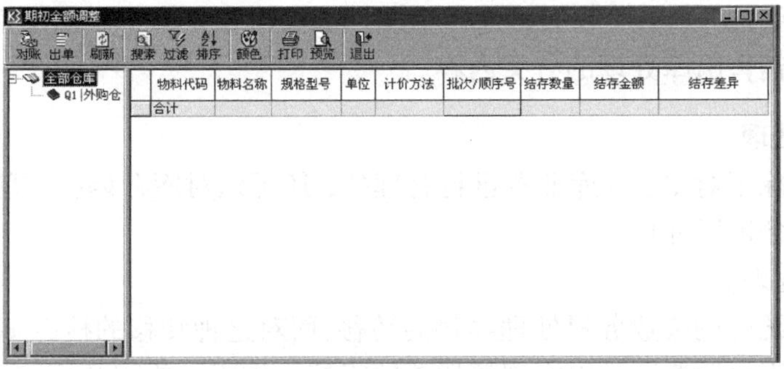

图 10-12　期初库存物料结余数量和成本输入界面

启用期前库存物料结余数量和成本的主要信息包括物料代码、该物料计量单位、物料的批号或顺序号码、启用期所在年度至启用期前的期间为止的时间段中企业累计的存货收入数量和金额、启用期所在年度至启用期前的期间为止的时间段中企业累计的存货发出数量和金额、启用期当期的期初存货数量余额和金额余额、年初数量和年初金额、本年累计收入差异和本年累计发出差异、期初差异和年初差异、采用保质期管理的物料的生产日期和保质期等。其中年初数量、年初金额、年初差异分别由系统按照公式自动计算得出，计算公式如下。

年初数量=期初数量－本年累计收入数量+本年累计发出数量

年初金额=期初金额－本年累计收入金额+本年累计发出金额

年初差异=期初差异－本年累计收入差异+本年累计发出差异

4．启用业务系统

初始化的最后一项工作就是启用业务系统。启用业务系统就是将初始化工作中输入的业务和管理信息转换为业务日常处理所需的格式,为日常处理提供基础信息、初始数据及管理信息来源。一旦启用账套，就意味着关闭初始化界面，这一过程是不可逆的。

10.3.2　库存管理子系统的日常处理

库存管理子系统是按库存业务流程中的库存单据划分系统功能的,库存日常处理主要包括入库业务处理、出库业务处理和库存调拨、盘点处理、质检管理和虚仓管理等。通过这些功能可以对库存全过程进行有效控制和跟踪，从而实现完善的企业仓储信息管理。

1．入库业务处理

外购入库单可以通过手工录入、订单确认和采购发票关联等途径生成，产品入库单可以通过手工录入、订单确认和生产任务单关联等途径生成，委外加工入库单可以通过手工录入、生产任务单关联等途径生成，其他入库单可以通过手工录入、赠品入库单和分销业务流程中的收料通知单关联等途径生成。外购入库和产品入库处理过程相似，请参阅第 8 章外购入库处理的有关内容。

2．出库业务处理

出库单的生成有多种途径，其中销售出库单可以通过手工录入、订单确认、销售发票关联，以及采购入库单直接关联等多途径生成，生产领料单可以通过手工录入、生产任务单关联等多途径生成，委外加工出库单可以通过手工录入、生产任务单关联等多途径生成，其他出库单可以通过手工录入、发货通知单关联等多途径生成。销售出库和生产领料出库单据的处理过程相似，请参阅第 9 章销售出库处理的有关内容。

3．其他业务处理

仓库管理系统除了对出、入库业务进行管理外，还可以对库存调拨、盘点、质检和待检品及赠品出入库等业务进行处理。

(1) 仓库调拨处理。

库存管理子系统的调拨业务只处理物料的转移，而对这种转移的核算则由存货核算子系统完成。库存管理的库存调拨还可以实现调拨单的审核、作废、关闭及打印等多项业务功能。

(2) 盘点处理。

仓库盘点处理后需要将盘点的实物结果在盘点表上反映，并将账存数与盘点表数进行比较后形成盘点报告单，以对仓库中盘盈及盘亏的货物进行确认，图 10-13 所示为盘点表输入界面。库存盘点完成后，可以根据盘库员提供的盘点资料分仓库分别录入盘点数据。盘点表中设置了“账存数”、“实存数”、“盘点数”3 栏，其中“账存数”是盘点备份日的库存余额；“实存数”是截止账面日库存实际的余额，它是盘点的实际数量和还未入账的出、入库单加/减之后的库存余额；“盘点数量”是盘点日盘库员实际清点的库存额。

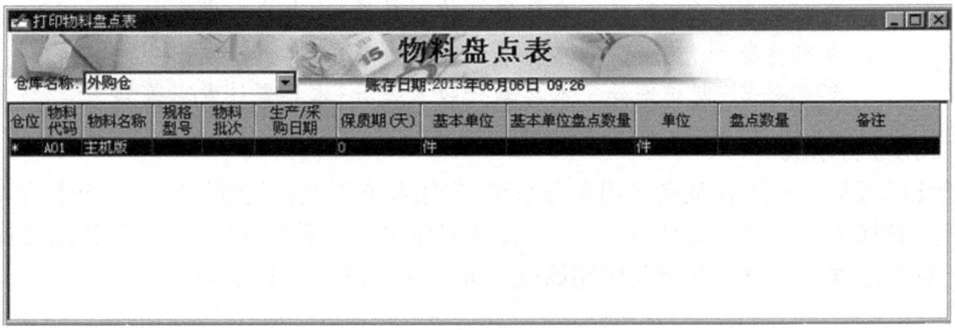

图 10-13　盘点表输入界面

将录入的盘点数据和账面数对比，可以分仓库生成物料盘点报告单，如图 10-14 所示。一般来说，盘点报告单可以通过手工录入和系统自动生成两种途径生成，它是确认仓库中货物盘盈及盘亏的书面证明。

盘点报告单中各项目的意义如下。

- 账存数量：指账面上的库存数量，如果手工录入报告单，则在输入物料后根据库存数量自动带出物料的账存数量；如果根据库存盘点表自动生成，则根据库存数量自动带出物料的账存数量。

- 实存数量：指物料盘点后实际的库存数量。手工录入报告单时输入实存数量，此时若单据为盘盈入库单，则实存数量必须大于账存数量；若单据为盘亏毁损单，则实存数量必须小于账存数量，否则单据不能保存；根据库存盘点表自动生成报告单时，会根据盘点数量自动带出物料的实存数量，当实存数量大于账存数量时，生成盘盈入库单；当实存数量小于账存数量时，生成盘亏毁损单。
- 盘盈（盘亏）数量：指物料的盘盈及盘亏数量。如果手工录入报告单，则输入账存数量和实存数量后自动计算物料的盘盈及盘亏数量；如果根据库存盘点表自动生成报告单，则根据库存盘点表中的盘点数量自动计算出物料的盘盈及盘亏数量。计算公式如下。

盘盈数量 = 实存数量 - 账存数量

盘亏数量 = 账存数量 - 实存数量

仓位	物料代码	物料名称	规格型号	物料批次	生产/采购日期	保质期(天)	基本单位	基本单位账存数量	基本单位实存数量	基本单位盘盈数量	基本单位盘亏数量	单位	账存数量	实存数量	盘盈数量	盘亏数量
*	A01	主机版				0	件	10.0000	10.0000			件	10.0000	10.0000		
		合计						10.0000	10.0000	0.0000	0.0000		10.0000	10.0000	0.0000	0.0000

图 10-14　盘点报告单

盘点报告单进行业务审核后，报告单的物料数量将计算到库存中，同时报告单传递到存货核算子系统进行盘盈及盘亏的核算。

系统进行盘点前应将所有已办理实物出入库，但未录入计算机的出入库单或销售发货单及销售发票录入计算机中，并进行审核。盘点开始后到结束前不应再办理出入库业务。

(3) 虚仓管理业务。

虚仓管理是信息系统对在仓库中存放的一部分物料进行单独管理时采取的一种管理方式。作为虚仓管理的物料主要有待检物料、代管品及赠品等，它们一般只核算数量，不核算成本。

虚仓管理主要是与虚仓相关的单据的新增及其他相关处理，包括赠品入库、赠品出库、虚仓调拨等单据的处理，以及虚仓业务报表的处理。

赠品入库单及出库单是与其他出入库单据（如外购入库、销售出库、生产入库及领料等）不同的是，进行了赠品出入库单据处理后，只能增加或减少赠品仓的存货数量，不进行金额核算，也不核算成本，无须生成凭证。赠品出、入库单包括蓝字赠品出、入库单和红字赠品出、入库单。红字单据是蓝字单据的反向单据，代表物料的退库。二者内容一致，数量相反。

同样，虚仓调拨单的处理与普通调拨单的不同也是不进行调拨成本核算。

虚仓业务处理的结果可以利用报表进行筛选和分析，从而综合反映企业赠品仓、待检仓和代管仓等库存情况，如统计查询赠品仓库物料各月份的出入库情况汇总表、明细表，代管待检物料收发台账和日报表等。

10.3.3 存货核算子系统初始化

存货核算设置的参数主要有核算流程类参数、出库核算类参数和关账参数 3 类。

(1) 核算流程类参数，如图 10-15 所示。

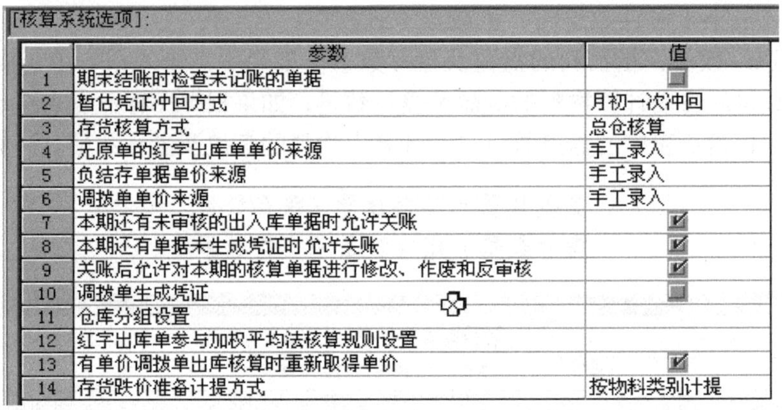

[核算系统选项]:

	参数	值
1	期末结账时检查未记账的单据	☐
2	暂估凭证冲回方式	月初一次冲回
3	存货核算方式	总仓核算
4	无原单的红字出库单单价来源	手工录入
5	负结存单据单价来源	手工录入
6	调拨单单价来源	手工录入
7	本期还有未审核的出入库单据时允许关账	☑
8	本期还有单据未生成凭证时允许关账	☑
9	关账后允许对本期的核算单据进行修改、作废和反审核	☑
10	调拨单生成凭证	☐
11	仓库分组设置	
12	红字出库单参与加权平均法核算规则设置	
13	有单价调拨单出库核算时重新取得单价	☑
14	存货跌价准备计提方式	按物料类别计提

图 10-15　核算流程类参数

(2) 出库核算类参数：主要有无原单的红字出库单单价来源选择、负结存单据单价来源选择和调拨单单价来源选择。

(3) 关账参数：主要有本期还有未审核的核算单据时是否允许关账，本期还有核算单据未生成凭证时是否允许关账，关账后是否允许对本期核算单据进行修改、作废和反审核等。

2．建立基础资料档案

存货核算需要用到的基础资料除存货科目外，都可以直接从其他相应子系统调用。存货科目设置时要根据成本计价方法有所变化。

(1) 按照实际成本计价时，为了反映企业材料物资的增减变动和结存情况，存货收发核算应设置“原材料”和“产成品”等资产类总账账户。存货明细账应按材料、产成品的保管仓库、类别、品种和规格设置明细账(或材料卡片)，进行明细分类核算。

(2) 按计划成本计价时，材料按计划成本核算，应设置“原材料”、“材料成本差异”、“产成品”和“产成品成本差异”等资产类账户。差异明细账应按材料、产成品的保管仓库、类别、品种和规格设置差异明细账，并根据材料成本差异明细账计算成本差异率，计算并填列发出存货应负担的存货成本差异额，把本月发出存货的计划成本调整为实际成本。

3．初始余额录入

初始余额录入方法参见库存初始设置，需要进一步说明的是，采用计划价核算时应准备存货的结余数量和结余差异数据；采用加权平均法和移动平均法核算时应准备存货的结余数量和结余金额；采用个别计价法、先进先出法或后进先出法核算时应准备存货的每笔入库结余数量和结余金额，以便出库时进行出库成本核算。

4．期初库存余额调整

由于种种原因，企业存货在数量账存及实存一致的情况下，金额仍会账实不符，需要单独进行期初余额调整。

10.3.4　存货核算子系统的日常处理

1．存货入库核算

由于不同类型入库业务核算的特点不同，因此存货入库核算提供了不同的核算流程。

(1)外购入库核算。

主要用来核算外购入库的实际成本，包括买价和采购费用两个部分。买价由与外购入库单相钩稽的发票决定，采购费用直接录入，并且可以按数量、金额或人工分配并填列发票上每一条物料的金额栏，再进行核算，从而将买价与采购费用之和根据钩稽关系分配到对应的入库单上，以作为外购入库的实际成本。

外购入库核算主要包括采购费用录入、采购费用分配和入库实际成本核算等功能。当期的外购入库单和发票审核之后就可以进行外购入库核算。

- 费用录入：选择本期已审核、未生成凭证的需要分配采购费用的采购发票，可以录入运费、能抵扣的税金及其他采购费用，系统自动计算采购费用总额。录入之前应首先选择分配方式，如果按数量分配，则以单据上各行物料的基本计量单位数量作为权重对采购费用进行分配；若按金额分配，则以单据上各行物料的金额为权重进行分配；若手工分配，则直接录入采购费用。
- 费用分配：费用录入完毕，并确信选择的发票无误后，执行分配，系统会自动将分配后的采购费用及相应的运费税金填入采购发票中。

系统执行分配时，将采购费用总额和税金，分别先除以分配标准之和(选定发票上所有物料的数量或金额和)，然后分别乘各自的分配标准(数量或金额)，得到各行物料的采购费用和运费税金。

- 入库成本核算：完成费用录入和费用分配后，执行核算，系统便开始核算外购入库实际成本。若无采购费用，可直接进行核算处理。核算时系统严格依据钩稽关系，先将发票上某一物料的全部金额和采购费用合计除以入库单上该物料的数量，计算出单位成本。因为只有经过核算才能保证采购发票与外购入库单金额平衡，所以核算成功是正确生成外购入库凭证的前提。

(2)自制入库核算。

自制入库核算主要用于处理产品入库和盘盈入库核算业务，需要录入或引入产品入库成本、盘盈入库成本，然后系统自动将汇总计算出的单价和金额回填到入库单据上。

(3)委外加工入库核算。

委外加工入库核算主要用来核算委托加工入库实际成本，它由材料费和加工费两个部分组成，主要包括核销材料费、分配加工费和核算入库成本几个部分。

- 核销材料费是将当期、已审核和未生成凭证的委外加工入库单中需核销材料费的委外加工产品与尚未关闭的委托加工出库单中的有关物料进行核销。处理时，只需录入本次核算的数量，系统自动按先出库先核销的原则计算出本次出库数量、本次核销金额、未核销数量和未核销金额，同时给委托加工入库单相应的行打上已核销标志。
- 分配加工费是指按某种分配方式，如按数量或按材料费等将委外加工费用和应纳税额进行分配，并把分配结果回填到入库单的对应栏目中的处理过程。
- 核算入库成本：即根据材料费与加工费之和作为金额，倒算出单位成本的过程。

核算成功的同时系统还将加工费和税额之和生成其他应付单传到应付系统。

(4)其他入库核算。

其他入库核算主要是处理组装核算和非组装单核算，组装件是由多个物料组成，不在生产环节进行组合，而在仓库进行组装，组装后在仓库又可以拆开用于其他组装件或生产领用出库用于其他产品或单独销售。其他入库单是处理其他类型的产品入库的单据，也是财务人员据以记账和核算成本的重要原始凭证。其他入库单确认后，需要手工填入成本。

(5)存货估价入账：主要是对本期发票未到的入库单进行估价。

2．存货出库核算

存货出库核算处理时一般都提供计算报告和出错报告，以反映出库核算的过程。出库核算的处理是由系统自动完成的。

(1)确定核算物料或产品的范围：可以结转本期所有物料的出库成本，也可以指定物料，只核算某一个物料的出库成本。分仓库核算时，要选择核算的仓库。若存在调拨业务，应根据仓库中物料的调拨顺序决定仓库的核算顺序，应先核算调出仓库，再核算调入仓库。

(2)出库核算：系统按照确定的物料或产品的范围，逐个物料和仓库计算其成本。计算时需要用到的资料有期初余额、本期入库数量及入库成本、用户选定的该物料计价方法，以及出库数量。

(3)输出结转报告：核算完成后，系统将把结转结果生成相应的结转报告，包括成本计算表和出库报告，记录出库核算过程供用户分析使用。

3．凭证处理

(1)定义凭证。

定义凭证就是预先对存货的每一种业务核算涉及的会计科目、摘要、凭证字号及金额来源等进行定义，并保存为模板。涉及存货的经济业务发生时，系统可以根据事先定义的凭证模板自动生成相关核算的记账凭证，并据以登记有关账簿。由于采用实际成本法和计划成本法的存货核算内容不同，因此不同的核算方法下需要分别进行处理。

企业采用实际成本法核算存货时，需要定义凭证的经济业务包括外购入库、存货估价入账、产品入库、盘盈入库、其他入库、委外加工入库、现销销售出库、赊销销售出库、分期收款销售出库、委托代销销售出库、生产领用、委托加工发出、其他出库、盘亏/毁损、现销销售收入、赊销销售收入、分期收款发出销售收入、委托代销销售收入，以及期初余额调整等。图10-16所示为采用实际成本法进行外购入库核算时定义的凭证模板。

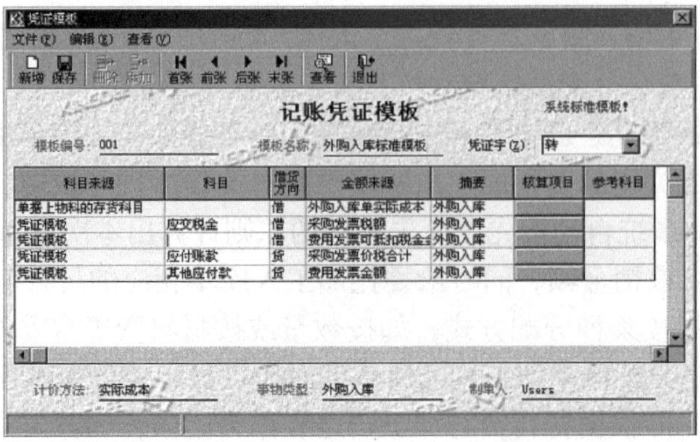

图10-16　用实际成本法核算时定义的凭证模板

采用计划成本法核算存货时，需要定义凭证的经济业务包括外购入库、存货估价入账、产品入库、盘盈入库、其他入库核算、委外加工入库核算、现销销售出库、赊销销售出库、分期收款销售出库、委托代销销售出库、生产领用、委托加工发出、其他出库、盘亏/毁损、现销销售收入、赊销销售收入、分期收款发出销售收入、委托代销销售收入、期初余额调整，以及计划价调价等。图 10-17 所示为采用计划成本法进行外购入库业务核算时定义的凭证。

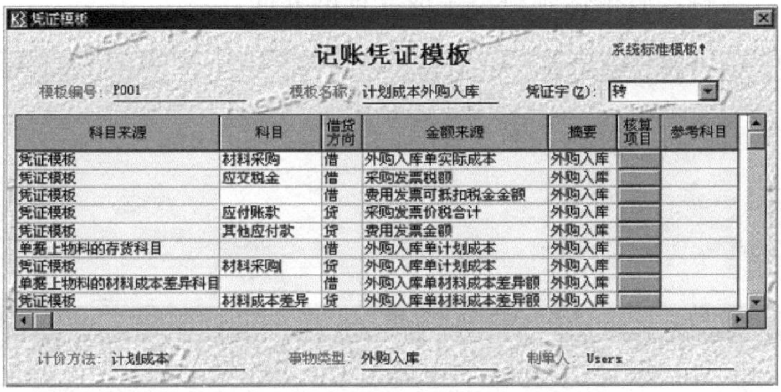

图 10-17　用计划成本法核算时定义的凭证模板

凭证定义过程主要包括以下几步。

- 选择要定义凭证的事务类型，然后在如图 10-16 或图 10-17 所示的界面上录入模板编号、模板名称及该凭证的凭证字，模板编号必须是唯一的；否则系统不允许保存。
- 选择科目来源，确定核算科目，各种科目来源及其用法如表 10-1 所示。

表 10-1　各种科目来源及其用法

科 目 来 源	用 法 说 明
单据上物料的存货科目	用于所有的出入库单据，反映对应存货科目的增加和减少
凭证模板	选择此来源时，需要录入核算的会计科目
单据上部门的核算科目	主要用于生产领料、其他出库等凭证模板
单据上物料的销售收入科目	主要用于销售收入凭证模板的贷方
单据上物料的销售成本科目	主要用于现销、赊销等销售出库凭证模板的借方
单据上物料的材料成本差异科目	用于计划成本法凭证模板
生产领料单上的核算科目	可用于生产领料凭证模板的借方

- 定义金额来源，录入摘要。此时应注意配合相应的科目及借贷方向，并保证借贷方金额相等。
- 设置核算项目与单据字段的对应关系：如果该科目需要进行辅助核算，此时应选择填入辅助核算的项目。系统生成凭证时会根据核算项目与单据字段的对应关系，自动将对应字段值填入科目的核算项目栏中。其中科目来源为凭证模板时，必须指定具体会计科目。
- 保存、继续新增或退出：保存时，系统先检查所有的项目是否完整。若不完整，系统会给出相应的提示，不允许保存。检查完整性后，系统还会进行借贷方金额平衡检查。若不平衡，系统会给出提示，不允许保存。对于多金额字段的单据，系统会按单据特定的平衡关系检查。因此，即使个别金额字段暂不使用，如采购入库凭证模板中的采购费用也应预定义，以保证金额始终平衡。

(2) 生成凭证。

生成凭证是某一笔经济业务发生后，系统根据用户定义的凭证模板或即时定义的空白凭证生成该业务核算的记账凭证的过程。基于通过对物流单据的处理实现对物流管理的思想，存货核算生成凭证主要是在核算单据已完成入库或出库核算的条件下将各种核算单据生成记账凭证的过程。

生成凭证时，首先选择需要生成凭证事务的核算单据。然后录入过滤条件，如本期、已审核及金额不为空等。系统将根据核算单据的数据和事先定义的凭证模板生成该业务凭证。图 10-18 所示为生产领料之后根据领料单生成凭证的界面。

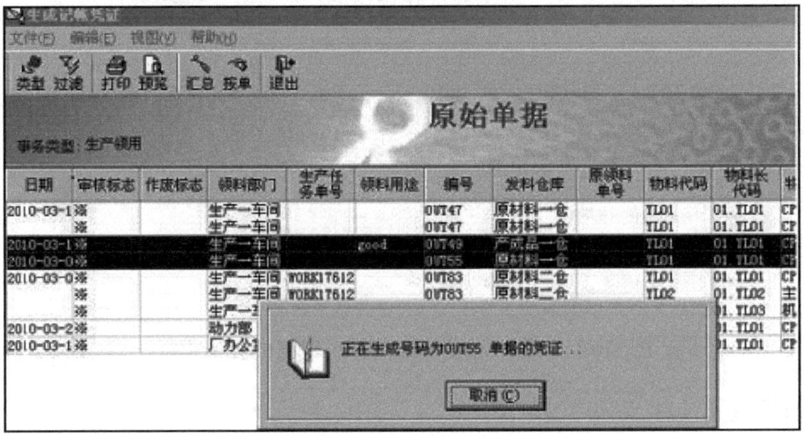

图 10-18　生成凭证的界面

4．存货核算的期末处理

(1) 对账。

对账指存货核算子系统的存货余额及发生额，与总账系统存货科目余额及发生额进行核对。对账成功可以生成对账报告，对账不平时可以从以下几个方面查找原因。

- 还有库存单据未生成凭证。
- 凭证模板设置不正确，存货收发未与存货科目借贷相对应。
- 总账中有直接录入的涉及存货科目的凭证。
- 暂估冲回后未继续暂估或生成外购入库凭证。

(2) 关账。

物流系统在期末结账前，往往需要对本期的出入库单据进行后续处理，如出入库核算、生成凭证与财务系统对账等。但此时本期的核算单据录入尚未截止，可能会造成对账结果的不确定。为了解决此类问题，存货核算子系统设置了关账功能。关账后不允许再录入当前期间的出入库单据、计划价调价单和金额调整单等，好为期末结账前的核算处理创造稳定的数据环境。

(3) 期末结账。

期末结账就是结束本期核算单据的处理，计算本期存货余额，并将其转入下一期，同时系统当前期间下置。期末结账时主要做以下工作。

- 进行结账前检查，以确认本期的业务是否已处理完整。检查的内容包括本期是否有未审核的库存单据，如调拨单和金额调整单等。本期是否有金额为零的出入库单据，是否还有未生成凭证的核算单据等。若有，结账过程不能进行。

- 计算本期余额并将其结转到下期：若在系统初始化时，选择只进行数量核算，则只结转存货的数量发生额和余额。若物料需进行保质期管理，余额表还要按生产日期和保质期汇总。
- 更新即时库存数据：若在期末结账时选择核对即时库存，则系统会重算即时库存数量。
- 修改系统参数并完成结转：存货余额处理成功后，系统将当期期间参数值下置一期，期末结账处理完成。

10.3.5　输出的证、账、表

1．库存管理子系统的账、表

库存管理子系统提供的库存业务相关账表主要有库存台账、出入库流水账及收发存汇总表等，我们可以把它们划分成业务报表和统计分析表两类。库存业务报表是系统对已经实现的业务处理成果进行筛选、分析、处理，并以一定形式综合反映企业库存情况的信息。统计分析表是根据库存管理需要，按照一定类别对库存数据进行统计分析形成的报表。

(1)库存业务报表，主要包括如下报表。

- 库存台账：是统计查询各仓库、各物料及各月份存货收发存情况的报表，是库存最常用的报表之一。
- 出入库流水账：是查询任意时段各仓库及各存货的出入库情况的表，可按任意组合条件查询。
- 物料收发汇总表/明细表：是统计各仓库各存货的收发存情况/明细收发存情况的报表，也是最常用的报表之一。可以按会计期间及存货类别及存货地点等多种条件输出该报表。

库存系统其他常用报表还有统计各仓库各存货各种收发类型的出入库情况的收发业务汇总表、按产品归集领料情况的生产领料汇总表、按日统计物料收发结存情况的物料收发日报表、按生产任务单归集领料情况的生产任务执行明细表、按入库类型统计其他入库单收发情况的其他入库单分类表，以及按出库类型统计其他出库单收发情况的其他出库单分类表等。

(2)库存业务报表的输出：以库存台账为例说明业务报表输出方法。业务报表的输出一般包括如下两个步骤。

- 设置账、表输出数据的范围条件：首要输入从所有已存在数据中生成需要台账数据的条件，这项工作非常重要。只有确定的业务数据条件正确，台账所反映的业务信息才会正确和有效。需要输入的库存台账查询条件如图 10-19 所示。

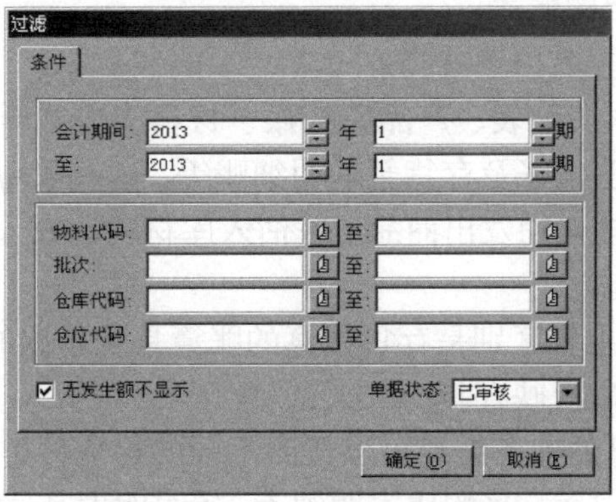

图 10-19　需要输入的库存台账查询条件

- 系统根据查询条件输出相应的账表：设置查询条件后，单击“确定”按钮，系统以台账的形式显示符合条件的所有业务数据，如图 10-20 所示，可以执行保存、打印及预览等操作。

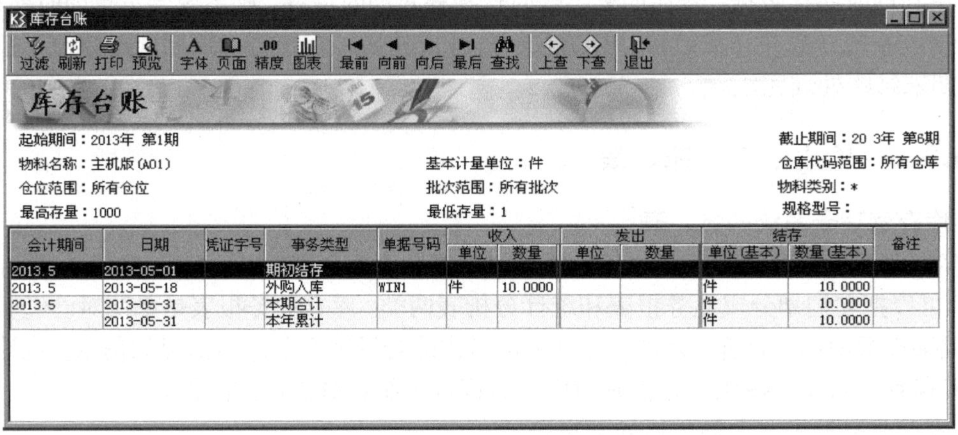

图 10-20　库存台账输出界面

(3)库存分析报表。

除了上述直接反映业务处理结果的业务账表之外，分析库存流程中各项主要业务的处理结果和运作情况也是非常重要的。为此，还需要编制并输出如下分析表。

- 安全库存预警分析表：是对库存的所有物料的库存数量，按照安全库存的数量进行比较及分析，将库存数量低于安全库存数量的物料进行预警提示的分析报表。
- 超储/短缺库存分析表：是对库存的所有物料的库存数量，按照最低库存量、最高库存量的数量进行比较及分析，将库存数量低于最低库存数量或高于最高库存数的物料列出来进行预警提示的分析报表。
- 库存账龄分析表：是对库存的所有物料的存储时间进行分析的报表，记录内容包括物料类别、物料代码、物料名称、规格型号、单位、库存数量及存储天数等。
- 库存配套分析表：是对存在 BOM 单的自制物料进行最大配套数量分析的报表。
- 保质期预警分析表：是对保质期管理的物料，按照物料的保质期进行比较及分析，将超过保质期的物料进行预警提示的分析报表。

2. 存货核算子系统输出的账表

存货核算输出的账表主要有以下 3 类。

(1)存货账簿：包括材料明细表、产品明细账、材料成本差异明细账、分期收款发出商品明细账、委托代销发出商品明细账及存货暂估明细账等，这些账簿反映了一段期间内材料、产品、分期收款发出商品、委托代销发出商品、暂估入库材料的收入、发出明细数量和金额，以及核销和结存等的明细情况。

它与总账子系统账簿的主要区别是存货核算的账簿是从单据的角度反映存货情况，而总账子系统的账簿是从科目的角度反映存货。

(2)业务报表：存货核算的业务结果可以按照不同的存货种类、出入库业务等以一定格式反映出来，形成采购成本汇总表、采购成本明细表、存货暂估汇总表、生产领料汇总表、生产领料明细表、销售出库明细表、销售收入明细表、进项税额汇总表、销项税额汇总表、委托加工材料汇总表、委托加工材料明细表，以及委托加工核销明细表等报表。

(3)统计分析：存货核算提供的统计分析主要如下。

- 存货周转率分析：进行某一种存货、某一类存货及全部存货的存货周转率分析。
- ABC 分析：以某个时段内库存总金额为标准，通过每种物料余额占库存总余额的比例，进行 ABC 分类排序。ABC 分析表的输出界面如图 10-21 所示。

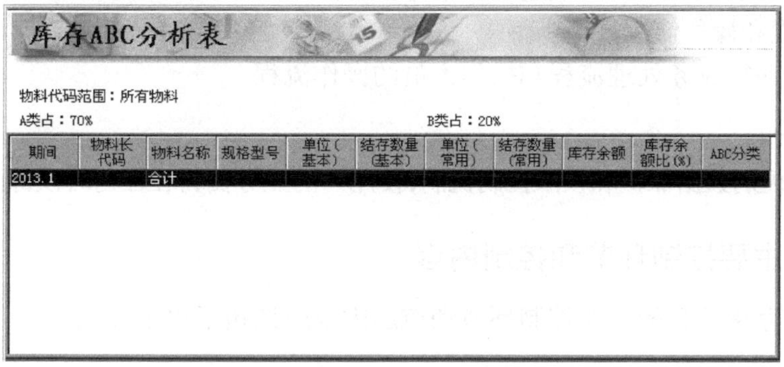

图 10-21　库存 ABC 分析表的输出界面

- 库存资金占用分析：分析实际库存资金的占用与计划之间的差额。
- 入库成本分析：不同期间或不同入库类别的存货的平均入库成本统计与分析。
- 暂估材料余额表：不同期间的暂估单据入库及报销情况分析。
- 对已记账单据的差异分摊的差异分摊表。

10.4　存货管理子系统的主要控制环节和控制内容

10.4.1　控制要点

存货管理子系统的主要控制要点包括如下方面。

1. 职责分工

库存和存货管理过程中，职责分工也是控制的重点。不相容职务的分离及牵制是重要的控制方式。存货业务的不相容岗位至少包括以下几点。

(1)存货的采购与审批，审批与执行。

(2)存货的采购与验收、付款。

(3)存货的保管与相关会计记录。

(4)存货发出的申请与审批，申请与会计记录。

(5)存货处置的申请与审批，申请与会计记录。

2. 权限管理

在库存和存货管理过程中，进行业务处理或报表操作时，因不同的用户属于不同的用户组，其岗位和工作职责范围不同，因此，针对不同的用户设置合适的操作权限，甚至包括数据授权、字段授权。

系统的所有用户都按照被授予的权限登录系统、操作系统，进行业务处理。授权时要考虑不相容职务的分离，岗位的相互牵制。

3．流程控制

(1)业务处理控制。

设置相应的存货核算流程，并严格按照流程运作；对存货数据进行实时监控、分析；存货监控中发现的异常情况，如物料数量的异常等，应及时通知相关环节和部门主管。

(2)业务流程和操作流程规范。

规范库存和存货业务处理流程和操作人员的操作流程。

4．容错设计

系统包含多级别数据保护和权限控制机制，使用户的业务资料在任何时候都能得到有效保护。

10.4.2 主要控制环节和控制内容

仓存管理与存货核算的主要控制环节和控制内容应该包括以下几点。

1．出、入库环节

(1)配销仓库依生产通知单发料，领料人签收，拒绝签收的物料要办理退仓手续。

(2)完工入库控制。利用系统每天盘点逾期两天的产品未入库的制造传票，并查明其原因；生产人员与仓库人员当面点清成品数量并签字；完工产品进行质量检验，合格才能入库。

(3)制作记账凭证并连续编号。

2．存货保管环节

(1)保管部门对入库存货的数量应及时记入登记簿，并标明它们的存放地点、仓号和仓位。收入的存货分类编目，以便同类物品集中存放和保管。

(2)存货由专人保管，只有授权批准的人员才能进入仓库，应严格限制接触存货。

(3)存货保管部门应经常对存放的货物进行盘点，查看有无变质、损坏情况，检查结果应予记录。如发现有损坏、变质，应及时填制专门的报告单说明数量及原因，经有关人员批准后，由保管部门和财会部门分别调整数量和金额记录。

(4)仓管应建立最低库存量预警系统，由计算机适时分析预测材料需要，确定实际需要材料采购的日期和数量，并向采购部门申请。

3．存货盘点环节

(1)定期或不定期由生产部门、会计部门、保管人员共同对存货进行盘点，确保账实相符。

(2)存货盘点前，应适当传达盘点的指导原则，同时对有关人员进行培训。抽样盘点时，应提供有关样本大小、样本层次的有关文件。

4．存货核算环节

(1)存货核算人员填制的会计凭证须由会计主管核准签章。

(2)存货出、入库计价方法应由企业统一制定，存货核算人员无权修改和选择。

5．仓存业务处理环节

(1)业务批次与财务的分批计价法含义不同，同一批次的货物可能由于延迟交货等原因而不在一起进行仓存处理，所以初始录入时，同一仓库的批次号可能会有重复录入的情形，也就是说，在同一仓库中可能有两笔及以上的同种批次物料，而不会统一为一个结余数。此时，该物料的财务处理完全不受影响，仍按其选定的计价方法进行核算。

(2) 在系统的日常业务处理中，如果某物料被使用，无论其有无余额(包括数量和金额余额)，是否采用业务批次管理，其属性均不能再被修改。

(3) 利用与其他系统的互联进行控制。仓存管理子系统中，出库价格、入库价格都由物料的出、入部门决定。对于采购入库、销售出库、产品入库，系统通过出、入库数量上下限设置达到数量控制目的；对于生产领料，依据投料单进行出库数量控制；对于客户信用，系统提供信用计算公式设置，可以在销售出库业务环节进行信用控制，并能在超出信用时进行预警、密码、禁止交易等多种控制。

(4) 单据更新库存时进行检查。生产领料单、外购入库单、其他入库单、其他出库单、调拨单、盘盈入库单、盘亏毁损单、委外加工出库单在更新库存时，也需要检查配置类物料的批号在客户 BOM 和批号的对应表中是否存在，存在则可以更新库存，不存在不能更新库存。

(5) 序列号控制。为所有的出入库单据设置序列号，根据序列号状态对业务操作流程和单据处理过程进行控制。

6. 信息系统权限管理

(1) 每个需要访问仓库管理和存货核算子系统的人员，都要按照其具体的业务进行授权，严禁无权、越权操作系统。

(2) 每个用户要拥有自己的登录密码，并定期更换。

(3) 权限分配时，应该考虑岗位相互牵制。

关键词

库存管理、库存管理系统、企业级存货核算子系统、业务处理、系统控制

习题

(1) 简述库存管理与存货核算流程和库存管理与存货核算子系统的关系。

(2) 试分析库存管理与存货核算的业务处理流程，并画出业务流程图。

(3) 简述库存管理与存货核算子系统初始化包括的内容，以及设置时需要注意的问题。

(4) 试分析存货核算子系统的日常处理主要包含哪些功能?

(5) 系统主要控制环节有哪些? 各自的控制内容是什么?

(6) 试论述哪些存货业务处理需要凭证处理，凭证处理的步骤和凭证定义及编制方法。

(7) 简述库存管理与存货核算子系统控制的要点。

(8) 描述一下库存和存货管理过程中的职责分工。

第 11 章

成本核算与管理过程

本章学习目标

通过本章学习，读者应达到以下目标。

(1) 了解成本核算与管理过程的目的和内容。

(2) 理解成本核算与管理和其他业务流程之间的关系。

(3) 理解并掌握成本管理包含的主要业务过程。

(4) 理解并掌握成本核算过程的处理流程。

(5) 掌握成本管理子系统的构成和系统的应用流程。

(6) 掌握企业级成本核算系统与部门级成本核算系统的区别。

(7) 掌握企业级成本管理子系统的使用方法。

11.1 成本核算与管理过程概述

成本是指企业生产经营过程中各种经济资源的耗费。企业为了提高经济效益，更好地达到经营目标，必须加强成本管理。成本管理主要包括成本核算、成本预测、成本决策、成本控制、成本分析和成本考核几个业务环节。

11.1.1 成本核算与管理的目的和内容

1. 成本核算与管理过程的目标

基于信息化环境的成本核算与管理业务过程的主要任务是辅助实现企业的成本核算和管理。在企业的财务工作中，成本核算往往是工作量最大且占用人员最多的工作。一般情况下，成本核算与管理的目标可以包括以下几个方面。

(1) 进行成本预测、计划并编制成本预算：根据历史成本数据，运用有关的成本预测方法，如直线回归法和多元回归法等对投产前的新产品成本、部门总成本和预计产量的产品成本水平进行预测，以满足企业经营决策的需要，然后根据成本预测确定的各部门及各产品的标准成本编制成本计划。在此基础上把企业经济活动的计划用数量和表格的形式具体化，形成成本预算。

(2) 完成成本核算：对采集制造过程中的各种成本资料（材料、人工和费用等），按照一定的方法对这些费用进行归集和分配，从而计算出产成品成本和期末存货价值。

(3) 进行成本分析与考核：确定实际成本与计划成本，对成本结构、期间成本、期间单位成本、期间实际成本与历史某期实际成本的差异、产品耗用材料明细、完全成本和变动成本等运用一定的方法进行分析，达到通过监控成本的变化情况实现加强成本控制和对生产过程的监督考核的目的。

(4) 进行成本决策：利用本量利分析模型等进行盈亏临界点分析及目标利润分析等，并对分析模型中的特殊事项做出准确判断，且通过分析报告反映出来。

(5) 实现与相关业务过程的数据传递。

2. 成本核算与管理过程的内容

成本核算与管理的日常业务处理主要是成本预测决策、成本核算、成本分析和考核，其中成本核算是成本管理的核心。为了正确地核算，必须首先从生产计划、车间管理、仓库、设备管理和人事管理等处采集成本费用数据，然后按照事先设定的各种费用分配率和选定的成本计算方法进行成本数据的计算，并将计算结果送达需要的业务环节。在正确核算成本的基础上，为了加强成本控制，还需要进行成本预测、决策，并按照管理需要对成本核算结果进行分析处理。图 11-1 所示为成本核算与管理的日常业务过程。

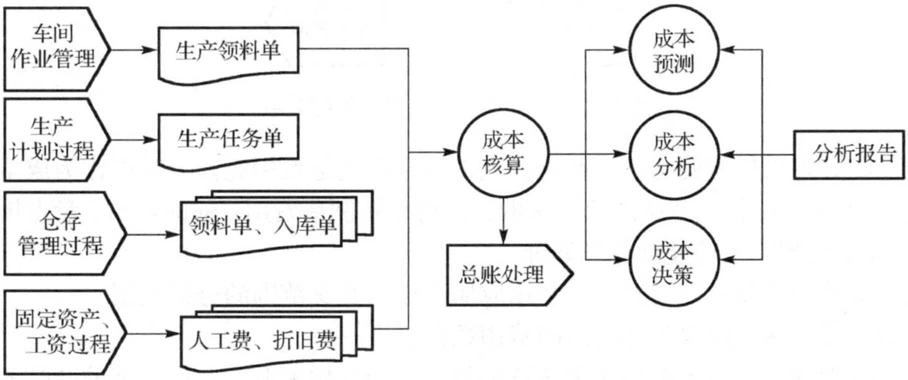

图 11-1　成本管理的主要处理流程

流程解析如下。

(1) 车间作业管理过程的生产领料单数据传递到成本环节。

(2) 根据生产任务单确定投入产量并将数据传递到成本环节。

(3) 根据产品入库单确定完工产品数量并将数据传递到成本环节。

(4) 采集废品产量、劳务耗用量和在产品量数据。

(5) 从固定资产及工资等环节获得折旧费用、人工费用和其他费用数据。

(6) 计算成本，将成本核算结果通过凭证定义生成转账凭证，并传递到总账处理。

(7) 依据历史成本数据和未来成本目标进行成本预测，生成分析报告。

(8) 成本分析主要从成本结构、成本类型及不同期间成本 3 种角度对成本升降原因进行分析，生成分析报告，为企业的成本决策提供重要的信息。其中成本结构分析，可以提供企业成本的构成情况，指导企业控制成本的重心；通过成本类型分析，可以掌握企业成本控制的力度；通过不同期间的成本分析，可以掌握企业成本的变化情况和重大影响因素。

(9) 利用本量利分析模型等进行盈亏临界点分析、目标利润分析和产品定价决策，生成分析报告。

11.1.2 与其他业务流程之间的关系

基于全面信息化的成本核算与管理是企业管理一体化系统的一部分，它核算时需要的原始数据都来源于其他业务过程，日常业务处理的结果最终要在总账中反映。

成本核算与其他业务流程之间的关系如图 11-2 所示。

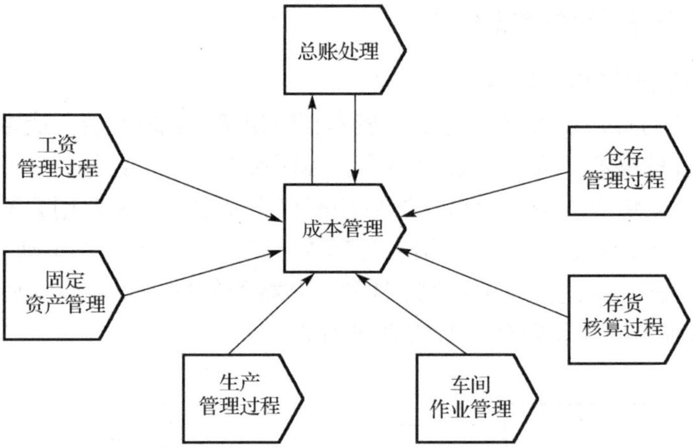

图 11-2　与其他业务流程之间的关系

(1) 从总账处理采集需要的折旧费用、人工费用和其他费用凭证等数据作为成本核算时的折旧费用、人工费用和其他费用的数据来源，并将结转制造费用、辅助费用、盘点损失及工序产品耗用等业务处理结果传递到总账处理。

(2) 从工资系统获取各部门的人工费用应属于成本开支范围的分摊数据。

(3) 从固定资产系统获取各部门折旧费用数据。

(4) 仓存管理的生产领料单是成本核算的材料费用数据来源，仓存管理的产品入库单是成本核算的完工产量数据来源。

(5) 从存货核算获取材料出库核算、产品出库核算及自制入库核算数据，并将核算完成的完工产品单位成本数据传递给存货核算过程，由存货核算填写产成品成本分配后未记账的产成品入库单中的单价和金额。

(6) 从生产过程的数据管理处获取与 BOM 相关的数据和信息，从生产计划管理处获取投入产量及废品产量信息。

(7) 从车间作业管理过程获得工时耗用和计时计件工资信息。

此外成本核算还可以与工艺管理系统、质量管理系统之间传递并共享生产工艺及废品产量等数据。

11.1.3 几种典型的业务流程场景

从图 11-1 可以看到，成本核算与管理过程包括多个子项业务过程，下面对几个典型业务从处理流程的角度进行分析。

1. 成本核算

成本核算的一般流程如图 11-3 所示。

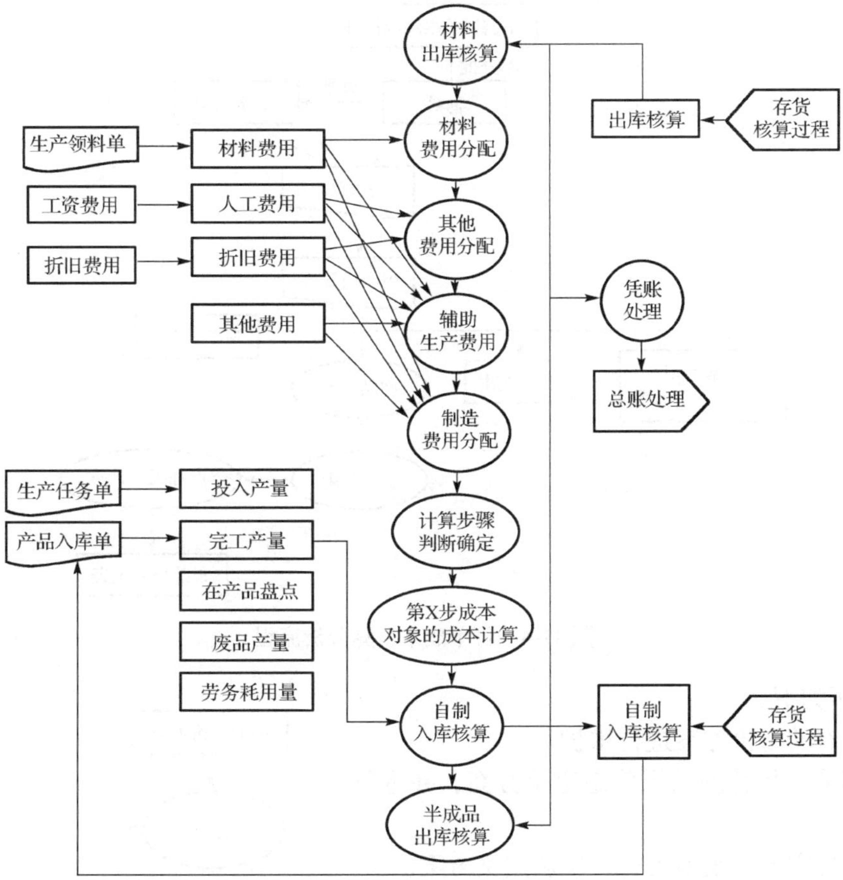

图 11-3　成本核算流程

流程解析如下。

(1) 按照选择的成本核算方法的要求采集当月发生的所有成本的基本数据，这些数据包括材料费用、折旧费用、人工费用和其他费用。

(2) 根据生产任务单确定投入产量并将数据传递到成本环节。

(3) 根据产品入库单确定完工产品数量并将数据传递到成本环节。

(4) 采集废品产量、劳务耗用量和在产品量数据。

(5) 分配共耗费用，即对部门内发生的费用在部门内投产的成本对象之间进行分配。

(6) 判断成本计算步骤。

(7) 分配在产品成本，即对按成本对象各成本项目归集的成本在本期完工产品和期末在产品间进行分配。

(8) 将成本核算结果通过凭证定义生成转账凭证，并传递到总账处理。

图 11-4 所示为订单成本核算流程，该流程所示为按照销售订单安排生产，并计算订单成本的过程。

2．定价决策

成本决策中要在目标利润分析及标准成本分析的基础上进行定价决策，定价决策的处理流程如图 11-5 所示。

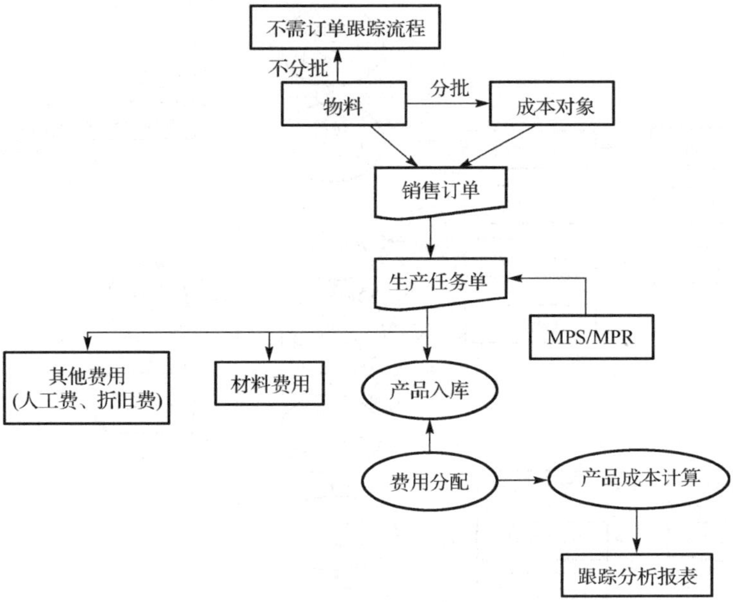

图 11-4　订单成本核算分析流程

流程解析如下。

(1) 对已有的定价方案进行维护。

(2) 根据成本核算的结果确定定价方案，并进行复核。

(3) 如果确定的方案不可行，重新定义方案。

(4) 如果方案可行，进行定价决策，形成报价单。

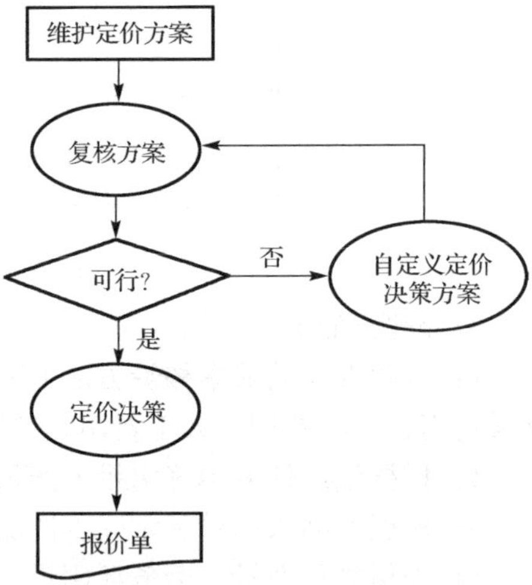

图 11-5　定价决策流程

3. 标准成本控制

标准成本是通过精确的调整、分析与技术测定而制定的，用来评价实际成本并衡量工作效率的一种预计成本。通过将标准成本与实际发生的成本进行比较，把成本的实际发生额区分为标准成本和成本差异两部分。由于成本差异反映了实际成本脱离“目标”的情况，对其进行分析研究，就可以具体掌握差异形成的原因和责任，并采取相应的措施及时消除生产经营中各种不正常的和低效能的因素，达到避免各种“不利”差异的重复出现，实现对成本的有效控制。

标准成本控制过程即是成本计算过程，也是成本分析控制过程。它将成本事前的计划、日常的控制和最终产品成本的确定有机地结合起来，是加强成本管理的重要手段。标准成本分析的流程如图 11-6 所示。

流程解析如下。

(1) 检验标准成本计算合法性，主要检测所有的成本项目是否设置了对应的标准成本项目、已完工的成本对象的单位实际工时是否小于等于零、所有成本对象是否都设定了对应 BOM 或者默认 BOM、本期是否存在完工产品，以及分步法的成本对象是否存在嵌套耗用情况。

(2)输入直接材料、直接人工、变动制造费、固定制造费的标准数据和标准产量、物料单位标准用量，以及单位标准工时数据。

(3)计算本期有完工产量的成本对象的直接材料标准成本、直接人工标准成本、变动制造费标准成本，以及固定制造费标准成本。

(4)形成标准成本报告。

(5)将标准成本数据与已经计算出的实际成本数据比较，计算出各项成本差异。

(6)进行分析控制。

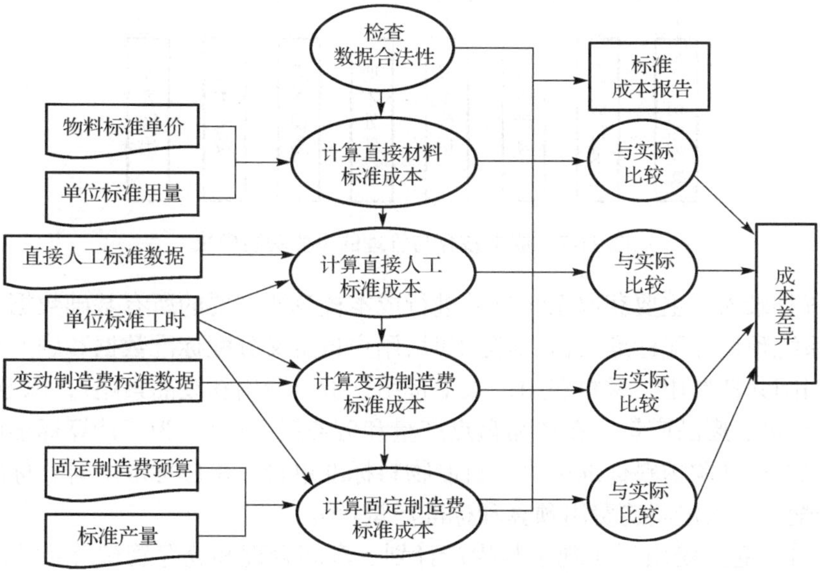

图 11-6　标准成本控制流程

11.2　成本核算与管理系统

成本核算与管理系统是财务系统中与外部系统接口最多且最复杂的一个，同时由于企业产品成本核算方法很多，不同的方法的数据搜集、归集及分配都不同，再加之成本数据来源复杂，以及企业性质、规模、工艺及管理要求不同等实际情况，通用化的成本核算与管理系统实施起来较其他系统困难大。

11.2.1　成本核算与管理系统应用流程

1. 主要功能模块

从成本核算与管理系统的目标出发，根据成本管理的业务需要，成本子系统主要包括系统初始设置、基础资料录入、成本计算、成本分析、期末处理、成本预测、成本决策、财表输出等功能模块，如图 11-7 所示。

(1)系统初始设置：主要设置系统正常工作时必不可少的各种编码信息和初始数据。由于各企业成本核算存在很大的差异性和特殊性，同一个企业采用不同的核算方法也会使成本核算和管理产生很大不同，因此为了提高成本核算系统的通用性，一般商品化软件的成本核算系统的初始设置内容很多，通常包括参数设置、部门档案设置、物料信息设置、核算项目成本对象的设置、核算项目劳务的设置、成本项目的设置、要素费用的设置，以及分配标准设置(包括一般共耗费用分配标准、在产品成本分配标准、废品共耗费用分配标准、部门间费用分配标准、分类法成本分配标准和物料对应共耗分配标准)、成本类型定义，以及输入初始余额等。企业应该根据自身需要和系统要求进行适当的初始设置。

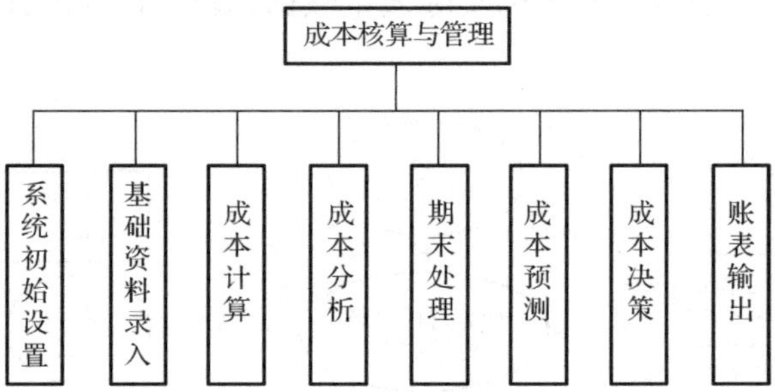

图 11-7　成本核算与管理的主要功能模块

(2)基础资料录入：主要获取系统自动进行成本核算所需要的所有基础数据，一般包括分配标准数据(系统预设分配标准数据、实际工时、用户自定义分配标准数据和副产品标准成本)、费用数据(部门间共耗费用、材料费用、人工费用、折旧费用和废品索赔)，以及产量数据(投入产量、完工产量、废品产量、在产品盘点产量和劳务耗用量)。为了计算标准成本，还需要输入标准成本数据(外购物料标准单价、自制物料标准单价、单位标准工时、标准工资率、变动制造费用分配率、固定制造费用预算和标准产量)等。

企业级会计信息系统由于实现了与生产计划、车间管理和仓存管理等系统的直接数据传递，因此大量基础数据可以从这些系统直接获取，不用再次输入。不能直接获取的数据需要在成本系统输入。

企业应该根据系统初始设置的要求和实际发生情况，选择输入成本计算所必需的原始资料和数据。

(3)成本计算：系统根据初始设置中设定的参数和数据，以及企业选择的核算方法，对采集到的成本基本数据自动进行分类、汇总、计算和分配的处理。能够把成本计算的结果数据以转账凭证的形式存储并传递到总账系统，据以登记有关成本类科目的总账和明细账。

(4)成本分析：是成本管理的重要环节，一般包括部门内部达到某一利润的成本分析、产品成本与计划成本或标准成本或历史同期成本的差异分析、成本的各构成项目情况分析，以及成本习性分析等。

(5)期末处理：每个会计期末都要进行期末处理，即月末结账，以便结束本月业务，进入下一个会计期间。

(6)成本预测：成本预测主要完成按照不同预测方法，如平均(移动平均)成本预测模型、加权平均(时序移动平均)成本预测模型，以及订单成本预测模型等进行成本预测，并出具预测报表，为成本决策提供依据。

(7)成本决策：利用决策模型，如本量利分析模型进行盈亏临界点分析、目标利润分析及定价决策，并出具分析报告。

(8)账表输出：成本计算完成后生成的成本数据都是存在各种成本报表中，这些表详尽地反映各环节费用发生及分配、计算的结果信息，另外也提供一些辅助性的报表信息以供决策。账表输出提供了查询和打印这些报表的功能。

2．应用流程

如图 11-8 所示。

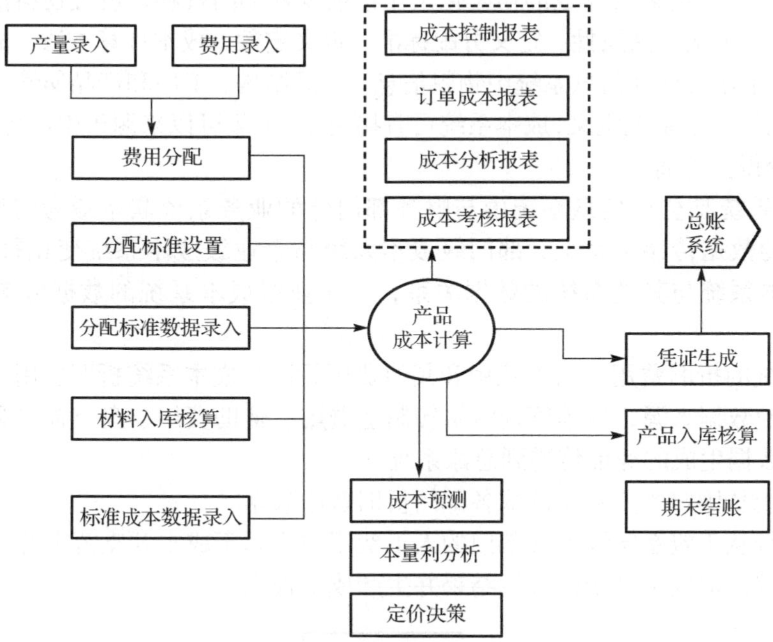

图 11-8　成本核算与管理系统应用流程

11.2.2　与部门级成本核算系统的区别

无论是部门级会计信息系统，还是企业级会计信息系统，成本核算系统的主要目标都是完成成本核算和控制。由于成本数据都产生于财务部门以外的部门，即系统核算的数据主要来源于部门以外的系统，因此部门级成本系统必须把仓库、生产和人事等部门提供的生产领料单、其他出库单、生产任务单及考勤等纸面数据进行重新整理并输入。由于企业产品成本核算方法很多，不同的方法数据的搜集、归集及分配都不同，因此部门级成本核算系统工作量仍然巨大。

1．数据采集的区别

部门级成本系统需要根据选定的成本核算方法的要求输入当月发生的所有基础数据，包括生产批号数据、材料及外购半成品耗用数据、折旧费用数据、人工费用数据、制造费用数据、辅助费用耗用数据、完工产品日报表数据、工时日报表数据、废品回收数据、在产品盘点表数据，以及工序产品耗用数据等。其中，只有折旧费用数据、人工费用数据来源于固定资产和工资子系统（或总账子系统），其他数据都要人工输入。

在企业级成本管理子系统中，由于其与存货核算、库存管理及生产计划等系统联用，除了折旧费用和人工费用来源于固定资产和工资子系统（或总账子系统）外，有关材料费用数据直接取库存管理系统的生产领料单；新增的其他要素费用可引入总账的费用凭证数据；投入产量直接取计划管理系统的生产任务单；完工产量直接取仓存系统的产品入存单；废品产量直接取生产质检系统的废品产量表。这些数据源与其他系统集成共享，极大地减轻了成本系统的日常输入数据量。

2．信息传递的区别

(1)部门级成本系统需要完成的初始化工作包括设置部门资料、设置物料信息、定义产品结构、定义工序、定义产品属性、定义分配标准、定义定额、成本计算方法、成本项目和初始余额录入等；而企业级会计信息系统中物料信息、产品结构、工序和产品属性等设置可以在供销链系统和工艺管理子系统定义，成本系统可直接使用。定额可以来源于生产计划管理子系统，因此初始设置变得更为简单。

(2)成本子系统是会计信息系统中与财务部门外的业务系统联系最为密切的系统，因此在与其他系统的数据传递关系上，部门级成本系统与企业级成本系统变化很大。图 11-9 所示为部门级成本系统与其他系统的数据关系，与企业级成本系统的数据传递关系相比更为简单。

- 总账系统的折旧费用、人工费用和其他费用凭证是成本系统折旧费用、人工费用及其他费用的数据来源，成本管理将结转制造费用、辅助费用、盘点损失和工序产品耗用等业务数据生成的凭证传递到总账系统。
- 成本系统从固定资产系统读取各部门折旧费用数据。
- 成本系统从工资系统读取各部门的人工费用中应属于成本开支范围的分摊数据。
- 报表系统读取成本系统的计算结果并生产成本报表。

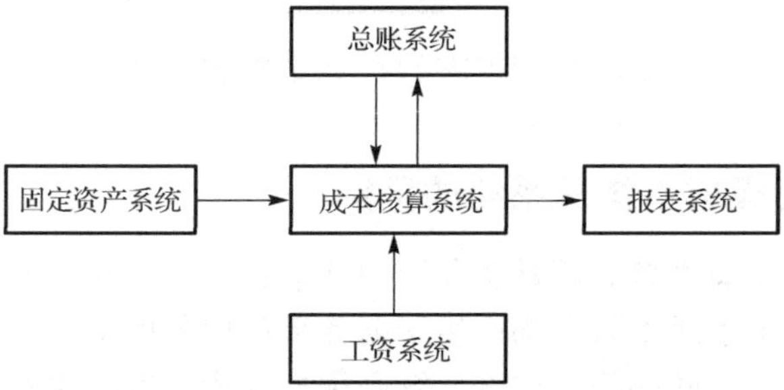

图 11-9　部门级成本系统与其他系统的数据关系

3．业务处理的区别

企业级成本系统除了完成部门内费用及在产品成本分配外，还可以与存货核算子系统及供销链管理系统集成，完成采购成本和销售成本的核算。除了日常成本核算外，一般还提供了本量利分析、标准成本和责任成本等成本控制与考核功能，实现与项目管理、财务分析及领导查询等系统的集成，为企业内部管理服务。

4．信息存储的区别

由于部门级会计信息系统中缺少与生产计划、车间管理和仓存管理等系统的直接数据传递，所以为了完成成本核算，需要在成本系统中二次输入并存储与成本相关的所有生产和仓管环节的数据，这不仅增大了工作量，而且极易出现数据不一致及数据冗余。

企业级会计信息系统实现了成本系统与生产计划、车间管理及仓存管理等系统的实时数据传递，生产环节的成本数据一旦发生就可以实时传到成本系统。成本系统需要输入和存储的数据大大减少。

5. 系统控制的区别

(1)控制的关键环节扩展：部门级成本子系统的控制主要体现在系统的基础数据输入、成本计算处理过程及系统操作过程几个环节。通过权限管理、重要输入数据的检验和操作流程限制等措施达到控制的目的。

企业级成本子系统的大量数据直接来源于其他系统，因此除了上述控制以外，经济业务的原始单据及其处理、从原始数据开始到形成成本所需数据的业务处理过程和传递过程等都是控制的重点。也就是说，企业级会计信息系统的控制已经不单单局限于成本子系统，而是对与其有数据传递关系的所有系统的全面控制。

(2)企业级会计信息系统实现了实时控制：由于生产计划、车间管理和仓存管理等系统与成本系统实现了实时数据传递，因此从成本系统可以实时获取生产环节的数据，通过进一步分析可以及时发现异常情况，及时控制成本。

11.3　子系统和功能模块应用

不同的成本核算和管理系统存在很大的差别。下面主要以 K3 系统的成本管理子系统为基础介绍成本核算和管理系统的子系统和功能模块。

11.3.1　成本核算与管理系统初始化

初始设置是成本系统正式投入使用的开始，也是原来手工处理的成本数据进入计算机系统的入口，是计算机处理的起点。成本系统涉及的初始设置工作必须遵循一定的先后顺序，如图 11-10 所示。

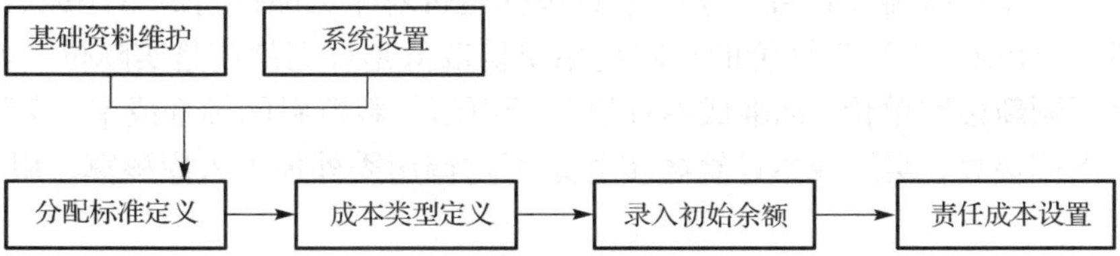

图 11-10　初始设置步骤

因为初始设置是系统运行的基础，因此有些参数一旦确定，将不允许修改；否则会影响成本核算。

(1)基础资料是系统管理所必需的各项基础数据的总称，成本系统需要的资料包括物料信息、部门资料、会计科目、成本对象、成本对象组、劳务、成本项目及要素费用等。K3 中基础资料设置可以通过“系统设置”→“基础资料”→“公共资料”完成。

- 物料信息设置是在物流定义中将某种物料属性设为“设置成本项目”，物料上携带的成本项目将携带至材料费用分配结果表。分配材料费用时，该材料的成本项目优先取物料上定义的成本项目。
- 成本对象企业为归集和分配生产费用而确定的对象，成本对象的属性决定了成本计算的方法。在 K3 系统中有品种法、分步法、分批法和分类法 4 种成本计算方法，分别定义 4 种成本计算的对象。

- 劳务是对由辅助生产部门提供的，无期初、期末余额，本期生产、本期全部耗用的一种产品的定义。K3 系统规定，每种劳务只能由一个辅助生产部门提供，一个辅助生产部门只提供一种劳务。
- 成本项目一般包括直接材料、直接人工和制造费用 3 类，可根据实际情况细化。成本项目的设置信息包括代码、名称、标准成本项目、成本性态和责任属性。
- 要素费用是对生产费用按发生的经济内容的分类，一般为材料费用、人工费用和折旧费用。

(2) 系统设置：进入供应链系统，首先要做的就是在如图 11-11 所示的系统设置界面设置有关选项。

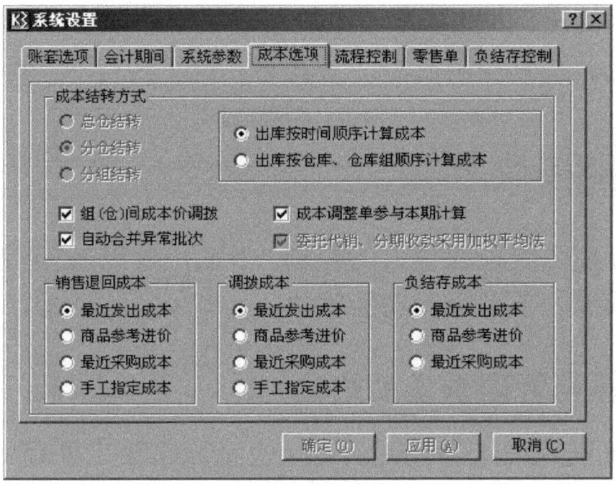

图 11-11　系统设置界面

其中成本管理子系统需要设置的系统参数包括是否对半成品进行成本还原、约当系数是否设到成本项目、“计划成本法”计价的材料耗用单价取值是计划价还是实际价、本期完工半成品标准成本是否刷新标准单价、标准成本计算是否更新物料资料的标准成本、实际成本计算时是否进行即时出库核算、实际成本计算各步骤是否均调用委外加工入库核算、用 BOM 有效期管理等。

(3) 定义成本费用分配标准：料、工、费的来源设置完成之后，成本费用的初次分配和归集已基本完成，即已经能够将大部分专用费用归集到各产品名下，将其他间接成本费用归集到各生产部门范围内。为了计算最终产成品的成本，还必须将按部门归集的成本费用在部门内部各产品之间、在产品和完工产品之间进行分配。因此系统正式投入使用之初，需要定义各种费用分配标准，为系统自动计算产品成本提供计算依据。

费用分配标准即费用分配率，它是将某一待分配费用值在各个应负担其的对象中分摊的比例。费用分配率实质是作为费用分配的权重。目前成本核算系统中主要有 6 类分配率，每一类分配率对应多种分配方法。在 K3 中包括部门间费用分配标准、共耗费用分配的分配标准和在产品成本分配标准 3 类，多种分配方法中包括自定义分配方法，理论上可以定义任何一种分配方法。K3 的费用分配标准定义是在选择“成本管理”→“成本资料设置”→“成本资料设置”选项后完成的。

（4）成本类型：成本类型是成本分析和成本管理的基础，类似于预算管理中的成本类型。主要满足进行成本管理和成本控制的需要，可在成本资料的成本类型中设置计划成本及预算成本等成本类型。系统中预设的成本类型如表 11-1 所示。

表 11-1　预设的成本类型

实 际 成 本	本期计算出的实际成本
上月成本	上期计算出的实际成本
年平均成本	本年计算出的实际平均成本
累计平均成本	产品从启用账套以来的产量平均成本
期间平均成本	本年到指定期间的产量平均成本
期间累计平均成本	从启用账套到指定期间的产量平均成本

（5）责任成本设置：责任成本设置是按部门（部门组）及成本项目设置责任成本，满足对于不同部门的成本项目设置不同的责任属性，并进行相应业务控制的需要。

（6）输入初始余额：期初余额是指上一期间的在产品成本，其录入是系统核算的起点。录入的期初余额必须还原为明细成本费用的消耗数据，如果有车间剩余的材料，应先办理假退料或计算摊入在产品成本处理。成本系统期初余额数据项目如表 11-2 所示。

表 11-2　成本系统期初余额数据项目

项　　目	选　　择
成本对象代码	选择录入或手工录入
成本对象名称	由成本对象代码自动带出，不能修改
规格型号	由物料基础资料自动带出，不能修改
部门	选择录入或手工录入
期初在产品成本	用于第 1 期成本计算，不录时默认为零
本年累计发生费用	用于计算本年累计发生费用，不录时默认为零
本年累计完工成本	用于计算本年累计完工产量，不录时默认为零
本年累计发生材料数量	用于计算本年累计发生材料数量，不录时默认为零
本年累计发生材料金额	用于计算本年累计发生材料金额，不录时默认为零
本年累计完工发生材料数量	用于计算本年累计完工发生材料数量，不录时默认为零
本年累计完工发生材料金额	用于计算本年累计完工发生材料金额，不录时默认为零

在 K3 系统中，选择“系统设置”→“初始化”→“成本管理”→“期初余额设置”选项，在弹出的“过滤”界面中设置过滤条件。单击“确定”按钮后进入“成本系统期初余额设置”界面，如图 11-12 所示，按照上述项目输入每一成本对象的初始余额。

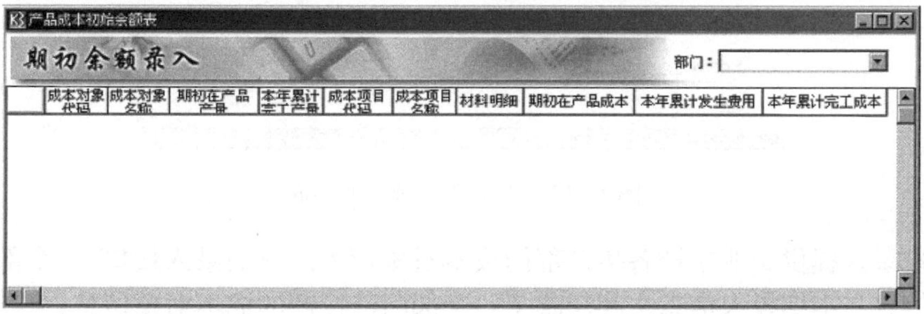

图 11-12　期初余额设置界面

11.3.2 成本核算与管理系统日常处理

1. 成本核算

成本核算的日常业务处理大致划分成 3 个部分，即成本资料录入、成本计算和凭证处理。其中，成本资料录入是根据用户选定的成本核算方法录入当月发生的所有成本费用数据的过程，即成本费用数据的采集和输入过程；成本计算是系统根据用户选择的成本核算方法、有关各项费用的分配方法和按要求输入的本期实际的成本数据自动计算出当月成本的过程；凭证处理主要是将成本系统计算分配的结果定义成转账凭证并进行转账处理的过程。

(1)输入基础数据：是正确核算的前提条件。对业务处理人员来说，利用信息系统进行成本核算，工作量的 80%是每月成本资料的录入。成本核算系统进行成本核算的原始数据来源主要有两个渠道，一是本系统业务人员直接键盘输入的数据；二是从其他系统，如存货核算系统、工资管理系统、固定资产管理系统及车间作业系统等转入的数据。系统的网络化和集成化程度越高，直接输入的数据和资料越少。

- 输入成本日常核算数据。为了正确地进行成本核算，成本核算系统中需要录入的成本资料产量数据和费用数据，其中料、工、费的数据包括部门间共耗费用、材料费用、人工费用、折旧费用和废品索赔等，产量数据包括投入产量、完工产量、废品产量、在产品盘点产量和劳务耗用量。成本核算采用不同的成本核算方法所需要的成本数据的形式和内容不同，设置不同的费用分配率需要不同的成本资料，因此成本资料录入之前应注意 3 个方面的问题。
- 确定成本核算方法。
- 确定哪些数据由其他系统转入，哪些数据需要键盘输入。
- 按照要求整理好所有计算成本所需要的数据。

图 11-13 所示为人工费用录入的界面，其他费用的录入方式相类似。

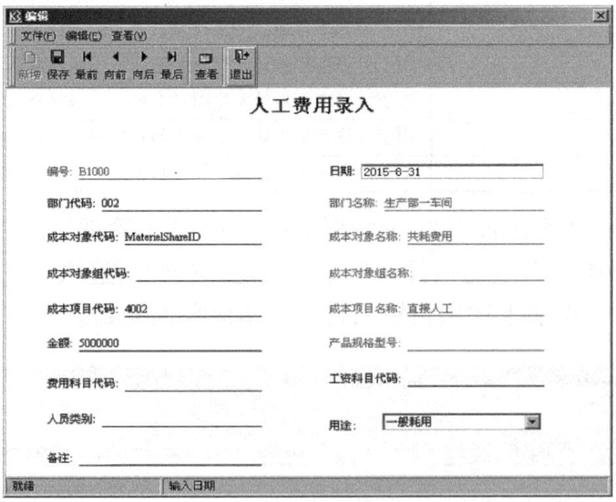

图 11-13 人工费用录入的界面

投入产量录入提供企业本期各生产部门成本对象投入产量的录入接口，一个部门的期初成本对象余额信息与本期投入信息之和反映了一个部门已投产的成本对象信息，图 11-14 所示为投入产量录入的界面。

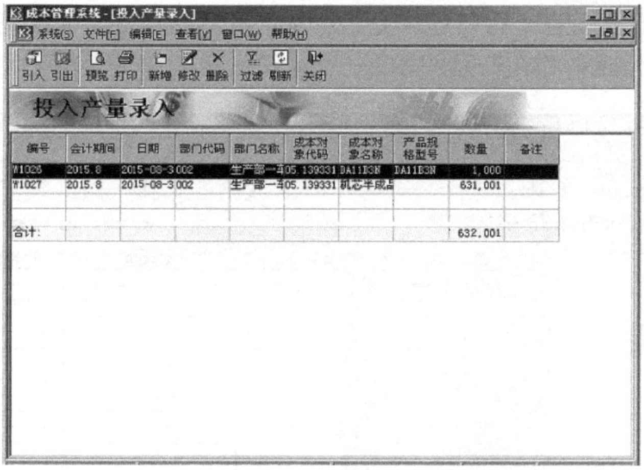

图 11-14　投入产量录入的界面

完工产量录入是以产品入库单的形式录入本期完工入库的产量信息；废品产量录入是反映企业本期生产过程中产生的不可修复废品和可修复废品的成本对象的产量，用来计算废品损失和废品成本；在产品盘点表用于手工录入盘点产量，由系统自动计算出在产品的期末账存产量和盘盈（亏）数量，如图 11-15 所示。

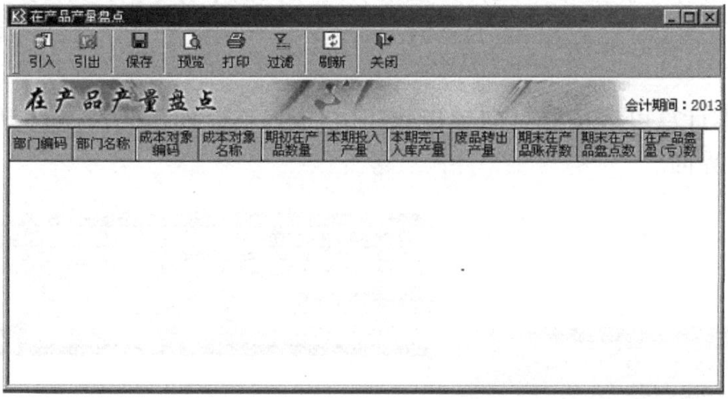

图 11-15　在产品盘点表示例

其中本期完工入库产量取完工产品日报表的产品对应对象的产量，若成本对象为分类法时，投入产量为该类下所有明细产品按系数折合的标准产品产量；期末在产品账存数=期初在产品产量+本期投入产量–本期完工入库产量–废品转出产量；期末在产品盘点数由手工录入实际盘点数；在产品盘盈（亏）数=期末在产品盘点数–期末在产品账存数

- 输入标准成本核算。标准成本核算与传统日常成本核算不同，它还需要输入标准成本数据，包括外购物料标准单价、自制物料标准单价、单位标准工时、标准工资率、变动制造费用分配率、固定制造费用预算，以及标准产量等，图 11-16 所示为外购物料标准单价录入的界面。

(2) 成本计算：详细记录企业在制造与销售产品的过程中所发生的一切费用支出，决定产品的总成本和单位成本。在这个过程中，耗用的材料、燃料和动力，发生的工资和计提的折旧等费用，有的直接计入产品成本，有的通过一定的归集和分配手续逐步汇总到产品成本中。月末由于有些产品可能已经完工，有些还未完工，因此还要把产品成本在完工产品和在产品之间进行分配，确定产成品成本和在产品成本。

图 11-16 外购物料标准单价录入的界面

为了满足实际工作中企业常常几种方法混合应用的需求，成本系统将多种核算方法抽象为一种基本的成本算法。即按照产品的 B0M 结构定义父子项关系，以产品品种为基本核算对象的卷积计算方法。

K3 系统中成本计算可以按照其向导步骤完成，图 11-17 所示为成本计算向导，图 11-18 所示为材料费用分配界面。

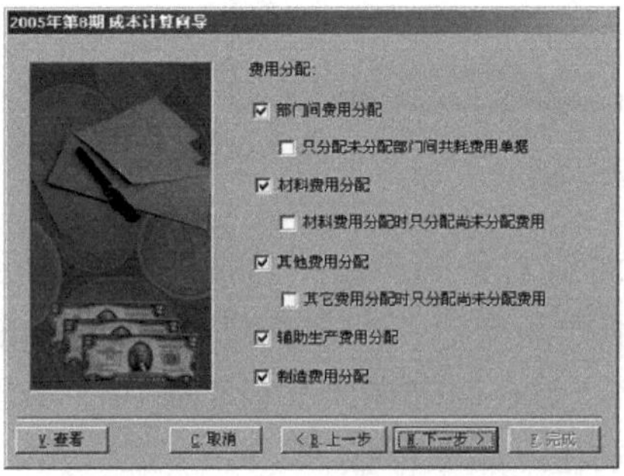

图 11-17 成本计算向导

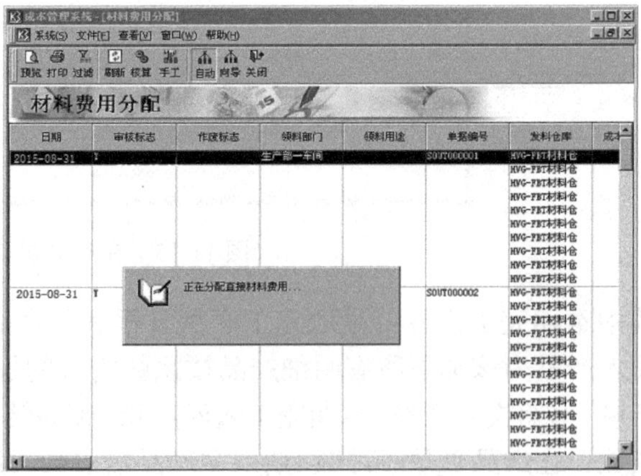

图 11-18 材料费用分配界面

成本计算的过程将通过成本报告的形式反映，如图 11-19 所示。

(3) 凭证处理：成本核算系统的凭证处理主要包括定义凭证、生成凭证和查询凭证。

- 定义凭证：主要是将成本系统计算分配的结果定义成为转账凭证的格式，以便进行凭证转账处理。在此需要定义的凭证项目主要有借贷方科目、摘要和凭证类别等。系统将自动显示需要结转的金额。图 11-20 所示为“结转制造费用”业务凭证的定义界面。

- 生成凭证：按照已经在“定义凭证”中定义好的会计分录生成转账凭证并传递到总账系统中，系统一般提供批量生成和选择生成两种生成凭证的方式。
- 查询凭证：主要用于查询成本系统传递到总账系统中的转账凭证记录，并可以对这些凭证执行删除和红字冲销等操作。

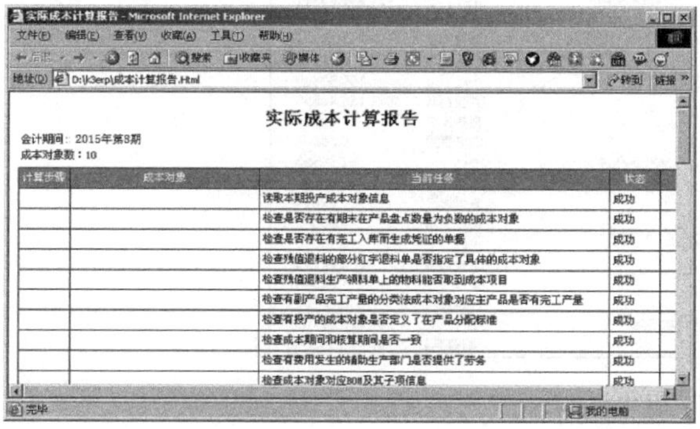

图 11-19　成本报告

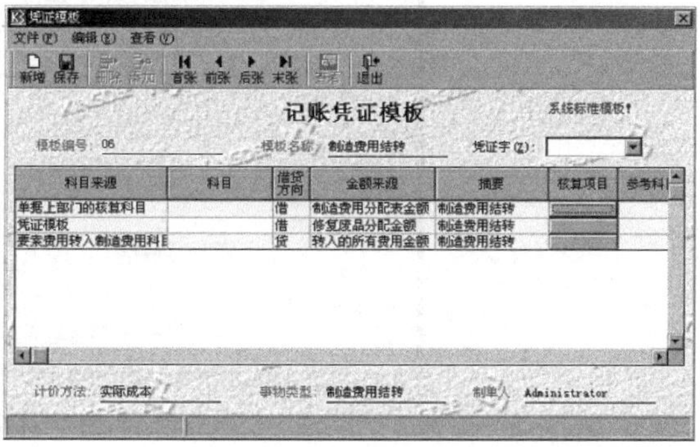

图 11-20　“结转制造费用”业务凭证的定义界面

2．成本分析

成本分析是成本发生之后，把日常发生的成本差异进行汇总分析，以研究影响成本的因素，分析形成实际成本水平的原因和寻找降低成本的可行途径，挖掘降低成本的潜力。

成本分析有事前、事中和事后之分，事前成本分析是通过成本预测分析选择最佳成本水平——目标成本的分析活动；事中成本分析是通过成本的控制分析，迅速发现实际支出脱离目标成本的不利差异，及时采取措施以确保目标成本实现的过程；事后成本分析是根据成本核算的结果和实际成本偏离计划成本和历史期间实际成本的情况，依据一定的分析方法，分析目的期间的部门成本数据或目标产品的成本数据，并监控成本的高低变化情况，以达到对生产过程进行监督考核、降低成本和提高经济效益的目的。一般成本核算系统提供的成本分析功能主要是指事后成本分析。

3．期末处理

期末处理是成本核算的必需环节。每个会计期末都要进行期末处理，即月末结账，以便结束本月业务，进入下一个会计期间。由于一旦进行月末结账处理，将不能再修改本期数据，如果会计人员结账后发现问题将难以处理，因此系统还提供了期末处理的另一项功能——恢复月初状态，允许用户恢复到初始状态，重新计算本期成本。

4．成本预测

成本预测是指通过以前若干期间实际成本计算结果预测出以后期间成本数据，可以采用很多种不同的预测方法，如直线回归法、多元回归法、移动平均法和时序移动平均法等。目前，成本核算系统的成本预测功能主要是根据计划成本和历史期间的实际成本数据，运用一定的预测方法预测目的期间的部门成本或目标产品成本。图 11-21 所示为用移动平均法预测成本的界面。

5．成本决策

成本决策涵盖的内容很多，需要利用一定的模型，如本量利分析模型和定价模型等实现。图 11-22 所示为按照不同定价方案得到的对应的价格信息，并可对生成的价格信息直接生成相应的报价单。

成本预测

方案名称：新方案1 预测期间：2

预测方法：移动平均法

预测期间	部门代码	部门名称	成本对象代码	成本对象名称	产品规格型号	成本项目	单位预测成本
2015 09	002	生产部一车间	05.13933117-A0	DA11B3N	DA11B3N	小计	5,546.80150
						直接材料	5,545.38804
						直接人工	1.32843
						制造费用	0.08503
			05.13933117-A0-15	DA11B3N机芯組件		小计	121,956.83391
						直接材料	121,955.42045
						直接人工	1.32844
						制造费用	0.08502
			05.13933117-A0-20	机芯半成品		小计	159.89899
						直接材料	158.48553
						直接人工	1.32844
						制造费用	0.08502
			05.13933117-A0-25	DA11B3N光头組件		小计	32.36395
						直接材料	30.95049
						直接人工	1.32844
						制造费用	0.08502
			05.13933117-A0-35	H/S組件		小计	10.16095
						直接材料	8.74749
						直接人工	1.32844
						制造费用	0.08502
			05.13933123-A0-15	DA114机芯組件		小计	102,475.25708
						直接材料	102,473.84363

图 11-21　移动平均法预测界面

定价方案维护

定价方案代码	定价方案名称	定价方案设置	复合方案	系统预设	备注
1001	物料上的单位标准成本		否	是	物料上的标准数据
1002	物料上的单位标准工时		否	是	物料上的标准数据
1003	物料上的标准工资率		否	是	物料上的标准数据
1004	物料上的变动制造费用分配率		否	是	物料上的标准数据
1005	物料上的单位固定制造费用金额		否	是	物料上的标准数据
1006	物料上的单位委外加工费		否	是	物料上的标准数据
1007	物料最新出库价		否	是	该物料出库单据中日期最新单据对应的单价
1008	物料最新入库价		否	是	该物料入库单据中日期最新单据对应的单价
1009	物料计划单价		否	是	物料上的物流资料
1010	产品本期单位完工成本		否	是	本期成本计算单中本期单位完工成本
1011	产品本年平均单位完工成本		否	是	本年度总完工成本除以总完工数量
1012	产品累计平均单位完工成本		否	是	账套所有期间总完工成本除以总完工数量
1013	物料本期最新出库价		否	是	该物料本期出库单据中日期最新单据对应的单价
1014	物料本期最新入库价		否	是	该物料本期入库单据中日期最新单据对应的单价
1015	物料本期平均出库价		否	是	该物料本期出库单据加权平均单价
1016	物料本期平均入库价		否	是	该物料本期入库单据加权平均单价
1017	本量利分析之销售单价录入之单价1		否	是	本量利分析中销售单价录入中的单价1
1018	本量利分析之销售单价录入之单价2		否	是	本量利分析中销售单价录入中的单价2
1019	本量利分析之销售单价录入之单价3		否	是	本量利分析中销售单价录入中的单价3
1020	本量利分析之销售单价录入之单价4		否	是	本量利分析中销售单价录入中的单价4
1021	本量利分析之销售单价录入之单价5		否	是	本量利分析中销售单价录入中的单价5
1022	物料本期最新销售价		否	是	本期已审核销售发票中日期最新发票对应含税单价
1023	物料本期最高销售价		否	是	本期已审核销售发票中最高含税单价

图 11-22　定价决策

11.3.3　输出的证、账、表

成本管理子系统提供的账表主要有标准成本报表、实际成本报表和差异成本报表等。

1. 标准成本报表

(1) 标准成本汇总表：根据 4 种标准成本项目来反映各自的标准数据的汇总数，其中包括所对应的标准成本和单位标准成本。

(2) 直接材料、直接人工、变动制造费用、固定制造费用标准成本明细表：分别反映成本对象所对应的材料、人工、变动制造费用和固定制造费用的明细数据。

(3) 材料用量标准趋势分析：是对不同期间的材料用量进行分析比较的报表，可直观地反映出标准用量数据的变动情况。

(4) 材料标准单价趋势分析：是对不同期间的材料单价进行分析比较的报表，可直观地反映出标准单价数据的变动情况。

2．实际成本报表

(1)实际成本汇总表：是部门中的成本对象，按标准成本项目来进行汇总显示的数据，包括单位实际成本和实际成本。

(2)直接材料、直接人工、变动制造费用、固定制造费用实际成本明细表：分别反映材料的实际成本数量、实际成本金额、单位实际成本数量、单位实际成本金额和单位实际成本材料单价的明细数据，以及成本对象所对应的实际成本、单位实际成本、单位实际成本工时和实际工资率的明细数据。

3．差异分析报表

(1)成本差异汇总表：该报表是按照标准成本项目反映实际成本和标准成本差异的报表。

(2)直接材料、直接人工、变动制造费用、固定制造费用成本差异报表：分别反映直接材料价差和量差、直接人工工资率差异和人工效率差异、变动制造费用耗用差异和效率差异、固定制造费用预算差异、能力差异，以及效率差异的汇总报表。

除此之外，成本预测和决策还可以输出相应的报告。

11.4　成本管理子系统的主要控制环节和控制内容

11.4.1　控制要点

1．岗位分工

岗位分工就是明确内部相关部门和岗位的职责、权限，确保办理成本费用业务的不相容岗位相互分离、相互制约和监督。同一岗位人员应定期作适当调整和更换，避免同一人员长时间负责同一业务。成本业务的不相容岗位至少包括以下几点。

(1)成本费用定额、预算的编制与审批。

(2)成本费用支出与审批。

(3)成本费用支出与相关会计记录。

2．权限管理

在成本管理过程中，进行业务处理或报表操作时，因不同的用户属于不同的用户组，其岗位和工作职责范围不同，因此，针对不同的用户要设置合适的操作权限，甚至包括数据授权、字段授权。

3．流程控制

在成本业务处理中加入控制流程，使成本处理自动在控制中进行，既保证了流程的及时有效性，也保证了处理成本的正确性。在对成本业务处理流程进行规范时，应同时对操作人员的操作流程进行规范，严格按照流程进行业务处理。

4．不同单据之间的关联关系控制

成本管理子系统中大量的数据来自其他业务子系统，因此不同子系统间的数据联系是控制的重点之一。比如通过单据之间定义关联关系，以防止数据不一致的发生。

11.4.2　主要控制环节和控制内容

成本核算的主要控制环节和控制内容应该包括以下几点。

1．原始数据来源控制

(1)成本管理人员随时监控工单的生产情况，对于异常工单，如工单上缺少必要的签章和其他重要信息，应拒绝进一步处理，并通知相关环节。

(2)仓库环节对完工产品入库的检验和控制。

2．成本核算环节

(1)成本核算人员填制的会计凭证必须由会计主管核准签章。

(2)制造费用分摊的方法应由企业统一制定，各成本核算人员无权修改和选择。

(3)成本核算方法应由企业统一制定，各成本核算人员无权修改和选择。

(4)采用标准成本核算时，物料标准价应由企业统一制定，各成本核算人员无权修改和选择。

3．成本控制环节

(1)设置相应的成本核算流程，并严格按照流程运作。

(2)对成本数据进行实时监控、分析。

(3)对成本监控中发现的异常情况，如物料数量的异常等，应及时通知相关环节和部门主管。

(4)每道环节的处理都要标注相应的业务处理名称。

4．权限管理

(1)每个需要访问成本系统的人员，都要按照其具体的业务进行授权，严禁无权、越权操作系统。

(2)每个用户要拥有自己的登录密码，并定期更换。

(3)离开成本系统的用户应该及时消除其访问成本系统的权限。

(4)分配权限时，应该考虑岗位相互牵制。

关键词

成本核算与管理、企业级成本管理子系统、成本业务处理、成本系统控制

习题

(1)简述成本管理流程与成本管理子系统的关系。

(2)试分析成本核算的业务处理流程，并画出流程图。

(3)简述部门级成本管理与企业级会计信息系统的主要区别。

(4)试分析成本管理业务流程与成本管理子系统应用流程的关系。

(5)说明成本管理子系统的系统设置的作用是什么？系统初始化设置时需要注意哪些问题？

(6)成本管理子系统的日常处理主要包含哪些功能？

(7)成本管理子系统的主要控制环节有哪些？各自的控制内容是什么？

(8)简述成本管理子系统控制的要点。

第 12 章 总账与报表处理过程

本章学习目标

通过本章学习，读者应达到以下目标。

(1) 理解总账与报表处理过程的目标和内容。

(2) 熟悉总账与报表处理过程同其他业务处理流程的关系。

(3) 熟悉总账与报表处理系统的功能结构和使用流程。

(4) 掌握总账与报表处理系统初始化的内容。

(5) 熟练运用总账系统处理各项会计业务。

(6) 熟练运用报表处理系统编制会计报表。

(7) 熟练运用总账与报表处理系统输出各种账、证、表。

(8) 掌握总账与报表处理系统的主要控制环节和控制措施。

12.1 总账与报表处理过程概述

总账与报表处理过程是从审核原始凭证、编制记账凭证开始，到记账、对账、结账及编制会计报表的一系列会计账务处理过程。无论是企业内部管理所需要的会计信息，还是企业外部有关决策者所需要的会计信息，都需要由总账和报表处理系统对发生的经济业务进行加工处理后才能取得。

12.1.1 总账与报表处理过程的目标和内容

1. 总账与报表处理过程的目标

为完成会计账务处理工作，总账与报表处理过程的主要目标有如下几项。

(1) 及时、准确并完整地采集和输入会计凭证。

(2) 审核并记账输入系统的记账凭证。

(3) 正确完成结账工作。

(4) 为企业内外部用户提供其所需要的会计报表。

(5) 建立与其他子系统的数据接口，实现会计数据及时传递与共享。

(6) 方便快速地输出各种账簿、凭证和会计报表。

2. 总账与报表处理过程的内容

总账与报表处理过程是会计处理的核心过程，该过程要完成会计账务处理工作并编制会计报表，主要内容如下。

(1)经济业务发生后，会计人员要将能够以货币计量的经济业务纳入会计信息系统，并确定经济业务的发生对会计要素的具体影响。

(2)通过审核原始凭证、分析具体经济业务及编制记账凭证，将能够以货币表现的经济业务记录到会计信息载体上。

(3)根据审核无误的记账凭证登记账簿，以便分类反映各项会计要素。

(4)期末应结算各账户的发生额和余额，并将余额转入下期。

(5)编制会计报表，为会计信息使用者提供信息。

12.1.2 总账与报表处理的流程

1. 总账与报表处理的基本流程

如图 12-1 所示。

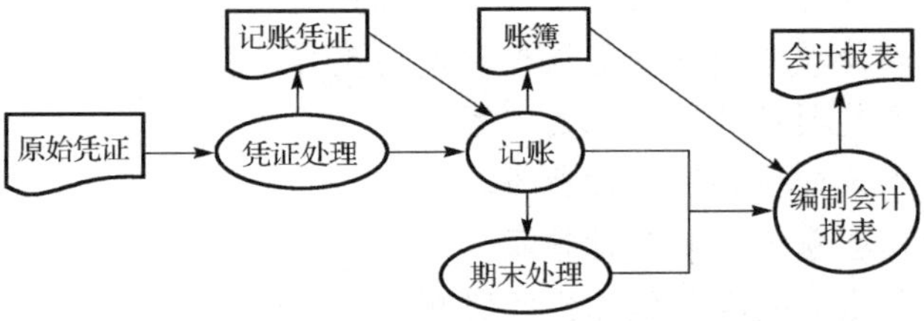

图 12-1 总账与报表处理的基本流程

流程解析如下。

(1)经济业务发生或完成时，应取得证明经济业务已经发生或完成的原始证据，即原始凭证，它是进行会计核算的原始资料。

(2)凭证处理是会计核算的一项重要内容，会计人员取得原始凭证后要根据其反映的经济内容，填制和审核记账凭证。

(3)会计凭证是记账的依据，凭证处理后，以审核无误的记账凭证为依据记账。

(4)每个会计期末都要进行对账和结账等期末处理工作。

(5)根据会计信息使用者的需要，对会计核算的账簿数据进行加工处理，并编制会计报表。

2. 关键子流程

(1)凭证处理流程，如图 12-2 所示。

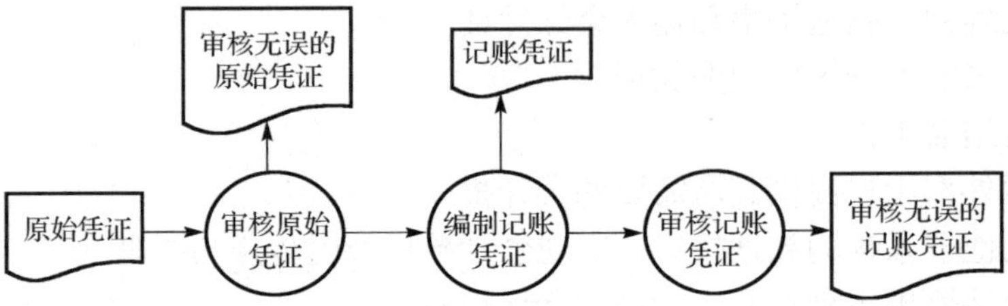

图 12-2 凭证处理流程

流程解析如下。

- 经济业务发生后由执行或完成该项经济业务的有关人填制或取得反映该项经济业务内容的会计凭证，即原始凭证。
- 会计部门的经办人员要审核原始凭证是否合法、合规和合理，审核原始凭证的所有项目是否填齐正确、有关部门和人员是否签章。
- 根据审核无误的原始凭证，按规定的会计科目和复式记账方法编制记账凭证。

记账凭证是登记账簿的直接依据，为确保账簿记录准确，要由专人对记账凭证进行严格审核。凭证审核人员要审核记账凭证是否附有原始凭证、记账凭证的内容与所附原始凭证的内容是否相符、会计科目的应用及金额是否正确、记账凭证中有关项目是否填列齐全，以及有关人员是否签章。

(2)记账处理流程，如图 12-3 所示。

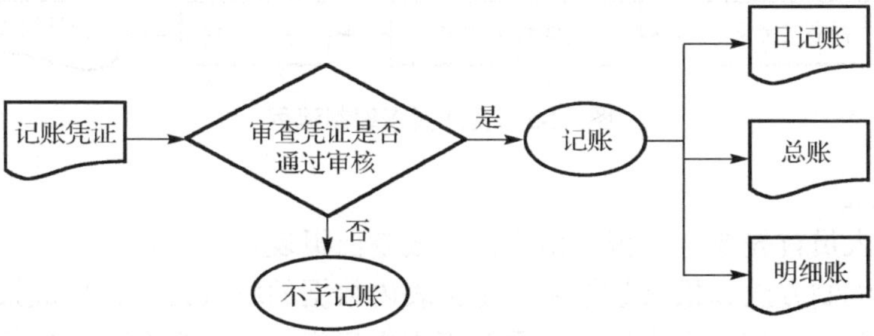

图 12-3　记账处理流程

流程解析如下。

- 确认记账凭证是否经过审核，只有经过审核无误的记账凭证才能作为记账的依据。
- 根据审核无误的记账凭证记账，产生相应账簿数据。
- 未经审核的记账凭证不能记账，由审核人员审核后记账。

(3)期末处理流程。

在总账系统中，期末处理是会计人员在每个会计期末完成的一些特定会计处理工作。期末处理的主要工作有期末调汇、结转损益和结账等，期末处理流程如图 12-4 所示。

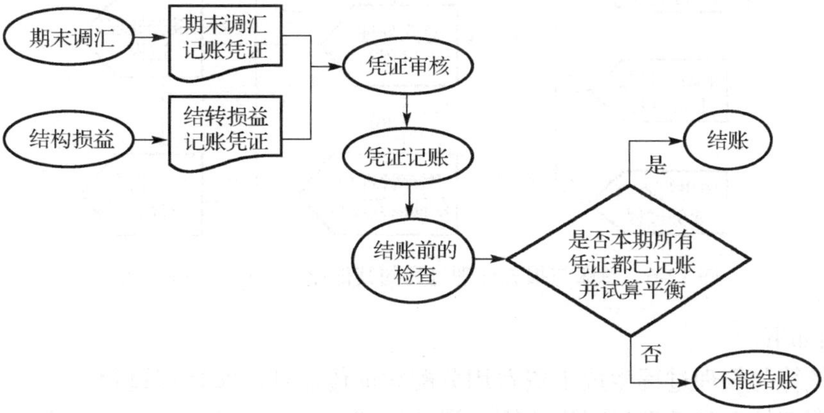

图 12-4　期末处理流程

流程解析如下。

- 有外币核算业务的单位，期末要计算汇兑损益，并编制汇兑损益记账凭证。
- 期末应结转损益，编制结转损益记账凭证。
- 审核并记账期末调汇凭证和结转损益凭证。

在结账前，要检查是否本期所发生的经济业务都已完成凭证处理工作并已记账，并通过试算平衡检查是否存在错误。如果当期所有凭证都已记账并试算平衡，则进行结账，结算出每个账户的本期发生额和期末余额，并将期末余额转入下期，否则不能结账。

(4)会计报表编制流程，如图 12-5 所示。

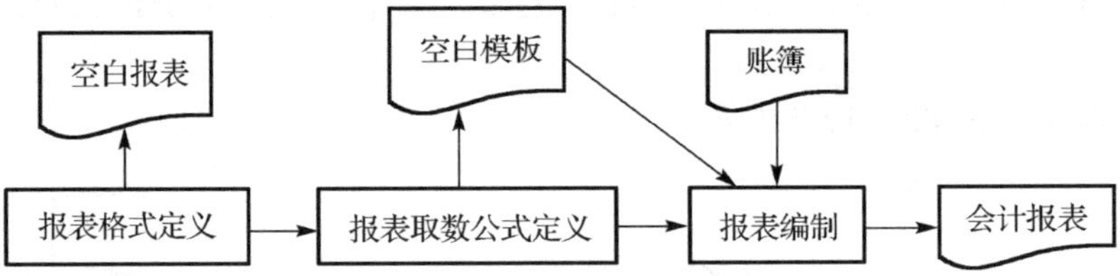

图 12-5　会计报表编制流程

流程解析如下。

- 报表编制人员首先要定义报表格式，生成空白报表。
- 根据报表编制方法和报表数据来源定义表内数据的取数公式，形成报表模板。
- 编制报表时选择相应报表模板，系统将根据模板上的取数公式从账簿中取数生成会计报表。

12.1.3　总账与报表处理过程同其他业务流程之间的关系

总账与报表处理过程同其他业务流程之间的关系如图 12-6 所示。

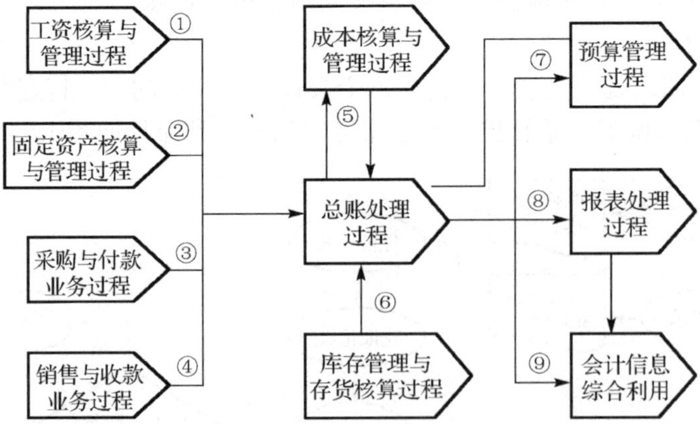

图 12-6　总账与报表处理过程同其他业务流程之间的关系

关系说明如下。

(1)工资核算与管理过程生成工资费用分配凭证传递到总账处理过程。

(2)固定资产核算与管理过程生成固定资产增减变动、盘盈盘亏、计提折旧和减值准备凭证传递到总账处理过程。

(3)采购管理过程输入采购发票，付款业务过程审核发票并核算该发票的款项，生成采购和支付款项等会计凭证传递到总账处理过程。

(4)销售管理过程输入销售发票，收款业务过程审核发票并核算发票的款项，生成销售和款项收回等会计凭证传递到总账处理过程。

(5)成本核算与管理过程的业务数据所生成的凭证传递到总账处理过程。在成本核算业务处理过程中,如果计入生产成本的间接费用和其他费用来源于总账处理过程,则在成本核算时,要从总账系统中取得间接费用和其他费用数据。

(6)存货核算过程将存货入库核算和存货出库核算的凭证传递到总账处理过程。库存管理过程定期清查盘点存货并编制存货盘点报告单;存货核算过程对存货盘盈盘亏结果进行会计处理，生成存货盘盈盘亏的记账凭证并传递到总账处理过程。

(7)预算管理过程可以从总账处理过程中采集预算执行情况数据。如果在参数设置中选择了对总账凭证进行预算控制，则总账处理过程在编制记账凭证时，可根据预算管理中的预算数据进行预算控制。

(8)报表处理过程从总账处理过程中采集数据编制会计报表。

(9)对总账和报表处理过程采集和存储的各种会计数据，可以进一步加工处理，以综合利用会计信息。

12.2　总账系统

总账系统是会计信息系统的核心系统,它可以与会计信息系统的其他子系统和业务系统无缝连接，实现数据共享。其他系统与会计处理相关的数据最终要归集到总账系统。

12.2.1　总账系统的业务处理流程

总账系统的业务处理流程如图 12-7 所示。

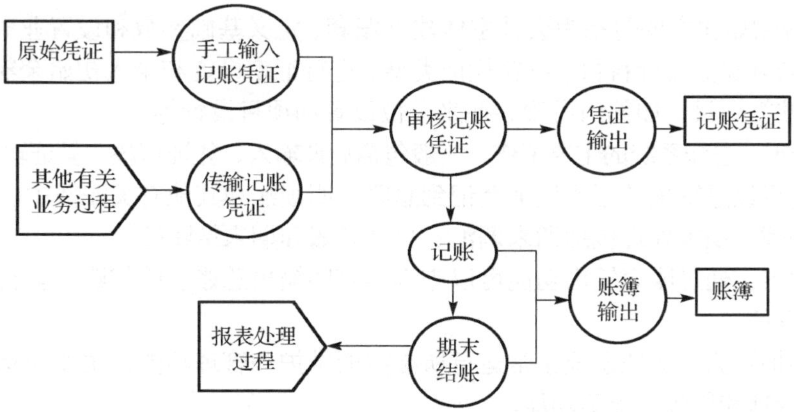

图 12-7　总账系统的业务处理流程

流程分析如下。

(1)会计人员根据审核无误的原始凭证输入记账凭证或由其他业务过程生成相应的记账凭证传输到总账系统。

(2) 审核输入或传输到总账系统的记账凭证。

(3) 执行记账功能，系统自动生成账簿文件。

(4) 当期所发生的经济业务全部记账后，期末试算平衡进行结账处理，结账工作由系统自动完成。

(5) 根据用户指定的查询条件，系统可查询和打印输出会计凭证和各种账簿。

(6) 报表处理过程从总账系统采集数据生成会计报表。

12.2.2 总账系统的软件使用流程

1. 主要功能模块

总账系统的主要功能模块如图 12-8 所示。

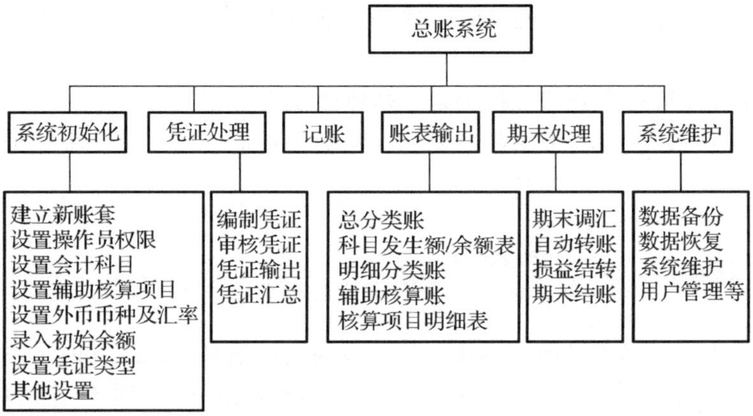

图 12-8 总账系统的主要功能模块

(1) 系统初始化：也称为“初始设置”，它将通用的总账处理系统变为满足特定企业需要的系统，将原有系统的会计账务处理工作转移到基于计算机环境的新系统所做的一系列初始准备设置工作。系统初始化主要包括为会计主体建立账套、定义基础参数和设置业务处理规则；为进行日常会计处理建立会计科目、设置凭证类型、进行汇率设置和录入初始余额；为进行辅助核算建立辅助核算项目，如部门设置、往来单位设置和项目设置等。

(2) 凭证处理：总账系统的主要工作，一般包括凭证输入、凭证审核、凭证输出和凭证汇总。

(3) 记账：将经过审核的记账凭证登记到总账、明细账和其他有关账簿中。

(4) 期末处理：期末处理包括期末调汇、自动转账和期末结账等。

(5) 账表输出：通过账表输出功能可以查询和打印输出总账、明细账、科目发生额余额表及辅助核算账等信息。

(6) 系统维护：为了保证系统正常运行所必需的维护和管理功能，主要包括数据备份、数据恢复、用户管理和修改口令等功能。

2. 软件使用流程

总账系统使用流程如图 12-9 所示。

使用总账处理系统进行日常会计业务处理之前，首先要进行系统初始化工作，建立日常会计处理所必需的基础环境。

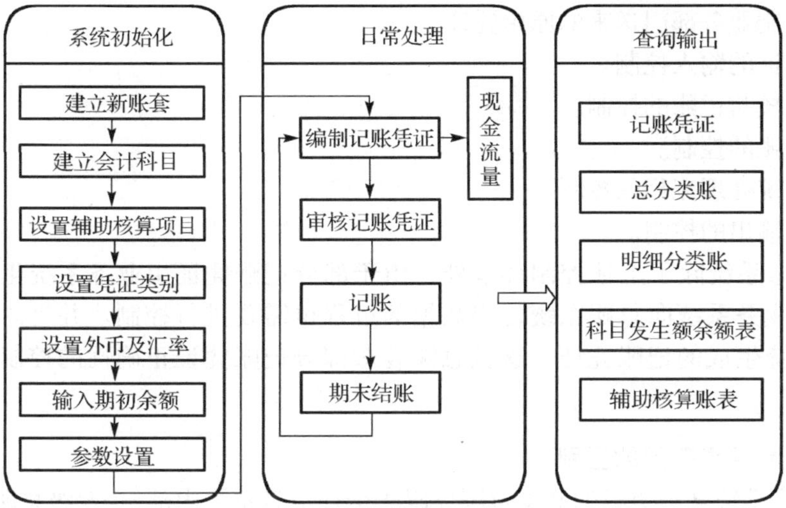

图 12-9　总账系统使用流程

系统初始化完成后，可进行日常会计处理工作。在日常会计处理过程中，经济业务发生后，凭证制作人员要根据审核无误的原始凭证编制记账凭证。如果采用凭证输入时指定现金流量的方法编制现金流量表，在编制记账凭证时还要为现金类科目指定现金流量。审核人员要严格审核会计凭证，只有审核无误的凭证才能记账。期末当期全部经济业务都已记账后，进行结账处理。

总账系统提供了强大的查询输出功能，可以查询输出会计凭证、总账、科目发生额余额表、明细账和辅助核算账表，而且可以实现总账、明细账和凭证联查。

12.2.3　企业级总账系统与部门级总账系统的区别

企业级总账系统与部门级总账系统在日常业务处理功能上没有太大的区别，都具有凭证处理、记账、结账、账簿输出和期末处理功能，其区别主要体现在数据采集、传递、控制和基础资料共享范围方面。

1．数据采集的区别

部门级总账系统的绝大部分输入数据都是根据业务部门提供的原始凭证，由会计人员利用总账系统的凭证输入功能，按照会计处理规则，通过键盘手工输入总账系统的；企业级总账系统在业务部门处理经济业务时，部分记账凭证可以利用事先定义的凭证模板自动生成并传输到总账系统。总账系统可以直接采集到相应的记账凭证数据，这些记账凭证不必通过键盘输入。

2．数据传递的区别

部门级总账系统面向财务部门独立应用，财务部门与其他部门之间无法通过系统直接传递数据。数据传递只能先由信息输出部门打印到纸介质上，然后通过人工传送到相应部门；企业级总账系统与相关业务部门之间可通过系统直接传递数据。

3．系统控制的区别

部门级总账系统的控制主要包括如下方面。

(1)审核控制业务部门送来的原始凭证。

(2)记账凭证的输入控制。

(3)凭证审核与记账的控制。

(4)期末结账的控制。

(5)总账系统处理流程的控制。

(6)账证表输出的控制。

企业级总账系统除了上述控制环节外，由于部分记账凭证由业务系统生成后传递到总账系统，因此业务系统向总账系统传递数据的过程也需要进行控制。并且总账系统不能直接修改业务系统生成的记账凭证，这就意味着对部分记账凭证正确性的控制要提前到业务部门。

4. 基础资料共享范围的区别

部门级总账系统基础资料的共享范围仅限于会计信息系统内部，企业级总账系统基础资料的共享范围扩大到业务系统。

12.2.4 总账系统功能模块应用

12.2.4.1 总账系统初始化

系统初始化是会计信息系统初次使用时，根据单位的实际情况进行参数设置建立基础信息的过程，它是整个系统运行的基石。总账系统的初始化是企业级会计信息系统进行业务处理的基础，因此尤为重要。

1. 系统初始化的准备工作

为确保快速、准确并高效地完成系统初始化工作，在实际工作中首先要全面了解所使用会计软件的功能及其处理流程。在对系统能做什么和怎样做有了较为全面的认识之后，应结合企业自身的业务特点，做好系统初始化准备工作。系统初始化准备工作涉及以下几个方面。

(1)账套名称。

账套是存放会计数据和业务数据的文件，各种会计数据和业务数据都存放在账套中，一个账套只能存放一个会计主体的业务资料。在系统初始化时，要确定所建账套的账套名称。账套名称一般为使用该账套的单位的名称。

(2)会计期间。

按照会计准则的要求，会计核算必须分会计期间进行。会计软件能够满足会计分期的要求，可以按自然年度的自然月份划分会计期间，也可以根据需要自行定义会计期间。在建账前，要了解企业会计核算采用的是哪一种会计分期，以及准备从哪一会计期间开始启用软件处理会计业务。

(3)记账本位币。

按照我国会计准则和会计制度的规定，在我国境内的企业应以人民币作为记账本位币。业务收支以人民币以外的货币为主的企业，也可以选定某种外币作为记账本位币，但编制的财务会计报表应当折算为人民币反映。许多会计软件都提供了多种外币核算功能，因此应当按照会计核算的要求，指定一种货币作为记账本位币，其他币别必须以记账本位币为基础进行折算。

(4)会计科目体系结构设计。

在手工环境下，各个单位要根据自己的业务特点和规模，按照会计要素的具体内容，建立会计科目核算体系。在计算机环境下，使用总账系统处理日常业务之前，也必须建立好本单位的会计科目体系。

会计科目由科目名称和科目编码两部分组成。用科目编码表示会计科目便于反映会计科目的性质，也利于计算机处理。财政部在制定的会计制度中，统一规定了一级会计科目的名称和编码，明细科目的名称和编码未作统一规定。各单位应在符合会计制度统一规定的前提下，根据实际情况，在满足会计核算和管理要求的基础上，建立会计科目名称和科目编码。会计科目编码的设计，除了遵守有关规定外，还要反映上下级科目之间的关系。会计科目体系结构通常采用树形分支结构，分级进行管理。从一级科目开始逐级增加，某级科目若无下级科目，则该级科目为末级科目。例如，某公司的科目编码体系为 4—2—2，“1002 银行存款”为一级科目，“100201 人民币”为二级科目，“10020101 工商银行—人民币”是末级科目。

(5)辅助核算。

许多会计软件在完成一般会计核算的基础上还提供了辅助核算功能，用于说明某科目是否有其他核算要求。利用该功能，系统可对某一科目进行延伸核算，处理从属于该科目某一方面的会计资料。在总账处理系统中要进行辅助核算，必须首先定义辅助核算项目，因此企业要准备辅助核算项目资料。

(6)科目余额。

为实现手工管理的账簿数据与计算机管理的账簿数据的衔接，保持其连续性、完整性，初次使用总账系统时，应当将手工环境下各科目的期末余额整理并编制科目余额表。期初余额主要有各明细科目及外币科目各币种的期初余额，以及进行数量金额核算科目的初始数量数值等。

(7)其他基础数据。

针对企业会计核算和管理的要求，结合所使用的会计软件，还应准备其他基础数据，如操作人员及其权限、凭证类型和结算方式等。

2．总账系统初始化要完成的基础设置

(1)建立账套。

建立账套是在建账向导指引下进行的，通常要确定账套号、账套名称、账套路径、记账本位币，会计科目级次及每级科目代码的长度，以及会计期间和账套启用期间。

账套名称用于标识该账套所属的会计主体，它在输出凭证、账簿和报表等业务资料时使用，输入账套名称时一般应输入单位名称。

为减轻用户建立会计科目和定义报表格式的工作量，系统一般都预设了多个行业的会计科目和报表模板，供用户选择。如果企业所需要的会计科目与预设科目有差异，可以通过修改预设会计科目来适应其会计核算管理的要求。会计科目级次和各级科目代码的长度应综合考虑各方面的因素，既要便于操作，又要为今后的发展留有余地。

在设置会计期间时，一般会有会计期间界定方式、会计年度开始日期，以及账套启用会计期间等内容，各单位应根据其实际情况设置。

建账过程中设置的参数对整个账套至关重要，某些参数一旦设置错误，在完成建账工作后将无法修改。因此必须结合企业的实际情况，认真做好建账工作。

(2)设置操作员及其权限。

设置操作员及其权限是按照会计信息化的要求，设置操作人员并规定其操作权限。会计信息化必须建立岗位责任制、操作管理制度、计算机硬软件和数据管理制度和会计档案管理制度。岗位及其权限设置一般在系统初始化时完成，平时根据人员变动可进行相应调整。设置操作员及其权限时，应按照内部控制制度对岗位分工的要求，赋予每个操作员相应的权限。

会计系统是按照分级管理原则进行人员管理的。一般会计主管具有会计系统的最高权限，由其利用系统提供的权限管理功能，按照岗位分工情况给其他操作员赋予或撤销某些权限。操作人员只能修改自己口令的权限，而无权更改操作权限。在赋权时，必须遵循不相容职务分离的原则。

为了提供安全可靠的手段，有效保护账套及数据，会计软件提供了完善的权限管理机制。权限管理是按照分组授权进行的，包括用户组设置和用户设置。用户组设置功能用于建立用户组；用户设置功能用于管理操作员，即用户可对用户执行增加、删除、授权和改组。通常系统默认一个“系统管理员组”，只有该组的操作员才有增加用户、删除用户并为用户授权的权限。

授权是对所设立的用户进行权限分配，指定用户对账套数据的处理权限和操作范围。图12-10所示为权限管理界面示例。

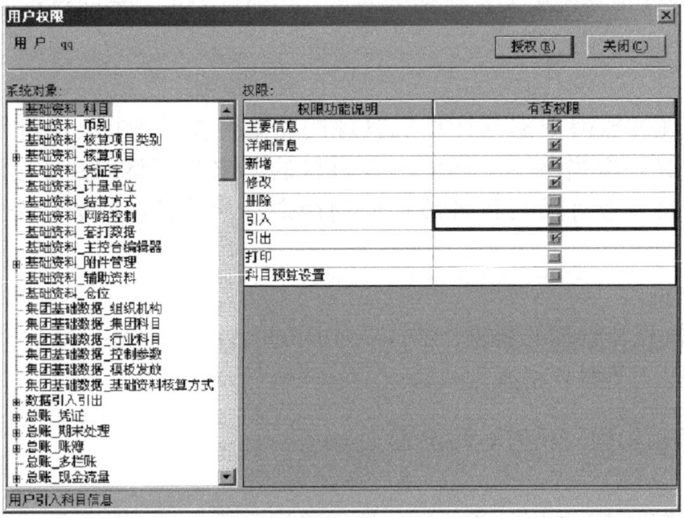

图12-10　权限管理界面示例

(3)设置辅助核算项目。

为了便于管理和控制，辅助核算项目一般都归类设置。许多会计软件都预设了核算类别，如往来单位、部门和职员等。用户还可以根据自己的需要增设核算项目类别。在核算类别定义后，可以对某一类别的核算项目内容进行具体设置。

(4)设置会计科目。

设置会计科目是将会计核算所使用的会计科目输入系统的科目文件中。会计科目是填制会计凭证、登记会计账簿和编制会计报表的基础，必须建立一套科学的会计科目体系。会计软件一般都预设了符合会计制度规定的一级科目，明细科目要根据各单位的实际情况自行设置。科目一旦设定完毕，输入期初余额或编制凭证时已使用过该科目，该科目及其上级科目将不能再进行修改和删除，因此必须认真做好会计科目的设置工作。

设置会计科目时，必须按照会计科目编码方案设定的级次和级长进行。科目体系一旦开始使用，就不能在末级科目下再增加下级科目，而只能增加末级科目的同级科目。会计科目设置主要包括如下内容。

- 设置会计科目编码，即按编码方案定义每一科目的编码，科目编码必须唯一，并且应按科目级次的先后次序建立。科目编码通常用数字表示，一级科目编码应当按照会计制度的规定统一编制。一般通用会计软件中都已预设了一级会计科目，因此只需输入明细科目及其编码。
- 设置会计科目名称，即定义企业所使用的会计科目的名称。科目名称用汉字、英文字母和数字等符号表示，与科目代码具有一一对应的关系。
- 设置会计科目的余额方向。设置会计科目的余额方向时，应按照科目性质确定该科目的余额方向是“借”或“贷”。
- 设置辅助核算科目。对于需要进行部门核算和项目核算等辅助核算的会计科目，应选择设置与该科目有关的辅助核算项目。某科目设置为部门核算科目，则标志着该科目参加部门核算，以后在凭证录入时系统会自动提示输入相应具体部门，并体现在部门核算账表中。同样，某科目设置为项目核算科目，则标志着该科目参加项目核算，以后在凭证录入时系统会自动提示输入相应具体项目，并体现在项目核算账表中。某科目设置为辅助核算科目后，所发生的业务除登记在总账和明细账上之外，还将会登记在辅助核算项目账表上。
- 设置外币核算科目。设置需要进行外币核算的科目，某科目设置为外币核算科目，标志着该科目参加外币核算。有外币核算要求的科目才进行此项设置。
- 设置数量核算科目。设置需要进行数量核算的科目，某科目设置为数量核算科目，标志着该科目参加数量核算，以后在凭证录入时系统会自动提示输入相应具体数量。

科目设置界面示例如图 12-11 所示。

(5)设置外币币种及汇率。

对于有外币业务的企业，外币核算与汇兑损益的处理是会计工作的一部分，因此需要设置外币币种及汇率。

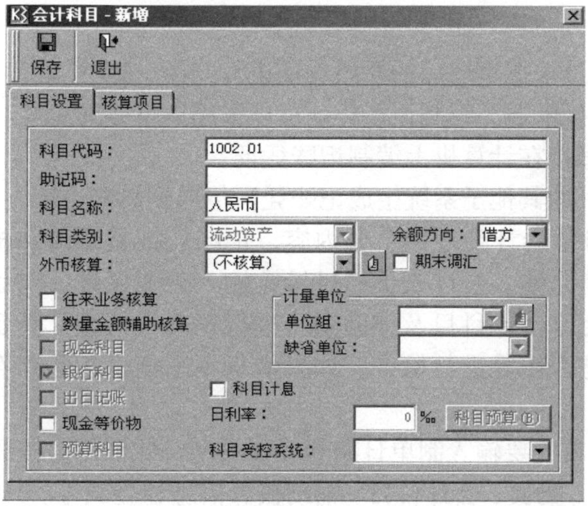

图 12-11　科目设置界面示例

(6) 输入科目期初余额。

输入科目期初余额是将各个科目在开始使用会计软件进行核算时的科目余额及发生额等相关数据输入系统中，它是手工处理和计算机处理的衔接点。在开始使用总账处理系统时，应当整理手工环境下各账户的期末余额并编制科目余额表，然后输入计算机会计处理系统中作为其期初余额。设置余额有两种情况，一是年初启用总账系统，只需输入各科目的年初余额；二是年中启用总账系统，在这种情况下，除了输入各科目的年初余额外，还要输入各科目启用前各月的借方和贷方累计发生额，这样可以保证全年各科目每月发生额是连续的。比如会计期间的起始时间为 2015 年 1 月 1 日，而总账系统中账套的启用时间为 2015 年 7 月 1 日，则除了要输入年初余额外，还要输入 1 月～6 月份各科目的借方、贷方累计发生额。输入科目期初余额时，只需输入末级科目的期初余额、借方累计发生额和贷方累计发生额，系统会对上级科目数据自动进行汇总计算。

(7) 科目余额试算平衡。

输入科目期初余额后，可使用软件提供的功能试算平衡。试算平衡是指系统自动进行会计科目期初余额检测平衡的工作，目的是防止建账错误。如果出现试算结果不平衡，则表明有错误，应及时查找更正。只有试算平衡后才可进行日常会计业务处理。

(8) 设置凭证类别。

许多单位为了便于管理，一般对记账凭证进行分类编制。不同的单位其分类方法各不相同，许多软件都提供了常见的凭证类型划分方式。凭证类别一般划分为收款凭证、付款凭证、转账凭证或统一为记账凭证，企业可根据其自身需要和习惯设置。

(9) 其他设置。

会计信息系统运行所需要的基础信息内容很多，除了上述设置的内容外，还有与凭证账簿有关的选项设置、预算控制设置和常用摘要定义等。在实际工作中，可根据所使用软件的具体要求设置。

12.2.4.2　总账系统日常处理

系统初始化工作完成以后，即可使用会计软件处理日常会计业务。总账系统的日常处理主要是根据会计业务资料，完成凭证编制、凭证审核和记账、结账工作。

1. 编制记账凭证

记账凭证是会计人员根据审核后的原始凭证进行归类、整理，并确定会计分录而编制的凭证，它是登记账簿的直接依据。编制记账凭证可以采用以下方式。

(1) 根据原始凭证直接在计算机上编制记账凭证。

(2) 由总账系统以外的其他子系统生成记账凭证传递到总账系统。

编制记账凭证是日常会计处理的主要内容，记账凭证是账簿和报表数据的来源，必须保证记账凭证输入正确完整。会计人员通过键盘输入记账凭证，与手工方式的不同之处是在输入过程中，系统会对会计科目及辅助项目进行正确性检查。凭证输入完毕存盘时，系统自动对借贷方金额是否相等进行检查，如果借贷不平衡，拒绝保存，等待会计人员修改后再进行保存。

输入记账凭证时，首先要输入制单日期和凭证类型，凭证每月按凭证类型自动连续编号，然后依此输入附件张数、摘要、会计科目、辅助核算信息和金额等。其中会计科目要求输入末级明细科目，输入完成后要保存凭证。凭证输入界面示例如图 12-12 所示。

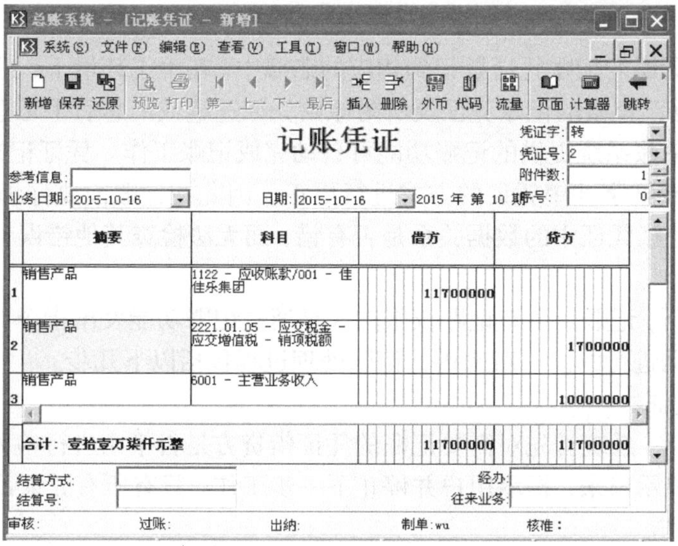

图 12-12　凭证输入界面示例

为方便凭证输入，提高输入速度，总账系统还提供了辅助输入功能。

(1) 常用摘要输入功能。

输入凭证时，会计人员可直接输入摘要内容；也可以预先在初始设置中定义常用摘要，通过输入或选择已定义的常用摘要编码，系统自动显示对应的摘要内容，供用户选择所需要的摘要。

(2) 常用凭证输入功能。

许多软件都提供了常用凭证定义功能，对于经常发生的经济业务，可以通过常用凭证输入功能定义其会计分录的借贷方科目。这样在输入凭证时，若是碰到此类业务，可直接调入常用凭证，只需输入该笔业务金额，即可自动生成凭证，从而减轻凭证输入的工作量。

(3) 编码提示输入功能。

在计算机环境下，很多数据项都采用编码管理，如科目编码、摘要码、往来单位编码和部门编码等。会计软件提供了相应的编码参照输入功能，通过参照输入，可直接从屏幕提示中选择要输入的内容。

2．凭证审核

记账凭证是登记账簿的直接依据，为了确保账簿记录准确，必须严格按照要求填制记账凭证，并由专人审核填制的记账凭证。凭证审核是由负责审核的会计人员对输入系统的记账凭证进行审查核对。审核人员应按照会计制度的要求，审核制单人填制的记账凭证。主要审核记账凭证是否与原始凭证相符、会计分录是否正确，以及记账凭证内容是否完整无缺。审核人和凭证编制人不能为同一个人，否则系统拒绝审核签章。只有具有审核权限的人员才能审核凭证，但审核人不能直接修改凭证。审核人在审查时，认为有错误或有异议的凭证，应交给凭证填制人员修改后再审核。一旦审核了凭证，就不允许对其进行修改和删除，必须取消审核后才能修改和删除。因此凭证审核除了具有审核功能外，一般还有取消审核功能。发现已审核的凭证存在错误或问题时，应由该凭证的审核人员取消审核签章，交凭证填制人员修改，修改正确后再审核。只有经过审核无误的记账凭证，才能作为记账的依据。

3. 记账

记账是将审核无误的记账凭证登记到相应的账簿中。在手工环境下，记账是一项烦琐的工作，会计人员要根据已审核的记账凭证及所附原始凭证逐笔或汇总后手工登记有关账簿。在计算机环境下，利用总账系统提供的记账功能可自动完成记账工作。凭证记账后将不允许修改，只能采取补充凭证或红字冲销凭证的方式进行更正，因此在记账前要仔细审核记账凭证的内容。系统只能检验记账凭证中的数据关系是否有错，而无法检查其他错误，有关内容需要由会计人员自己检查。

在计算机环境下，记账是由有记账权限的人员通过记账功能发出指令，由计算机按照预先设计的记账程序自动进行的。一般来讲，记账处理过程包括以下几步。

(1) 检验记账凭证。

执行记账功能后，系统首先对需要记账的凭证借贷方是否平衡进行检验。如果发现有借贷不平的凭证，将会显示出来，提示用户并停止下一步工作。只有所有凭证都检验通过，系统才开始执行下一步工作。

(2) 保护记账前的数据。

由于断电或其他原因，在记账过程中难免会出现记账过程中断的情况。此时需要能够恢复到记账前的状态，重新进行记账处理。因此系统要将记账前的数据备份到硬盘的相关目录中加以保护。

(3) 开始记账。

显示记账开始，从凭证文件中逐一读取记录。按照科目余额/发生额文件的数据项要求，分类汇总得到相关科目的发生额和余额，然后逐级汇总并更新上级科目的发生额和余额。如果该科目有辅助核算，还会更新有关辅助核算信息的数据文件。

(4) 做记账标志。

在凭证文件中对有关记录做记账标志。

(5) 记账完毕。

记账完毕后系统会给出相应的提示。

为了使记账过程更加明确，记账一般都采用向导方式。在向导的指引下逐步进行，由计算机自动完成记账工作。

4. 凭证修改

(1) 记账前凭证修改。

记账前修改错误会计凭证时，如果凭证没有审核，凭证制作者可找到要修改的凭证，将光标移到需要修改处修改；如果凭证已经审核，则不能修改。只有取消审核签字后才可以进行修改，取消审核签字只能由审核人完成。

(2) 记账后凭证修改。

凭证记账后将不能修改，如果发现凭证有错，只能采用补充凭证法和冲销凭证法行修改，应针对不同的错误采用不同的更正方法：

- 凭证金额少记，并且科目和方向都正确，采用补充凭证法。

例如，报销差旅费 1000 元。但在编制凭证时误记为 100 元，并已登记入账。更正方法是编制调整凭证，会计分录如下。

借：管理费用　　　　　　　　　　　　　900

贷：银行存款　　　　　　　　　　　　　　　　900

摘要栏注明：调整 xx 号某类型凭证。

- 凭证金额多记，并且应借、应贷科目和方向都正确，采用负数冲正法(红字冲销法)。

例如，预提短期借款利息 1000 元。但在编制凭证时误记为 1100 元，并已登记入账。更正方法是将多记金额 100(1100–1000)元，填写一张会计科目、借贷方向与原凭证相同，金额为 100 元的负数凭证用以冲销多记金额。会计分录如下。

借：财务费用　　　　　　　　　　　　　　–100

　　贷：预提费用　　　　　　　　　　　　　　–100

摘要栏注明：冲销(或调整)xx 号某类型凭证。

- 会计科目用错或借贷方向错误，采用冲销凭证法更正。

例如，支付销售费用 1000 元。但在编制凭证时借方科目误用为“管理费用”，并已登记入账。更正方法是填制一张凭证，既包括冲销原凭证的会计分录，也包括更正后的正确凭证内容。会计分录如下。

借：管理费用　　　　　　　　　　　　　　–1000

　　贷：银行存款　　　　　　　　　　　　　　–1000

借：销售费用　　　　　　　　　　　　　　1000

　　贷：银行存款　　　　　　　　　　　　　　1000

第 1 笔分录摘要栏注明：冲销 xx 号某类型凭证。

第 2 笔分录摘要栏注明：更正 xx 号某类型凭证。

5. 凭证汇总

凭证汇总是将记账凭证按照一定的范围和条件，汇总其科目的借贷方发生额，生成凭证汇总表。汇总的凭证可以是已记账凭证，也可以是未记账凭证，汇总条件包括凭证日期、凭证类型和凭证范围等。

6. 期末处理

期末处理即期末会计业务处理，是指会计人员在每个会计期末完成的特定会计处理工作。期末处理主要包括期末结汇、自动转账、结转损益和结账，每月只能做一次，并且每个会计期末必须做一次。期末会计业务处理的工作量较大，但是每个会计期间有许多期末业务都是相对固定的，具有较强的规律性，容易形成有规律的处理。因此实现会计信息化后，可以将这些相对固定的业务预先定义成模板，由计算机根据预先定义的账户结转关系进行处理。这样不仅可以减轻会计人员的工作量，而且可以加强会计核算的规范性。在进行期末处理工作之前，应将未记账凭证全部记账。

(1)期末调汇。

期末调汇是指有外币核算业务的单位，编制外币记账凭证后，在期末计算汇兑损益，生成汇兑损益转账凭证和期末汇率调整表。利用总账系统提供的期末调汇功能可以对外币核算账户在期末自动计算汇兑损益，生成汇兑损益转账凭证和期末汇率调整表。只有在会计科目中设定为“期末调汇”的科目，才需要在期末进行调汇处理。期末调汇处理主要包括以下几步。

- 输入期末汇率。期末调汇时，系统要根据期末记账汇率计算汇兑损益，因此要输入期末汇率。图 12-13 所示为期末汇率输入界面示例。

- 输入汇兑损益凭证参数。输入期末汇率之后，系统要根据调汇结果自动生成结转汇兑损益的记账凭证。因此还要输入汇兑损益凭证参数，包括汇兑损益结转的对应科目、凭证日期、凭证字和凭证摘要。图 12-14 所示为汇兑损益凭证参数输入界面示例。

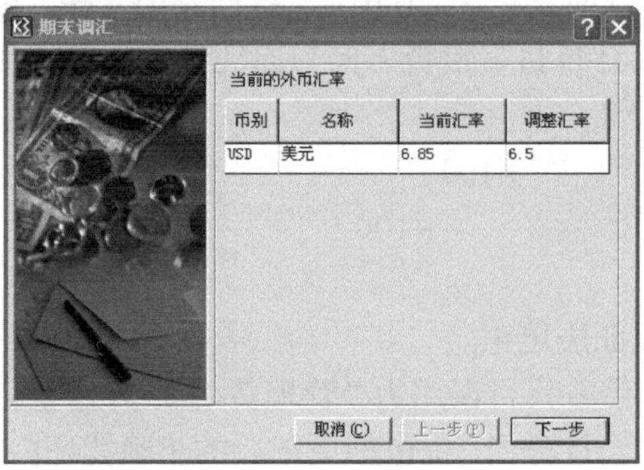

图 12-13　期末汇率输入界面示例

图 12-14　汇兑损益凭证参数输入界面示例

- 开始期末调汇处理。输入期末汇率和汇兑损益凭证参数后，系统会自动计算汇兑损益，生成结转汇兑损益转账凭证并生成一张调汇表，可以看到调整汇兑损益的详细信息资料。

(2) 自动转账。

在会计业务中有一类凭证，它们每月有规律地重复出现。例如，工资费用分配、提取福利费、制造费用分配和按月上交税金等。这些凭证的摘要和借贷方科目每月基本不变，金额的来源或计算方法也相对固定。因此，我们可以把此类凭证的摘要、借贷方科目、金额的来源或计算方法预先制成模板存入系统，称为“自动转账凭证模板”。使用时，选择需要生成凭证的自动转账凭证模板，系统就会按照定义的模板自动生成相应的凭证。自动转账处理包括自动转账凭证模板设置和生成转账凭证两项内容。

- 自动转账凭证模板设置。自动转账凭证模板定义了自动转账凭证的名称、摘要、借贷方科目和每一科目发生额的来源或取数公式。例如，将制造费用分配到生产成本中。自动转账凭证模板设置界面示例如图 12-15 所示。

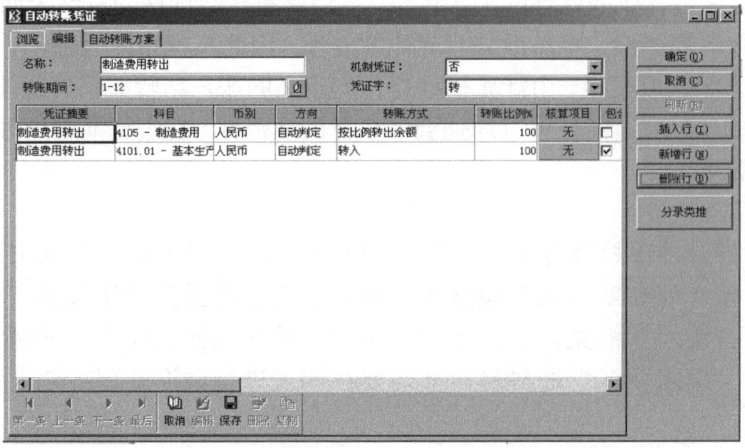

图 12-15　自动转账凭证模板设置界面示例

名称：输入“制造费用转出”。

转账期间：系统自动为 1-12，表示每个期间都可以按照此设置进行自动转账，你可以进行修改。

凭证字：用户选择，这里选择为“转”。

摘要：输入“制造费用转出”。

科目：由于是把“制造费用”转入“生产成本”科目中，因此科目分别为“制造费用”和“生产成本”。转账方式分别为“按比例转出余额”和“转入”，转账比例可按确定的比例输入。

- 生成转账凭证。自动转账模板定义之后，每月月末只需执行自动转账功能，系统就会按照定义的模板自动生成转账凭证并自动保存到未记账凭证数据文件中。

(3)结转损益。

结转损益是在会计期末将损益类科目的本期余额全部转到本年利润科目中，自动生成结转损益记账凭证。结转损益前应将当月全部凭证记账。结转损益一般有两种方法：一是通过定义月结的自动转账分录，每月在月末执行“期末自动转账”功能来实现；二是通过执行“结转损益”功能来实现。两种方法可任选其一，生成的结转损益转账凭证将自动追加到未记账凭证数据文件中。使用“结转损益”功能进行损益结转的主要步骤如下。

- 指定损益类科目与本年利润的对应关系。损益类科目与本年利润对应关系界面示例如图 12-16 所示。
- 输入记账凭证参数。要结转损益，生成损益结转凭证，还需要输入凭证日期、凭证字和摘要等记账凭证参数。记账凭证参数输入界面示例如图 12-17 所示。

图 12-16　损益类科目与本年利润对应关系界面示例

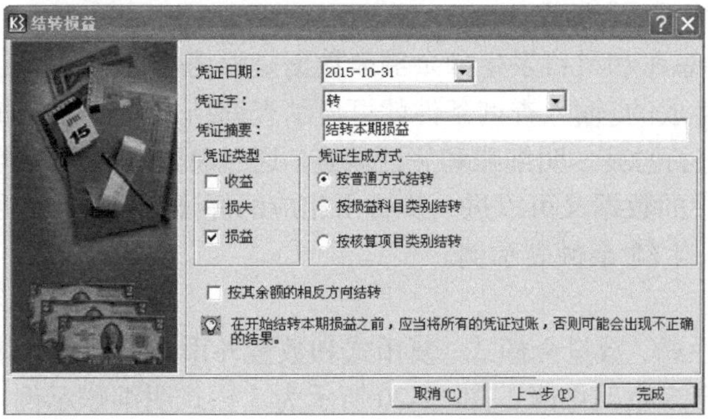

图 12-17　记账凭证参数输入界面示例

- 进行期末损益结转处理。设置损益类科目与本年利润的对应关系及记账凭证参数后，系统自动完成结转损益的过程。损益结转完成之后，可以在“凭证查询”模块中查询结转损益生成的凭证。

(4) 期末结账。

处理本期所有会计业务之后，才可以进行期末结账处理。结账必须逐月进行，结账后月末余额转入下月，本月结账后不允许再输入本月凭证。

在结账之前，系统要检查账务处理情况，必须将本期的所有会计凭证及业务资料全部输入系统并记账后才能结账。如果发现本期内还有未记账的记账凭证，系统就会发出警告，然后中断结账。在结账之前，系统还要检查“期末调汇”、“计提折旧”和“工资费用分配”等处理事项是否完成。

在计算机环境下，结账处理主要包括以下几个方面。

- 保护结账前数据。将结账前所有数据自动备份到硬盘中，防止由于结账过程被中断而造成数据丢失。
- 检查结账条件。结账条件包括本月所有凭证都已经登记入账、上月已结账、总账与明细账核对相符，否则系统拒绝结账处理。
- 结转余额。检查正确后，系统自动结算每个账户的本期发生额合计，并将期末余额结转入下月月初。如果是12月份，则产生下一年度空白账簿文件，并结转余额。
- 做结账标志。某月结账后，做结账标志，表示该月业务处理完毕。

结账完成之后，系统进入下一会计期间。

12.2.4.3 总账系统的输出

会计信息系统的目标是向企业内外部会计信息使用者提供其所需要的会计信息。为此，总账处理系统提供了多种会计信息输出功能。可以提供各个科目和不同时段的信息，以满足不同类型用户的需求。

在计算机环境下，企业发生的经济业务经总账系统处理后，凭证和账簿数据存储在计算机中的数据库文件中。输出方式主要有屏幕显示输出和打印输出，总账系统可输出会计凭证、总账、明细账、科目发生额余额表和各种辅助核算账表等。

(1) 会计凭证。

凭证输入系统后，用户可以指定一个或多个查询条件查询或打印已记账的凭证或未记账的凭证。输入查询条件后，系统自动给出查询结果。

(2) 总账和科目发生额/余额表。

在计算机环境下，总账和科目发生额余额表数据是根据会计人员指定的会计科目和日期等查询条件由系统自动生成的。输入查询条件就可显示查询结果并且可在查询过程中灵活运用查询界面提供的工具，进行总账、明细账和凭证联查。通过总账和科目发生额余额表可以查询明细账，而对于明细账中的数据又可以进一步查出相应的凭证。图12-18所示为总分类账示例，图12-19所示为科目发生额/余额表示例。

(3) 明细账。

明细账一般有3栏式、数量金额式、复币式和数量外币式等形式，其格式与手工明细账基本一致。此外还可输出多栏明细账，图12-20所示为3栏式明细账示例。

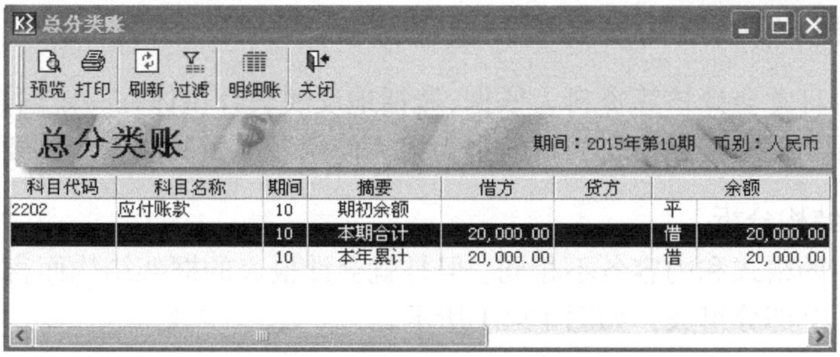

科目代码	科目名称	期间	摘要	借方	贷方	余额	
2202	应付账款	10	期初余额			平	
		10	本期合计	20,000.00		借	20,000.00
		10	本年累计	20,000.00		借	20,000.00

图 12-18　总分类账示例

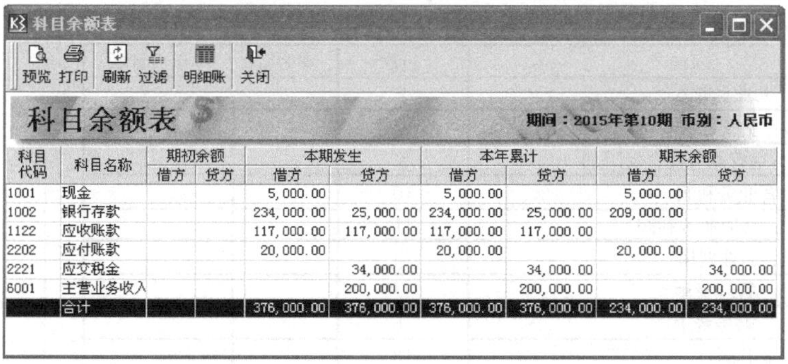

科目代码	科目名称	期初余额		本期发生		本年累计		期末余额	
		借方	贷方	借方	贷方	借方	贷方	借方	贷方
1001	现金			5,000.00		5,000.00		5,000.00	
1002	银行存款			234,000.00	25,000.00	234,000.00	25,000.00	209,000.00	
1122	应收账款			117,000.00	117,000.00	117,000.00	117,000.00		
2202	应付账款			20,000.00		20,000.00		20,000.00	
2221	应交税金				34,000.00		34,000.00		34,000.00
6001	主营业务收入				200,000.00		200,000.00		200,000.00
	合计			376,000.00	376,000.00	376,000.00	376,000.00	234,000.00	234,000.00

图 12-19　科目发生额/余额表示例

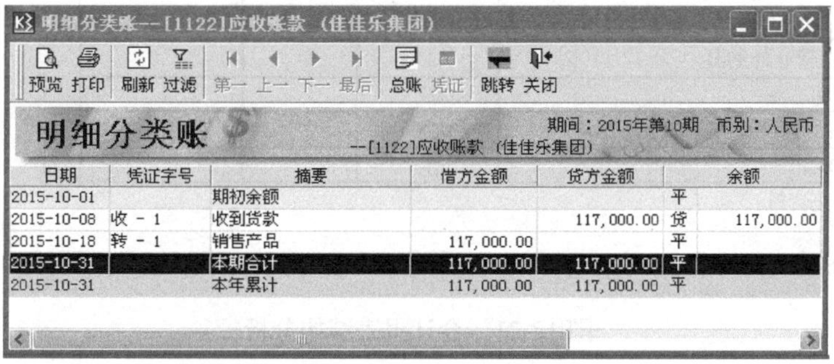

日期	凭证字号	摘要	借方金额	贷方金额	余额	
2015-10-01		期初余额			平	
2015-10-08	收 - 1	收到货款		117,000.00	贷	117,000.00
2015-10-18	转 - 1	销售产品	117,000.00		平	
2015-10-31		本期合计	117,000.00	117,000.00	平	
2015-10-31		本年累计	117,000.00	117,000.00	平	

图 12-20　3 栏式明细账示例

(4)辅助核算账表。

总账系统除了提供基本会计核算功能外，一般还具有辅助核算功能。辅助核算通过核算项目可以全方位、多角度地反映企业的会计信息，并且核算项目可以在多个会计科目中存在。利用系统提供的核算项目账表输出功能，可以输出核算项目总账和核算项目明细表等。核算项目总账以核算项目为依据，全面反映核算项目所涉及科目的借、贷方发生额及余额数据。核算项目明细表以报表形式展示各核算项目类别中核算项目的期初余额、本期发生额、本年累计发生额及期末余额数据。

综上所述，总账系统具有多种会计信息输出功能，可以方便快速地输出会计凭证和账簿数据。

12.3　报表处理系统

报表处理系统可快速准确地编制各种会计报表。为了编制会计报表的需要，报表系统一般都提供了多种专用函数，可方便用户编制各种会计报表。

12.3.1 会计报表结构及其编制过程分析

会计报表是以日常会计核算资料为依据,概括地反映会计主体在一定时期内财务状况和经营成果的书面文件。编制会计报表的目的是为报表使用者提供其决策所需要的信息。

1. 会计报表结构分析

不同会计报表的格式和内容各不相同,但是就会计报表的框架结构而言,一般由标题、表头、表体和表尾 4 个部分组成,如图 12-21 所示。

利润表 —— 标题

编制单位: 200×年 单位:元 —— 表头

项目	行次	本月数	本年累计数
一、主营业务收入	1		
减:主营业务成本	4		
主营业务税金及附加	5		
二、主营业务利润	10		
加:其他业务利润	11		
减:营业费用	14		
管理费用	15		
财务费用	16		
三、营业利润	18		
加:投资收益	19		
补贴收入	22		
营业外收入	23		
减:营业外支出	25		
四、利润总额	27		
减:所得税	28		
五、净利润	29		

表体

补充资料:

制表: 审核: —— 表尾

图 12-21 会计报表结构分析

(1) 标题。

标题用来表示报表名称,标题可能有一行也可能有若干行,有时会有副标题和修饰线等。

(2) 表头。

表头用来描述报表的编制日期、编制单位、使用的货币单位、报表编号,以及报表栏目的名称。栏目和栏目名称是报表的重要内容,它决定了报表及报表每一栏的宽度,也确定了报表的基本格式。简单报表的栏目只有一层,称为“基本栏”。复合报表的栏目可以分成若干层,即大栏目下包含几个小栏目,这种栏目称为“组合栏”。

(3) 表体。

表体是指报表中能够填写数据的主体部分,由横向的若干栏和纵向的若干行组成。纵向表格线和横向表格线将表体划分成一些方格用于填写表中的数据,这些方格称为“表单元”。表单元是组成报表的最小基本单位,每一个表单元都可以用它所在的列坐标和行坐标来表示。

为了方便报表数据的处理,有时需要对多个单元的数据同时进行计算,即需要定义区域。区域由多个表单元组成,包括的范围是从起点表单元开始到终点表单元构成的一个长方形表单元阵列。区域是二维的，最小的区域是一个表单元，最大的区域可以包括整张报表的所有表单元。

在报表编制过程中，向表单元中填入的内容一般为文字和数字。其中文字部分通常用来作为每行的标题，称为“表项目”，数字部分则通过定义报表数据取数公式而生成。

(4)表尾。

表尾是指报表下部的说明及附注等，如补充资料、编表人及审核人等。有些报表的表尾部分有内容，有些报表的表尾部分没有内容。

标题、表头、表体和表尾是组成报表的基本要素，不同报表的区别在于报表中各要素的内容不同。

2．会计报表数据的来源

会计报表是通过对日常会计核算记录数据加以归集、整理和计算而生成的。在编制会计报表时，分析所要填列的报表项目内容，可以确定其数据来源。一般来讲，报表各项目的数据主要取自总分类账和明细分类账或从其他已编制的表中，以及工资系统和固定资产系统等其他会计核算系统。因此报表系统能与总账系统、工资系统和固定资产系统联用，通过报表取数函数从相应系统中取数并生成各种报表。

3．会计报表编制过程分析

(1)手工环境下会计报表的编制过程。

在手工环境下，会计报表的编制需要 3 个条件，即空白会计报表、掌握会计报表编制方法的人和编制报表所需要的数据，三者正确结合才能编制出所需要的会计报表。每期编制会计报表时，报表编制人员首先要取得等待填制的空白报表；然后分析空白报表各项目的内容，确定其编制方法和数据来源；最后，报表编制人员要按照报表编制方法对于每一报表项目，逐一取得当期有关会计数据，加以分析计算后填列在空白报表相应栏目中。而且对于同一会计报表，每期编制时，编制方法和数据来源都完全相同，只是各期的数据不同而已。

(2)计算机环境下会计报表编制的过程。

通过分析手工环境下会计报表的编制过程，可以看出会计报表的编制过程具有很强的规律性，每期同一报表的编制方法和数据来源都一样。针对这一特点，在计算机环境下，报表处理系统编制报表的过程为报表编制人员首先定义报表格式，生成空白报表；然后根据报表编制方法和数据来源定义表内数据的取数公式；最后执行报表编制功能，由计算机自动取数编制报表。一旦定义好报表格式和取数公式，每期编制会计报表时，计算机可以根据已定义的公式自动取数计算，快速、准确且及时地生成会计报表。报表格式和取数公式只需定义一次，取不同时期的会计数据，系统会自动编制出不同时期的报表。编制的报表以数据文件的形式存储在计算机中。

企业级报表处理系统与部门级报表处理系统的编制过程基本相同，只不过企业级报表处理系统的数据来源范围扩大。不仅可以从会计信息系统取数据，而且也可以从业务系统取数据。

12.3.2　报表处理系统的软件使用流程

1．主要功能模块

报表处理系统的主要功能有报表管理、报表定义、报表编制、报表审核和报表分析，如图 12-22 所示。

(1)报表管理。

在报表处理系统中，报表以文件形式存放。因此，报表处理系统提供了创建新报表文件，即新表登记功能。使用报表处理系统编制一个新报表时，首先要登记该报表，创建新报表文件，以便需要时调用该文件。报表管理模块还提供了报表数据备份与恢复、用户管理与密码修改等功能。为了扩展报表处理系统的功能，系统还可以通过引出功能将其中的数据引出为多种格式的独立文件，如DBF、Excel和Text文本等，以供其他系统共享或进行其他计算处理。引入是将一些外部文件引入报表系统中，保存为报表文件，而无须在报表系统中重新手工录入。

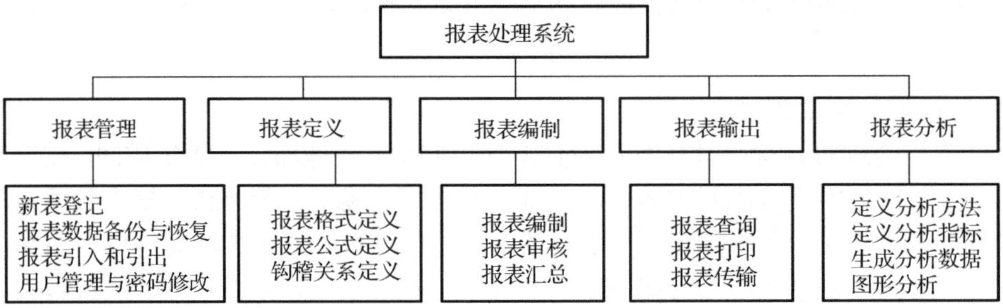

图12-22　报表处理系统功能结构

(2)报表定义。

报表定义包括报表格式定义、报表公式定义和钩稽关系定义，报表格式定义是定义报表的结构、报表标题、报表栏目及报表表尾等。定义后，需要定义表中的各个数据项。对于固定表元，可以直接由用户填写；对于变动表元，则根据数据来源定义相应的计算公式。为了核对与验证报表钩稽关系，报表系统还提供了钩稽关系定义功能。

(3)报表编制。

在定义报表之后，报表编制功能可以根据已经定义的标题、栏目、固定表元的值及变动表元的计算公式产生当期的会计报表。报表编制完成后，执行报表审核功能，系统可以根据事先定义的钩稽关系核对和验证报表中的有关数据。报表汇总功能可将结构相同，但数据不同的报表经过简单叠加生成一张新表。

(4)报表输出。

报表输出功能包括报表查询、打印和传输，其中传输可以通过局域网和因特网，方便而快捷。

(5)报表分析。

对于一个通用的报表处理系统来说，仅仅完成报表编制、查询和报告是不够的。因此，报表处理系统还提供了报表分析功能，该功能主要包括定义分析方法、定义分析指标，并生成数据分析和图形分析等。

2．软件使用流程

报表处理软件的使用流程如图12-23所示。

第一次使用报表软件编制某张报表时，首先应该进行新表登记。为了减少建立会计报表的工作量，一般系统都提供常用报表模板。如果编制的会计报表在模板库中存在，则可以调出模板并在其基础上定义企业需要的报表；如果模板库中不存在该报表，或者不想利用模板，则需要设计报表格式并定义报表公式。报表格式和报表公式定义称为“报表定义”，报表定义是报表处理中工作量最大且准确性要求最高的部分，它直接关系到系统编制报表的正确性。但是报表定义是一次性的，以后的报表编制工作由系统自动完成。当会计期间发生变化时，会计人员只需要打开报表，输入编制报表的日期，系统将自动到相应的数据文件中取数生成所要的报表。为了确保报表编制的正确性，可以通过定义审核公式检查、审核报表。可以查询和打印生成的报表。

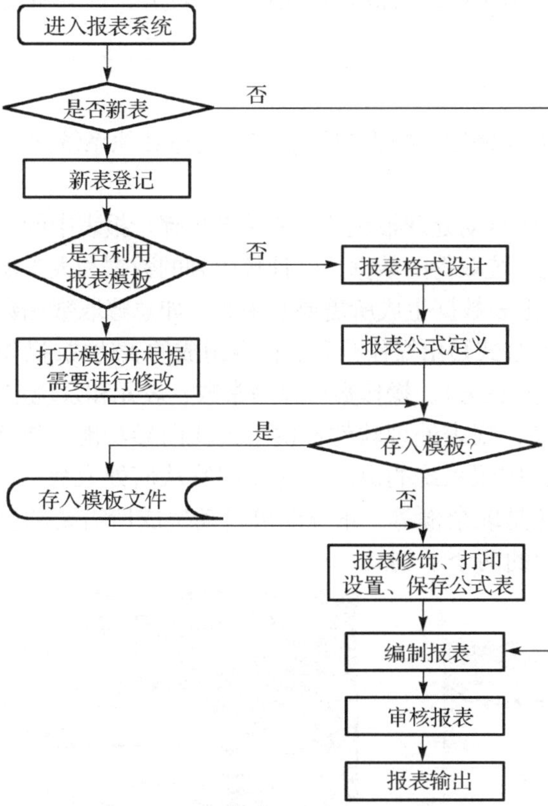

图 12-23　报表处理软件使用流程

12.3.3　报表处理系统的功能模块应用

1．新建报表

在报表处理系统中，报表以文件形式存放。因此，报表处理系统提供了创建新报表文件的功能，新建一个报表时要为其命名。

2．报表格式定义

报表格式就是报表的样式，报表处理系统提供了丰富的格式设计功能，如设置表尺寸、画表格线、调整行高列宽、设置字体和颜色等。报表格式定义类似于手工条件下设计并绘制一个等待填写的空白表格，如果不同会计期对报表格式的要求不变，则一次设计的表格同模板一样可以被不同会计期所使用。如果两个报表的结构或格式完全一致或大部分一致，为了降低报表格式定义的工作量，可以使用复制功能复制先前已经定义好的报表格式，然后略加修改即可。

利用软件提供的功能定义报表格式，主要包括以下内容。

(1)定义报表尺寸，即设定报表的行数和列数。

(2)定义报表标题、表头、表尾和表体中的项目名称和行次。

(3)定义报表外观，包括前景色、背景色、网格色、字体、字号和行高等。

(4)定义单元属性，包括文本对齐方式、数字格式和边框等。

许多通用报表软件都提供了类似 Excel 的报表处理功能，表头、表尾和表体格式可任意指定，能够方便灵活地设计报表。

3．报表取数公式定义

报表取数公式定义是根据报表与账簿、报表与报表、报表与其他系统之间的关系，将报表编制方法通过取数公式加以描述。

定义报表取数公式是实现计算机自动处理报表数据的关键步骤。报表中的数据根据其来源可以分为 3 类，即从总账系统或其他系统取得的数据、经计算得到的数据和人工输入的外部数据。对于前两种数据来源，系统提供了报表数据生成所需要的函数，如总账取数函数和运算函数等，并提供了定义报表取数公式的功能。公式是由操作符和操作数组成的表达式，操作符可以是+(加)、–(减)、*(乘)、/(除)、^(乘方)和()(括号)，操作数可以是常数、表元和系统定义的各种函数。

为便于用户进行报表公式定义，报表处理软件提供了公式向导功能。进入公式向导界面，根据各报表单元填列数据的要求，按照系统的提示，逐项回答从何处取数、哪一个会计期间、哪一个会计科目，以及取发生额还是取余额等，系统即可自动生成所需要的公式。图 12-24 和图 12-25 所示为报表公式向导界面的两个示例。

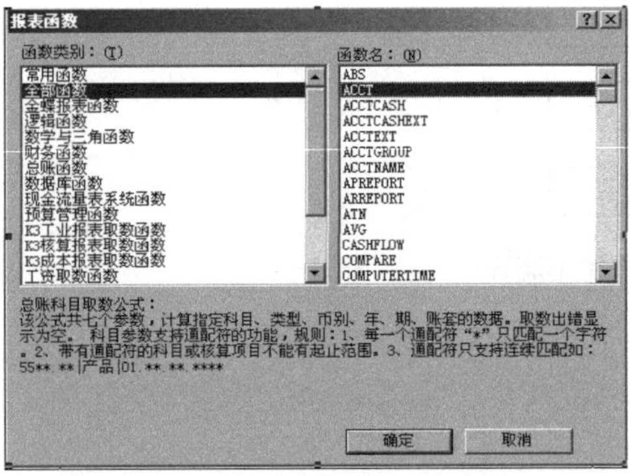

图 12-24　报表公式向导界面的示例

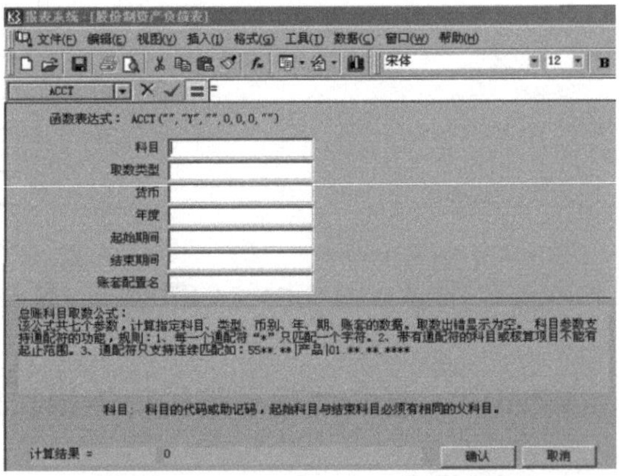

图 12-25　报表公式向导界面的示例

4．报表钩稽关系定义

报表钩稽关系定义也称为“报表审核公式定义”。审核公式是根据表内及表间数据的钩稽关系定义的，用其可以检查报表数据的正确性。在审核公式中，除了使用计算公式允许使用的运算符外，还可以使用>(大于)、<(小于)和<>(不等于)等逻辑运算符。

5．报表编制

报表编制是根据用户定义的报表格式和报表取数公式生成填有数据的会计报表的过程。对于已经定义好报表格式和报表取数公式的报表，只需运行报表编制(计算)功能，系统即可自动生成所需要的报表。

6．报表审核

报表编制完成后，可以执行报表审核功能对报表进行审核。报表审核是根据事先定义的报表数据钩稽关系来检查报表数据的正确性，报表处理系统可按照已经定义好的审核公式审核报表。当报表数据不符合钩稽关系时，屏幕上会出现错误提示信息，提示用户修改。

7．报表汇总

报表汇总是将结构相同但数据不同的报表经过简单叠加生成一个新表的过程，主要用于同表不同时期汇总和同表不同部门汇总。进行报表汇总时，参与汇总的报表结构必须相同，否则得到的汇总表将无意义。一般来说，这些结构相同的参与汇总的报表可以来自总公司下属的各个分公司，也可以是来自一个公司的不同时期。

报表汇总功能不能用于编制合并报表，合并报表是以母公司和子公司组成的企业集团为一会计主体，以母公司和子公司单独编制的个别会计报表为基础，由母公司编制的综合反映企业集团财务状况、经营成果及现金流量的会计报表。编制合并报表时需将各子公司之间的内部往来及内部投资等数据予以抵消，而不是各子公司报表的简单叠加。编制合并报表需要使用具有编制合并报表功能的软件。

8．报表输出

报表处理系统可以查询和打印输出各种会计报表。在计算机环境下，报表查询变得方便快速。用户只需输入查询条件，系统就会根据查询条件，快速查出所需要的会计报表，并将查询结果显示在屏幕上供使用者查看。报表处理系统除了提供查询功能外，还提供打印功能。选择报表打印功能后，根据系统提示进行操作即可完成打印工作。

12.3.4 报表编制实例

1．资产负债表

按照报表处理软件编制报表的一般过程，编制资产负债表首先要定义资产负债表的报表格式定义和取数公式。由于资产负债表是企业对外报送的会计报表，企业会计制度对资产负债表的格式做了规定。因此报表处理系统一般都提供了资产负债表模板，该模板已经定义了资产负债表的格式和取数公式。在实际工作中，用户验证、确认报表处理系统提供的模板无误后，即可使用模板编制资产负债表。每期编制资产负债表时，使用报表处理系统的报表编制（计算）功能，即可自动生成当期的资产负债表。

使用报表处理软件编制资产负债表的关键是报表取数公式的定义。为方便用户定义报表取数公式，报表处理软件提供了各种取数函数，包括账务取数函数和其他函数。从资产负债表的编制方法可以看出，该表各项目的数据主要来自于总账科目和明细科目的期末余额。因此，定义资产负债表的取数公式时，要从账务函数取数。资产类项目取有关科目的期末借方余额，负债类项目和所有者权益类项目取有关科目的期末贷方余额。一般来讲，报表处理系统都提供了强大的“公式向导”功能，利用该功能可以方便灵活地定义报表取数公式。

下面以资产负债表的“货币资金”项目和“短期投资”项目为例，使用 K3 系统说明如何定义资产负债表的取数公式。

在 K3 中打开资产负债表，选中单元格 D3（货币资金期末数对应的单元格），单击“编辑”下拉菜单中的“公式向导”选项即可进入报表公式向导界面，如图 12-26 所示。

在“函数名”列表框中选择函数名为 ACCT 的账务取数函数，单击“确定”按钮，进入报表函数公式定义界面，如图 12-27 所示。

选择参数如下。

(1)科目：1001(现金)：1009(其他货币资金)。

(2)取数类型：期末余额。

(3)会计年度：本年度。

(4)会计期间：本期。

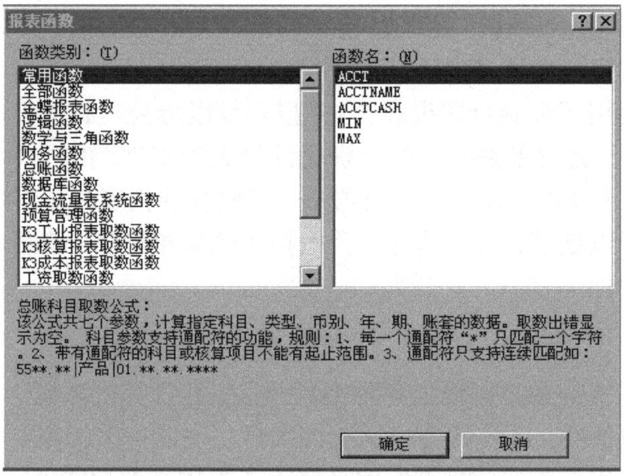

图 12-26　报表函数公式向导界面

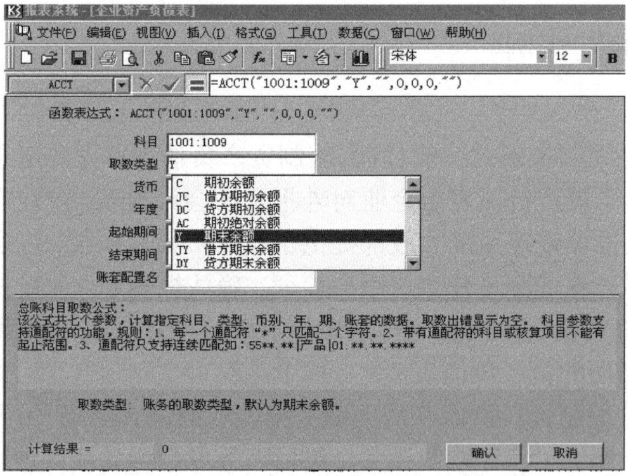

图 12-27　报表函数公式定义界面

单击“确认”按钮，即可完成货币资金项目“期末数”的取数公式定义。

定义“交易性金融资产”项目的期末数公式时，打开资产负债表。选中单元格 D4(交易性金融资产期末数对应的单元格)，单击“编辑”下拉菜单中的“公式向导”选项进入报表公式向导界面，如图 12-28 所示。

在“函数名”列表框中选择函数名为 ACCT 的账务取数函数，选择参数如下。

(1)科目：1101(交易性金融资产)。

(2)取数类型：期末余额。

(3)会计年度：本年度。

(4)会计期间：本期。

单击“确认”按钮，即可完成交易性金融资产报表项目“期末数”的取数公式定义。

资产负债表中的“流动资产合计”、“长期投资合计”、“固定资产合计”、“无形资产及其他资产合计”、“资产总计”、“流动负债合计”、“长期负债合计”、“负债合计”、“所有者权益合计”和“负债和所有者权益总计”等项目的数据通过表内单元取数求和计算出，使用表内单元求和公式定义即可。

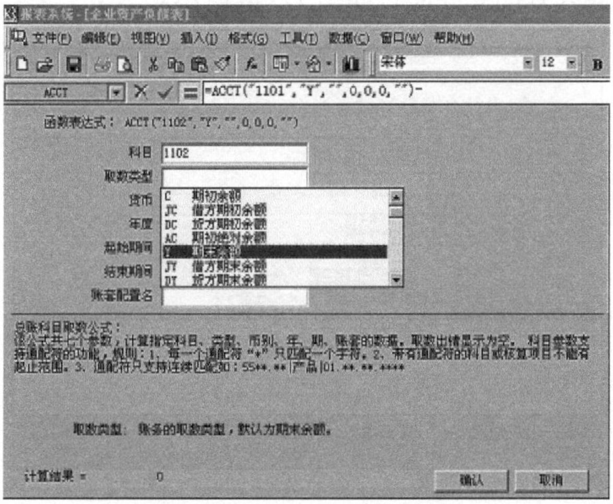

图 12-28　报表公式向导界面

定义资产负债表各单元的取数公式，并确认正确后，每期编制资产负债表时，只需选择会计期间。单击报表编制(计算)功能，报表系统就会自动生成该期的资产负债表。

2. 利润表

按照报表处理软件报表编制的一般过程，编制利润表，首先要定义报表格式和报表取数公式。但是利润表是企业对外报送的会计报表，企业会计制度对利润表的格式做了规定。因此，报表处理系统一般都提供利润表模板，该模板已经定义了利润表的格式和取数公式。在实际工作中，用户验证确认报表处理系统提供的模板无误后，即可使用模板编制利润表。每期编制利润表时，使用报表系统的报表编制(计算)功能，即可自动生成当期利润表。

使用报表处理软件编制利润表的关键是定义报表取数公式。为方便用户，报表软件提供了各种取数函数，包括账务取数函数和其他函数等。从利润表的编制方法可以看出，利润表各项目的数据主要来自于损益类科目的发生额。因此定义利润表的取数公式时，要从账务函数取数，取损益类科目的发生额。

下面以利润表的“主营业务收入”项目为例，使用 K3 系统说明如何定义利润表的取数公式。

在 K3 中打开利润表，选中单元格 C2(主营业务收入本月数对应的单元格)，单击“编辑”下拉菜单中的“公式向导”选项，在“函数名”列表框中选择函数名为 ACCT 的账务取数函数进入报表公式向导界面，如图 12-29 所示。

选择以下参数。

(1)科目：5101(主营业务收入)。

(2)取数类型：损益表本期实际发生额。

(3)会计年度：本年度。

(4)会计期间：本期。

单击“确认”按钮，即可完成主营业收入项目“本月数”的取数公式定义。

在利润表中，选中单元格 D2(主营业务收入本年累计数对应的单元格)。

单击“编辑”下拉菜单中的“公式向导”选项，在“函数名”列表框中选择函数名为 ACCT 的账务取数函数进入报表公式向导界面，如图 12-30 所示。

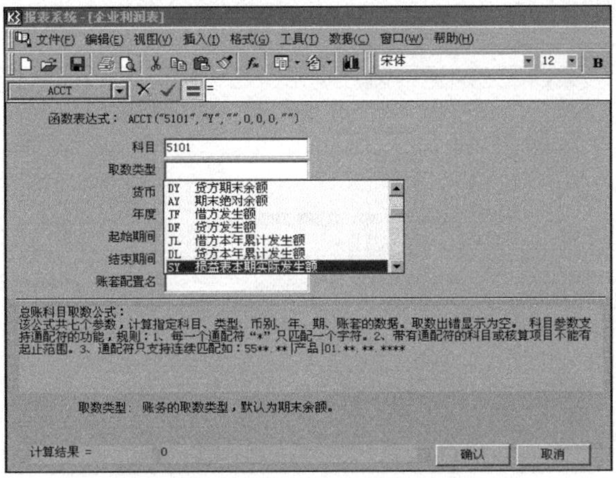

图 12-29 报表公式向导界面

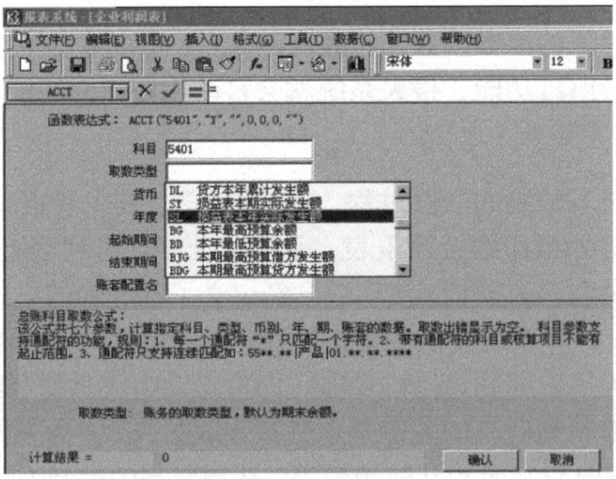

图 12-30 报表公式向导界面

选择以下参数。

(1)科目：5101(主营业务收入)。

(2)取数类型：损益表本年实际发生额。

(3)会计年度：本年度。

(4)会计期间：本期。

单击“确认”按钮，即可完成主营业务收入项目“本年累计数”的取数公式定义。

利润表中的“主营业务利润”、“营业利润”、“利润总额”和“净利润”各项目的数据是通过表内单元取数计算出的，可根据其计算方法定义相同的取数公式。如主营业务利润本月数C5单元取数公式为：“=C2–C3–C4”。

定义利润表各单元的取数公式并确认正确后，每期编制利润表时，只需选择会计期间，然后单击报表编制(计算)功能，报表系统就会生成该期的利润表。

3．现金流量表

现金流量表反映企业一定期间内现金的流入和流出，表明企业获得现金和现金等价物的能力。现金流量表是以现金为基础编制的财务状况变动表，这里的现金是指企业库存现金、可以随时用于支付的存款，以及现金等价物。

(1)手工现金流量表的编制方法。

现金流量表以现金为基础编制，而日常会计核算以权责发生制为基础。因此，现金流量表反映的内容不能按科目余额或发生额直接填列，必须根据有关科目记录分析填列。

我国现金流量表的编制方法是主表采用直接法编制，但在现金流量表的补充资料中还要单独按照间接法反映经营活动现金流量的情况。直接法通过现金收入和现金支出的主要类别反映来自企业经营活动的现金流量；间接法是以本期净利润为起算点，调整不涉及现金的收入、费用和营业外收入等有关项目的增减变动，据此计算出经营活动的现金流量。

在编制现金流量表时，可以采用工作底稿法和 T 形账户法。两种方法的出发点不同，编制过程也有差异，但都是以利润表和资产负债表数据为基础，对每一项目进行分析并编制调整分录。在调整分录中，有关现金和现金等价物的事项，分别记入“经营活动产生的现金流量”、“投资活动产生的现金流量”和“筹资活动产生的现金流量”的有关项目中。借记表明现金流入，贷记表明现金流出。可见，手工编制现金流量表是一项烦琐的工作。

(2)使用报表处理软件编制现金流量表。

现金流量表以现金为基础编制，通过对手工现金流量表的编制方法进行分析可以看出，编制现金流量表的关键是确定“经营活动产生的现金流量”、“投资活动产生的现金流量”及“筹资活动产生的现金流量”的流入和流出数额。为此，报表处理软件根据计算机系统工作的特点，确定编制现金流量表的基本思想。使用报表处理软件编制现金流量表，可以在经济业务发生后，会计人员向总账系统输入数据时将与现金流量表项目有关的数据进行分类，以便编制现金流量表时分类汇总。这样处理解决了期末编制现金量表时工作量大、易于出错的问题。使用报表处理软件编制现金流量表一般有两种处理方法：一种是凭证输入时指定现金流量；另一种是利用T形账户指定现金流量。

方法 1：凭证输入时指定现金流量。

这种方法的基本思路是在凭证输入时，指定现金流量项目及其数额。期末编制现金流量表时，报表处理系统从总账系统提取现金流量表各项目的数据，生成现金流量表。

采用这种处理方法，在凭证输入时要指定具体的现金流量项目。凭证输入时，系统会通过现金流量科目的设置来进行判断，提示用户指定现金流量项目。

在凭证输入时指定现金流量项目，必须事先在辅助核算项目中设置现金流量项目，才能在日常会计核算中，发生与现金流量有关的经济业务。输入凭证时，确定该业务对应的现金流量项目及其金额。许多软件都预设了现金流量项目，图 12-31 所示为辅助核算项目中已经设置的现金流量项目。

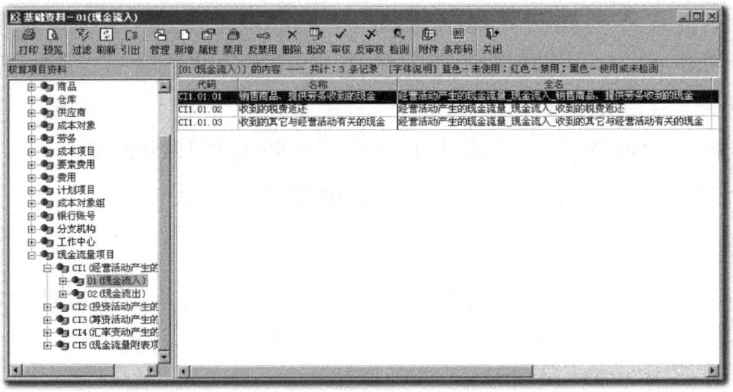

图 12-31　已经设置的现金流量项目

设置现金流量项目并指定了现金流量科目后，在输入凭证时，即可为涉及现金流量的凭证指定现金流量。在总账系统的凭证输入界面，一般会有一个“流量”按钮。输入涉及现金流量的会计分录后，单击“流量”按钮，弹出“现金流量指定”界面，可具体指定所涉及的现金流量项目，如图 12-32 所示。

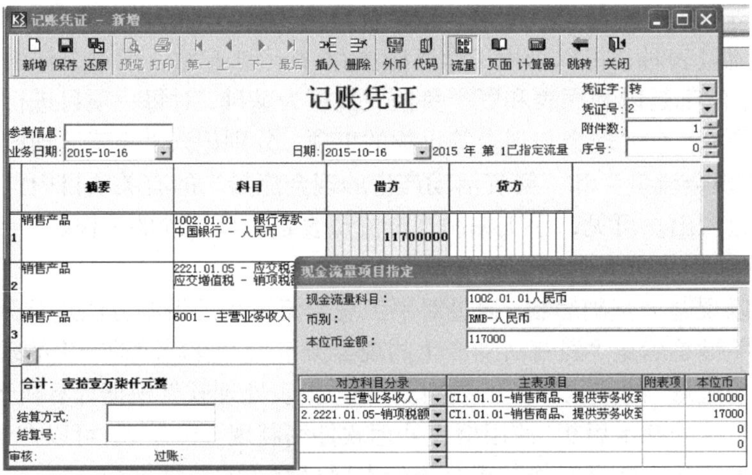

图 12-32　“现金流量指定”界面

凭证输入时指定现金流量项目及其金额后，期末编制现金流量表时，报表处理系统即可从总账系统取到现金流量表各项目的数据，从而生成现金流量表数据。

方法 2：利用 T 形账户指定现金流量。

利用 T 形账户编制现金流量表的基本思路是在凭证输入时，不指定现金流量。编制现金流量表时，按编表期间生成现金类科目的 T 形账户。通过现金类科目 T 形账户的对方科目来确定现金流入和流出的分类，编制现金流量表。

利用 T 形账户编制现金量表的基本步骤如下。

(1) 指定现金类科目(现金及现金等价物)。

(2) 从总账系统中提取现金类凭证数据。

(3) 在 T 形账户中汇集了现金类凭证的数据，可根据凭证的业务记录，逐项指定现金流量项目。

(4)把所有与现金流量有关的业务记录逐项指定现金流量项目后，即可输出现金流量表。

这种方法把指定现金流量项目的任务集中完成，而不在每次输入凭证时指定，需要有专门的功能模块来实现。利用 T 形账户指定现金流量的界面示例如图 12-33 所示。

指定现金流量时，可以通过查看明细科目和核算项目来确定现金流入和流出的分类。如果还不能确定现金流入和流出的分类，还可以通过查看凭证来确定现金流量。

利用 T 形账户编制现金流量表时，编制现金流量表补充资料部分，可利用软件提供的“附表项目”处理功能。指定补充资料中各项目(即附表项目)，将净利润调节为经营活动的现金流量。在指定附表项目时可调出相应的凭证，通过查看凭证，可指定附表项目。

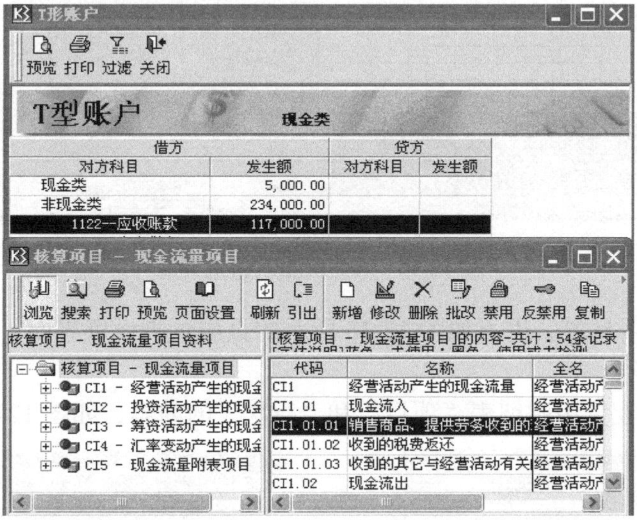

图 12-33　利用 T 形账户指定现金流量的界面示例

4．其他管理报表

报表处理系统一般都提供了自定义报表的功能,利用自定义报表功能可以方便灵活地设计企业管理所需要的报表。下面我们以表 12-1 所示的营业费用明细表为例，说明使用 K3 如何自定义报表。

表 12-1　营业费用明细表

单位名称：ABC 公司　　2015 年 10 月　单位：元

项　　目	行　　次	本期发生额	本年累计发生额
办公费	1		
折旧费	2		
工资及福利费	3		
差旅费	4		
运输费	5		
广告费	6		
其他	7		
合计	8		

会计主管：　　　　　　　　　　　　制表人：

(1)定义报表格式。

在 K3 中进入报表系统，单击“文件”下拉菜单中的“新建”功能，建立新报表文件“营业费用明细表”。单击“属性”下拉菜单中的“报表属性”选项，进入如图 12-34 所示的自定义报表格式界面，在其中可设置报表行列属性、外观属性、页眉页脚和打印选项等。

在“总行数”文本框中输入营业费用明细表的行数 9，在“总列数”文本框中输入营业费用明细表的列数 4。

图 12-34　自定义报表格式界面

单击“页眉页脚”标签，进入如图 12-35 所示的页眉页脚设置界面，在其中可定义报表名称、页码、日期和页脚。

在表体中输入营业费用明细表“项目”和“行次”的内容，如图 12-36 所示。

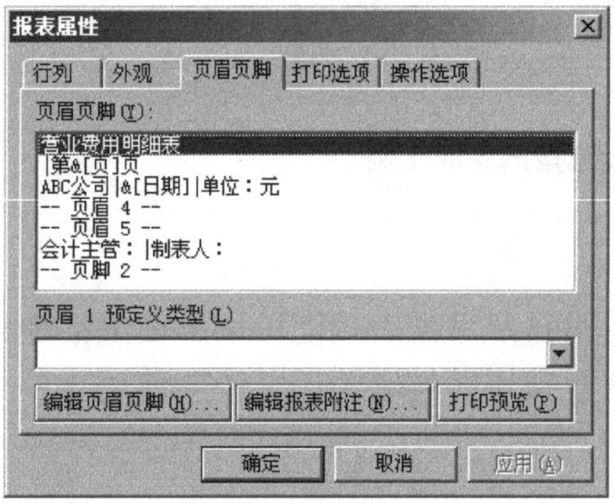

图 12-35　页眉页脚设置界面

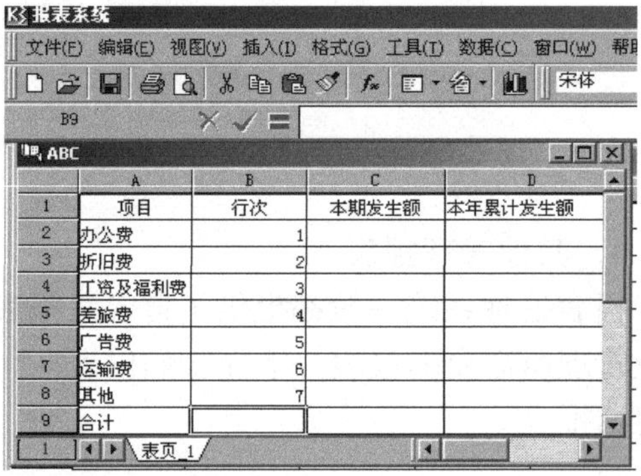

图 12-36　输入营业费用明细表“项目”和“行次”的内容

单击“打印预览”按钮，可查看定义后的具有表头表尾的营业费用明细表，如图 12-37 所示。

(2)定义取数公式。

在营业费用明细表中，“本期发生额”为营业费用科目的当期发生额，“本年累计发生额”为营业费用科目的本年累计发生额。表中各项目的取数公式可在“公式向导”的指引下进行设置，图 12-38 所示为 C2 单元取数公式定义界面。

其中科目代码为 5502.01(营业费用—办公费)，会计年度为本年，会计期间为本期，取数类型为借方发生额。营业费用明细表其他单元取数公式的定义与之类似，合计数 C9 单元可使用表内单元求和公式定义。

定义取数公式并确认正确后，编制营业费用明细表时打开营业费用明细表。选择会计期间，单击“报表计算”功能，系统会根据取数公式自动取数，生成该期的营业费用明细表。

图 12-37　预览营业费用明细表

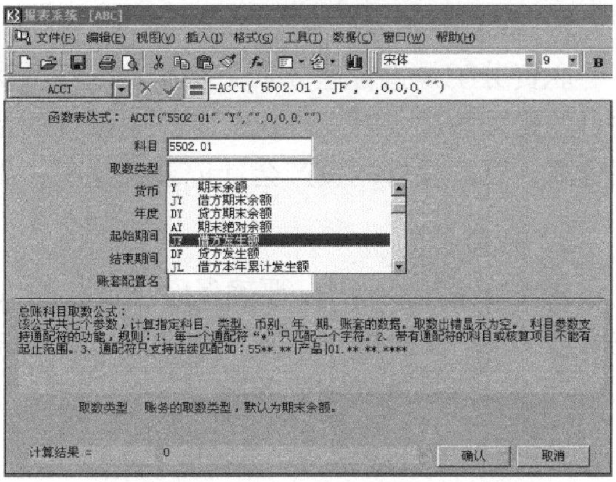

图 12-38　C2 单元取数公式定义界面

12.4　总账与报表处理系统的主要控制环节和控制内容

为了确保会计信息准确可靠，在总账与报表处理系统处理会计业务时必须实施相应的控制。2008 年 5 月财政部发布的《企业内部控制基本规范》中指出“企业应当运用信息技术加强内部控制，建立与经营管理相适应的信息系统，促进内部控制流程与信息系统的有机结合，实现对业务和事项的自动控制，减少或消除人为操纵因素”。总账与报表处理系统的控制可以通过手工控制与自动控制、预防性控制与发现性控制相结合的方法，运用相应的控制措施，以使企业严格执行国家统一的会计准则制度，加强会计基础工作，明确会计凭证、会计账簿和财务会计报告的处理程序，保证会计资料真实完整。2010 年 4 月财政部发布了《企业内部控制应用指引》，其中《企业内部控制应用指引第 14 号——财务报告》中指出“企业应当严格执行会计法律法规和国家统一的会计准则制度，加强对财务报告编制、对外提供和分析利用全过程的管理，明确相应工作流程和要求，落实责任，确保财务报告合法合规、真实完整和有效利用”。

12.4.1　控制要点

无论是企业内部管理所需要的会计信息，还是企业外部有关决策者所需要的会计信息，都必须由总账系统对发生的经济业务进行加工处理后才能取得。如果对总账系统不加以严格控制，就可能导致财务报告出现失误和差错。从而误导财务报告使用者，给企业造成经济损失和影响企业的声誉，甚至可能引起法律诉讼，受到有关部门制裁。因此在总账与报表处理系统的控制中，总账系统的控制更为重要。总账系统控制的重点是信息的完整性和准确性，总账系统的控制措施有以下几个方面。

1. 交易授权

总账系统的输入来自于各个交易处理系统的凭证，要保证会计处理准确无误，交易凭证必须经有关部门主管经理审核批准。企业必须制定相应的规章制度，未经审核签字批准的凭证不得据以编制记账凭证，记入有关账簿。

2. 职责分工

职责分工是指合理分工交易涉及的各项责任，使不同人员的工作能够相互检查。职责分工的目的是预防和及时发现执行工作中出现的错误或舞弊行为。在职责分工时要将不相容的职责相分离，资产保管同资产会计记录相分离，出纳与会计职责相分离。

3. 权限控制

在总账系统运行中，要确保经过授权的人员才能处理会计业务，他们在会计软件中具有用户管理功能，使用该项功能可以设置总账系统的用户及其权限。设置之后，未经授权的人员将无法进入总账系统处理业务。

4. 保留审计线索

审计线索反映了会计信息系统处理经济业务过程中所产生的记录和原始凭证。利用审计线索，审计人员可以审查经济业务的处理是否合法、合规，以及会计信息是否准确可靠。因此，总账系统处理业务的全过程，包括输入、处理和输出环节都应保留审计线索。

5. 独立复核

对各个部门送来的交易凭证必须进行审核，经确认无误后才能作为记账的依据。审核的内容主要包括凭证所载经济业务是否正常；经济业务的内容是否符合有关政策、法令、制度、计划、预算和合同等规定，是否符合审批权限和手续；凭证摘要和数字是否填写正确，数量、单价、金额的计算有无差错等。有差错的凭证应退还经办人员更正，然后才能据以入账。

12.4.2 主要控制环节和控制内容

从信息系统的处理过程来看，总账与报表处理系统同其他系统一样，包括数据采集与输入、数据处理和信息输出 3 个基本步骤。因此总账与报表处理系统的控制可以分为输入控制、处理控制和输出控制，如图 12-39 所示。

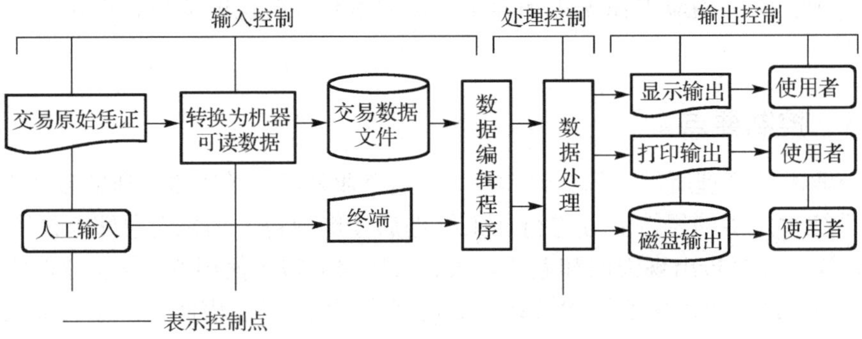

图 12-39　总账与报表处理系统的控制环节

1. 输入控制

输入控制是为保证输入系统的数据正确、完整和可靠而设计的控制。2008 年 5 月财政部发布的《企业内部控制基本规范》中指出“企业应当针对不同数据的输入方式，考虑对进入系统数据的检查和校验功能”。在计算机环境下，输入数据一旦有错，系统的处理结果也不可能正确，因此输入控制是总账与报表处理系统控制中最为关键的环节。常见的输入控制如下。

(1)原始凭证审核控制。

业务处理人员应审核原始凭证，根据审核无误的单证输入有关业务数据。

(2)输入数据正确性控制。

可以采用人工目测核对和计算机校验两种方式，人工目测核对是指数据输入后，在屏幕上由人工目测核对完成校验；计算机校验是指在应用程序中嵌入校验程序，以校验输入数据的正确性，包括合理性校验、界限校验和平衡校验等。

(3)错误纠正控制。

对输入系统的错误数据应提供改正和重新输入的机会，同时对改错与重新输入也要实施控制。

在总账系统中，凭证输入的控制内容主要包括以下几个方面。

(1)凭证类型和编号。

按照会计制度的要求，凭证应按月分类连续编号。在计算机环境下，一般通过系统自动分类编号来避免重号、漏号和串号发生。具体做法是新增凭证时选定凭证类型后，系统自动将本月已经输入的该类型凭证的最大凭证号加 1 作为当前凭证的编号。修改凭证时输入相应的凭证号，系统自动显示该凭证内容，但凭证号本身不能修改。

(2)制单日期。

制单日期一般用于表示经济业务发生的时间，随凭证编号增加而递增，一般只允许输入未结账月份的记账凭证。

(3)会计科目。

系统会对输入的会计科目进行存在性检查、符合性检查和是否最末级科目检查。

存在性检查是检查输入的会计科目是否在科目数据文件中存在，即输入的科目必须在初始设置时已经定义，否则系统不接受。

符合性包括凭证类型符合性和会计分录符合性两个方面。凭证类型符合性检查主要检查输入的会计科目与当前凭证类型是否相符，如付款凭证贷方科目是否是“银行存款”或“现金”，如果相符，则接受。有些会计软件还提供了会计分录符合性检查，其做法是在初始设置时定义非法对应科目或对应科目，会计人员事先定义所有不可能出现的会计分录或可能出现的会计分录。在日常工作中，输入凭证后保存时系统会自动检查输入的会计分录。如果不属于非法分录，即属于合法分录，则接受；会计分录符合性检查只对有非法对应科目定义或对应科目定义的系统实施，是保证会计分录正确性的一项重要措施。

最末级科目检查是检查输入金额的科目是否是最末级。在计算机处理中，只有最末级科目才能输入发生额，其他各级科目的发生额由系统自动汇总得到。

(4)金额。

凭证输入时，每输入一个科目的金额，系统都计算并显示借方合计和贷方合计，并且要求科目金额不能为零。保存凭证时，系统按照“有借必有贷，借贷必相等”的原则检查数据是否可接受。

此外，在企业级会计信息系统中，总账系统有一部分记账凭证是由业务系统生成自动传递到总账系统的，而不是通过键盘手工输入的。对于这部分记账凭证正确性的控制，其控制点提前到了业务系统。由业务系统生成传输到总账系统的凭证，总账系统只能读取相应的凭证数据，而不能修改。

2. 处理控制

处理控制是为了保证数据处理的正确性和完整性而实施的控制。它通过预先编写的计算机程序实现，常用的控制措施有如下几点。

(1) 处理权限控制。

在应用程序中设计处理权限授权功能，控制只有经过授权批准的人员才能执行处理操作。

(2) 数据合理性检验控制。

由计算机程序为数据处理结果确定一个合理范围。如果数据处理结果溢出范围，则系统会自动报警提示，通知有关人员注意，以便查明原因。

(3) 业务时序控制。

在总账与报表处理系统处理业务的过程中，许多处理都有顺序关系，违反顺序的处理应通过预先设置的检查来发现。

(4) 审计线索控制。

在数据处理过程中应产生必要的审计线索，以便追踪审查各项交易。

(5) 备份及恢复控制。

在系统运行过程中，偶尔也会出现因意外事件而中断处理的情况。如果此时正在对文件进行更新处理，数据的完整性将会受到破坏，因此应当做一些必要的备份。一旦处理过程中发生意外中断，可恢复到处理前的状态并再次进行处理，从而保证数据处理的正确性。

在总账与报表处理系统中，处理控制的内容主要包括以下几个方面。

(1) 凭证审核。

审核人员应按照会计制度的规定审核输入系统的记账凭证，主要审核记账凭证是否与原始凭证相符、会计分录是否正确和记账凭证内容是否完整无缺等。审核人员和凭证输入人员不能为同一个人，否则系统拒绝审核签章。

(2) 记账。

只有经过审核无误的记账凭证，才能作为记账的依据。记账时系统会检查凭证借贷方是否平衡，并且只对经过审核签章的凭证记账。

(3) 结账。

本期所有会计凭证及业务资料全部输入系统并记账，经试算平衡后才能结账。

(4) 编制报表。

编制报表是根据用户定义的报表格式和报表取数公式生成会计报表的过程，必须确保报表取数公式定义正确，对所有报表取数公式都要进行审查验证。

(5) 报表审核。

根据事先定义的报表数据钩稽关系检查报表数据的正确性，报表数据不符合钩稽关系时，显示错误提示信息，提示用户修改。

3. 输出控制

输出控制的目的是为了保证输出信息的正确性，并确保输出信息只能提供给经过授权的使用者。输出控制主要包括输出数据正确性控制、输出数据审核控制和输出权限控制。

(1) 输出数据正确性控制。

在总账与报表处理系统可根据单证、账簿和报表之间的钩稽关系，设置控制程序核对输出数据，以保证数据的正确性。也可将输出文件中的有关数据与其他相关文件进行对照检查来控制。

(2) 输出数据审核控制。

对系统输出的机制单证要进行审核，与原始凭证清单逐一核对，确定输出数据的完整性和正确性。对于与实物有关的数据应核对实物。

(3) 输出权限控制。

在总账与报表处理系统中，账证表的输出方式有显示输出、打印输出、磁盘输出与网络传输。对于这几种输出方式都要设立相应的权限控制，只有经过授权批准的人员才可执行输出操作。此外，对于通过网络传输的涉密或关键数据，还应当采取加密措施，确保信息传递的保密性、准确性和完整性。

关键词

总账系统、报表处理系统、处理流程、控制

习题

(1) 总账与报表处理系统的目标和内容是什么？

(2) 阐述总账与报表处理过程同其他业务处理流程的关系。

(3) 企业级总账系统与部门级总账系统有何不同？

(4) 什么是系统初始化？总账系统的初始化主要包括哪些内容？

(5) 总账处理系统主要有哪些功能？描述总账系统使用的基本流程。

(6) 在总账处理系统中，记账前发现凭证输入错误，应如何修改？记账之后发现凭证输入错误，如何修改？

(7) 自动转账功能常用于哪些方面？并说明自动转账凭证模板的主要内容。

(8) 在总账处理系统中，使用记账和结账功能时应注意哪些问题？

(9) 描述报表处理系统编制会计报表的流程，并说明与手工编制会计报表有何不同。

(10) 在计算机环境下编制现金流量表有哪几种方法？阐述每种方法的基本思路。

(11) 总账与报表处理系统控制的要点是什么？阐述总账与报表处理系统的主要控制环节及其控制内容。

(12) 利用本书综合实验中提供的上机实验资料练习总账与报表处理系统的使用。

第 13 章 预算管理

本章学习目标

通过本章学习，读者应达到以下目标。

(1) 了解预算管理的目的和内容。

(2) 理解预算管理与其他业务流程之间的关系。

(3) 理解并掌握预算管理过程的处理流程。

(4) 理解并掌握预算管理包含的主要业务过程。

(5) 掌握预算管理系统的构成和系统的应用流程。

(6) 掌握企业级预算管理系统与部门级预算管理系统的区别。

(7) 掌握企业级预算管理系统的使用方法。

13.1 预算管理概述

企业预算管理是对企业内部各部门、各单位的各种财务及非财务资源进行预计、分配、考核并控制的过程，目的是有效地组织和协调企业的生产经营活动，完成既定的经营目标。

13.1.1 预算管理的目的和内容

预算是计划的量化和具体化，把企业计划以定量的方式表现出来转换为企业预算，它展示了某一特定期间内(一般为一年或一个既定的期间，我们称其为“预算期”)企业全部经营活动的各项指标及其资源配置的定量说明。预算既是决策的具体化，又是控制经营活动的依据。

1. 预算管理的目的

预算是在预测和决策的基础上围绕企业战略目标，对一定时期内企业资金取得和投放、各项收入和支出、企业经营成果及其分配等资金运动所做的具体安排。企业预算管理就是对从预算编制、审批到预算的执行、评价的整个过程的管理，一般应达到以下几个目的。

(1) 合理有效配置企业资源。

企业预算是在对企业资源整合及优化的基础上形成的，因此通过预算管理可以达到节约交易成本、优化配置资产结构并发挥规模经营效益的目的。

(2)全面协调企业管理活动。

通过预算的制定、执行和监督，保证整个企业内部各部门之间管理协调，达到通过制度实现管理的目的。

(3)调动企业全员积极性。

预算管理过程涉及各个部门和每个员工。通过预算管理，可以使每个部门和每个员工有明确的努力目标，从而调动全员积极性。

(4)实现自我控制和他人控制相结合。

预算管理将预算主体和预算单位的行为通过目标与目标执行后的奖惩体系相结合，达到使预算主体自我控制且自我激励的目的。

2．预算管理的内容

(1)预算的内容。

企业预算按照涉及的内容可以分为损益预算、资本预算、现金流量预算和其他预算 4 类。

- 损益预算。以企业经营成果为核心，由销售量、销售收入、损益、成本、费用和税项等指标组成，包括销售预算、产品预算、其他业务预算、投资收益预算、成本预算、采购预算、营业外收支预算和利润分配预算等。
- 资本预算。反映企业工程建设、对外投资和福利设施等建设方面的投资性活动，包括工程建设预算、长期投资预算和更新改造预算等内容。
- 现金流量预算。反映企业现金收支方面的情况，包括现金流入预算、现金支出预算和债权债务预算等。
- 其他预算。在总预算和分预算中未列出的预算项目，主要是基于企业生产经营活动的需要必须单独编制预算的重要项目。

主要预算之间的关系如图 13-1 所示。

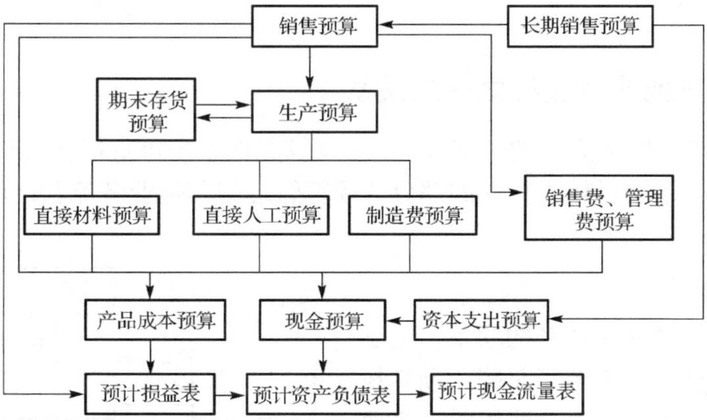

图 13-1　主要预算之间的关系

(2)预算管理的内容。

预算管理是一个过程，包括预算编制、预算执行、预算调整，以及预算评价几个环节。预算编制是前瞻性的，属于事前的管理；控制是实际活动的监控，属于事中的管理；预算评价是对责任中心执行责任预算的结果进行对比分析，找出责任预算执行差异及造成差异的原因。用数据说话，属于事后的管理。预算的数据与业务的数据发生联系，使得事前的计划可以参考历史数据，事中的控制针对具体的业务发生，事后的分析评价基于预算执行的差异。预算管理过程如图 13-2 所示。

- 预算编制。预算编制是实现企业全面预算管理的第一步，也是预算管理的难点。企业首先根据具体的业务计划，使用合理的预算方法按照一定的预算标准，编制出某期间或年度的预算。具体编制时主要采用自下而上和自上而下相结合的方法。企业财务管理部门将董事会或经理办公会审议批准的年度总预算分解成一系列的指标体系，由企业预算委员会逐级下达各预算执行单位执行。同时，应当将企业财务预算报送主管财政机关备案。
- 预算执行。企业预算一经批复下达，各预算执行单位就必须认真组织实施。将企业预算指标层层分解，从横向和纵向落实到内部各部门、各单位、各环节和各岗位，形成全方位的企业预算执行责任体系。

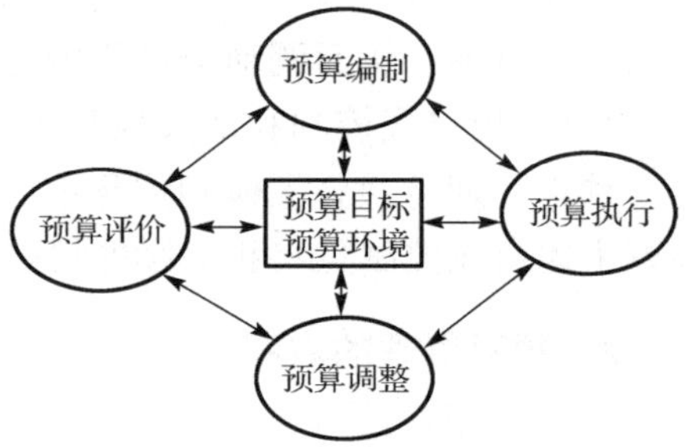

图 13-2　预算管理过程

- 预算调整。企业正式下达执行的企业预算，一般不予调整。企业预算执行单位在执行中由于市场环境、经营条件和政策法规等发生重大变化，致使企业预算的编制基础不成立，或者将导致企业预算执行结果产生重大偏差的可以调整企业预算。调整后要由预算委员会审核，并提交董事会或经理办公会审议批准。
- 预算评价。由企业预算委员会定期召开企业预算执行分析会议，全面掌握企业预算的执行情况，研究、落实解决企业预算执行中存在问题的政策措施，纠正企业预算的执行偏差。在企业预算执行分析过程中，企业财务管理部门及各预算执行单位要充分收集有关财务、业务、市场、技术、政策和法律等方面的有关信息资料，根据不同情况采用不同的方法，从定量与定性两个层面充分反映预算执行单位的现状、发展趋势及其存在的潜力。

13.1.2　与其他业务流程之间的关系

预算管理子系统是财务系统的一部分，由于预算数据本身可直接作为日常核算的数据，所以预算管理子系统也是相对较为独立的部分。预算管理与其他业务流程之间的关系如图 13-3 所示。

1. 与总账的关系

预算管理系统与总账有紧密的联系，编制预算需要参考的数据主要来源于总账。预算执行中的实际运行信息也主要由总账提供，需要从总账中直接取数，然后进行预算分析。预算数据可以从预算系统写入总账，在总账中实现一些对实际业务的事后预算控制。

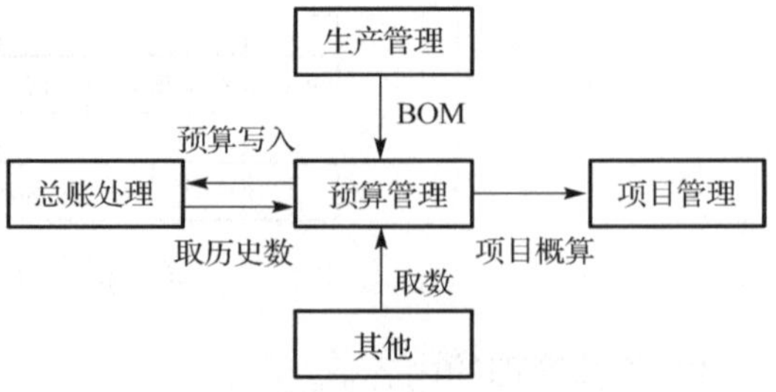

图 13-3　与其他业务流程之间的关系

2. 与项目管理的关系

项目管理系统中项目概算的数据，可以直接从预算管理系统编制的全面预算中涉及项目的部分导入，从而实现全面预算管理与专项预算管理一体化。

3．与生产计划的关系

在全面预算中，主营业务收入预算、生产预算、产品明细预算、材料明细预算和材料采购预算可以按照 BOM 自动展开。

4．与其他系统的关系

预算系统通过取数公式可以将其他系统的数据取出，从而生成预算报表，进行预算分析。

13.1.3　几种典型业务流程场景

预算管理主要包括预算编制、执行与调整，以及考核与评价等几个大的业务过程，下面对几个典型业务从处理流程的角度进行分析。

1．预算编制

预算编制是一个需要自下而上或自上而下多次反复的过程，通过这些反复可以使预算既与企业发展战略和长远目标一致，并反映这一战略和目标，也能够使预算符合企业实际，使预算真正发挥作用。预算编制流程如图 13-4 所示。

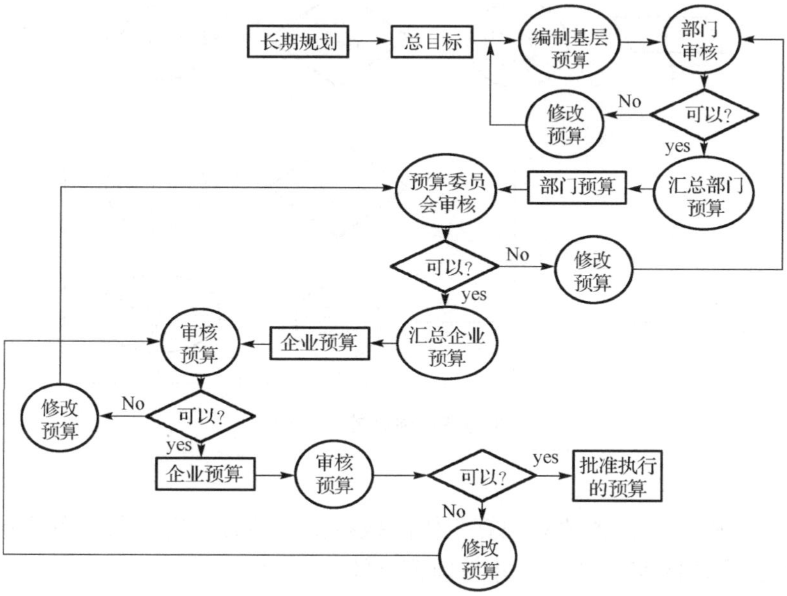

图 13-4　预算编制流程

流程解析如下。

(1) 最高领导机构根据企业发展战略和长期规划，在决策的基础上利用本量利分析等工具，提出企业一定时期的总目标；并确定企业预算编制的政策，由企业预算委员会下达给各预算执行单位。

(2) 各预算执行单位按照企业预算委员会下达的企业预算目标和政策，结合自身特点，以及预测的执行条件，提出详细的本单位企业预算草案，使预算能够较为符合实际。

(3) 各部门汇总部门预算草案并初步协调本部门预算，编出销售、生产和财务等业务预算，上报企业财务管理部门。

(4) 企业财务管理部门对各预算执行单位上报的企业预算方案进行审查和汇总，平衡业务预算，并提出修改方案。预算委员会在审查和平衡过程中应当进行充分协调，对发现的问题提出初步调整的意见，并反馈给有关预算执行单位予以修正。由各部门修改直至审核通过，然后根据部门预算汇总出公司的总预算。

(5) 总预算上报管理层，经过审议机构审议通过或者驳回修改预算。

(6) 主要预算指标报告给董事会，讨论通过或者驳回修改。

(7) 批准后的预算下达给各部门执行。

2. 预算控制

预算控制是实现预算管理目标的重要保证，它是预算执行、预算调整、预算考核和评价的综合。图 13-5 所示为经过分析的预算控制流程。

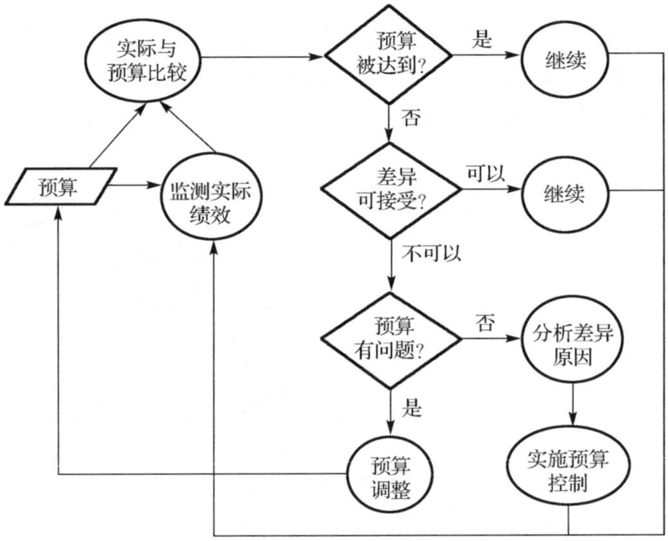

图 13-5　预算控制流程

流程解析如下。

(1) 预算进入实施阶段，各独立预算主体的执行部门负责预算执行。各企业及下属管理部门监测预算期预算主体的实际绩效，并与预算比较。

(2) 如果预算执行出现差异，上层机构应该根据企业的差异确认评价标准，进行有区别的预算分析考核。

(3) 预算制定后还要根据对内外环境，如包括国家宏观政策、行业发展趋势及竞争对手状况等在内的企业所处的生存环境的监测进行动态调整。

(4) 根据差异产生的不同情况及可以接受和容忍的差异范围，采取不同的措施，如调整预算或对执行过程实施控制等。

13.2　预算管理子系统

预算管理子系统提供了预算的编制与调整、预算的控制和预算的执行分析等涉及预算管理全过程的功能，支持企业从销售预算→生产预算→采购预算→费用预算→投资预算→筹资预算

→预计损益表→预计资产负债表→预计现金流量表的全面预算编制过程，并通过预算方案的管理，使企业可以选出最佳预算方案，指导企业运营。

13.2.1 预算管理系统应用流程

1. 主要功能模块

从预算管理系统的目标出发，预算管理系统应该主要包括如图 13-6 所示的功能模块。

(1) 系统初始设置。

系统初始设置是指设置系统正常运行必要的参数选项，正确并全面初始化是成功应用预算管理系统的基础，也是企业预算管理工作的前提。预算管理系统的初始化主要包括基础资料设置（公共基础资料、预算管理系统基础资料和预算管理相关的其他业务系统基础资料）、系统参数设置、用户管理和日志信息管理。企业应该根据自身需要和系统要求进行适当的初始设置。

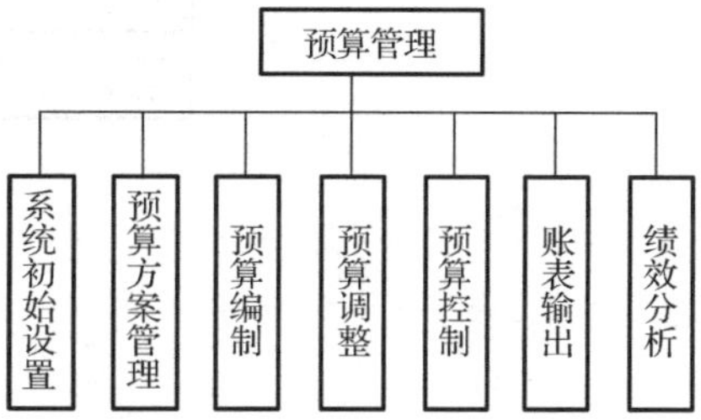

图 13-6 预算管理的主要功能模块

(2) 预算方案管理。

预算方案定义了企业预算总括性的计划，例如年期跨度、是否全面预算和是否滚动预算等。根据系统参数中设置的"主预算"类型，预算方案的编制还要区分不同的类型。编制预算前，必须制定预算方案。明确编制预算时应遵循的先决条件，包括提供与该套预算有关的所有信息。编制责任预算时要严格遵守预算方案的规定。

(3) 预算编制。

预算编制是形成企业各种具体预算数据的过程，它是预算管理系统的核心功能。一切基础定义都是为了预算编制的进行，预算控制和责任分析等功能也是围绕预算编制实现的。

(4) 预算调整。

预算编制完成之后，预算作为企业未来一段时期生产经营的共同目标及准则，整个预算体系应该是严肃的、严谨的且被共同遵守的。当然随着市场情况的变动、企业自身状况的调整，任何一个企业在实际的预算执行过程中，都有可能出现调整和修正经营目标的情况。这些调整可能是定期的，如中期调整，也可能是根据实际需要随时进行的。无论何种情况，在预算开始执行之后，任何对预算数据的调整和修订都应该是受控制的，要保留调整痕迹并可追溯。预算调整功能可以实现按流程进行预算调整，并提供了相应的控制手段。

(5) 预算控制。

企业制定预算的目的是指导生产经营活动，使之有序且受控。具体反映在预算管理系统中表现为打通预算与总账业务的关系，使预算数据可以通过某种流程实现对总账业务在事前、事中、事后的全面控制，实现预算管理的目标。

(6) 账表输出。

预算编制完成之后生成的预算数据都可以以报表的形式查询和输出，这些报表详尽地反映各种预算的具体情况。

(7) 绩效分析。

绩效分析是完成各责任中心经营活动的预算数据与实际数据的对比分析，反映了责任中心预算执行情况与预算的差异情况。绩效分析的结果通过绩效报告反映。

2．应用流程

预算管理系统应用流程如图 13-7 所示。

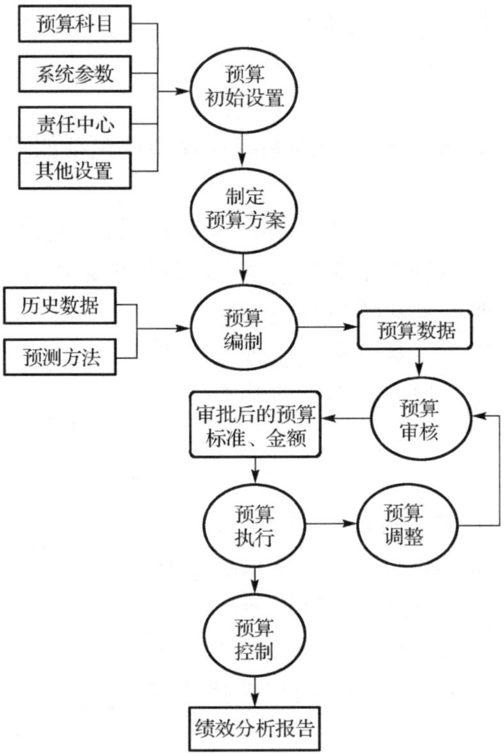

图 13-7　预算管理系统应用流程

13.2.2　与部门级预算管理系统的区别

部门级预算管理系统与企业级预算管理系统的主要目标都是通过预算管理实现对企业的控制，但是二者仍然存在一定的差别。

1．数据采集的区别

由于部门级会计信息系统与生产和其他业务系统等不能直接进行数据交换，因此其编制预算需要的所有数据都只能在本系统中输入。

在企业级预算管理系统中，由于其与生产、销售、库存管理和采购等系统联用，因此预算系统通过定义取数公式就可以将其他系统的数据取出直接生成(或修改后生成)预算报表，进行预算分析。同时，由于与生产系统实现了实时数据传递，因此在编制全面预算时，主营业务收入预算、生产预算、产品明细预算、材料明细预算和材料采购预算等都可以按照生产计划系统定义的 BOM 表自动展开。这种集成共享极大地减轻了预算系统的输入数据量，也扩大了预算反映的明细程度。

2．信息传递的区别

币别、物料信息、部门资料、人员信息、计量单位和核算项目等基本资料在定义预算对象时都要用到，这些资料在部门级预算系统初始化时都要直接输入。同时由于不参与日常核算，因此部门级预算系统几乎是独立的。

在企业级会计信息系统中，预算管理需要的公共资料可以与其他业务系统共享，在此基础上确定预算管理的业务范围，进行预算的管理。因此一方面业务系统和财务系统间信息的实时传递使系统初始设置变得更为简单，另一方面这种信息的实时传递通过业务流程的定义也使预算数据能够实时完成对业务的控制作用。我们以采购付款为例对此进行说明，通过采购系统与预算系统的数据传递，把预算系统编制的当月采购付款的预算指标作为控制标准。当一个采购员申请一笔采购付款时，系统自动检查该业务员当月已使用的资金是否超出其预算指标。如果超出，系统将给予警示，并且不批准该申请。这样即可控制企业每月的付款数量，减少存货资金占压，发挥预算的作用。

3．业务处理的区别

预算管理的真正目的是通过预算实现控制，而部门级会计信息系统由于只能完成预算的编制和调整，以及财务部门内预算数据的共享，无法用于对业务系统进行实时控制，因此难以真正发挥预算的作用。

企业级预算系统在功能上有了扩展。

(1)企业级预算系统不仅可以完成预算的编制及调整，而且整个预算的编制可以利用网络实现部门内部和企业上下级之间数据的在线传递。这无疑会提高预算编制效率，减少预算编制时间。

(2)预算的层层审核和审批是预算管理的必需环节，企业级预算系统通过在线传递数据，可以缩短预算审核时间。下级根据下发的审批信息可以及时修改预算编制数据，进一步缩短预算编制时间。同时由于每一次审核和审批，系统都可以留下审核和审批人员的签章，有利于分清责任并进行追溯。

(3)通过与生产系统和供销链系统的集成，可以实现对预算执行过程的实时控制，真正发挥预算的作用。

(4)由于能够实时获取预算实际执行数据，所以财务人员可以及时进行绩效分析，发现预算存在的问题并及时处理。

(5)通过与领导查询等系统的集成，管理者可以实时掌握预算的执行情况，使预算为企业内部管理服务。

4．信息存储的区别

由于部门级会计信息系统中缺少与生产、项目和其他业务系统等的直接数据传递，所以为了完成预算编制，需要在预算系统中二次输入并存储所有数据。因此，不仅增大了工作量，而且极易出现数据不一致和数据冗余。

企业级会计信息系统实现了与生产、项目和其他业务系统等的实时数据传递，预算系统需要输入和存储的数据大大减少。

13.3 子系统和功能模块应用

不同的预算管理系统在功能结构上存在一定的差别。下面主要以 K3 系统的预算管理系统为基础介绍预算管理系统的子系统和功能模块。

13.3.1 预算管理系统初始化

预算管理的用户管理和日志信息管理与其他系统是一致的，在此不做赘述。

1. 预算管理系统的基础资料

预算管理基础资料的定义就是根据企业自身的特点和需要，将企业内部管理、预算管理的制度、标准及范围数据化且具体化，设置基础资料之前应首先达到以下要求。

(1) 掌握企业管理需要的预算编制类别及手段。

(2) 了解和掌握会计科目的设置及相关属性。

(3) 预算管理系统的各项操作分工明确。

(4) 了解和掌握企业对预算审批的业务流程。

(5) 明确企业编制预算的约束条件，以及基础资料设置对预算结果的影响。

(6) 已经确保要取数的数据源能够成功连接。

在 K3 中，选择进入“系统设置”→“基础资料”→“预算管理”，即可设置预算管理基础资料。下面介绍预算管理需要定义的主要选项。

(1) 预算类别。

预算类别是按照企业不同生产经营活动性质对预算科目进行的分类，是预算管理系统整体架构的基础，同一预算类别可以对应多个预算科目。预算管理系统预算类别包括 5 大类和 18 小类，大类不允许修改及增加；小类只可以新增，不可以修改。在 K3 中定义的 5 大类如下。

- 经营预算。经营预算是与未来营业成果直接相关的预算，通常与损益表的计算有关，主要包括销售预算、生产预算、直接材料采购预算、直接人工预算、制造费用预算、销售费用预算、管理费用预算、其他收入及支出预算。经营预算通常用于出具预计损益表。
- 财务预算。财务预算是有关企业未来财务状况的预算，包括产品明细预算、材料明细预算、应收款预算、应付款预算、其他流动资产预算、其他流动负债预算、所有者权益预算，以及其他自定义的财务预算类别。财务预算属于预算资产负债表的内容。
- 资本预算。资本预算主要涉及资本性支出，如固定资产的购建、扩建、改建、更新及长期股权、债权投资等，一般包括增加投资预算、投资收回预算、投资收益预算 3 个部分。资本预算要在投资项目可行性研究基础上编制，以预算期间年、月、季的数据具体反映投资的时间、规模和收益等情况。
- 筹资预算。筹资预算主要涉及长、短期借款和债券预算，不包括股票筹资等涉及所有者权益的筹资业务，一般包括增加筹资预算、偿还筹资预算和筹资费用预算 3 个部分。筹资预算属于资产负债表预算的一部分。
- 表外预算。表外预算是对那些用非会计金额表示的预算项目的归类，如职工人数、工时和产量等。

(2) 预算科目。

预算科目是企业预算管理活动中具体的预算对象或预算项目，它可以是一项费用，也可以是某种支出，还可以是投资和基建等项目。图 13-8 所示为 K3 预算科目定义界面。

预算科目是编制预算的基本要素，预算科目与会计科目既有区别，也有联系。预算科目按照预算类别分类，会计科目按照会计要素分类。由于预算编制的结果主要通过会计报表，如资产负债表、损益表和现金流量表为表达形式的预算报表反映，因此预算科目与会计科目一样，也反映了资产、负债、权益，以及损益之间的会计关系。可以在预算科目和会计科目之间通过“科目类别”与“预算类别”建立明确的对应关系。

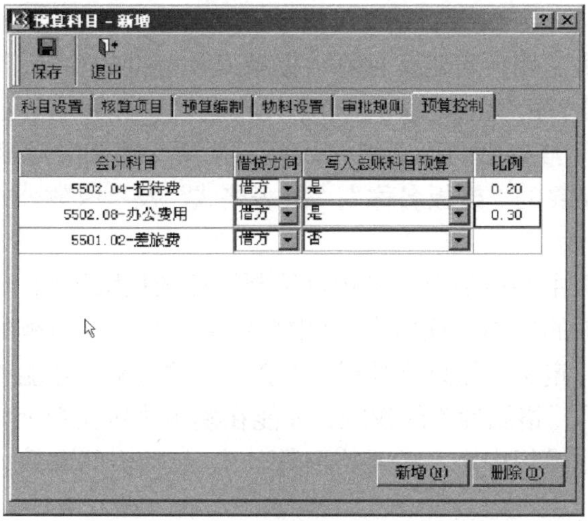

图 13-8　预算科目定义界面

(3) 责任中心。

责任中心的确立是开展责任预算管理的前提和开始，定义责任中心就是将某个核算项目类别中的某些核算项目确定为责任中心的数据来源，建立预算管理的组织体系。系统管理中定义的责任中心主要包括成本中心和利润中心两种类型。责任中心定义时需要注意如下问题。

- 如果一级责任中心不带核算项目即为虚拟责任中心，虚拟责任中心的非明细级责任中心也可以不带核算项目，而明细级责任中心必须带核算项目。
- 如果上级责任中心带核算项目，那么下级责任中心定义时，可以指定其对应上级核算项目。如未指定，则下级责任中心对应的每一个具体核算项目，均与上级责任中心所带的所有核算项目形成一一对应的核算项目组合。
- 上下级责任中心不能带同一个核算项目类别。

图 13-9 所示为 K3 的责任中心界面。

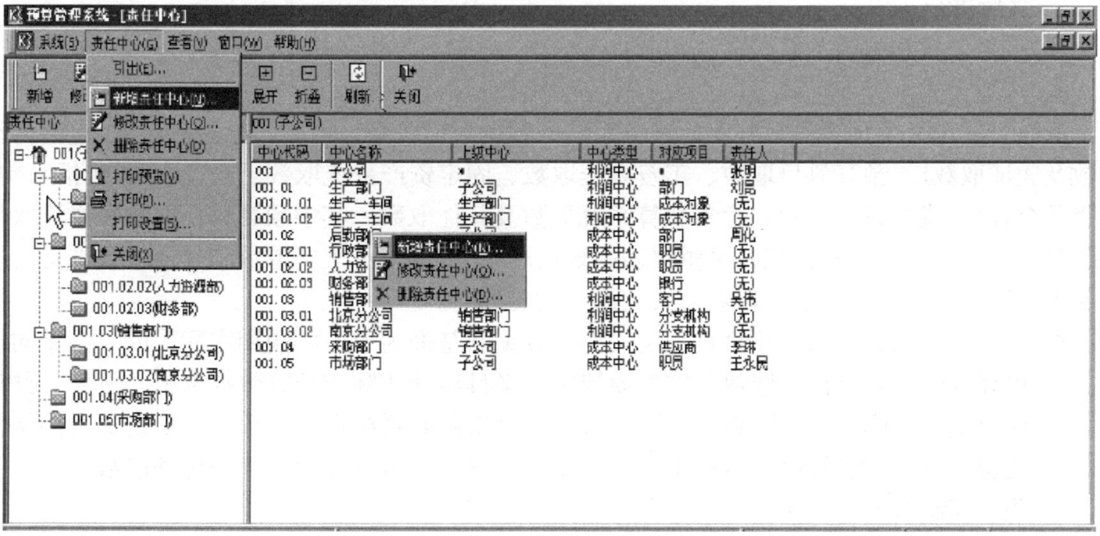

图 13-9　责任中心界面

(4) 自定义预算编制模板。

自定义预算编制提供了用户自定义预算数据录入及审批的功能,其原理是系统提供类似报表系统的表格式录入界面,用户可以为每一个单元格定义属性和取数公式。为方便理解和应用,可以将格式定义为企业日常应用的报表格式。自定义预算编制时应该首先自定义预算编制模板,对预算编制报表所需要的“模板名称”、“报表格式”及“取数公式”等公用基础信息进行定义。

自定义预算编制模板主要包括自定义预算编制模板的权限控制、自定义预算编制模板的定义和自定义预算编制模板的使用 3 项内容。其中自定义预算编制模板的权限控制是对用户使用该自定义功能的权限进行定义，如只有被授予“查看”的权限，才能查看所有的自定义预算编制模板；只有被授予“单元格属性”的权限，才能在模板中定义单元格属性；只有被授予“取数公式”的权限，才能在模板中定义单元格取数公式(包括表间取数、表格汇总及业务系统取数)等。

预算编制模板的定义步骤如图 13-10 所示。

(5) 预算编制审批流程。

预算编制审批流程是定义预算编制数据审批流程的平台，定义的内容包括级次、审批人及截止期限等，不定义审批流程则无须审批。定义审批流程时需要注意如下问题。

- 审批流程的定义以二级预算类别为单位，如“费用预算”。一旦为费用预算类别定义了审批流程，则所有费用类别下的预算科目均共享此流程。
- 预算编制审批流程可以定义多级及多人审批。
- “截止期限”是指截止到预算方案定义的预算开始之日的天数。

图 13-10　预算编制模板的定义步骤

- 当定义的审批流程已经开始执行后，即至少第 1 级审批人已审批，审批流程就不能再变动。要修改预算编制多级审批流程，必须在该类别预算数据反审批或停止预算编制之后进行。

(6) 取数公式和钩稽关系。

① 取数公式。

取数公式定义了预算科目与实际业务系统的数据对应关系，取数包括总账取数(包括科目取数及凭证取数)、预算科目取数、工资系统取数、固定资产系统取数、物流取数(包括采购、销售及仓存)、成本系统取数、存货核算系统取数及其他取数，其中预算科目取数和物流取数为预算管理系统专用取数公式并可供报表系统调用，总账取数、工资取数和其他取数等是调用各业务系统提供的相关函数。取数公式的用途主要如下。

- 预算编制取数。当某预算科目定义的预算编制基准为“上年同期实际”或“上年同期预算”时，需要在“取数公式”模块中定义具体的实际或预算数据取值。例如，预算科目定义了取上年实际数据，则在进行预算编制时系统根据取数公式的定义直接从相关位置(总账或物流系统)取来业务数据，并显示在编制界面的“预算基准数”列，供预算编制参考。
- 责任报告和绩效分析取数。责任分析报表从不同维度分析了预算与实际业务的差异，业务数据需要通过定义取数公式从业务系统自动且实时地提取实际业务数据。同预算数据对比，出具分析报表，并可以实时更新取数数据。

- 弹性预算控制。在预算科目定义界面定义该科目为“弹性预算控制”时，可以在当前界面定义具体的弹性预算控制公式。

例如，定义一个预算科目 101，预算编制取数源为上年实际数据。取数公式定义为：ACCT("501","DF","",0,0,0,"")，其含义是 101 贷方预算金额取会计科目 501 默认年度和默认期间的贷方发生额。

② 钩稽关系。

钩稽关系也可以称为“预算钩稽关系”，它定义了预算编制中预算科目与其他预算科目及实际业务的关系，包括总账取数(包括科目取数和凭证取数)、预算科目取数、工资系统取数、固定资产系统取数、物流取数(包括采购、销售和仓存)、成本系统取数、存货核算系统取数及其他取数。其中预算科目取数和物流取数为预算管理系统专用取数公式，并可供报表系统调用。总账取数、工资取数和其他取数等是调用各业务系统提供的相关函数。

钩稽关系的定义类似于“取数公式”的定义，但是预算钩稽关系的定义仅用于预算编制，而“取数公式”的定义既可以用于预算编制，也可以用于绩效分析等的取数。同时预算编制究竟是按钩稽关系，还是取数公式的定义实现预算数据的取得，是在预算科目定义中确定的。

(7) 预警定义。

根据用户定义的取数公式，预算管理系统可以通过实时更新实际业务数据，与预算数据根据预定关系进行对比后，出具实时的预算预警信息提示。而上述预定关系即为预警定义的内容。

预算科目预警定义界面如图 13-11 所示。

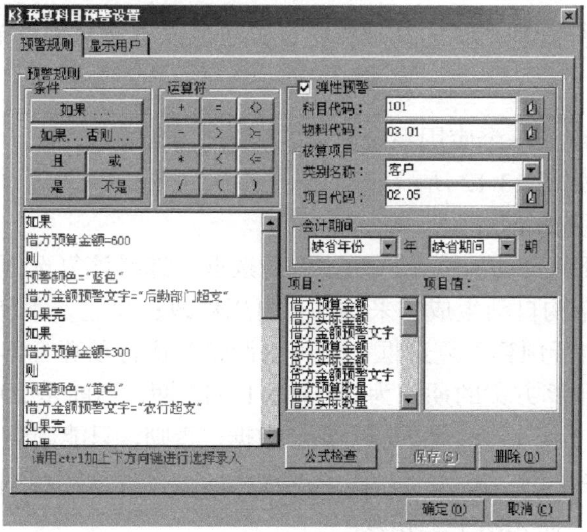

图 13-11　预算科目预警定义界面

(8) 引入引出定义。

引入引出功能为用户进行预算和实际业务数据及模板的引出引入提供了平台，一方面实现了不同数据库之间资料和数据的交换及共享；另一方面拓宽了预算数据的来源，丰富了预算编制的手段。引入引出的格式包括 XML 和 Excel。导出的内容及其说明如表 13-1 所示。

表 13-1 导出的内容及其说明

文 件 类 型	导 出 项 目	说 明
XML 文件	预算科目	本账套定义的预算科目信息
	责任中心	本账套定义的责任中心信息
	取数公式	本账套定义的取数公式信息
	钩稽关系	本账套定义的钩稽关系信息
	预算编制数据	本指定预算方案对应的预算数据
	实际业务数据	本指定期间，经取数公式定义并在绩效报告中进行“提取实际数据”操作提取来的实际业务数据
Excel 文件	预算编制模板	根据在编制方案指定的预算科目范围导出预算编制模板。根据预算科目范围，每一明细预算科目为一个 sheet 页
	业务数据模板	根据在执行方案指定的预算科目范围导出业务数据模板。根据预算科目范围，每一明细预算科目为一个 sheet 页

导入的内容及其说明如表 13-2 所示。

表 13-2 导入的内容及其说明

文件类型 / 导入项目	XML 文件		Excel 文件
	从数据库导入	从文件导入	从文件导入
预算科目	需指定数据库并连接成功，需基础资料对应	指定文件，需基础资料对应	不适用
责任中心			
取数公式			
钩稽关系			
预算数据	需指定数据库并连接成功，需预算科目及基础资料对应	指定文件，需预算科目及基础资料对应	需指定字段的对应
业务数据			

除上述资料外，预算管理系统的基础资料设置还可以自定义预算单据等。

2. 设置系统参数

设置系统参数是指定义一个应用系统具体实现方式的参数选项。

系统参数设置界面如图 13-12 所示。

其中的几个选项说明如下。

(1)“按 BOM 展开的自动预算允许修改”复选框：选择该复选框，根据生产、销售及库存预算数据、按 BOM 结构自动生成的采购预算可以修改；反之，不能修改。

(2)“可以调整已执行预算”复选框：只可以调整在执行预算方案中已经执行过的预算数据。例如，某一在执行预算方案的期间为 2015 年 1～12 期，当前是 2015 年 5 期，则选中该复选框即可调整该方案 2015 年 1～12 期的所有预算数据；否则，只能调整 5～12 期的预算数据。

(3)“自动扣减预算单据”复选框：选中该复选框，符合预定规则的预算单据可以在总账凭证保存时自动被扣减，而无须手工扣减。

(4)“自动核销预算单据”复选框：选中该复选框，当扣减金额等于审批金额时，预算单据自动被核销掉，而无须手工核销。

(5)“预算单据按申请金额控制(否则按审批金额控制)”复选框：选中该复选框，则预算单据上的“预算余额”按“预算余额=预算金额-申请金额”的结果显示；否则按“预算余额=预算金额-审批金额”的结果显示。

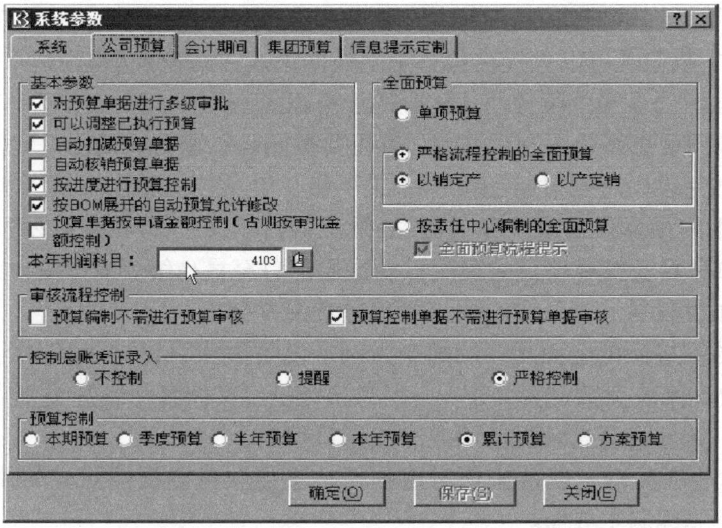

图 13-12 系统参数设置界面

(6)“严格流程控制的全面预算”单选按钮：选择后，执行不需要按责任中心进行预算编制的预算形式，工业账套包括以销定产和以产定销，商业账套包括以销定购和以购定销。

(7)“控制总账凭证录入”选项组：“不控制”指不控制总账凭证录入；“提醒”指如果总账系统要保存的凭证涉及预算受控会计科目，则在保存时给予是否预算控制的提示；“严格控制”意味着选择后，即确定对总账业务进行预算控制；反之不控制。

13.3.2 预算管理系统日常处理

1. 预算方案管理

预算方案对应一套预算，包括与该套预算有关的所有信息。具体包括方案号、方案名称、预算方式(年预算、月预算和季预算等)、是否滚动预算、方案说明、预算期间、编制人和编制时间等，是对企业确定年期内预算管理的总的计划和安排。

预算方案管理包括如下内容。

(1)对预算方案的新增、修改、删除、查看、浏览和打印等处理。

(2)指定预算方案的状态，包括正在编制(系统中目前唯一的可编制的预算方案，一个系统同时只能有一个在编制状态的预算方案)、正在执行(预算已经编制完毕，并且通过了审核和审批的预算方案)和执行完毕 3 种。

(3)确认预算调整数据，即将预算调整模块产生的新的预算数据汇总到原始预算数据中，后续的预算控制根据汇总后的数据进行操作。只有确认后，方案的预算调整数据才能被系统认可。

(4)预算数据写入总账科目预算的处理。如果在预算科目定义中选择了某个、某些或全部预算科目数据写入总账科目预算，则在预算数据编制之后在此执行“写入”的操作，这样预算科目对应的预算数据才能被写入对应的总账科目的科目预算表中。

2. 预算编制

企业的预算综合反映了企业不同层级和不同单位在预算期间内应实现的目标和完成的任

务，而企业不同层级和不同单位的工作必须协调一致地进行，才能保证企业总体目标和任务的实现。编制预算时，数据既可以直接在预算编制数据录入界面输入，也可以采用预测模拟工具、取数公式和预算钩稽关系等手段自动从相应的业务系统获取。

一般来说，利用信息系统编制预算时，首先要按照与总账会计期间一致的时期编制，即无论预算方案定义的是多少跨度(月、季、年、3 年和 5 年)的预算周期，预算均按月编制；其次预算编制要以明细的预算科目或核算项目(如果该科目定义了核算项目或责任中心)为单位编制，系统会按预算科目及核算项目的级次自动层层汇总至最高级。预算编制完成后，使用者可以按任意级次的预算科目、责任中心或核算项目查询并分析。

下面以严格流程控制的全面预算的编制为例来说明预算编制的过程。对于严格流程控制的全面预算，首先要在系统参数设置处定义。因为系统已经按照各个预算类别内在数据关系已经预设了编制流程，因此将会自动提示用户完成预算编制。

(1) 录入预算数据并指定现金流量对应的现金流量项目及损益对应的预算科目，进入如图 13-13 所示的预算编制主界面。

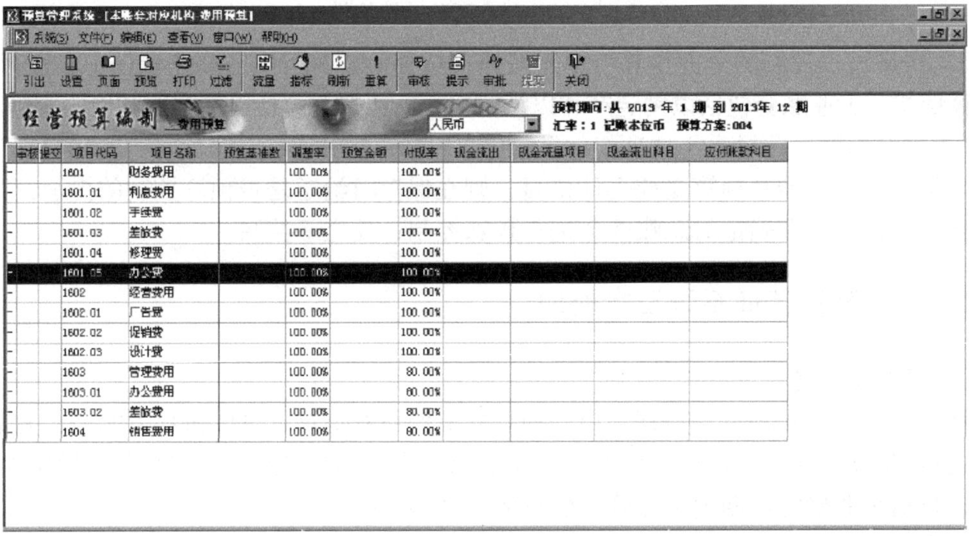

图 13-13　预算编制主界面

单击任一具体预算，即可进入新的预算项目数据的明细录入界面。可以在其中录入预算数据，如图 13-14 所示。

其中的几个命令的含义如下。

- 计算命令：是指在“预算基准数”不为空时，单击该按钮，则系统自动按照公式“预算金额=预算基准数×调整率”计算并填入预算金额。
- 取数命令：分为几种情况。

如果该预算科目定义了预算编制基准为“上年同期实际”或“上年同期预算”，则系统分情况做如下处理。

如果系统没有应用引入引出工具引入过实际数据，也没有在绩效报告中提取过实际数据，那么根据“取数公式”的定义、根据界面上显示的期间，会自动搜索出上年对应期间的预算数据，取来实际业务或预算数据作为预算编制的基准。

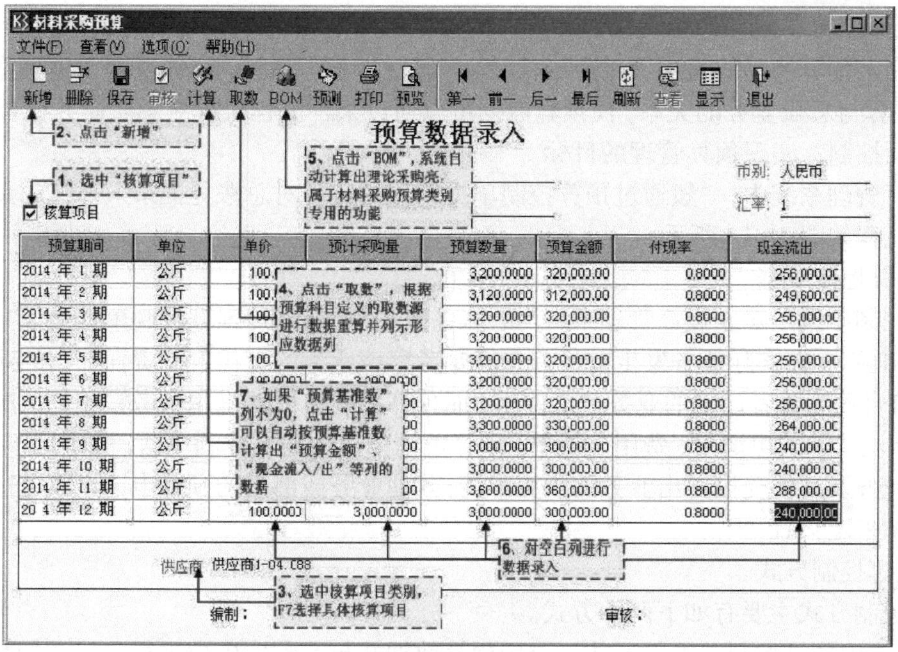

图 13-14　数据录入

如果系统曾经引入过实际数据或曾经提取过实际数据，那么这部分数据就会被存储在数据库对应的数据表中。系统会根据存储的数据表找出对应的实际数据，列示在“预算基准数”列中。

如果该预算科目定义了预算编制基准为“钩稽关系”，则“预算金额”和“预算数量”列会根据“预算钩稽关系”的定义、根据界面上显示的期间，自动搜索出上年对应期间的预算数据并显示。

如果用户定义了预算科目的编制基准为“手工”，则上述“预算基准数”列为空，只能手工录入数据。

- 预测命令：系统调出“预测工具”界面，进行预算数据的预测及模拟。

需要说明的是企业全面预算的编制有以产定销和以销定产两种类型。二者编制的起点不同，但数据关联性基本一致。“以销定产”的起点为主营业务收入预算，“以产定销” 的起点为生产预算。

(2)提交预算数据。

提交是将该预算类别中的应收/应付部分数据提交给应收/应付预算类别，将现金流量提交给现金类科目，收入和支出类预算金额提交给本年度利润等，为编制流程中处于下游的预算类别提供参考。

(3)预算数据审核和审批。

审核是由被授权的用户对预算编制结果的合法性和合理性进行确认的过程，只有已经审核的预算才可以进入审批。审核后的预算不能修改，不审核的预算不能执行。

审批是由被授权的用户对已经审核过的预算进行审批并签章的过程。

3．预算调整

预算调整的流程及操作界面均与预算编制类似，并且调整后的预算也需要审核和审批。需要说明的是系统支持多次调整，因此进入调整界面后可以看到前面调整的情况。

4．预算控制

企业制定预算的目的是指导生产经营活动，使之有序、受控，具体反映在预算管理系统中为：打通预算与总账业务的关系，使预算数据可以通过某种流程实现对总账业务在事前、事中、事后的全面控制，实现预算管理的目标。

在预算管理系统中，一般通过预算控制单据的形式实现对总账凭证录入环节的预算实时控制，实现流程如图 13-15 所示。

(1) 预算控制单据。

预算控制单据是建立预算管理系统与总账系统关联的纽带。预算控制单据类似“预算申请”或“预算知会”。在实际业务发生前，首先需要考察该业务的责任人或责任部门的业务预算情况，只有符合预算或者计划的业务才能发生，而预算控制单据就是用来考察预算情况的业务环节。系统预设了采购申请单、费用申请单、预算申请单 3 种预算控制单据，分别用于采购业务、费用发生业务及其他受控支出业务的预算申请，其他业务或部门的预算申请可以通过自定义预算单据类型来定义。

(2) 预算控制方式。

预算控制方式主要有如下两种方式。

① 以调用预算控制单据的形式，调用预算数据并与实际发生数进行比较、扣减，判断实际发生数是否在被认可预算余额范围之内。

② 利用预算管理系统对写入的科目预算数据进行相应的控制后，决定该凭证能否保存，然后将结果传递到预算管理系统进行预算核销并执行相应的查询和分析。

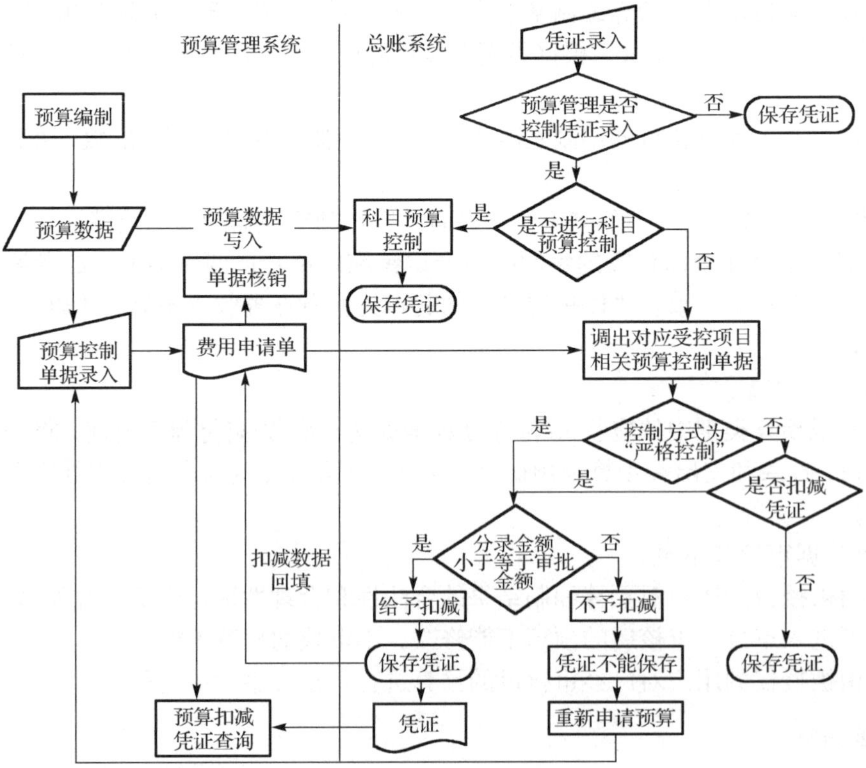

图 13-15　预算控制实现流程

13.3.3　输出证、账、表

1．预算数据报表

通过预算报表，用户可以对预算总额、预算余额、核算项目金额等预算数据从不同角度、不同维度进行实时的查询。常用的预算报表主要有下面几种。

(1) 预算科目余额表：提供预算科目余额数据。

(2) 预算核算项目余额表：用于预算核算项目余额的分析。

(3) 预算核算项目明细表：以报表的形式展示全部核算项目的明细资料，并且可以任意角度分析、过滤和实时显示。图 13-16 所示为预算核算项目明细表示例。

	会计年度	会计期间	客户	职员	借方发生额	贷方发生额
条件	全部	全部	全部	全部	全部	全部
1	2015	1		01-张明		16,000,000.00
2	2015	2		01-张明		20,000,000.00
3	2015	1		01-张明		11,500,000.00
4	2015	2		01-张明		30,000,000.00
5	2015	1	04.02-西安华夏公司	03-贾俊		6,000,000.00
6	2015	2	04.02-西安华夏公司	03-贾俊		8,000,000.00
7	2015	1	02.02-辽宁电子厂	04-李琳		6,250,000.00
8	2015	2	02.02-辽宁电子厂	04-李琳		5,750,000.00
9	2015	1	04.03-兰州电器公司	06-江山		8,750,000.00
10	2015	2	04.03-兰州电器公司	06-江山		9,000,000.00
11	2015	1	10.01-香港长途联运公	41-何竺竺		20,000,000.00
12	2015	2	10.01-香港长途联运公	41-何竺竺		18,000,000.00
小计						59,250,000.00

图 13-16　预算核算项目明细表示例

(4) 预算核算项目汇总表：以报表的形式展示对明细资料的汇总分析，并且提供了任意角度的分析、过滤和实时显示。

(5) 预算核算项目组合表：以报表形式输出不同核算项目进行不同角度组合分析的结果。

(6) 预算控制余额表：是将预算编制数据，实际进行预算控制的数据，实际申请、实际审批和实际发生的数据综合汇总并多角度查询的报表。

此外，还可以根据企业应用实际，自定义更多个性化报表。

2．绩效分析报表

绩效分析是按责任中心查询企业经营活动的各个方面的预算数据与实际数据的对比分析，反映责任中心预算执行情况与预算差异情况，包括标准财务报告、销售预核、生产预算和核算项目的预算执行情况等。主要绩效报告报表有以下几种。

(1) 预算资产负债表：仿照标准财务报表的要求，根据预算数据的编制自动生成的预算资产负债表。

(2) 预算损益表：仿照标准财务报表的要求，根据预算数据的编制自动生成的预算损益表。

(3) 预算现金流量表：仿照标准财务报表的要求，根据预算数据的编制自动生成的预算现金流量表。

(4) 收入预算表：其示例如图 13-17 所示。它根据经营预算中主营业务收入预算、其他收支预算中的收入类和投资收益类预算科目编制而成，按照主营业务收入预算、其他收入预算和投资收益预算排列，每类再按预算科目的顺序依次排列。

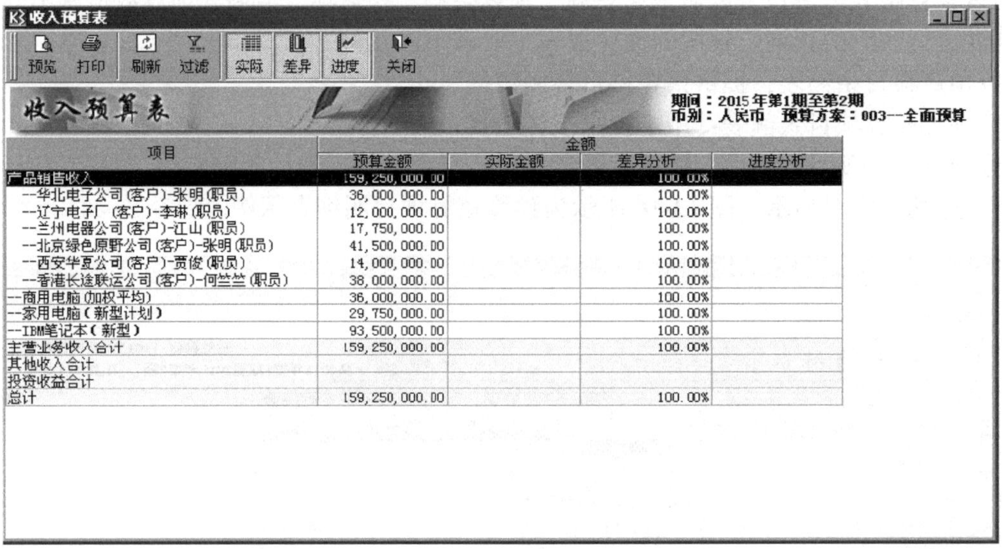

项目	金额			
	预算金额	实际金额	差异分析	进度分析
产品销售收入	159,250,000.00		100.00%	
--华北电子公司(客户)-张明(职员)	36,000,000.00		100.00%	
--辽宁电子厂(客户)-李琳(职员)	12,000,000.00		100.00%	
--兰州电器公司(客户)-江山(职员)	17,750,000.00		100.00%	
--北京绿色原野公司(客户)-张明(职员)	41,500,000.00		100.00%	
--西安华夏公司(客户)-贾俊(职员)	14,000,000.00		100.00%	
--香港长途联运公司(客户)-何竺竺(职员)	38,000,000.00		100.00%	
--商用电脑(加权平均)	36,000,000.00		100.00%	
--家用电脑(新型计划)	29,750,000.00		100.00%	
--IBM笔记本(新型)	93,500,000.00		100.00%	
主营业务收入合计	159,250,000.00		100.00%	
其他收入合计				
投资收益合计				
总计	159,250,000.00		100.00%	

图 13-17　收入预算表

(5) 费用支出预算表：根据经营预算中费用预算和其他收支预算中的支出类编制而成，按费用预算和其他业务支出预算的顺序排列。每类再按科目顺序排列，反映预算期间费用支出预算及执行情况。

(6) 应收款预算表：根据财务预算中的应收款预算编制而成，只反映期末余额。

(7) 应付款预算表：根据财务预算中的应付款预算编制而成，只反映期末余额。

(8) 固定资产变动情况预算表：根据财务预算的资本预算类属性定义为“固定资产”相关科目的数据编制而成，按指定的固定资产科目范围内固定资产科目依次排列。

(9) 投资预算表：根据财务预算的资本预算类属性为“投资”的相关科目数据编制而成，按指定投资预算科目范围内投资预算科目依次排列。

(10) 生产成本预算表：如果销售成本预算、产品明细预算都带有物料且进行数量金额核算，则可以按照下面的公式倒推算出产品的生产成本。

单位产品生产成本=(产品明细预算期末余额+本期产品销售成本−产品明细预算期初余额)/(产品明细预算期末数量+本期销售数量−产品明细预算期初数量)。

产品生产成本=产品明细预算期末余额+本期产品销售成本−产品明细预算期初余额

(11) 库存材料预算表：根据财务预算中的材料明细预算和经营预算中的采购预算编制而成。

(12) 库存产品预算表：与库存材料预算表的区别在于一个是反映原材料，一个是反映产成品，编制方法和预算表格基本相同。库存产品预算表根据财务预算中的产品明细预算和经营预算中的销售成本预算编制而成。

(13) 预算执行报告：包括预算执行进度分析和预算执行差异分析，其格式基本相同，只是在相同的数据源基础上，一个提供进度分析，一个提供差异分析。预算执行差异分析如图 13-18 所示。

预算执行进度分析=实际发生数/预算数；预算执行差异分析=(实际发生数–预算数)/预算数。

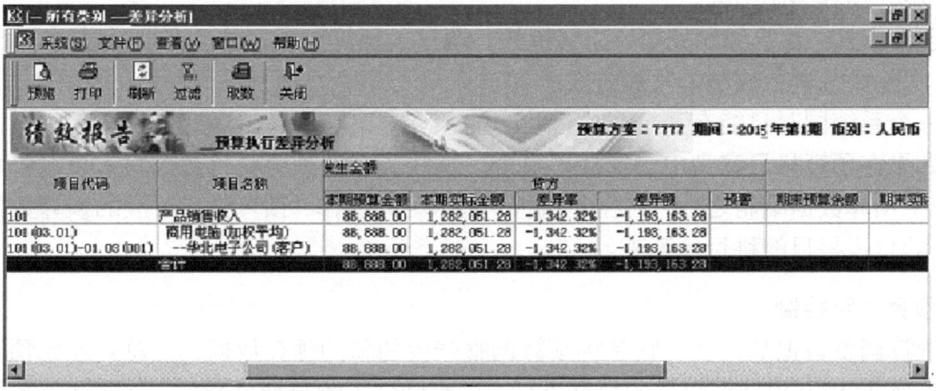

图 13-18　预算执行差异分析

13.4　预算管理子系统的主要控制环节和控制内容

13.4.1　控制要点

预算管理子系统的主要控制要点包括如下方面。

1．职责分工

企业应当建立预算工作岗位责任制，明确相关部门和岗位的职责、权限，确保预算工作中的不相容岗位相互分离、制约和监督。预算工作不相容岗位一般包括以下几点。

(1) 预算编制(含预算调整)与预算审批。

(2) 预算审批与预算执行。

(3) 预算执行与预算考核。

2．权限管理

在预算管理过程中，不相容岗位和工作职责的分离通过对不同用户设置合适的操作权限，甚至包括数据授权、字段授权实现。

3．流程控制

(1) 业务处理控制。设置相应的预算流程，并严格按照流程运作，保证预算管理的正确进行。

(2) 业务流程和操作流程规范。规范预算处理流程和操作人员的操作流程。

13.4.2　主要控制环节和控制内容

预算管理的主要控制环节和控制内容应该包括以下几点。

1．预算编制控制

(1) 严格预算编制流程。

第一步，预算数据录入，并指定现金流量对应的现金流量项目及损益对应的预算科目；

第二步，预算数据提交；

第三步，预算数据审核；

第四步，预算数据审批，如果定义了多级审批流程，则需多人多级审批；

第五步，预算编制结束。

(2) 预算审核。预算编制完毕，需要审核，通过了预算审核，并且审批通过时，即可执行，以实现对实际业务进行控制的预算方案。

(3) 一个系统同时只能有一个在执行状态的预算方案。

(4) 如果在预算科目定义中，选择了某个、某些或全部预算科目数据写入总账科目预算，则在进行了预算数据编制之后，需在此执行“写入”的操作，预算科目对应的预算数据才能被写入对应的总账科目的科目预算表。

2. 预算调整控制

(1) 预算调整数据的确认。它是将预算调整产生的新的预算数据，汇总到原始预算数据中去，后续的预算控制根据汇总后的数据进行。只有确认了预算调整数据，预算调整数据才能被系统认可，并反映在填制预算控制单据时的“预算余额”的变化上；否则系统仍按未调整前的数据执行。

(2) 审批通过。审批通过后，预算调整的数据才能使用。

关键词

预算管理、企业级预算管理系统、预算编制、预算系统控制

习题

(1) 简述预算管理系统的目标。
(2) 试分析预算控制实现的流程，并画出流程图。
(3) 简述预算调整控制的主要措施。
(4) 试分析预算管理业务流程与预算管理系统的关系。
(5) 说明预算管理系统初始化设置时需要注意哪些问题。
(6) 预算管理系统的日常处理主要包含哪些功能？
(7) 预算管理系统的主要控制环节有哪些？各自的控制内容是什么？
(8) 简述预算管理系统控制的要点。

第 14 章 综合案例

本章学习目标

通过本章学习，读者应达到以下目标。

(1) 了解 K3 系统的运行方法。

(2) 达到 K3 实验案例要求的实验目的。

(3) 了解 K3 系统在具体企业的应用状况。

14.1 K3 实验案例

本实验案例是在前面章节的理论讲解之后通过 K3 软件系统的一次实践活动。本节首先概要介绍实验的设计思想和模拟企业背景，然后在 K3 软件系统中进行实践，包括新建账套、基础设置、日常操作、期末处理和报表处理等。

14.1.1 概述

我们将要介绍实践活动中相关的实验设计、实验依托的模拟企业背景及相关业务数据等。

1. 实验设计

本实验的实验设计主要包括实验目的、实验设计思想、实验安排和实验环境要求等。

(1) 实验目的。本教材提供的实验案例主要帮助实验者达到以下目标。

- 进一步理解企业级会计信息系统的基本原理。
- 了解企业级会计信息系统环境下的企业业务基本流程，理解企业级会计信息系统的业务流程。
- 了解企业级会计信息系统的集成思想和方法。
- 初步掌握 K3 系统中的主要功能及其主要操作。
- 初步掌握 K3 系统的主业务流程。

(2) 设计思想。通过前面章节对企业级会计信息系统的理论讲解，读者对企业级会计信息系统的基本原理有了初步的了解。本实验以简化的虚拟企业为背景，反映普通商业企业的基本特征，其中包括企业的行业背景、主要产品和组织结构，重点是企业基本业务流程。实验以商用软件为环境，主要介绍软件的运行环境和主要功能，重点理解企业级会计信息系统环境下的企业业务流程。实验包括数据设置实验和业务流程实验。

在数据设置实验中，设置系统运转之前必须具备的信息，包括所有功能模块公用的信息，以及在系统运行中需要的基础信息。以模拟企业为背景，将企业的各项信息，以及相关控制设置到系统中来反映企业的基本特征。

在流程实验中，比较真实地模拟企业运作的环境。通过简单的采购和销售业务处理过程和账务处理过程，应用 K3 系统来体现企业基本的业务流程。

实验内容包括账套建立、基础设置、日常操作和期末结账。

(3) 实验安排。主流程实验主要包括以下内容。

序　号	实验内容
1	新建账套
2	系统初始化
3	采购与应付管理
4	销售与应收管理
5	库存与存货核算
6	总账管理
7	期末处理
8	报表处理

特别提示如下。

实验具体要求及主要步骤参看后面实验指导。在操作中如有问题，请查看在线帮助。

实验基本操作流程中务必注意各项数据的具体内容，原则上要求严格按照任务书中的实际业务数据进行。要特别注意各种单据上的时间项，建议每执行一项任务更改一次相应的系统日期。由于我们一天中要完成几天的任务，而系统在实际业务中是按时间排序的，故每个任务都要时刻注意更改系统日期。

注意各步骤中的审核环节。

(4) 实验环境。软硬件环境要求如下。

- CPU：至少 1.7 GHz。
- 内存：单机运行可为 256 MB，性能随配置提升而提高。
- 操作系统：Windows 2000 Server SP4。
- 应用软件：K3v10.2 sp1 补丁包。
- 数据库：SQL Server 2000 企业版。

(5) 实验环境模式。

- 单机单人模式：使用 K3 系统的单机版，每个人单独实验。这种实验方案实施时，可方便操作。每个人代表一个公司，使得运行时的数据流便于查询。
- 单公司分角色模式：公用一套公司数据，分组实验。在每组人员中分配相应角色，所有实验人员共用一个数据库。分角色运行一个流程，也可以各自运行各自的流程，本实验采用分角色实验。但这种方案在实施时由于数据流向容易造成混乱，不建议初学者使用。

2. 企业背景

新海销售公司是一家从事商品销售的一般企业，主要销售 A 产品。缴纳增值税税率为 17%，盈利主要来自产品的销售。案例将以新海销售公司 2015 年 10 月份的业务为例进行系统模拟实验。

3．企业业务数据

新海销售公司 10 月发生的业务如下。

(1) 业务模块数据。

10.2：从 A 供应商购入一批商品共 3 000 个，用银行存款支付货款 450 000 元，以及购入商品支付的增值税额 25 500 元。A 商品收到，验收入库。

10.8：销售一批 A 产品共 1 000 个，单价 300 元，销售价款共 300 000 元(不含应收取的增值税)。该批产品实际成本共 200 000 元，产品已发出，货款未收到。

10.15：收到 A 商品货款。价税合计 351 000 元。

10.15：销售一批产品共 2 000 个，销售价款共 700 000 元，应收的增值税额共 11 900 元。货款银行已收妥。

(2) 财务模块数据。

10.3：从银行借入 3 年期款共 400 000 元，借款已存入银行账户。

10.4：收到现金股利，该现金股利为投资单位实现净利润的分配额，存入银行。

10.5：公司出售一台不需要的设备，收到价款共 300 000 元。该设备原价共 400 000 元，已提折旧共 150 000 元。该设备已由购入单位运走。

10.10：归还短期借款本金共 250 000 元，已计提利息共 12 500 元。

10.15：提取现金共 300 000 元，准备发放工资。

10.20：支付销售人员及管理人员工资共 300 000 元。

10.20：分配应支付的职工工资共 300 000 元，其中销售人员工资共 285 000 元，行政管理部门人员工资共 15 000 元。

10.22：提取职工福利费共 42 000 元，其中销售人员福利费共 32 000 元，行政部门福利费 10 000 元。

10.25：提取应记入本期损益的借款利息共 21 500 元，其中短期借款利息共 11 500 元，长期借款利息共 10 000 元。

10.25：用银行存款支付产品展览费共 10 000 元。

10.28：广告费共 10 000 元，已用银行存款支付。

10.28：计提固定资产折旧共 10 000 元，其中记入营业费用共 8 000 元，管理费用共 2 000 元。

10.31：结转损益。

14.1.2　新建企业账套

本案例中的新建企业账套主要包括新建账套、账套的维护、账套用户管理、账套参数管理，以及账套启用等操作。

1．账套信息

新海销售公司账套设置信息如表 14-1 所示。

表 14-1　新建账套设置信息

项 目 名 称	项目设置值
账套号	001
账套名称	新海销售公司账套

续表

项 目 名 称	项目设置值
账套文件名	新海销售公司
数据实体	系统默认
账套类型	标准供应链解决方案
数据库文件路径	c\program\microsoft sqlserver\data(存放数据的物理地址，客户也可自己确定)
数据日志文件路径	c\program\microsoft sqlserver\data
系统账号选择	Windows 身份验证

2．建立账套步骤

(1)单击“开始”→“程序”→“金蝶 K3”→“中间层部件”→“账套管理”选项，进入账套管理界面。

(2)单击“新建”按钮弹出“信息”窗口，提示选择账套类型。关闭该窗口，进入新建账套窗口，输入表 14-1 所示的内容。确认后，系统自动建立账套。

提示：用户可以自己设置文件夹，将日志文件与数据库文件放在不同文件夹中。

3．账套备份与恢复

(1)账套备份。单击“备份”按钮，系统弹出账套备份窗口，输入表 14-2 所示的内容。

表 14-2　账套备份设置信息

项 目 名 称	项目设置值
备份账套号	系统自动指定
账套文件名	新海销售公司账套 2 注：为区别不同备份账套，用户可以自己设置其他后缀
备份路径	c:\program files\ microsoft sqlserver\backup 注：也可以根据业务需要指示保存路径。最好不要与原账套路径重复
文件名称	新海销售公司

设置账套备份的参数后，进行备份操作。系统备份有 3 个选项，分别是完全备份、增量备份和日志备份，本案例以后备份均选择完全备份。

提示：备份是为数据出错时恢复使用，建议在设置关键任务时备份账套，避免一旦出现错误，需重新建立账套的严重后果。

(2)账套恢复。账套恢复是备份的逆过程，操作步骤如下。

- 单击“恢复”按钮。
- 选择要恢复的数据文件路径 c:\program files\ microsoft sqlserver\backup。
- 选择恢复文件名称，系统自动完成恢复工作。

4．用户管理

新海销售公司用户信息，如表 14-3 所示。

本例首先添加用户组，然后添加用户，授予用户相应的权限。

要求按照建立用户组、建立各组用户，以及为用户赋予功能权限的顺序在系统中输入全部用户信息。

表 14-3　用户信息

用　户　名	是否管理员	密　　码	用　户　组	说　　明	权　　限
Administrator	是		Administrator 组	系统管理员（系统自带用户）	全部
changdan	是		Administrator 组	总账管理人员	全部
cashier	否		财务组	会计 出纳人员	全部
scm	否		进销存组	销售 采购 仓库	全部
accountant	否		财务组	财务主管人员	全部
采购经理	否		进销存组	采购	全部
库存经理	否		进销存组	仓库	全部
总经理	否		进销存组、财务组	销售 采购 仓库 财务	全部
销售经理	否		进销存组	销售	全部

(1)增加用户组。进入账套管理界面，单击“新建用户组”按钮。然后依次输入用户组名，即进销存组和财务组。

(2)增加用户。单击“用户管理”→“新建用户”选项，显示“新增用户”窗口，输入用户名 scm。

- 用户说明：包括销售、采购和仓库人员，选择“用户始终有效”和“密码始终有效”两个复选框。
- 认证方式：选择“密码认证”，本案例不设置密码。
- 权限属性：保留系统默认。
- 用户组：依上表单击添加用户隶属的用户组，其他选项保留系统默认。

采取相同方法依上表添加其他两个用户。

(3)功能权限管理。本案例授予使用人员组全部权限，全选所有的权限。单击“授权”按钮，完成后单击“关闭”权限。依照相同的方法授权财务组，然后依次单独选中 scm 用户为其授权。

系统自带的 Administrator 组具备所有权限，不必授权。

5．设置账套参数

分别单击“系统”、“总账”和“会计期间”3 个标签，设置如表 14-4 所示的账套参数。

表 14-4　设置账套参数

项 目 名 称	项目设置值
机构名称	新海销售公司
记账本位币	人民币
凭证过账前必须审核	选择√
账套启用年度	2015
账套启用期间	10 月
会计期间界定方式	自然月份

其他保留系统默认。

6．启用账套

在账套管理的主界面中单击“启用”按钮，启用账套。启用之后无法修改系统某些参数。

至此，完成账套部分的工作，然后可以用以上设立的用户登录金蝶主控台完成进一步的设置。以后在系统使用过程中可以随时在账套管理中添加用户，并授权。

14.1.3 基础设置

建立账套之后，在执行日常操作前还需要进行一系列基础设置，主要包括系统基础资料设置、系统参数设置和系统初始化等。

1. 基础资料设置

以 Administrator 身份登录金蝶主控台，依次输入基础资料，包括会计科目、币别、凭证字、计量单位、客户、供应商、部门、职员、仓库，以及商品(物料)等信息，用于搭建系统基础平台。

(1)会计科目。

单击“系统设置”→“基础资料”→“公共资料”→“科目”选项，进入“基础资料_科目”窗口。单击“文件”下拉菜单的“从模板引入科目”选项，系统弹出科目模板。选择导入“企业会计制度科目”，单击“确定”按钮。出现“引入科目”窗口，选择全部相应科目后单击“确定”按钮。

导入会计科目后，需要修改。为了方便应收应付系统的启用，本实验将应收应付类科目设置为受控科目，受控科目的发生额将在应收应付系统核算。设置方法是在科目的“核算项目”选项卡中单击“增加核算项目类别”按钮，选择相应的核算项目。双击相应科目，出现“会计科目_修改”窗口，然后按表 14-5 所示修改。如果系统提供的科目表中没有所需要的科目，则单击工具栏中的“新增”按钮，在弹出的“会计科目_新增”窗口中输入如表 14-5 所示的新增项目。

表 14-5 会计科目

科 目 代 码	科 目 名 称	科目受控系统	是否新增科目	是否下设核算项目
1002	银行存款			
1002.01	中国银行		新增	
1002.01.01	人民币		新增	
1002. 01.02	美元		新增	
1002.02	建设银行		新增	
1111	应收票据	应收应付		
1131	应收账款	应收应付		客户
1151	预付账款	应收应付		
1133	其他应收款	应收应付		客户
2131	预收账款	应收应付		
2121	应付账款	应收应付		供应商
2111	应付票据	应收应付		
2171.01	应交增值税	应收应付		
2181	其他应付款	应收应付		供应商

注：其中 2171.01 应交增值税属于子科目，可以通过 2171 应交税金科目，单击下一个来更改。也可以通过逐级展开左边的科目资料，如“负债”→“流动负债”→“应交增值税”后实现。

(2)币别。

输入如表 14-6 所示的币别信息。

表 14-6　币别

币别代码	名　称	记账汇率	小数位数
RMB	人民币	1	2
USD	美元	固定汇率 8	2

(3)凭证字。

双击凭证字出现“基础平台_凭证字”窗口，单击“新增”按钮，出现“凭证字_新增”窗口。在“凭证字”后输入“记”作为记账表示，其他保留系统默认。

(4)计量单位。

双击计量单位，出现“基础平台_计量单位”窗口。单击“新增”按钮，出现“新增计量单位组”窗口，输入数量组。然后选中左边的“计量单位”→“数量组”，再次单击“新增”按钮，出现“计量单位_新增”窗口。输入如表 14-7 所示的计量单位信息，其他保留系统默认。

表 14-7　计量单位信息

计量单位组	代　码	计量单位名称	是否默认单位	换算率
数量组	01	个	是	1
数量组	02	箱	否	20

(5)客户。

输入如表 14-8 所示的客户信息，其他保留系统默认。

表 14-8　客户信息

代　码	客户名称	状　态	销售模式
001	佳佳乐集团	使用	内销
002	中实集团	使用	内销

(6)供应商。

输入如表 14-9 所示的供应商信息，其他保留系统默认。

表 14-9　供应商信息

代　码	名　称	供应商其他信息
001	A 供应商	供应 A 产品
002	B 供应商	供应 B 产品

(7)部门。

输入如表 14-10 所示的部门信息，其他保留系统默认。

表 14-10　部门信息

代　码	名　称	代　码	名　称
001	采购部	003	库存部
002	销售部	004	财务部

(8)职员。

输入如表 14-11 所示的职员信息，其他保留系统默认。

表 14-11　职员信息

代　　码	名　　称	部　　门	代　　码	名　　称	部　　门
001	changdan	财务部	005	采购经理	采购部
002	Scm		006	销售经理	销售部
003	总经理		007	仓库经理	库存部
004	accountant	财务部			

(9) 仓库。

输入如表 14-12 所示的仓库信息，其他保留系统默认。

表 14-12　仓库信息

代　　码	名　　称	仓库类型
001	A 产品库	普通仓
002	B 产品库	普通仓

(10) 商品(物料)。

输入如表 14-13 所示的物料资料，其他保留系统默认。其中计量单位在由计量单位组选定后自动带出，给定的内容为必填项。“代码”、“名称”、“商品属性” 和 “计量单位组” 可以在 “基本资料” 选项中输入，其余的需要在 “物料资料” 选项中输入。

表 14-13　物料资料

代码	名称	商品属性	计量单位组	记价方法	存货科目代码	销售收入科目代码	销售成本科目代码
001	A 商品	外构	数量组	先进先出法	1243 库存商品	5101 主营业务收入	5401 主营业务成本
002	B 商品	外构	数量组	先进先出法	1243 库存商品	5101 主营业务收入	5401 主营业务成本

2. 系统参数设置

将系统时间调整为 10 月 1 日，以 Administrator 身份登录金蝶主控台。设置系统参数，包括总账、应付款管理、应收款管理，以及存货核算等。其中总账的启用期间在新建账套时确定，确定后不得更改。应付系统启用期间在应付系统中的参数设置中确定。

(1) 总账。

选择 “系统设置” → “系统设置” → “总账” → “系统参数” 选项，双击进入总账 “系统参数” 设置窗口，设置如表 14-14 所示的总账参数，完成后单击 “确定” 按钮。

表 14-14　总账系统参数

系统	公司名称	新海销售公司	
	地址		
	电话		
总账	基本信息	本年利润科目	3131 本年利润
		利润分配科目	3141 利润分配
总账	凭证	凭证过账前必须审核	√
		不允许删除业务系统凭证	去掉√
		新增凭证自动补断号	√

续表

总账	预算	采取默认	
	往来传递	采取默认	
会计期间	会计期间数	12	（系统默认）
	启用会计期间	10	（系统默认）

（2）应付款管理。

选择“系统设置”→“系统设置”→“应收款管理”→“系统参数”选项，双击进入应收款管理“系统参数”设置窗口，设置如表 14-15 所示的应付账款参数。

表 14-15　应付账款系统参数

基本信息	公司信息	公司名称	新海销售公司
	会计期间	会计年份	2015
		启用会计期间	10 月
		当前会计期间	10 月
科目设置	其他应付单	2181	
	付款单	2121	
	采购发票	2121	
	退款单	2111	
	预付单	1151	
	应付票据科目代码	2111	
	应交税金科目代码	2171.01.01	
	核算项目类别	供应商	
单据控制	审核人与制单人不为同一人	去掉√	
	反审核人与审核人为同一人	去掉√	
	进行项目管理与控制	去掉√	
	其余系统默认		
期末处理	启用对账与调汇	去掉√	出现系统提示，不可更改，单击“确定”按钮
	结账与总账期间同步	√	
合同控制	系统默认		
核销控制	系统默认		
预警设置	系统默认		
其他设置	系统默认		
凭证处理	系统默认		

（3）应收款管理。

选择“系统设置”→“系统设置”→“应收款管理”→“系统参数”选项，双击进入应收款管理“系统参数”设置窗口，设置如表 14-16 所示的应收账款参数。

表 14-16　应收账款系统参数

基本信息	公司信息	公司名称	新海销售公司
	会计期间	会计年份	2015
		启用会计期间	10 月
		当前会计期间	10 月

续表

科目设置	其他应收单	1133	(按F7键或单击后面的按钮导入科目)
	收款单	1131	同上
	销售发票	1131	同上
	退款单	1111	同上
	预收单	2131	同上
	应收票据科目代码	1111	同上
	应交税金科目代码	2171.01.05	同上
	核算项目类别	客户	
单据控制	审核人与制单人不为同一人	清除√	
	反审核人与审核人为同一人	清除√	
	只允许修改本人录入的单据	清除√	
	进行项目管理与控制	去掉√	
	其余系统默认		
期末处理	启用对账与调汇	清除√	应付部分设置好，应收自动带入相同设置
	结账与总账期间同步	√	
坏账计提方法	坏账损失科目代码	5502 营业费用	(按F7键或单击后面的按钮导入科目)
	坏账准备科目代码	1141 坏账准备	(按F7键或单击后面的按钮导入科目)
	计提坏账科目代码	1141 坏账准备	系统自动带入方向和计提比率
合同控制	系统默认		
核销控制	系统默认		
预警设置	系统默认		
其他设置	系统默认		
凭证处理	系统默认		

(4)存货核算。

与其他功能模块不同，存货核算参数要求先在初始化时完成核算参数设置。完成初始化后，设置系统参数。

选择“系统设置”→“系统设置”→“存货核算”→“系统参数”选项，双击进入存货核算的“系统参数维护”窗口。

选择供应链整体选项，选择“若应收应付未结束初始化，则业务系统发票不允许保存”复选框，清除“只能修改本人录入的单据”复选框，其他保留系统默认。

至此系统设置完成，这时可备份系统账套。

3. 系统初始化

由于本案例不涉及固定资产和工资管理子系统，故不需要初始化其他子系统。

(1)总账初始化。

首先初始化总账，选择“系统设置”→“系统设置”→“初始化”→“总账”→“科目初始数据录入”选项，输入如表14-17所示的期初科目余额。注意在有核算项目的科目中，需要单击核算项目一栏，然后在弹出的窗口中输入。有子科目的数据必须在下一级科目中输入，上级科目中不允许输入。

表 14-17 2015.10 期初科目余额表

科目名称	借方余额	科目名称	贷方余额
现金	2000	短期借款	300 000
银行存款(中行人民币)	1 280 000	应付票据	200 000
其他货币资金	124 300	应付账款	953 800
短期投资(债券)	15 000	应付账款——A 供应商	753 800
应收票据	246 000	应付账款——B 供应商	200 000
应收账款	300 000	其他应付款	50 000
应收账款-佳佳乐集团	200 000	应付工资	100 000
应收账款-中实集团	100 000	应付福利费	10 000
预付账款	100 000	应交税金——销项税	30 000
其他应收款	5000	其他应交款	6600
物资采购	225 000	预提费用	1000
原材料	550 000	长期借款	1 600 000
包装物	38 050	股本	6 000 000
低值易耗品	50 000	盈余公积	100 000
库存商品	1 680 000	利润分配	
材料成本差异	36 950	(未分配利润)	50 000
待摊费用	100 000	坏账准备	900
长期股权投资	250 000	累计折旧	400 000
固定资产	2 500 000		
在建工程	1 500 000		
无形资产	600 000		
长期待摊费用	200 000		
合计	9 802 300	合计	9 802 300

输入完成后单击工具栏中的“平衡”按钮，对输入结果进行对账平衡。如果输入正确，系统会以蓝字显示试算结果平衡；否则以红字显示试算结果不平衡。这时需要重新检查输入的数据是否正确，以及科目借贷方向设置是否正确。

初始余额平衡后，选择“系统设置”→“系统设置”→“初始化”→“总账”→“结束初始化”选项。初始化结束后，所有的会计科目和数据将不可更改，建议在结束初始化之前备份账套。如有科目不慎出错，可以自己新建相同的科目，同时禁用原来的会计科目，这里不再详述。

其中应收账款期初余额包括佳佳乐集团和中实集团两部分,期初录入时由于设置了核算项目，所以为录入余额，单击后面的“核算项目”选项，弹出“核算项目初始余额录入”窗口。双击客户栏下面的文本框或单击后面文件夹图标，选择佳佳乐集团。输入佳佳乐集团的初始余额，完成后单击“插入”按钮。用同样的方法继续输入中实集团的余额，完成后保存退出。

应付账款期初余额包括 A 供应商和 B 供应商两部分，期初录入时由于设置了核算项目，所以为录入余额，单击后面的“核算项目”选项，弹出“核算项目初始余额录入”窗口。双击供应商栏下面的输入框或单击后面文件夹图标，选择 A 供应商。输入 A 供应商的初始余额，完成后单击“插入”按钮。用同样的方法输入 B 供应商的初始余额，完成后保存退出。

输入上一级科目的明细时，要求输入到下一级科目中，上一级科目余额自动带入。例如，输入盈余公积余额时直接将其输入到法定盈余公积子科目中。

本例中应收账款、其他应收款、应付账款和其他应付款 4 项分别通过核算项目录入，其中：其他应收款科目余额录入到佳佳乐集团；其他应付款科目余额录入到 A 供应商；应收账款和应付账款的录入如下所述。

(2) 现金初始化。

选择“系统设置”→“系统设置”→“初始化”→“现金管理”→“初始数据录入”选项，双击进入“现金管理系统”窗口。单击工具栏中的“引入”按钮，从“总账引入科目”引入 2015 第 10 期，然后单击“确定”按钮。分别设置“科目类别”下拉列表框中的“现金”和“银行存款”选项，数量系统自动带入，其中银行存款需要设置银行账号。按 F7 键后，增加如表 14-18 所示的银行账号。

表 14-18 银行账号

代　码	名　称	账　号	对应科目
001	中国银行	100001	1002.01.01 人民币
	中国银行	100001	1002.01.02 美元
002	建设银行	100002	1002.02 建设银行

单击“平衡检查”按钮，提示“所有银行存款科目余额调节表都平衡”。

选择“编辑”→“结束初始化”选项，弹出“启用期间”对话框。选择启用 2015 第 10 期，与总账同步。单击“确定”按钮，正式启用现金管理系统。

(3) 应收账款初始化。

选择“系统设置”→“系统设置”→“初始化”→“总账”→“应收账款管理”选项，录入上期的应收单据。本例录入应收账款的明细，包含应收账款两笔，即佳佳乐集图的 200 000 元和中实集团的 100 000 元。

单击“初始化”→“销售普通发票”→“新增”选项，弹出“新增发票”窗口。输入如表 14-19 所示的内容。输入完成后用相同方法输入其他单据，如表 14-20 和表 14-21 所示。

表 14-19 应收账款

应收账款 1				
核算项目类别：客户	核算项目：佳佳乐集团	单据日期：2015.9.30	财务日期：2015.9.30	应收日期：2015.11.02
往来科目：应收账款	发生额：200 000	应收款余额：200 000	业务员：scm	部门：销售部
应收账款 2				
核算项目类别：客户	核算项目：中实集团	单据日期：2015.9.30	财务日期：2015.9.30	应收日期：2015.11.05
往来科目：应收账款	发生额：100 000	应收款余额：100 000	业务员：scm	部门：销售部

注：其他数据系统自动带入，在录入过程中可以通过双击或者按 F7 键选取相应的内容。

表 14-20 其他应收款

核算项目类别：客户	核算项目：佳佳乐集团	单据日期：2015.9.30	财务日期：2015.9.30	应收日期：2015.11.10
往来科目：其他应收款	发生额：5 000	应收款余额：5 000	业务员：scm	部门：销售部

表 14-21 应收票据

核算项目类别：客户	承兑人：佳佳乐集团	签发日期：2015.9.20	财务日期：2015.9.20	应收日期：2015.12.20
应收票据类型：商业承兑汇票	出票人：佳佳乐集团	付款期限：91(系统代入)	业务员：accountant	部门：财务部
票面金额：246 000				

(4)应付账款初始化。

选择“系统设置”→“系统设置”→“初始化”→“总账”→“应付账款管理”选项，可以录入上期的应收单据。本例中应付账款的明细录入包含应收账款两笔，即 A 供应商的 753 800 元和 B 供应商的 200 000 元。选择“初始化”→“采购普通发票”→“新增”选项，弹出“新增发票”窗口，输入如表 14-22 所示的内容。输入完成后用相同方法输入其他单据，如表 14-23 至表 14-25 所示。

表 14-22 应付账款

应付账款 1				
核算项目类别：供应商	核算项目：A 供应商	单据日期：2015.9.10	财务日期：2015.9.10	应付日期：2015.12.10
往来科目：应付账款	发生额：753 800	付款金额：753 800	业务员：采购经理	部门：采购部
应付账款 2				
核算项目类别：供应商	核算项目：B 供应商	单据日期：2015.9.10	财务日期：2015.9.10	应付日期：2015.12.10
往来科目：应付账款	发生额：200 000	付款金额：200 000	业务员：采购经理	部门：采购部

注：其他数据系统自动带入，在录入过程中可以通过双击或者按 F7 键选取相应的内容。

表 14-23 预付单

核算项目类别：供应商	核算项目：A 供应商	单据日期：2015.9.20	财务日期：2015.9.20	
往来科目：预付账款	发生额：100 000	余额：100 000	业务员：scm	部门：采购部

表 14-24 其他应付款

核算项目类别：供应商	核算项目：A 供应商	单据日期：2015.9.20	财务日期：2015.9.20	应付日期：2015.11.20
往来科目：其他应付款	发生额：50 000	应付款余额：50 000	业务员：scm	部门：采购部

表 14-25 应付票据

核算项目类别：供应商	承兑人：A 供应商	签发日期：2015.9.20	财务日期：2015.9.20	到期日期：2015.11.11
应收票据类型：商业承兑汇票	收款人：A 供应商	付款期限：52(系统代入)	业务员：accountant	部门：财务部
票面金额：200 000	到期值：200 000			

应收应付系统在财务会计模块中作为独立的子系统启用，它首先对应收部分初始单据进行初始化检查，系统提示初始化检查通过。单击结束初始化，弹出提示后单击“确定”按钮，应收正式启用。用同样的方法启用应付系统。

(5)存货核算初始化。

如果启用存货核算系统，则业务系统的初始化必须在存货核算模块中进行。其他模块自动相应结束初始化，存货核算模块的启用与总账是独立的，因此需要设置系统参数。

单击“存货核算”→“初始余额录入”选项，进入初始余额录入界面。单击树状结构的“全部仓库”选项，然后输入如表14-26所示的商品信息。

表 14-26 商品信息

商品代码	期初数量	期初金额	入库日期
02	1120	1 680 000	2015.9.30

单击绿色的“批次/顺序号”按钮，进入B商品科目余额录入窗口。

启用年度选择2015，启用期间选择10。单击“下一步”按钮，保留系统默认。单击“完成”按钮，单击启动业务系统，单击“确定”按钮，启用核算系统。

启用应收应付系统后，业务部分的收付就通过供应链子系统传递到应收应付子系统来实现。因此需要设置一些业务部门单据到达财务部门所生成记账凭证。

选择“供应链”→“存货核算”→“凭证管理”→“凭证模板”选项，双击凭证模板。由于不同企业业务类型的区别，因此需要参照如表14-27至表14-33所示的内容修改系统的标准模板。对于可以修改的内容，直接修改默认模板；对于业务和默认模板差别较大的模板，新增后设置为默认模板即可。

表 14-27 外购入库单模板

模板编号：A158		模板名称：外购入库单(单据直接生成凭证)		凭证字：记	
科目来源	科　目	借贷方向	金额来源	摘　要	核算项目：
单据上商品的存货科目		借	外购入库实际成本	外构入库	无
凭证模板	物资采购	贷	外购入库实际成本	外构入库	

注：只有科目来源是凭证模板的科目才需要指定科目，其他来源科目已系统默认。摘要保留系统默认，如有出入，按如表所示的内容输入。同样可以利用F7键选择会计科目。

表 14-28 采购发票模板

模板编号：A175		模板名称：采购发票(发票直接生成凭证)		凭证字：记	
科目来源	科　目	借贷方向	金额来源	摘　要	核算项目
凭证模板	物资采购	借	采购发票不含税金额	采购发票单独生成	无
凭证模板	进项税额	借	采购发票税额	同上	无
凭证模板	应付账款	贷	采购发票价税合计	同上	无

表 14-29 采购费用发票模板

模板编号：A176		模板名称：采购费用发票(发票直接生成凭证)		凭证字：记	
科目来源	科　目	借贷方向	金额来源	摘　要	核算项目
凭证模板	物资采购	借	采购费用发票不含税金额	采购发票单独生成	无
凭证模板	进项税额	借	采购费用发票可抵扣税额	同上	无
科目来源	科　目	借贷方向	金额来源	摘　要	核算项目
凭证模板	应付账款	贷	采购费用发票金额	同上	008 供应商对应单据上的供货单位

表 14-30 销售出库(赊销)标准模板

模板编号：102		模板名称：销售出库(赊销)标准模板		凭证字：记	
科目来源	科　　目	借贷方向	金额来源	摘要	核算项目
单据上商品的销售成本科目		借	产品出库单实际成本	销售出库	无
单据上商品的存货科目		贷	产品出库单实际成本	同上	无

表 14-31 销售出库(现销)标准模板

模板编号：100		模板名称：销售出库(现销)标准模板		凭证字：记	
科目来源	科　　目	借贷方向	金额来源	摘　　要	核算项目
单据上商品的销售成本科目		借	产品出库单实际成本	销售出库	无
单据上商品的存货科目		贷	产品出库单实际成本	同上	无

表 14-32 销售收入(现销)标准模板

模板编号：xs001		模板名称：销售收入(现销)标准模板		凭证字：记	
科目来源	科　　目	借贷方向	金额来源	摘　　要	核算项目
销售发票上的收款科目		借	销售发票价税合计	销售收入现销	无
单据上商品的销售收入科目		贷	销售发票不含税金额	同上	无
凭证模板	销项税额	贷	销售发票税额	同上	无

表 14-33 销售收入(赊销)标准模板

模板编号：201		模板名称：销售收入(赊销)标准模板		凭证字：记	
科目来源	科　　目	借贷方向	金额来源	摘　　要	核算项目
凭证模板	应收账款	借	销售发票价税合计	销售收入	001 客户 对应单据上的购货单位
单据上商品的销售收入科目		贷	销售发票不含税金额	同上	无
凭证模板	销项税额	贷	销售发票税额	同上	无

以上为业务模块中经常用到的单据模板，这些单据模板生成的凭证传递到财务系统，完成业务系统与财务系统在单据上的联系。

需要注意的是金蝶 ERP 系统在业务流程设置上拥有一定的柔性，可以根据企业实际的业务流程状况设置。本案例中给出的流程是系统一般的业务流程。

逐步完成初始化后，即可执行日常业务操作。

14.1.4 日常业务操作

日常业务主要包括供应链部分的采购、销售、存货核算等功能；财务部分的总账和应收应付等的日常处理及查询等业务。同时还包括供应链模块和总账模块间的数据传递。

1. 供应链业务模块的日常操作

本期业务模块发生业务如下。

10.2：从 A 供应商购入一批 A 商品共 3000 个，用银行存款支付货款共 450 000 元，以及购入商品支付的增值税额共 25 500 元。款项已付，商品未到。

10.5：A 商品收到，验收入库。

10.8：销售一批 A 商品共 1000 个，单价 300 元。销售价款共 300 000 元(不含应收取的增值税)。该批产品实际成本共 200 000 元，产品已发出，货款未收到(赊销)。

10.15：收到 A 商品货款，直接存入银行。价税合计 351 000 元。

10.15：销售一批产品，销售价款共 700 000 元。应收的增值税额共 119 000 元，货款银行已收妥(现销)。

(1) 采购业务。

- 录入单据。以 scm 用户登录账套，将系统时间调整到 10 月 2 日。

单击“供应链”→“采购管理”→“订单处理”→“采购订单_录入”选项，录入如表 14-34 所示的采购订单后保存，确认正确后审核。

表 14-34 采购订单

采购范围：购销	采购方式：现购	供应商：A 供应商	结算方式：银行汇票	结算日期：10.2
商品代码：01	数量：3 000	单价：150	交货日期：10.05	
主管：总经理	部门：采购部	业务员：scm		

注：其他数据系统自动带入。在录入过程中可以通过双击或者按 F7 键选取相应的内容。

- 下推单据。选择“供应链”→“采购管理”→“订单处理”→“采购订单_生成外购入库单”选项，双击弹出“条件过滤”窗口，单击“确定”按钮，进入“采购管理_采购订单序时簿”窗口。选择“下推”→“生成外购入库”选项，弹出“采购订单生成外购入库单”窗口。单击“生成”按钮，弹出“外购入库单”界面。单据的大部分信息都已经带入，部分需要修改。添加的内容如表 14-35 所示。

表 14-35 外购入库单

外购入库单			
收料仓库：A 商品仓(表头)	日期 2015.10.5	收料仓库：A 商品仓(表中)	
负责人：库存经理	部门：库存部	验收：scm	保管：库存经理

完成后把系统时间调至 2015.10.5，选择“供应链”→“仓存管理”→“验收入库”→“外购入库单审核/反审核”选项。双击进入，选中刚才生成的单据，单击“审核”按钮审核单据。

依刚才步骤继续下推生成“购货发票_专用”，发票的大部分信息也已带入，保存单据。

- 结算。选择“供应链”→“采购管理”→“结算”→“采购发票_钩稽”选项，双击进入“采购管理_采购发票序时簿”窗口，同时弹出需要选择的列表项。选择所需项目，如商品名称和钩稽数量等 10 项左右，这里的列表项目以达到区分不同票据为目的。由于本案例只有一张采购发票，故不需要太多的项目，在上下两栏显示需要钩稽的单据。选中相应的发票，单击工具栏中的“钩稽”按钮。钩稽后确认了一笔采购业务的入库和采购发票之间的对应关系，完成采购模块的结算。再次单击“钩稽”按钮，提示钩稽成功，退出。钩稽完成后，可以从库存模块查询到库存的即时信息，包括数量和仓库等。查询完成后可由存货核算模块进行入库核算。

结算完成采购发票钩稽，意味着应付账款的产生。凭证的生成在“存货核算”→“凭证管理”中完成。

说明：一些 ERP 系统，应收应付凭证的生成在财务会计子系统中完成。在 K3 系统中，应收应付凭证的生成在供应链子系统的存货核算中生成。

(2)销售业务(赊销)。

- 录入单据。首先将系统时间调到 10 月 8 日。

单击“供应链”→“销售管理”→“订单处理”→“销售订单_录入”选项，录入如表 14-36 所示的销售订单(赊销)后保存，确认正确后审核。

表 14-36　销售订单(赊销)

采购范围：购销	采购方式：赊销	购货单位：佳佳乐公司	结算方式：银行汇票	结算日期：10.15
交货方式：发货	日期：10.8			
商品代码：01	数量：1000	单价：300	交货日期：10.10	运输提前期：2
主管：总经理		部门：销售部	业务员：scm	

注：其他数据系统自动带入。在录入过程中可以通过双击或者按 F7 键选取相应的内容。

- 下推单据。选择“供应链”→“销售管理”→“订单处理”→“销售订单_生成销售出库单”选项，双击弹出“条件过滤”窗口。单击“确定”按钮，进入“销售管理系统_销售订单序时簿”窗口。选择“下推”→“生成销售出库”选项，弹出“销售订单生成销售出库单”窗口。单击“生成”按钮，弹出“销售出库单”界面。单据的大部分信息都已经带入，部分需要修改。添加如表 14-37 所示的销售出库单，确认无误后单击工具栏中的“审核”按钮。可以单击“仓库管理”→“领料发货”选项查看并修改销售出库单。

表 14-37　销售出库单

销售出库单			
发货仓库：A 商品仓(表头和表中)	日期 2015.10.8	单位成本：200	发货：库存经理
主管：总经理	部门：库存部	验收：scm	保管：库存经理

继续选择“下推”菜单，依刚才步骤继续下推生成“购货发票_专用”，弹出“购货发票_专用”窗口。发票的大部分信息也已带入，往来科目选择“应收账款”直接保存单据并审核。

- 结算。选择“供应链”→“销售管理”→“结算”→“销售发票_钩稽”选项，双击进入“销售管理_销售发票序时簿”窗口。初次进入钩稽界面，系统提示选择必要的列显示来区分销售发票、对发票和钩稽数量。在费用发票的 3 个过滤窗口中选择所需选项，如审核标志、单据日期和金额等(用户选择 10 个列表项可达到区分的目的)。本案例只有一张发票，故不用太多的区分列表项，选择后单击“确定”按钮。然后选中相应的发票，单击工具栏中的“钩稽”按钮，弹出“销售发票_钩稽”窗口。钩稽后确认一笔销售业务的出库和销售发票之间的对应关系，完成销售模块中的结算。

再次单击“钩稽”按钮，提示钩稽成功后退出。钩稽完成后，可以从库存模块中查询到库存的即时信息，包括数量和仓库等变化。查询完成后可由存货核算模块进行出库核算。

结算完成销售发票钩稽，意味着应收账款的产生，凭证的生成也在“存货核算”→“凭证管理”中完成，具体步骤参看15.2.3节，应收业务的处理参看15.2.1节。

(3)销售业务(现销)。

- 同赊销的方法，输入另一个销售订单，如表14-38所示。将系统时间调至10月15日。

表14-38 销售订单(现销)

采购范围：购销	采购方式：现销	购货单位：佳佳乐公司	结算方式：现金	结算日期：10.15
交货方式：提货	日期：10.15			
商品代码：01	数量：2 000	单价：350	交货日期：10.15	运输提前期：0
主管：总经理		部门：销售部	业务员：scm	

注：其他数据系统自动带入。在录入过程中可以通过双击或者按F7键选取相应的内容。

- 依上述方法依次下推“销售出库单和销售发票_专用”，其中销售发票中只需修改收款科目。本例选择“现金”，如表14-39所示。

表14-39 销售出库单

销售出库单			
发货仓库：A商品仓(表头和表中)	日期 2015.10.15	单位成本：210	发货：库存经理
主管：总经理	部门：库存部	验收：scm	保管：库存经理

- 销售出库单与销售发票的钩稽，选择“供应链”→“销售管理”→“结算”→“销售发票_钩稽”选项，双击进入“销售管理_销售发票序时簿”窗口。进入钩稽界面后单击工具栏中的“钩稽”按钮。钩稽完成后单击“供应链”→“销售管理”→“结算”→“销售发票_钩稽日志”选项，可以查看相应的钩稽日志。查询完成后可由存货核算模块进行入库核算。

对于现销，不需要走应收账款，系统自动从供应链完成。但要产生相应会计凭证，还需要做相应的凭证处理。

(4)库存与存货核算。

以scm用户登录账套，完成采购之后的入库及核算业务操作。

选择“供应链”→“仓存管理”→“库存查询”选项，双击“即时库存查询”按钮进入“库存查询”窗口。单击左边的仓库，选择A商品仓可以查询A商品的库存信息，包括数量和位置等。同样可以查询B商品仓。出库完成后可以依照现在的方法，查询出库后的库存。

选择“供应链”→“仓存管理”→“报表分析”→“商品收发汇总表”选项，双击可以分析商品收发情况。在过滤条件中的“汇总依据”中选择“仓库”选项，然后单击“确定”按钮。

- 入库核算。单击“供应链”→“存货核算”→“入库核算”→“外购入库核算”选项，弹出“过滤”窗口。单击“确定”按钮，进入“存货核算系统”界面。选择相应的单据，单击工具栏中的“核算”按钮。提示核算成功，完成采购入库核算，同样做入库凭证的凭证处理。

以scm用户登录账套，完成销售出库后的库存核算业务。

- 出库核算。出库核算在销售单据中已经体现，这里可以查询分析出库情况。

单击“供应链”→“存货核算”→“出库核算”选项，双击销售收入明细表，分析销售收入的情况。

2．应收应付业务模块日常操作

(1)应付业务。

- 付款。将系统时间调至 2 日，以 cashier 登录账套，单击“财务会计”→“应付账款管理”→“付款”→“付款单新增”选项。付款单和业务部分发生的业务是有联系的，因此要从业务部分寻找源单据或者称为“下拉单据”。选择“源单类型”下拉列表框中的“采购订单”选项，单击源单编号后面的按钮，弹出“采购订单”窗口。双击选择相应订单，单据所有信息将带入收款单中。选取现金类科目“银行存款——中国银行——人民币”。

其他数据系统自动默认带入，保存后审核。

- 核销结算。选择“财务会计”→“应付账款管理”→“结算”→“应付款核销_付款结算”选项，双击进入过滤窗口。单击“确定”按钮进入核销界面，进行手动核销。在“核销方式”下拉列表框中选择“关联关系”选项，选择核销日期为 10 月 5 日。单击工具栏中的“核销”按钮完成核销，完成后可以在“核销日志_查看”中看到核销的记录。至此完成本笔采购业务的结算工作。若要生成凭证，还需要做相应的会计凭证处理。

(2)应收业务。

- 收款。将系统时间调至 15 日，以 cashier 登录账套，单击“财务会计”→“应收账款管理”→“收款”→“收款单新增”选项。收款单和业务部分发生的业务是有联系的，因此要从业务部分寻找源单据。选择“源单类型”下拉列表框中的“销售发票”选项，单击源单编号后面的按钮，弹出“销售发票”窗口。双击选择相应发票，单据所有信息将带入收款单中。选取现金类科目“银行存款——中国银行——人民币”。

其他数据系统自动默认带入，保存后审核。

- 核销结算。以 accountant 登录账套，单击“财务会计”→“应收账款管理”→“结算”→“应收款核销_到款结算”选项，双击进入过滤窗口。单击“确定”按钮进入核销界面，进行手动核销。在“核销方式”下拉列表框中选择“关联关系”选项，选择核销日期为 10 月 15 日的单据前面的按钮。单击工具栏中的“核销”按钮完成核销，完成后可以在“核销日志_查看”中看到核销的记录。如果系统设置时设置为自动核销，通过“核销日志_查看”可以直接查看。若要生成应收凭证，还需要做相应的会计凭证处理。

(3)凭证处理。

- 生成供应链的凭证。完成核销后将系统时间调至 16 日，以 accountant 身份登录系统。对供应链产生的单据产生相应的凭证，然后传递到总账。选择“供应链”→“存货核算”→“凭证管理”→“生成凭证”选项，双击，选择“生成凭证”下的“外购入库单”、“采购发票”、“采购费用发票”、“销售出库(现销)”、“销售出库(赊销)”、“销售收入(现销)”和“销售收入(赊销)”复选框。然后单击“重新设置”按钮，系统弹出“过滤条件”窗口，单击“确定”按钮。每一个单据的选项卡都要弹出过滤条件，均单击“确定”按钮。在窗口中出现以上所选单据的选项卡，每一个选项卡中均为相应的单据。单击工具栏中的“全选”按钮，单击“生成凭证”按钮。提示生成凭证成功，单击“确定”按钮。这里生成的凭证可以通过单击“凭证”按钮查看并更改单据，同时指定附件数。本例凭证统一在总账部分修改。
- 生成应收应付的凭证。选择“应收账款管理”→“凭证处理”→“凭证生成”选项，弹出“凭证处理”窗口。单击工具栏中的“按单”按钮，按照单据生成记账凭证。由于我们设置了银行存款的明细科目，所以系统生成的凭证需要修改。将银行存款改为“1002.01.01 中国银行—人民币”，如表 14-40 所示。单击工具栏中的“现金流量”按钮，然后指定现金流量。

表 14-40　收款单凭证

现金流量科目	本位币金额	对方科目分录	主 表 项 目	附 件 数
1002.01.01 人民币	351 000	2.1131	CI1.01.01 销售商品的现金	1

生成记账凭证后，单击“保存”按钮退出记账凭证窗口。继续生成第 2 个凭证后修改，应付账款凭证生成方法完全类似，如表 14-41 所示。

表 14-41　付款单凭证

现金流量科目	本位币金额	对方科目分录	主 表 项 目	附 件 数
1002.01.01 人民币	526 500	1.2121	CI1.02.01 购买商品的现金	1

单击“确定”按钮后保存并退出，以 changdan 身份登录账套，单击“应收账款管理”→“凭证处理”→“凭证审核”选项，弹出“过滤”窗口。选择“未审核”→“未过账”选项，依次审核凭证。

3. 总账业务模块日常操作

本期财务部门发生的业务如下。

10.3：从银行借入 3 年期的借款共 400 000 元，借款已存入银行账户。

10.4：收到现金股利共 30 000 元，为投资单位实现净利润的分配额，存入银行。

10.5：公司出售一台不需要的设备，收到价款共 300 000 元。该设备原价 400 000 元，已提折旧共 150 000 元。该设备已由购入单位运走。

10.10：归还短期借款本金共 250 000 元，已计提利息共 12 500 元。

10.15：提取现金共 300 000 元，准备发放工资。

10.20：支付销售人员及管理人员工资共 300 000 元。

10.20：分配应支付的职工工资共 300 000 元，其中销售人员工资共 285 000 元，行政管理部门人员工资共 15 000 元。

10.22：提取职工福利费共 42 000 元，其中销售人员福利费共 32 000 元，行政部门福利费共 10 000 元。

10.25：提取应记入本期损益的借款利息共 21 500 元。其中短期借款利息共 11 500 元，长期借款利息共 10 000 元。

10.25：用银行存款支付产品展览费共 10 000 元。

10.28：广告费共 10 000 元，已用银行存款支付。

10.28：计提固定资产折旧共 10 000 元，其中记入营业费用 8000 元，管理费用共 2000 元。

10.31：结转损益(系统自动完成并记账)。

依照以上业务，本案例分角色实现会计操作。企业规模、业务及监督机制不同，相应会计人员数量有所不同。本案例仅设置几个系统流程必需的主要会计人员，对于系统中不要求的人员采取默认的空白处理。

(1) 录入凭证。

以 accountant 身份登录，选择“总账”→“凭证处理”→“凭证录入”选项，双击后依次输入如表 14-42 所示的会计凭证内容。录入过程中既可以利用 F7 键选取相应的科目，也可以双击弹出相应会计科目选取。除了选取，也可以直接输入会计科目代码，输入时注意业务发生的日期一定要更改为以上日期。

表 14-42　会计凭证内容

摘　　要	借方科目	金　　额	贷方科目	金　　额	现金流量项目
银行借入 3 年期的借款	银行存款	400 000	长期借款	400 000	CI3.01.02 借款收到现金
收到现金股利	银行存款	30 000	投资收益	30 000	CI2.01.02 投资收益现金
出售一台不需要的设备	固定资产清理	250 000			
	累计折旧	150 000	固定资产	400 000	
归还短期借款本金利息	短期借款	250 000			CI3.02.01 偿债支付现金 CI3.02.01 支付利息
	预提费用	12 500	银行存款	262 500	
提取现金，发放工资	现金	300 000	银行存款	300 000	
支付工资	应付工资	300 000	现金	300 000	CI1.02.02 支付工资
分配应支付的职工工资	营业费用	285 000			
	管理费用	15 000	应付工资	300 000	
提取职工福利费	营业费用	32 000			
	管理费用	10 000	应付福利费	42 000	
提取应记入本期损益的借款利息	财务费用	21 500	预提费用	11 500	
			长期借款——应付利息	10 000	
支付产品展览费	营业费用——展览费	10 000	银行存款	10 000	CI1.02.04 其他支付
支付产品广告费	营业费用——广告费	10 000	银行存款	10 000	CI1.02.04 其他支付
计提固定资产折旧	营业费用	8000			
	管理费用	2000	累计折旧	10 000	

(2) 审核凭证。

以 changdan 身份登录，选择“总账”→“凭证处理”→“凭证查询”选项。双击设置过滤条件，选择“未审核”和“未过账”选项，可以看到所有未审核的凭证以蓝色显示。然后单击“审核”按钮审核，审核完成后退出当前凭证。在“总账系统_凭证查询”窗口中单击工具栏中的“过滤”按钮，重新过滤“未审核”和“未过账”的凭证，继续审核下一张。若确定凭证无误，在审核第 1 张完成时，可以单击“下一张”按钮依次审核。完成后查询“审核”和“未过账”，可以看到经过审核的凭证以白色显示。所有的凭证审核完成后进入下一个环节，即凭证过账。

说明： 可在凭证生成之后单张完成审核操作，也可以在这里成批审核。

(3) 凭证过账。

选择“财务会计”→“总账”→“凭证处理”→“凭证过账”选项，双击弹出“提示”窗口。单击“确定”按钮，系统自动完成过账。完成后生成凭证过账报告，提示成功过账的凭证数，建议定期成批过账。

4．查询输出

(1) 总分类账。

在 K3 主控台中选择“财务会计”→“总账”→“账簿”→“总分类账”选项，双击总分类账，弹出“过滤条件”窗口。科目级别选择 1～2，其他保留系统默认。单击“确定”按钮进入“总分类账”窗口，可以对总分类账执行查看、分析和打印输出等操作。

(2) 明细分类账。

在 K3 主控台中选择“财务会计”→“总账”→“账簿”→“明细分类账”选项，双击明细分类账，弹出“过滤条件”窗口，输入如表 14-43 所示的内容。

单击“确定”按钮，单击任务栏上的“打印”按钮输出明细分类账，查询后退出。

(3) 科目余额表。

单击“财务会计”→“总账”→“财务报表”→“科目余额表”选项，在进入“科目余额表”之前，首先弹出“过滤条件”界面。选择过滤条件为“2015 年 10 月”，单击“高级”按钮。选择“包括没有业务发生的科目”和“包括本期没有发生额的科目”复选框，其他保留系统默认，系统将根据所设定的条件生成科目余额表。当然还可以根据自己的需要设置其他过滤条件，读者可以尝试。

表 14-43　明细分类账查询条件

条件	2015 年 10 期	科目级别：1～2	科目代码：1131 至 1131
	√显示对方科目核算项目	√按对方科目多条显示	√按明细科目列表显示
高级	显示核算项目明细	项目类别：客户	显示项目所有级次
	项目代码：001 至 001	项目级别：2	

(4) 试算平衡表。

选择“财务会计”→“总账”→“财务报表”→“试算平衡表”选项，双击弹出“过滤条件”窗口。保留系统默认，科目级别为 1。如要检查明细下一级科目，可以选择科目级别为 2。单击“确定”按钮，显示试算平衡情况。如果平衡，则在表头处以蓝色显示试算平衡，可以根据本实验数据进行分析。

14.1.5 期末处理

完成企业的本期业务后，进行期末结账，转入下一个会计期间。期末结账同样先从业务部分结账开始，供应链结账后生成的单据自动转入下一会计期间。然后运行应收应付子系统，最后进行总账结账。需要注意的是，本期间的所有会计凭证及业务资料全部输入系统并且过账之后才能结账。结账后如果需要对上一个会计期间的数据进行重新处理，则可以通过反结账的功能将会计期间反结回上一个会计期间。在实际应用中反结账功能一定要慎用，否则在反结账的过程中若发生业务容易造成错误。

1. 供应链业务期末结账

选择“存货核算”→“期末处理”→“期末结账”选项，双击后依照提示单击“下一步”按钮。系统会显示结转状态，逐步完成结账。供应链期末结账是统一的，只要有一个模块结账，其他也同时结账。

2. 应收应付期末结账

选择“财务会计”→“应收账款管理”→“期末处理”→“结账”选项，双击提示是否进行对账检查。检查完成后生成检查报告，退出后弹出结账窗口。单击“结账”按钮，系统自动完成结账，提示结账成功。应付操作完全相同，结账完成，在状态栏中显示目前会计期间变为 2015 年 11 期。

3. 总账期末结账

(1) 结转损益。

以 accountant 身份登录账套，由于总账结账需要首先结转损益，因此单击“财务会计”→“总账”→“结账”→“结转损益”选项，系统显示损益类对应的本年利润科目列表。单击“下一步”按钮，设置参数，本例保留系统默认。单击“完成”按钮，系统自动完成结转损益的过程，并提示生成转账凭证的信息。

(2) 过账。

生成的损益凭证要审核过账，单击“系统”→“更换操作员”选项，以 changdan 身份登录账套。选择“财务会计”→“总账”→“凭证处理”→“凭证查询”选项，设置过滤条件为“未审核”和“未过账”。这时可以查询到生成的损益凭证，然后依照上面的方法审核凭证。选择“凭证处理”→“凭证过账”选项，把结转损益的凭证过账，这时可以对本期业务进行报表分析。

(3) 结账。

分析报表后，本期所有的会计业务处理完毕。此时可以进行期末结账，选择“财务会计”→“总账”→“结账”→“期末结账”选项，双击完成结账。系统时点自动转入下一期。

14.1.6 报表处理

月末以 accountant 身份登录账套，执行各报表处理工作。

1. 资产负债表

选择“财务会计”→“报表”→“(行业)_企业会计制度”→“企业会计制度资产负债表”选项，双击进入金蝶报表系统，利用系统的模板建立自己企业的报表。单击“文件”→“另存为”选项，弹出“另存为”对话框，输入报表名“新海销售公司资产负债表”后保存。

修改报表格式的操作与平时使用的办公软件类似，步骤如下。

(1)单击左面的列标 1，选中第 1 行。右击选中部分，插入整行。

(2)将新增加的行的高度调节至大约原来的两倍，选中第 1 行。单击工具栏中的“单元融合”按钮，或者选择“格式”→“单元融合”选项，合并单元格。

(3)选中当前单元格，即将要设置为表头的单元格。在工具栏下面的文本框中输入“资产负债表”，调整字体大小，居中排列。

(4)单击前面的“对号”，确认单元格内容。

(5)选中包含数字的列 C，选择“格式”→“列属性”→“数字格式”→“数值”→“#，##0.00；-#，##0.00；“ ” ”选项。

(6)单击“确定”按钮，用同样的方法调整 D、G 和 H 共 3 列的列属性。

选择“显示”→“显示数据”选项，调整报表的显示内容。单击“数据”→“自动计算”选项，系统自动计算发生的业务，计算后报表中显示出本期发生的业务的数据，以上两种操作在工具栏中都有快捷按钮，可以打印、保存，并导出报表。保存后的报表在下次进入报表系统后可从菜单中打开后继续处理，进入报表系统后，打开时直接选择“报表”文件夹可以看到保存过的“新海销售公司资产负债表”，选中后打开即可。

2. 利润表(损益表)

选择“财务会计”→“报表”→“(行业)_企业会计制度”→“企业会计制度损益表”选项，双击进入金蝶报表系统，利用系统的模板建立自己企业的报表。单击“文件”→“另存为”选项，弹出“另存为”对话框，输入报表名“新海销售公司利润表”后保存。

修改操作同资产负债表。

3. 现金流量表

单击“财务会计”→“总账”→“现金流量”→“现金流量表”选项，双击选中本期。单击“确定”按钮，系统自动完成本期的现金流量表的项目。可以根据需要打印输出。现金流量表的输出与平时的现金流量项目指定密切相关，因此在指定现金流量项目时要确保正确。

至此本实习案例全部完成，要学习实际操作，请参看教材随附光盘中的多媒体文件。

14.2 K3 系统应用案例

14.2.1 应用背景

1. 企业概况

重庆大江工业(集团)有限责任公司是我国西部的大型国有集团企业，由相互独立并横跨多个行业的 9 个三线军工企业通过三线搬迁、资产一体化、债转股及公司制改造最终形成。公司占地面积近 5 平方公里，职工 3 万余人。目前集团下辖 10 个专业厂、12 个控股公司和 10 个参股公司，并有 100 多个销售网点分布在全国 30 多座重点城市。

公司拥有固定资产原值达 40 多亿元，各种设备 12 000 余套，具有齿轮、铝压铸件、铁钢铸件、锻件，金属结构件、液压元器件、专用汽车、工程机械，以及矿用综采设备等几十类产品的研发、设计、制造和营销能力。

根据企业自身实际情况，大江工业集团的管理模式是，对外公司的全部资产、经营、生产负责，信贷、税务和报表统一由集团母公司负责；对内的经营活动主要由各子公司完成。母公司与各子公司之间实行有偿服务和费用分摊，母公司对子公司负有组织管理职能。各子公司实行独立核算，财务管理受母公司监控，财务结算及经济考核在母公司结算中心和集团财务总部统一进行。

基于公司的管理模式，在集团母公司监控下，子公司实行独立核算的财务运行机制。集团财务管理的重要内容是协调各子公司的财务关系，确定集团会计信息需求、信息存储、选择信息和加工信息的方式和手段，并监控和管理会计信息。

2．人员情况

整个集团公司财务部门共有总会计师 1 人、副总会计师 2 人、财务主管 4 人、结算中心主任 1 人、系统主管 1 人、财务科长 22 人、数据维护员 14 人，以及会计人员 262 人。目前所有会计人员均持有会计电算证，能熟练操作计算机完成日常工作。

3．集团财务管理需要着重解决的问题

鉴于大江工业集团的财务管理模式，以及集团财务管理的内容和特点，大江集团财务管理必须解决以下几方面问题。

(1)资金的调度管理：从形式上，各子公司在集团结算中心开设结算中心账户存放银行存款，不再开设银行存款账户。通过与结算中心的存贷关系完成资金运作，因此资金监控和管理成为结算中心的重要职能。

(2)往来业务的管理：集团内外往来业务包括集团日常往来业务、集团采购、联合销售、分销和集团内固定资产转移。对往来业务，在核算基础上还必须对集团内部往来进行定期或不定期清算；对应收账款进行及时清理，保证货款及时回账，尽量减少坏账损失，并且转移的固定资产要及时重新计价入账。

(3)准确及时归集，并计算各种费用和成本。

(4)合并财务成果：集团内报表信息的传递方式必须能够保证快速、及时地收集集团各子公司、分公司的财务报告并及时进行报表合并处理，确保集团财务报告及时输出。

(5)有效管理海量数据：据统计，大江集团静态财务数据包括 6 000 多个会计科目、10 000 余个内外往来单位和个人、近 12 000 套固定资产、30 000 余名职员，66 000 个原材料品种和近 480 000 个产品零部件，每月新增各种原始单据 42 000 张、会计凭证 7200 余张和会计分录 86 000 笔，各种内外报告、报表 1100 多种，内含计算表达式 52 000 多个。如何将分散的海量数据进行有效组织与传输，并作为集团重要信息有效保存和利用一直是集团财务管理必须解决的问题。

14.2.2 应用方案

1．网络环境

基于降低配置成本和加强监控管理的目的，大江集团财务数据管理采用集中式应用模式。系统网络应用环境统一采用 3 层分布式计算应用架构，如图 14-1 所示。

数据库服务器放置于集团财务数据中心机房，采用 Windows 2000 网络操作平台。MS SQL Server 2000 作为后台数据库管理系统，存储并管理整个系统的系统数据、客户请求的输入输出及与中间层应用服务器的交互。其中 GUI 作为紧密层业务处理客户端，BROWSER 作为远程客户端。

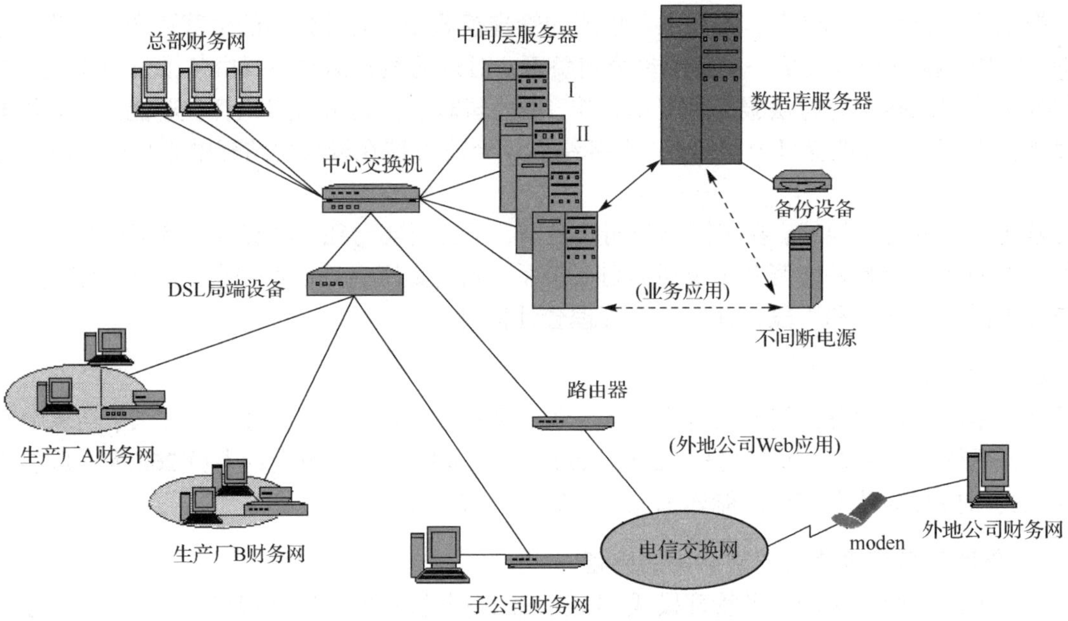

图 14-1　分布式计算应用架构

集团及各子公司账套都建在财务数据中心的数据库服务器上，中间层服务器也放置在集团财务数据中心机房。财务及业务处理 GUI 客户通过注册中间层应用服务器 I、II 访问数据库服务器上的账套数据，执行单据的录入、修改及查询等具体操作。外地公司及机构的 BROWSER 客户通过注册中间层应用服务器 III 访问数据库服务器上的账套数据，执行单据的录入、修改及查询等具体操作。

财务总部所在集团办公楼通过综合布线形成财务信息网的核心局域网，财务数据中心位于办公楼 3 楼，各生产厂财务科通过布线形成各财务科小局域网。由于各生产厂距离公司总部较远，为 2～6 千米，所以为了减少联网的成本，小局域网与主局域网间租用电信线路(模拟中继业务)。线路两端采用美国 ADC 公司 HDSL 设备进行直联，通信速率双向 10 Mb/s。逻辑上建立信任关系，达到网与网之间互相访问的目的。子公司的工作站也租用电信线路，线路两端采用 ADC 公司 ADSL 设备进行直联，通信速率下行 8 Mb/s，上行 1 Mb/s。分布在全国各地的独立核算的办事处和营销点通过拨号访问财务主局域网，处理业务。

2. 应用系统

(1) 配置的应用系统功能模块。应用系统采用 K3 ERP 系统，统一应用平台，共配置 361 个站点。各生产厂、子公司、办事处和财务总部根据实际需要安装使用功能模块，其配置情况如表 14-44 所示。

表 14-44　应用系统的配置情况

序　号	名　称	生 产 厂	子 公 司	办 事 处	总　部
1	总账模块	●	●	●	●
2	报表模块	●	●	●	●
3	财务分析模块	●	●		●
4	合并报表模块				●

续表

序　号	名　称	生　产　厂	子　公　司	办　事　处	总　部
5	现金表模块		●		●
6	应收模块	●			●
7	应付模块	●			●
8	结算中心管理系统	●			●
9	现金管理系统	●			●
10	进销存核算系统	●			●
11	计划管理系统				●
12	工资管理系统	●	●		●
13	固定资产管理系统	●	●		●
14	采购管理系统	●			●
15	销售管理系统	●			●
16	仓存管理系统	●			●
17	成本管理系统	●			●
18	集团管理系统				●

（2）各业务模块配置情况如表 14-45 所示。

表 14-45　各业务模块的配置情况

序　号	名　称	数　量	单　位
1	总账模块	36	点
2	报表模块	36	点
3	财务分析模块	18	点
4	合并报表模块	4	点
5	现金表模块	8	点
6	应收模块	24	点
7	应付模块	24	点
8	结算中心管理系统	8	点
9	现金管理系统	12	点
10	进销存核算系统	24	点
11	计划管理系统	8	点
12	工资管理系统	18	点
13	固定资产管理系统	18	点
14	采购管理系统	36	点
15	销售管理系统	24	点
16	仓存管理系统	36	点
17	成本管理系统	24	点
18	集团管理系统	3	点

（3）系统硬件配置情况如表 14-46 所示。

表 14-46　系统硬件的配置情况

序　号	名　称	配　置	数　量	单　位
1	企业级服务器	IBM PⅢ700 XOEN 1G 18*2	2	中心
2	部门级服务器	IBM PⅢ800 512K 9*2	3	中心
3	工作组服务器	COMPAQ PⅢ550 512K 9	12	生产厂
4	主交换机	BAY 350 24	2	中心
5	组交换机	D-LINK 8	12	生产厂
6	DSL 局端设备	ADC AV3000	1	中心

续表

序号	名称	配置	数量	单位
7	HDSL 设备	ADC MM300S	12	中心
8	SDSL 设备	ADC MM300F	12	中心
9	访问路由器	CISCO 16	1	中心
10	工作站	LEGEND PⅣ1.2	7	总部
11	工作站	LEGEND CEOLEN 900	72	总部、生产厂
12	工作站	LEGEND CEOLEN 733	84	生产厂、公司
13	打印机	CANON、EPSON	96	财务部门

14.2.3 实施效果分析

实施效果如下。

(1)实现了账套的集中管理。目前集团公司所有独立核算单位的 40 多套电子账簿全部存放在财务数据中心，总会计师在办公室可以看到任何一个会计人员做的会计凭证、任何一个公司的会计账簿和会计报表。所有子公司的财务活动时时刻刻都在母公司的掌握之中，财务信息的真实性、可靠性和及时性得到极大提高。

(2)统一了会计制度、做账制度和报表编制方法。从初始化开始，集团所有独立核算单位同时启用新会计制度。总账科目及其结构由集团公司统一制定，子公司不允许修改。对于会计科目的使用,各子公司严格按照集团公司制定的核算管理办法执行,随时接受集团公司的检查。各子公司按照集团公司报表编制方法设置报表取数公式，未经集团同意，不得修改，这样保证了报表编制方法的规范性。

(3)实现了计算机替代手工记账。从 2014 年 8 月 1 日开始，集团所有独立核算单位统一实施会计信息系统，初始化时间 1 个月。从 2014 年 9 月 1 日开始，集团整体并账。3 个月后，统一一次性通过财政及主管部门验收，甩掉了沿用几十年的手工账。广大财务人员从繁重的核算中解放出来，工作重点转移到财务分析和成本费用控制等管理方面。

(4)实行了会计人员轮岗制度化。信息系统实施之前，全集团会计人员 349 人，替代手工记账后半年内下降为 260 人。会计工作的面却越来越广，广大财务人员变成了企业推进管理信息化的积极响应者、宣传队和先遣军。2015 年 6 月，集团公司对所有子公司和生产厂财务负责人进行了轮换，财务负责人的素质明显提高。

(5)集团资金管理力度大大加强。各子公司的银行账户全部由集团统一管理，闲散资金得到充分利用。资金内部调剂多有发生，财务费用大大降低。现在，集团每天的现金流量在无新增贷款的情况下，从电算化前不到 300 万元增加到现在的 700 万元，甚至 900 万元，资金周转加快。同时，由于实现了内部往来一张单据同时上两本账，因而内部往来对账清晰，结算及时，从而杜绝了多年的内部拖欠。

(6)各项费用得到有效控制。通过实施管理信息化，依靠先进手段加强费用预算考核，各种经营费用明显降低。2015 年，集团期间费用控制目标是在 2014 年的基础上降低 500 万元，上半年已经完成了 320 万元。

(7)财务报告质量大大提高。实施管理信息化以前，集团出合并报表的时间是月报 3～5 天，现在是 1 天，即月末最后一天晚上 12 点结账，次月 2 日早上出集团合并报表，并向上级主管部门报送。